夢のフロンティア

夢・思考・言語の二元論を超えて

マーク・J・ブレッシュナー
Mark J. Blechner

鈴木健一 監訳　小池哲子 訳
Kenichi Suzuki　　Tetsuko Koike

the
DREAM
frontier

ナカニシヤ出版

『夢のフロンティア』日本語版への序言

マーク J. ブレッシュナー

　私の著書『夢のフロンティア』の翻訳について小池哲子先生と鈴木健一先生にとても感謝しています。翻訳はたいへんな労苦を要した大きな達成です。この翻訳で新しい読者に私の仕事を知ってもらうことができるのです。日本の読者のみなさんがどういう感想を持たれるのか、フィードバックを期待しています。私は 2009 年に、日本とニューヨークのウィリアム・アランソン・ホワイト精神分析研究所において、多くの優れた日本人臨床家に対して講義をしました。彼らの臨床的センスは素晴らしいし、臨床に微妙な違いをもたらす文化的差異への深い洞察も卓越していました。

　『夢のフロンティア』は私のお気に入りの本です。長い年月をかけて、努力して書き上げました。そこに込めたすべての構想を、今、思い出すことは難しいのですが、夢についての講義をする年ごとに再読しています。この本では多くの問題に取り組んでいます。夢はヒトの心理について何を語るのでしょうか？　異なる夢を取り扱う最適な方法とは何でしょうか？　夢分析は精神分析的治療にどのように貢献できるのでしょうか？　神経学や脳損傷の研究は、夢についての肝要なことをどのように明かすのでしょうか？

　英語版は、16 年前に出版され、今も販売され続けています。もちろん多くのことがこの 16 年の間に変化しています。この序言で、いくつかの新しい発展や発見を述べてみたいと思います。例えば『夢のフロンティア』では、私たちは夢の記憶にしか近づけないと書いています。『ブレインストーム』のような SF 映画を別として、夢が生じているその時に、その人の夢を他の人間が観察することは不可能でした。このことは、今や事実ではなくなっています。日本の神経科学者のグループ (Horikawa et al., 2013) は、ある人が眠っている時の MRI 画像を記録し、何を夢見ているかを判定することを可能にしています。

　第 8 章「夢と思考の言語」は、私の好きな章です。そこで私が試みたのは、映像が主体となり情動にみちた夢の言語は、フロイトが信じたような言語的思考の変容なのだろうか、それとも夢の情動的、感覚的な性質は思考の根底をなす基質なのだろうか、それを見出すことでした。当時私は、この問題に対する自分の探索は不十分だと感じていました。2001 年以来つねにこの問題を考えてきましたし、すでにもう一つの著作『心脳と夢 (*The Mindbrain and Dreams*)』(2018 年出版予定) を書き上げています。その本では心脳が世界を変容させる数多くの方法に注目していま

す。とりわけ夢や美術や音楽に見られるような、高度に洗練された非言語的変容に注意を払っています。

　ルネ・デカルトは二元論の道を拓き、私たちは心と脳を概念としても解剖学的にも別々なものと見ることになりました。第2章「夢の意味についての分析と創造」で私は、自分たちの言語が「脳」と「心」を別々の観念としたままでいることに苦言を呈し、ある時には「心-脳」、ある時には「心／脳」と記してきました。現在では「心脳」と心の脳の間に区切る物をなくして、一語として使っています。言葉遣いのこうした小さな変化が、二元論的思考を排除する助けになります。

　言語は偉大な贈り物であり、私たちを人間にする必須の部分です。言語によってある種の思考は形成され、他者に考えを伝えることができます。とはいえ言語はまた、世界の中のある特質を感受する力を減らしたり失くしたりもします。ご存知のように、5ヶ月の幼児は、彼らの文化や言語に固有のものではない概念や音の区別がわかりますが、この能力は言語の獲得と同期して減退したり消失します。例えば日本の幼児は「r」と「l」の流音を区別できますが、それを区別しない日本語を学ぶにつれ、二つの流音を区別できなくなります（Miyawaki et al., 1975; Eimas, 1975）。

　『夢のフロンティア』では、夢や覚醒時思考にとって言語は重要であること、しかしまた私たちの思考を制限するものであることを述べています。夢は「言語を超える」思考の可能性を示します。新しく組み合わされたメタファーと観念を伴い、言語の制限を超えて拡張する思考で、それは言葉では表現できないものです。上記した講義や、新作の自著の中に、そうした複雑な言語を超えた思考をいかに夢が行なっているかについての記述を大幅に拡大しました。例えば夢のなかの一つのイメージは4つのメタファーを結合させている可能性があります。心理学と精神分析には非言語的なものや言葉にならないものを「発達早期」と見なすならわしがあります。しかし私の考えでは、非言語的過程は人の思考において一生を通じて発展し、高度に複雑なものへ至るのだと思います。そしてこの例外的な種類の思考は夢に見て取れるのです。

　第22章で私が提言したのは、心理内知覚や心理内神経的知覚において、心脳が自身の働きをいかにして知るかを、夢が語るというものでした。今日では、この事実が観察されるもっと多くの方法がわかっています。その最も重要なものの一つに、夢における心理学的な防衛作用があります。夢はその映像において防衛を映し出すことができます。例えばピーター・フォナギー（1991）の患者は次の夢を見ました。《夢はたくさんの引き出しのある衣装ダンスについてだった。彼は長時間、鍵を探そうとしていた。引き出しにはものが詰まっているはずだったが、次々に開けても

空っぽだった》。このイメージは抑圧についての、心理内知覚の素晴らしい描写です。

　この翻訳の読者のみなさんが、ご自分の夢や他者の夢に新しい理解の方法を得られることを、また神経科学者の方たちが、この本で述べられた夢現象の神経学的な基盤を研究されることを、期待しています。すでに心躍る結果を生み出している研究もあります（例えば、Schwartz and Maquet, 2002）。しかし前途は長大です。この本は、精神分析家のためだけに書かれたものではなく、夢の意味に興味を持つすべての方々のために書かれたものです。それでは、夢が人間心理について何を語るのか、そして、神経学と精神分析はお互いに何を学び合えるのかについて、読み進めていただけたらと思います。

文　献

Eimas, P. (1975) Auditory and phonetic coding of the cues for speech: Discrimination of the (R-L) distinction by young infants. *Perception & Psychophysics*, 18: 341-347.

Fonagy, P. (1991). Thinking about thinking: Some clinical and theoretical considerations in the treatment of a borderline patient. *International Journal of Psycho-Analysis*, 72: 639-656.

Horikawa, T., Tamaki, M., Miyawaki, Y. & Kamitani, Y. (2013) Neural decoding of visual imagery during sleep. *Science*, 340: 639-642.

Miyawaki, K., Strange, W., Verbrugge, R., Liberman, A., Jenkins, J., & Fujimura, O. (1975) An effect of linguistic experience: The discrimination of [r] and [l] by native speakers of Japanese and English. *Perception & Psychophysics*, 18: 389-397.

Schwartz, S. & Maquet, P. (2002) Sleep imaging and the neuropsychological assessment of dreams. *Trends in Cognitive Sciences*, 6: 21-30.

目　次

『夢のフロンティア』日本語版への序言　　i

謝　辞　vii

I　序文と概要
　第 1 章　夢のフロンティア……………………………………………………… 5

II　夢についての新たな思考法
　第 2 章　夢の意味についての分析と創造………………………………………17
　第 3 章　二次加工、三次加工、そしてそれを越えて…………………………33
　第 4 章　誰が夢を作り、所有し、想起し、語り、そして解釈するのか?……41
　第 5 章　夢のなかでは決して嘘をつかない……………………………………50
　第 6 章　圧縮と間事物……………………………………………………………59
　第 7 章　夢のダーウィン主義……………………………………………………73
　第 8 章　夢と思考の言語…………………………………………………………87

III　夢の臨床的取り組み
　第 9 章　夢解釈のベクトル…………………………………………………… 103
　第 10 章　どのように夢を分析するか………………………………………… 119
　第 11 章　どのように夢を分析するか………………………………………… 137
　第 12 章　夢の同音異義語とその他の地口…………………………………… 150
　第 13 章　夢は行動する………………………………………………………… 156
　第 14 章　象徴…………………………………………………………………… 162
　第 15 章　クライン派のポジションと夢……………………………………… 173
　第 16 章　患者の夢と逆転移…………………………………………………… 181
　第 17 章　スーパーヴィジョンとしての夢、スーパーヴィジョンにおける夢…… 201
　第 18 章　逆転移夢の臨床応用………………………………………………… 210
　第 19 章　狂気の実在する場所………………………………………………… 222

IV　眠り、夢、そして脳
　第 20 章　覚醒時と夢のなかで何を知っているかを知ること……………… 233

第 21 章　脳について夢が語ること ………………………………………… 247
第 22 章　心理内神経的知覚 ………………………………………………… 262

謝　辞

　まず感謝したいのは、晩年のロバート・バーマンである。彼はニューヨーク州のホレイス・マン高等学校で英語を教えていた。夏期読書の宿題の一部として彼が指定したのは、フロイトの『精神分析入門講義集』だった。この本で私は精神分析全体、とりわけ夢に興味を持ち始めた。15歳の時のことだ。シカゴ大学では、エリカ・フロムのおかげで彼女の自我心理学と夢の精神分析的解釈についての大学院の講義を、まだ学部在学中に受講することができた。彼女から与えられたものは、精神分析的思考についての基本的な理解で、これは以来私の基礎であり続けている（加えて、彼女の励ましで21歳までに『夢解釈』の第7章を5回読むことができた）。臨床的な観点から影響を受けた夢についての師は他にもいる。モンターニュ・ウルマン、ポール・リップマン、レオポルド・カリガー、アルベルタ・シュツァリータ、ラウル・ルトマー、ジョン・シメル、エドガー・レヴェンソン、ケネス・フランク、それに晩年のベンジャミン・ウォルシュタインである。

　ルース・デイは認知心理学と心理言語学への十分な下地を与えてくれた。それによって私は言語的、非言語的な精神過程について考えることになった。ハスキンス研究所とイェール大学では、他にもこの領域における私の思考と研究を深めてくれた教師や同僚がいる。ジェイムス・カッティング、アルヴィン・リーベルマン、ヴェンデル・ガルナー、ロバート・クロウダー、それにミッチェル・スタダート＝ケネディである。ベル研究所では、私はそこで今も研究を続けているが、マックス・マシューズ、マーク・リーベルマン、ヴィヴィアン・タルターの恩恵を大いにこうむり、彼らから鼓舞もされている。

　経験主義的な夢の研究を牽引するウィリアム・ドムホフは、この本の著作中に素晴らしいアドヴァイスをくれた。カリフォルニア大学サンタクルーズ校のインターネットのサイトにある、巨大な夢のデータベースを扱えるようにしてくれたのだ。神経心理学者のロバート・ビルダーとアショック・ジャンサリーが与えつづけてくれた事実とアイディアは非常に貴重なものだった。ウィリアム・ハーストは友情、意欲的な懐疑主義、厳しい科学的研究を授けてくれた。スーパーヴィジョングループ『ヴィセロイ』の仲間である、サンドラ・ビューチュラー、リチャード・ガートナー、ジョン・オレアリー、アリソン・ローゼン、それにロバート・ワトソンは20年近くにわたって、知的高揚と臨床の知恵の比類ない源だった。忍耐強い彼らのおかげで、私はあらゆる種類の臨床的な試みを行うことができた。

スティーヴン・ミッチェルの記憶は神聖である。彼は革新の火花を愛し、力を尽くして新しい発想を勇気づけてくれた。彼は 1997 年の画期的な学際的会議『架橋する：精神分析と人の科学』の議長を務めた。会議では、J. アラン・ホブソン、ジョージ・レーコフ、ポール・リップマンと私は論を交え合うことができた。この本の第 2 章のアイディアが初めて提示されたのは、その会議においてだった。私の夢と逆転移の考えに対してもまた、スティーヴン・ミッチェルは厳しいが滋味ある支持をしてくれた。

　この本の著作中、ウィリアム・アランソン・ホワイト精神分析研究所所長（当時）、メリールー・ライオネルズのおかげで解放的で創造的な思考が助けられた。同様に会話や意見交換で夢への思索を育んでくれたのは、マーティン・バーグマン、ジェローム・ブレイク、ハリー・フィス、ジェイ・グリンバーグ、マルシア・ジョンソン、ダグラス・カークマン、スー・コロッド、ジェイムス・クーゲル、キャローラ・マン、トニー・メオラ、デイヴィド・オルズ、シュロモ・リスキン、エリザベス・スペク、ドンネル・スターン、ルース・シュツマラク、フィリップ・ワーバ、クリストファー・ウォーンキー、そしてクレオニー・ホワイトである。夢についての私のコースを受講してくれた訓練生諸君の、私の思索への貢献はとても大きい。さらにまたマーク・ソームズと神経－精神分析研究グループのすべての人たち、精神分析と神経生物学についての貴重なフォーラムを立ち上げてくれたニューヨーク精神分析協会には多大な感謝をしている。大切な友人であり同僚でもあるジェフリー・ブルーム、ジェイン・ブレスラー、サンドラ・ビューチュラー、リチャード・ガートナー、ダニエル・コズロフ、キャサリーン・エン、そしてスー・シャピーロは、全原稿を丁寧に読んでくれた。また同様に Analytic Press 社の素晴らしい編集者、ポール・ステパンスキー、ジョン・カー、ナンシー・リゴリも全原稿に目を通してくれた。すべてそれぞれに、ユニークで貴重なフィードバックを私の考えに与えてくれた。ジョン・シルバーマンは専門的な法的なアドヴァイスをしてくれた。私の家族や友人たちは、何年ものあいだ私がこの本の仕事に没頭するのを我慢してくれた。その忍耐と支援に感謝する。著作中、いろいろと助けてくれたのは、アラン＆マルシア・ベア、カルメン・カスタネダ、ベルナデッテ・チャーチ、ジャニー・コルトレン、ビヴァリー・グリムス、バーバラ・スローン、それにジュディス・ウォルトマンである。名前はあげないが、何よりも私の患者さんたちに感謝する。自分の魂を探索しようとする彼らの闘いの中で、光栄にも私はその夢の深層を調べることができた。私の得た考えのほとんどすべてが、彼らとの臨床的な協働に発している。

夢のフロンティア
夢・思考・言語の二元論を超えて

M. J. ブレッシュナー 著

鈴木健一 監訳

小池哲子 訳

THE DREAM FRONTIER

Copyright © 2001 by Mark J. Blechner, Ph. D.

Authorized translation from English language edition published by
Routledge, an imprint of Taylor & Francis Group LLC.
Through Japan UNI Agency, Inc., Tokyo.

I

序文と概要

第Ⅰ章
夢のフロンティア

> 私は生きている　育ちゆくさまざまな輪の中で
> それらは事物を超えて広がっている
> その最後の輪を完成させることはないだろう
> しかしその成就を私は試みるのだ
>
> リルケ『時禱詩集』

　この本のために選んだタイトルは、夢自体のように、いくつかの意味を凝縮させている。夢のフロンティアはどこにあり、何のことなのか。夢それ自体がフロンティアである。また夢は、人間の知識、想像性、想像力のフロンティアである。真に新しいものをはぐくむ土地である。私たちが知るすべて、経験するすべてが夢に凝結し、そこから新しい経験が創り出される。

　昼間の思考は、言語によって制約を受ける。文字どおり言語を絶した事柄は、私たちはふつうあえて考えない。理解できることだけを思いきって言うのである。自分だけにわかる新しい言葉を創り出したり、喋ったりは、だいたいにおいてしない。正気とみなされることを私たちは行う。それによる報酬は、コミュニケーションという果実である。他の人々が理解する事柄を言えば、彼らは私たちの考えを分かち持ち、私たちの感動に応えてくれ、対人関係という利益が生まれる。

　しかし夜、人生は変貌する。目を閉じ、耳をふさぎ、ただ一人だけで存在しているという領域へ降りていく。約8時間、社会生活で働くという拘束から自由になるのである。この貴重な時間では、私たちの精神はどんなことでも自由に考えることができ、他者の理解や判断を思い煩う必要はない。理解できるかどうか、現実にかなうかどうかという制約から解き放たれて、新しい語や物や人を考え出し、新しい状況を創り出すことができる。人間の経験領域のフロンティアにいるのである。あらゆることが起こりうる。どんなことでも考えることができ、感じることができ、喋ることができる。変人と思われないかと気にする必要はない。正気の指標はどこにもない。なぜなら、この時間、私たちのそばにいるのは自分の精神だけなのだから。

おそらくはこれらの時間、脳は実際に再編成されている。夢のフロンティアへの旅行には、私たちの心／脳の異なるセットアップが必要なのだろう。《私は彼女が母だと知っていた。外見は母とは違ったんだけれども》という夢は見ることができる。しかし起きているときに誰かについてそういうことを言うならば、気がつけば精神病院の中ということになる。唯一夜においてだけは、そうした経験が可能である。あるいはまた、《レコードプレーヤーと秤の間の何か》について夢見ることもできる。そのように違った二つの物の中間で、どのようにしたら何かが存在できるかなどと気にする必要はない。それはそのように在るのである。日中には、もしそうしたものを考えるとすれば、現実世界に合わせて修正する。それをレコードプレーヤーの方に変化させるか、秤の方に変化させる。決して二つの物のあいだの何かではない。夜にはしかし、私たちの経験をまとめあげている慣れ親しんだカテゴリーのたがが弛む。そしてこうした新しいフロンティアでの夜ごとの思考は、日中の思考へその影響を及ぼしていると思われる。

　もう一つの夢のフロンティアがある。それは夢研究のフロンティアである。精神分析の100年と、睡眠についての実験的研究の50年を経て、私たちは膨大に学んだ。しかし学べば学ぶほど、眼の前に広大に拡がる未知の科学のフロンティアに気づく。脳はどのように編成されているか、脳はどのように私たちの精神を編成しているか、私たちの精神はどのように世界を編成しているか、それらについて夢は多くを語ってくれる。私たちは直感的に、そうしたものだと感じてはいる。しかしこれまでのところ、未知への大航海の出発点に立っているに過ぎない。夢研究（oneirology）の分野には長い歴史がある。しかし20世紀においては、私たちは今までに増して民話や大衆の知恵を科学的なものへ変えようと試み始めた。それは始まったばかりであり、これからなすべきことは多い。

　夢はまた臨床のフロンティアでもある。精神医学と精神分析の作業で、夢は臨床上の理解のフロンティアに位置する。患者の問題について、彼らの夢はしばしばどのような覚醒時の理解よりも先んじている。臨床家が心を開いて夢に耳を傾けるならば、夢は患者について一刀両断する鋭い情報を与えてくれる。治療はどのくらい進展するのか、またする必要があるのか、どのような個人的な障壁や防衛が立ちはだかっているのか、夢は描き出してくれる。また臨床家が患者と治療作業を行うときに生じるかもしれない問題を詳細に解き明かしてくれる。夢は何が本当には進行しているのかについて鍵を与えてくれるが、それは何人も夢では嘘をつけないからである。

　夢の研究に没頭することは、際限なく魅了され続けることである。そこでの仕事にはいつも、思いもよらないものに出会えるスリル感がある。一方で夢のなかに住

むことはまた、嘲りの的に身をさらすことでもある。夢に気をとられすぎると、生活の急務から逃げることになると考えられている。「夢見る人」と誰かを呼ぶのは、かなり侮蔑的かもしれない。私たちは皆、夢に好奇心を持つが、怖れてもいるのである。そしてこれは怖れが嘲笑へ転じることでもある。それでこの社会では、夢の研究は大して支持されない。当然のことだが研究するにはもっと大事な問題があるじゃないか、と考えられている。夢の科学的な研究が1950年代に始まったとき、日常世界の重要問題が解決できると期待されていた。つまり統合失調症や心身問題、無意識が理解できると思われていたのである。それらは壮大な期待だった。2、30年後、それが実現しないとなったとき、反動が来た。夢の研究者は要するに夢見る人なんだ、大胆な構想を持つけれども最後までやれない、と。

　本当のところ、夢の研究が何をもたらすのかはいまだわからない。初期の夢の研究者達の約束はそのうち実現するかもしれないが、もっと長い年月を要するのは確かであろう。ある意味厄介なことは、脳科学者がEEGやPETの観察を行い、そこから夢の何たるかを読み取ろうとしてきていることである。臨床家や、実験を行わないが夢体験に沈潜する夢の解釈家は、これまで実験科学者とのあいだで定期的には情報交換を行ってこなかった。こうしてお互いが孤立しあっている状況は、皆の不利益になる。夢の現象学、つまりどのように夢が構成され、体験され、思い出されたり、忘れられたり、変化させられるのか……これらすべてが膨大な情報源である。それらはそれ自体で物事を語っているし、その情報は神経生物学的研究へも与えられるべきである。面接室での夢の研究者と、実験室での夢の研究者の情報交換はバラバラになってしまい、誰にとっても危険である。この本により、その情報交換に再び命を吹き込むことができるよう願っている。

　そうした意図により、この本で四つの主要な論題が全体としてまとめあげられた。つまり、夢形成の理論、夢の意味、夢の臨床応用、そして脳理解にとって夢現象の含意するもの、である。四つの論題は、個々に論じられるだけでなく、全体としても考察された。これらの主要論題の間をときに行きつ戻りつしながら、臨床心理学や精神医学、臨床的神経学、認知神経科学、そして哲学からの報告を集結させようと私は試みた。もしあなたがこれらの領域のうち、一領域だけの専門家であるならば、概要を使ってもっとも興味を引く章を読まれるのもいいかもしれない。しかしそうすれば、相互に役立つようにこれらの領域をまとめあげようとした私の意図は失われることになる。

概　要

　有史以来人間は夢に魅せられてきた。おそらくは初めて夢を見たときから、人はそれを解釈してきた。もっとも古い夢解釈の一つは、紀元前3千年のバビロニアのギルガメッシュ叙事詩にある（Thompson, 1930）。ギルガメッシュは斧が空から降ってくる夢を見た。人々は賛嘆し崇拝しその周囲に集まった。ギルガメッシュは斧を母の前へ投げ出し、それを妻のように抱きしめた。

　ギルガメッシュはこの夢をたいそう気にした。そして夢を母であるニンスンに告げ、母は夢の意味を彼に話した。母は言った、「力のある誰かがまもなく現れるだろう。あなたはその者と戦い、力で勝ろうとするが、できない。二人はついには親友となり、大いなることを次々と成し遂げるであろう」。そしてこう言い終えた、「あなたが彼を妻のように抱きしめた、それが意味するのは、彼は決してあなたを見捨てないということだ！　かくして夢は解かれた！」（Oppenheim, 1956）。

　ギルガメッシュの母の夢解釈の技術は、フロイト以前の夢への態度に特徴的なものである。彼女は古代の二原則を守っている。つまり、(1)夢は未来を予言する（夢は「予見的 mantic」である）、(2)夢は神、あるいは超自然的な力や存在からのメッセージである。

　聖書に出てくる夢解釈の大半は、この二原則の両方か、片方の性質を持っている。ヤコブの梯子の夢は予見的である。ヤコブは偉大な民の創始者となるであろうという、神からのメッセージである。その後、ヨゼフはファラオの夢をエジプトの将来を予言するものとして解釈し、それによりファラオは差し迫る飢饉に対し自国の準備をすることができた。新約聖書においては、ピラトの妻はイエスを釈放すべしとの夢を見たが、不幸にもピラトはその妻の夢に耳を傾けなかった。

　フロイトはそうした夢への態度とは異なる考えを論じた。それは今ではあまりにも当たり前のものになっているので、かつてそれがどれほど急進的であったかわからないくらいである。フロイトの考えとは、夢は外部の力や存在からもたらされるものでなく、私たち自身の精神において、多かれ少なかれ気づかれていない、思考や感情の反映であるというものである。夢の研究によって、こうした思考や感情を理解していくことになるだろう。夢を真剣に取り扱えば、他では学び得ない自分自身についての知を得ることができるだろう。

　夢は非常に個人的な思考である。個人的すぎて、実際よくあることだが、その意味は夢の当人にもわからない。ここに夢の基本的なパラドックスがある。夢はとても個人的な体験でありながら、夢を完全に理解するにはそれを他者と分かちあわな

ければならない。フォン・フランツが言ったように（Boas, 1994）、「自分の夢を解釈するときに難儀なことは、自分の背中は見えないということである。誰かにそれを見せると、誰かにはそれは見える。しかし自分には見えない」(p. 16)。

夢には極度に個人的でありながら、しかも人前に出して初めてよく理解できるという両面がある。古いタルムードに次の話がある（ベラホット、9章）。ラビのバナーは自分の夢を24人の解釈家に話した。それぞれが異なる解釈をし、異なる予言をし、しかもそれらはすべて正しかった。この話にはいくつかのメッセージがある。明らかなものは、夢には多重の意味が凝縮されているということである。さらなるメッセージは、誰もが一人だけでは自分の夢も他人の夢もその豊かな意味を汲みつくせないということである。夢の解釈にはグループによる議論が役に立つ。グループのそれぞれが自分の心理の何がしかを夢に投影する。しかし個々人の投影は打ち消しあい、残ったものは意味の沈殿物であり、それはいかなる個人の解釈より鋭く、調和がとれている。

何千年来続いてきた夢解釈という考えは改訂を当然とする。解釈ということをふつうに考えれば、夢はある意味を持ち、それを解釈して解明する、ということになる。私の提唱するのは、夢の形成過程と夢解釈は画然とは分けられないということである。夢体験にはいくつかの段階がある。実際に夢を見た後、ときにはそれを思い出し、また文章にし、誰かに話し、その人の感想を聴く。これらのそれぞれの段階では、意味の**解読と創造の両方**が行われる。夢と解釈の二分法はあまりに流布されているため、その境界をあいまいにすることにはためらう人が多い。しかしそれは慣わしによる考えというものであり、脱するべきであろう。

無意識の顕著な特徴は、他者から理解されることに無頓着なことである。その理由で、無意識における意味の組織化は、ふつう覚醒時には注目しないようなやり方で行われる。無意識のすべての要素は、緊密にそれ以外の形と結びついている。そこにはその否定形も含まれている。ある言葉を聞いたとしよう。するとその語の類縁物すべてに、私たちの注意は向く。つまり同音異義語、反義語、似た発音の語群、その語と関連するすべての大量の語群や観念や感情である。「黒い black」という語を聞いたとしよう。するとたぶん私の連想は、白い、ブラックホール、黒魔術、Bleck (ner)、宇宙の始まり、靴磨き (bootblack)、真っ黒な気分、財政良好（黒字である）等々に及ぶ。黒いという語の持つこれらすべての意味が、私の脳で活性化される。そしてその時と場にふさわしい意味が一つ選ばれる。

疑問が生じるかもしれない。「気づいてないような、実のところ気づくことができないようなそれほど膨大な精神活動に、どうして脳は関わらなくてはならないのか？」。しかしまた次のように尋ねることもできるのである。「どうして私たちは、

脳の活動のほとんどに気づかなくてはならないのか？」。人々の多くは、意識は思考する人間の栄誉とされるものであり、それがあって初めて私たちはもっともよく考えることができると思っている。しかし意識は、いろいろ優れたところがあるが限界もある。というのは意識は現実検討や言語という慣習と固く結びついているからである。その慣習なしには、私たちは他者に伝達可能な思考力を伸ばすことができない。しかし、伝達可能性への欲求は、精神の創造的な力・独創的な力とはそりが合わないらしい。これらの創造力・独創力は、伝達可能性への欲求がゼロに近くなる睡眠中には非常に効率よく行使されるようなのである。

　この精神の活動と自己を体験することの乖離を、この本の執筆中に私は鮮烈な形で見出すこととなった。2年間この本の別々のセクションの作業をした後、約1ヵ月半とりかかれない期間があった。それから2週間の休暇へ出かけ、その時点まで書きあげていたことすべてを読み直した。自分の考えに驚きっぱなしだった。その多くを良しとし、いくつかは廃棄した。それらの考えには、パターンと関係が読み取れた。今自分が読んでいる本は、面白いがびっくりするような人物の書いたもののように感じられた。その人物は、もちろん私なのだが、その大半は、真夜中のインスピレーションから現れ出た「私」であり、覚醒時の私の思考や経験に統合されていない。明らかにそこから生じたものではあるが。私たちの経験には異なる複数の「私」が含まれているという見解は、この本で検討するいま一つのテーマである。そのテーマは、心理学、哲学、認知科学の諸領域の最新の知見をまたいでいる。ふつう「私」というとき何を意味しているかは知っていると思われているが、それはもう一つの離脱すべき慣わしかもしれない。

　この本では、夢形成についてのいくつかの新しい考えとそれらを理解する最善の方法を探究する。フロイトは次のことを提唱した。精神は潜在的な夢の思考を、フロイトの言う「夢工作」という一連の変形で顕在夢に変換する。夢工作は、圧縮、置き換え、映像化といった一連の操作であり、それらにより私たちの思考は夢体験になる。文章のような言語による思考は、視覚的なイメージや運動感覚や強い情動を伴った生き生きとした体験になる。フロイトの提唱は、自由連想により、夢のさまざまな部分をたどって潜在的な夢思考という源に到達できるというものであった。その際、潜在的な夢思考は、覚醒時の思考にふさわしいものとして理解できる。

　フロイトにとって夢の分析は、夢工作を解体する過程であった。フロイト派の夢分析は、「夢解体工作」といえるかもしれない。夢をたどりなおして言語的思考に至るのである。

　私はフロイトの見解を含みながらもそれを膨らませたもう一つのモデルを提案する。そのモデルでは、夢は言語的思考の変形にとどまらない。言語思考に代わる

もう一つのもの、意識的な覚醒時思考とは異なる考え方であり、思考の個人的な表現である。それはもともとコミュニケーションにこだわらないとき、どのように精神は活動するかを示している。力動的抑圧は、夢を理解し難くしている主な要因ではない。むしろ問題は、**夢がコミュニケーションの可否にこだわっていないこと**である。

　こうした夢に対する見解は、無意識への見方を変える。つまり無意識は、単に抑圧により意識できなくなった欲動が渦巻く場所であるだけではない。その一部かもしれないが、大半ではない。私たちの思考の大半は無意識であり、それを無意識にしているものは、力動的な抑圧もそうであるが、さらに無意識に伝達不可能な意味があることである。

　伝達不可能な意味、それが私にとっての夢の本質である。フロイトの夢モデルは偽装と歪曲を提示する。しかしフロイトが偽装と考えたものの多くは、単に伝達可能性の欠如でしかないように思える。たいていは夢で物事を隠そうとはしない。夢では理解しやすい言語の形で表現しないだけである。夢がどれほど正直であるかは、驚くほどである。「私たちは夢のなかでは決して嘘をつかない」のであり、私はこのことを同タイトルの第5章で論じることになる。なるほど覚醒時に夢を解釈するときには嘘をつこうとするかもしれない。しかし夢自体はおよそ人間が行ってきた言明の中でおそらくはもっとも正直である。

　夢についての新しい考え方をいくつか検討した後に、もっと臨床的な問題に取り組むことになる。どのように夢を理解するのが最良の方法だろうか？　第Ⅲ部「夢の臨床的取り組み」では、夢と取り組む多くの方法を考察している。夢には甚大な量の情報が凝縮されている。そこから何を引き出すかは私たちの選択である。何を探すかが、何を発見するかを決める。

　誰かの夢を解釈できるためには、その前に自分の夢を理解することに精通しておかなければならない。私たち皆が、ある意味自分の夢を怖れている。それを私は「夢恐怖 oneirophobia」と名づけている。意識的、あるいは無意識的に私たちは自分の夢が、人生の最奥の秘事を無慈悲にも白日の下にさらすことを知っている。夢を理解しようとするものは誰でも、この夢恐怖を乗り越えて作業しなければいけない。自分だけで、または友人や分析家と、そしてあるいは夢解釈のグループと夢を検討していくいくつかの方法があるのではないかと思う。安全な環境下で、夢の豊かさを十全に体験するためである。

　自分の夢に対してくつろげるようになって、さてどのように他者の夢にとり組み始めるのか？　私たちの夢の見解が、フロイトのものと違っているからといって、臨床場面での作業のやり方は変わるのか？　答えは、イエスでありノーである。精

神分析による夢の解釈は100年の歴史を持ち、臨床家は心理療法や精神分析でどのように夢を用いるのが最良であるかを大いに学んできている。私は夢を、発見すべき疑問への答えとしてみる見方を提案する。

　私の夢の見解は新しいかもしれないが、従来の夢解釈の方法を否定するものではない。逆に、夢解釈に関する多くの異なる手続きは私の理論の枠内で**理解しなおされる**。焦点は、「夢の解釈」よりはむしろ「夢の文脈化」や「夢の明確化」におかれる。つまり解釈は、「夢XはYを意味する」と言うが、文脈化や明確化は次のように言う。「ここに夢主のおもな気がかりがある。そしてこれが、夢の提示する問題である。これらを知れば、夢は夢の言葉において判ることがある」。

　夢が提供するのは、夢主に関する莫大な情報である。それらを学び知る最良の方法は何だろうか？　それらを発見する最良の方法は何だろうか？　夢の解釈には、根拠を持ち有益な多くの技術がある。私の考えでは、夢との取り組みでもっとも大切なことは、夢主と解釈家との協働である。あらゆる意味で協働的である夢分析の過程の概略を、この本で私は述べている。それは夢主と分析家がともに作業することを要請する。またそれは、夢主はその夢の理解を阻む障壁を持つが、分析家も異なる障壁を持っているかもしれないことを認める。それは夢解釈と夢の明確化を、二人の間で生じる一連の展開とみなし、その展開過程は夢主と解釈家、その相互関係について多くを語るはずである。

　夢を解釈するものは臨床家である必要はない。友人、配偶者、パートナーは皆、私たちが自分の夢を理解するのを助けてくれる。臨床的な章は、特に患者と分析家との夢のとり組みを述べているが、原則はともに夢に取り組むペアすべてに該当する。

　フロイトの『夢解釈』は、夢についてだけ述べられたものではない。それは精神作用の一モデルを作り上げる試みでもある。私はこの本で、精神モデルに対し夢が含み持つ意味を研究する伝統を再興できたらと願う。とりわけ最後の第Ⅳ部「眠り、夢、そして脳」でこの問題を取り上げた。とはいえ、私は実験科学の多くの知見に通じてはいるが、実験室での夢の研究者ではないことを最初に断っておかなければならない[1]。私が自分で行った最初の夢の研究は、集中したものであったが、臨床的な面接室で行われた。そのため私は臨床データが持つ意味について、精神の神経生物学的研究へ諸提案を行うが、それは文字どおり提案に過ぎない。

1　私は1972年にシカゴ大学のアラン・レヒトシャッフェンの実験室で数日を過ごした。夢の研究は昼間ではなく、夜行われる。実験参加者が眠り、夢見ているのを見守りながら、ある一晩を完全徹夜した。魅力的な経験であったが、その後数日はひどい状態だった。疲労し、生活リズムは乱れた。私の生物時計には、夢の実験研究に必要な回復力がないことを知った。

にもかかわらず私の仮説や観察により、認知神経科学の研究者が刺激されて実験室でそれらをテストしてくれるよう願っている。認知神経科学者のあいだには、精神分析を非科学的といって退け、自分たちの仮説やデータは精神分析の思想をうるおすが、その逆はないと論じる傾向がある。この点で、神経生物学者セミール・ゼキの方法には、ほっとするものがある。権威あるその著書『脳の視覚』(1993)の中で、ゼキは次のように書いている。「脳の研究はいまだ揺籃期にある。これからも多くのすばらしいアイディアが生み出され、テストされていくことになる。脳研究の専門家でないという理由だけで、新しい問いを問い、新しい実験を提案するのを誰にもしり込みして欲しくない。脳研究を専門家だけに任せるのは、現状の脳科学へなしうるおよそもっとも有害なことなのだ」(p. ix)。

　私はこのゼキの招待を受ける。仲間の臨床家も鼓舞されて同様にして欲しい。この本は彼に、そしてすべての認知神経科学者に差し出されている。本は、個々人の精神生活や夢への長期にわたる沈潜から、いくつか選び出された観察に関するものである。

　現在の神経生理学の研究が提供する脳機能についてのデータのほとんどは、臨床家がその夢理論へ取り込むことができる。私が提案するのはその逆方向だ。夢で生じる「異常な」思考を調べ、それと脳の障害の神経学的研究や実験的な脳研究との関連を考察することで、脳がどのようにでき上がっているか、その原則を学べる。私は現象学から生物学へ至る道筋を示そうと思う。その逆ではない。

　こうした視点から注意ぶかく夢を研究することで、心理学的に夢と取り組む臨床家には、情報と情動が処理される際に、どのような種類の処理によって夢と覚醒時の精神生活が区別されるのかについての仮説形成が可能になるかもしれない。それらの仮説は次には認知科学者を啓発し、どのような精神過程が機能的にも神経学的にも互いに分離することができるのか、またどのようにして睡眠中に個々の過程が再編されるのかについて、彼らの研究を促すことになる。すると実験科学者はデータを出し、これらの仮説を確証したり否定したりして、私たちの心理力動や脳機能についての理解を深めてくれる。このようにして、精神分析と神経科学の溝は浅くなるかもしれない。それは誰をも益することである。

II

夢についての新たな思考法

第 2 章
夢の意味についての分析と創造

広く受け入れられている誤謬の一般的名称、それが**伝統**である。

チャールズ・ローゼン

　今日の精神分析と神経生物学のあいだの溝は、精神分析の創成期にはなかった。フロイトの最初の科学的研究（1877）は動物の神経学的研究であり、それはウナギの神経系の発達についてだった。その後のフロイトのおもな業績の一つは、『心理学草稿』（1895）であり、そこではその時代の神経学の知識に基づいて、ヒトの精神機能のモデルを作ろうと意図された。この仕事は今日でもなお、最先端の認知科学者たちによって、評価され賞賛されている（Bilder and LeFever, 1998）。プリブラム（Pribram, 1998）は、「フロイトは、100 年前に実に立派な科学者だったと思う。彼の科学が世に問うたものは、かなり細かな点においても、現在私たちがなしうるものと大して違わない」（pp. 18-19）と述べている。しかし年月を経て、精神分析と認知科学、神経生物学は相対的に互いに孤立していった。そして幾分なりともわかりあえる分野は残った。それは特に夢の領域においてである。

　精神分析における夢の考えは、フロイトが『夢解釈』を出版して以来 100 年間で急激に変化した。ユングから現在までの多くの精神分析家は、すべての夢は願望充足であるというフロイトの結論に疑義を呈してきた。1944 年に、スコットランドの分析家であるロナルド・フェアバーンは次のように論じている。「夢の本質は願望充足でなく、内的現実に在る状況のドラマ化であり、（映画的意味での）ストーリー化である」。1950 年には、ドイツからアメリカに移住したフリーダ・フロム - ライヒマンは願望充足と関係ない夢が多くあることを主張した（Stolorow and Atwood, 1982; Fosshage, 1983 も参照のこと）。フィッシャーとグリーンバーグ（Fisher and Greenberg, 1996）は夢に関する何十もの研究を調べ、次のように結論づけた。つまり、夢の内容は心理学的意味を持つことに対しては十分な裏づけがあるが、フロイトの願望充足理論を支持する裏づけはない。

　フロイト自身でさえ、すべての夢が願望充足であるかどうかを疑わしく思ってい

た。すでにドーラの症例で夢の意味について述べている。「それは覚醒時の思考と同様に、さまざまな違った種類のものかもしれない。……ある場合には充足された願望かもしれない。他の場合にはまざまざと現れた恐怖かもしれない。また睡眠中にも残る物思いや、意志、一片の創造的な思考かもしれない」(p. 68)。その後1933年に彼の考察は、夢がつねに願望充足として見られるものなのか、むしろ**意図された願望充足**なのではないかということに及んだ。最終的には、晩年に書かれた『精神分析概説』(Freud, 1940) では、二種の夢について述べられている。

> 形成されつつある夢はすべて無意識に助けられて、自我にある要請をおこなう。イドに起因する場合は、本能の充足を。**覚醒時の生活の前意識的な活動の名残に起因する場合は、葛藤の解決や、疑問の除去、意志の形成を** (p. 169、強調は筆者による)。

ここでフロイトが提言しているのは、本能の充足を目的とする夢は**一部**であるに過ぎないということである。その他の夢は、葛藤を解決したり、疑問を除去したり、意志を形成しようとしているらしい。

神経生物学者のアラン・ホブソンは、1988年と1993年の著書で、無意識の願望で夢形成過程が始まるとしたフロイトの最初期の考えと戦い続けた。彼は次のように述べている。「ひとたびREM睡眠や夢が、コリン作動性に誘発されると、願望が表出され、夢の筋立てさえ形作られるかもしれない。しかし、いかなる意味でも願望を原因として夢が形成されるのではない」(Hobson, 1988, p. 202)。現在の多くの分析家は、この公式化に賛同するだろう。臨床的な観点からは、特定の夢の形成の背後にある動機は、夢見ること自体の誘発要因よりはるかに重要である。しかしそのことはすでに、夢は夜間、定期的に生じている体験だという初期の研究から推測しうるものである。

現在の精神分析家は、夢形成の動因を多数あげている。エーリッヒ・フロム (Fromm, E., 1951) は夢のなかに、文化的な慣わしという「ノイズ」なしに、象徴的な言葉で心理的洞察を表現しようとする意図を見た。ポール・リップマン (Lippmann, P., 1998) は、夢を私的な関心事と社会的な要因双方への応答とみなした。エドガー・レヴェンソン (Levenson, E., 1983, 1991) は、夢主の体験についてのきわめて率直な真実を、どのように夢が描写するのかを示した。それは、その真実はあまりに曖昧なので、患者も分析家も夢解釈をしているときにエナクトメントされて初めて、完全に理解できるようなものである。私がかつて主張したのは (Blechner, 1983)、夢は他の手段では表現できない事柄を表している可能性がある

ことである。この観点を本書で膨らませるつもりである。

　これらの修正意見のすべてには、共通事項がある。それは夢がいかに意味を担い、その意味をどのように理解するのが最良か、についての私たちの理論を変えることである。したがってこの章では次の主な三つの問題について言及しよう。(1)夢の意味はどこにあるか。(2)臨床上、夢分析を行うときどのようにして私たちはその意味に到達するのか。またどの程度、その意味は見出され、あるいは創り出されるのか。(3)夢の奇妙さの意義とは何か。

　フロイトの見解によれば、まず潜在的な夢の思考があり、それは文法に適い、理解できる文章のようなもので表される。潜在的な夢の思考は脅威であり受け入れ難いために、夢工作は象徴化や圧縮や置き換えといったさまざまな機制をとおして偽装する。その結果、顕在夢は、潜在的な夢思考を含みながらも、その偽装のためわかり難く、理解し難いものになっている。この偽装により、そのままでは受け入れ難い潜在的な夢思考や、受け入れ難い幼児期の欲動における夢思考の源は、夢主の眠りを妨げることなく発散される。

　「夢の意味はどこにあるか？」という問いに対してフロイトはこう答えるであろう。それは無意識において、論理的で文法に適ってはいるが受け入れ難いある思考として始まり、夢工作によって偽装され、顕在夢になる、と。「臨床で夢分析を行うとき、どのようにしてその意味に到達するのか？」という問いに対するフロイトの答えはおそらくこうである。夢主の自由連想を用い、象徴解釈と組み合わせながら、夢工作の偽装を解き、本来の潜在的な夢思考を**再構築**するのである、と。「夢の奇妙さの意義は何か？」という問いには、フロイトは、夢工作の行う変換の派生物であり、潜在的な夢思考の偽装である、と答えるであろう。

　20世紀の前半に精神分析を支配したこのフロイトの基本的な理論は、20世紀の後半には臨床を行う分析家や実験を行う夢研究者から真剣に疑問視された。フロイトは夢を病理学的傾向を持つ出来事として考えた。しかしこの観点は、アセリンスキーやデメント、クレイトマンが、夢は夜を通して定期的に見られていること、また意識的に気づく以上の頻度で見られていることを発見し、修正を要することになった（Aserinsky and Kleitman, 1953; Dement and Kleitman, 1957a, b）。普通は「急速眼球運動（Rapid Eye Movement: REM）」睡眠期に夢は見られ、REM睡眠期は夜通し、90分間隔で生じている。nonREM睡眠期にも夢は見られるが、頻度は少なく、しばしば鮮明さは劣る。

　夢がたいそう規則的に生じている事実や他の新しい所見とによって、幾人かの夢の研究者は、夢が完全に言葉で形成された思考として始まるのではないことを主張するに至った。それらの理論のうち、よく知られたものは、ホブソンとマッカレー

のもの（Hobson and McCarley, 1977）で、「活性化 - 合成仮説（activation-synthesis hypothesis）」と呼ばれている。その仮説が提唱するところでは、夢の基本的な刺激は、脳幹の一構造である脳橋の周期的な興奮によって、REM 睡眠の間に作りだされたイメージである。ホブソンとマッカレーはそのイメージ群はランダムであるとし、それらは作りだされたあと、脳のより高位の機能レベルによって、現に夢見られている物語へと統合されるとした。この経過は、あたかも脳が自身にTAT（Thematic Apperception Test）を施行するようなものである。あるイメージを見せ、それからそのイメージに基づいたお話を作り上げるわけである。アントロバス（1991）の示唆するところでは、最初の刺激は、例えば少しだけ見えるあるものといった、もっと曖昧なものですらありうる。それを、概念あるいはより高度の知覚に関わる脳の構造単位が、それとわかる対象物や人物に変えるのである。

　ホブソンとマッカレーによる最初の理論に対しては、多くの反対意見がある。ご存知のように nonREM 睡眠期の夢の報告の 10％から 15％は、REM 睡眠期の夢と区別がつきにくい（Foulkes, 1962）。ソームズ（Solms, 1997）は、脳外傷の患者を研究し、脳橋に損傷を受けた患者もなお夢を見ること、しかし前頭葉白質の腹側中央部四分の一に傷害を受ければ永久に夢を見なくなることを発見した[1]。これらの事実により、活性化 - 合成仮説は修正を必要とするかもしれない。実のところマッカレー（1992）は、活性化 - 合成仮説は夢の心理学的解釈に脅威になるものではないことを認めている。その仮説はもともと夢の**誘発因**についての理論であり、彼の論じるところでは、夢の最終型は「脳幹に引き起こされた運動性と知覚性の活性化を、夢主の特定の記憶やパーソナリティの特徴と統合する」（p. 52）のである。これは、REM は夢の誘発因の一つではあるが唯一のものではない、というソームズ（1999）の提案により近い。またホブソン（1999）も活性化 - 合成仮説の見直しを提唱している。その内容は、前頭葉の機構により大きな役割を付与し、夢には意味があるという可能性を増大させるものである。

　ホブソンとマッカレーによる最初の理論が、本章の最初に提示した二つの問いについて、何を示唆するかを見てみよう。一つ目の問いは「夢の意味はどこにあるか？」というものだった。活性化 - 合成仮説においては、意味は出発点にはないという。出発点には比較的意味のない、神経の興奮によって生み出されたイメージが

---

[1] この脳の部分は、前頭葉切截術が行われる部位と同じである。その処置でつねに生じる副作用は、夢を見なくなることである（Jus et al., 1973）。不幸なことに前頭葉切截術は全世界に広まったが、かつては統合失調症、治療困難な痛み、また他の病気に対して、治療の選択肢と考えられていた。いまではそれは疑わしいということになったが、瓢箪から駒のように夢の研究となったのである。

ある。次いで統合の段階で、脳のより高位レベルがそうした内部で生み出された刺激を、より一貫性のある物語に作り上げる。というわけで夢はまず意味のないものとして始まり、より意味深くなっていくのである。

　二つ目の問いに対してこの理論は何を言うであろうか。その問いとは、「臨床で夢分析を行うとき、いかにして私たちは夢の意味に到達するか？」である。仮説の示唆するのは、夢を解釈するとき私たちの脳では、意味を創出する過程が続いているということだと私は考える。言葉を変えれば、夢解釈は、夢を潜在的な思考の源に送り返すことではない。活性化‐合成仮説に従えば、夢の形成過程の出発点に潜在的な夢思考はない。代わりに、もし夢解釈が意味を解読するものであるならば、その意味は夢形成の統合段階からのみもたらされる。

　もう一つの夢理論は、DNA 研究でノーベル賞を得たフランシス・クリックとグレーム・ミッチソン（Crick, F. and Mitchison, G., 1983, 1986）のものである。彼らは、夢には深い意味はない、それは廃棄物だ、という理論を提唱した。彼らは、疑似データを消去するために夜間作動する大きなコンピューターシステムとの類比をあげている。特に夢は皮質の「寄生的な振動」を消去する。その振動はある種強迫的思考の神経学的類似物である[2]。クリックとミッチソンは、こうした種類の掃除を夢の機能とみなした。脳が役に立たないデータを追放しているというわけである。そして彼らの結論は、夢分析やおよそ夢に注意力を注ぐことは有害かもしれないというものである。

　この論旨は雑誌『ネイチャー』で唱導され、フロイトへの重要な挑戦とみなされた[3]。しかしフロイトはすでにそのことを考えていたというのが事実であり、その初期の具体化の一つがロバートの理論である。フロイト（1900）によれば、

> ロバートは夢を「身体的な排泄過程であり、それに心が反応することで、私たちはその過程に気づく」と述べている。夢は生まれ落ちるや窒息させられた思考の排泄物である。「夢見る可能性を奪われた人間は、やがて精神に異常をきたす。なぜなら膨大な量の不完全で未熟な思考や表層的な印象が脳に集積し、その大きさで必ずや、完全な全体的なものとして記憶の一部になってゆくはずの思考群を窒息させるからである」。これらの夢の素材の二種の特性から、あきらかにロバートは次の二点を考えている。何らかの手段で睡

---

[2] この理論は次の疑問を生じさせる。覚醒時に強迫的思考に苦しむ人は、夢をまったく、あるいはあまり見ないのであろうか。そのことから寄生的な結節の消去があまりできないのであろうか。

[3] しかしパンクセップが言及しているように、これは興味深い理論ではあるが、そのためのデータは皆無である。

眠中、**身体的**過程として価値のない印象が排出されること。またもう一つは、夢見ることは特別な精神過程でなく、この排出から受ける情報に過ぎないことである。さらに言えば、排出は夜間、精神に生じるただ一つの出来事ではない。ロバート自身が補足しているのだが、この排出と平行して、前日に湧いた連想は練り上げられる。また未消化の思考のうち排出されなかった部分は、想像力から借りた思考の糸で全体的なものにまとめられ、そうして無害な想像上の図として記憶に挿入されることになる（p.79）。

コンピューターのアナロジーこそ使ってないが、これがどれほどクリックとミッチソンの仮説に似ているか注目して欲しい。実際にこの理論は何度か繰り返されてきた。1964年には、エヴァンスとニューマン（1964; Newman and Evans, 1965）は、似たような夢の「脳の掃除」機能を提唱した。

夢の意味は解読されるのか、あるいは創出されるのか、という問題は、理論上争われているだけではない。臨床場面でどのように夢を解釈するのがもっとも望ましいか、という問題がそこには含まれているのである。それはユングとフロイトの、夢の解釈でいかに自由連想を用いるかをめぐる論争へさかのぼる。ユングの信念とは（Jacobi, 1973）、「自由連想はつねにあるコンプレックスに導く。しかしこれこそが夢の意味を構成するものであるかどうか、決して確信を持つことはできない。……もちろんどうにかして私たちは自分のコンプレックスに至ることはできる。なぜならコンプレックスは、すべてをそれ自身に引きつける引力なのだ」（p.84）というものである。ユングはフロイトの述べる、第一に患者の連想に依拠するという手法は夢の**矮小化**につながると感じた。患者のコンプレックスの影には到達するかもしれないが、それは夢の本当の意味ではない。

ある意味、ユングの観点は精神分析にとって予見的である。1967年、ニューヨーク精神分析協会のクリス夢研究グループは、夢は臨床精神分析において特別な意義を持たないという結論を得た（Waldhorn, 1967）。夢分析から得られる精神力動のすべては、患者の自由連想からも得ることができる、と彼らは述べている。フロイトは『夢解釈』の執筆時、精神分析の基本技法を未だ見出してはいなかった。彼の自己分析の多くは、自身の夢の分析である。しかし彼らの論ずるところでは、今日の精神分析は夢分析を特に必要としないという。この論文が出版されたときにユングが存命ならば、笑ったであろう。このいわゆる「発見」はフロイト派の夢分析過程の論理的帰結だと、ユングは言ったことと思う。夢についての自由連想は患者のコンプレックスに至る。それが夢分析で行うすべてであるなら、むろんのこと夢分析からは特別なものは何も生まれない。

夢分析は役立つかどうか、害はあるのかないのか等々の問題は、とりわけ夢の奇怪さを研究する際に特に重要だと思われる。奇怪な素材が夢分析に重要なのは、フロイトが考えたように、そうした素材に対する夢工作の働きが強化されているという理由からであろうか？　あるいはホブソンが論じたように、奇怪な素材は、大脳皮質が制御困難なイメージと眼球運動とを統合するために、難事をうまくやってのけている結果であり、無意味なものとして捨て去られるべきものであろうか？　あるいは夢の奇怪な素材には、他の特別な意義があるのだろうか？
　これらの問題を論じるために、『夢見る脳』（1988年）という著書で語られているホブソン自身の夢の一つを見てみよう。それは三つの理由でとりわけ私には興味深い。第一に、その顕在夢が取り扱うのは、神経生物学者であるホブソンと、彼の同僚で精神分析家であるヴァンとの関係であるということである。それはリップマン（1998）が私的な領域と社会的な領域の双方を持つ夢と述べたもののよい例だ。第二に、ホブソンは夢の奇怪な側面は、特別な重要性を持つかどうかはさておき、何らかの意味を持つのかどうかを、自分の夢をもとに考えている。第三に、その夢はレーコフとジョンソン（Lakoff and Johnson, 1980）が著書『メタファーに満ちた日常生活』で同定している基本的なメタファーのいくつかを提示しているが、その夢はいつもと違ったやり方でそれらのメタファーを作り上げ、再び結びつけている。次にホブソンの夢と彼の注釈を提示する。

　　　私はマサチューセッツ州のウィリアムスタウンにいる。同僚のヴァンに語りかけている。
　　　ヴァンは白いシャツ（いつもはブルーのシャツ）で襟元を開けており（普段はネクタイをし、衿止めさえしている）、カーキ地のズボン（いつもはスポーツ用フランネル地のもの）を身に着けている。カジュアルだ。ヴァンはついでのことのように言う。委員会に出席したが、そこでは昨日、招待講義シリーズへのホブソンの立候補について検討された、と。（彼の声音から、悪い知らせになりそうだった）。委員会はホブソンに反対することを決議したが、その理由は「精神分析は実験室のデータと対決すべきではないと思う」というものだった。
　　　私はそれがいかに間違った考えであるかを述べた。「それは誤っている」と私は言った。「それに彼らは時機を逸したよ。なぜならアドルフ・グリューンバウムが新しい重要な本を出版するところだ。そこで彼はまさしくこの対決こそ精神分析がやるべきことだと主張しているんだ」。ヴァンはこの言葉を無視するが、A・G（訳注：アドルフ・グリューンバウム）のことは聞

いたことがない様子だ。

　それからヴァンは優美につま先で旋回し、私にあるものを投げてよこす。それはドアの錠か、あるいは塗料で固められた蝶つがいのような何かである。あたかも「ほら、埋め合わせにとっとけよ」とでもいうかのよう。私には何でも欲しがるところがあるが、この「贈り物」は拒否するべきだと思い、ヴァンが次のバレエのコリオグラフィック・スピンをしているときに彼に投げ返す。それは君が持つことになってるんだ、とヴァンは言い張る。私がそれを持ったかどうかはっきりしないまま、場面が変わる。

　私たちがドア（建物の角にある）を出ると、ウィリアムスの美しいキャンパスが見える。赤レンガの歩道が緑の芝生の向こうへ延び、その先の古典的な白いピューリタン教会へ続いている。

　ヴァンが「委員会はメアリーを選んだよ」と言った。（あるいはそう言ったように思えた）。「彼らは真っ先に、募金運動の助けになるような講師を呼びたいんだ」。

　「それであんなに立派な建築物が建ってるんだね」と私は言う、「中がからっぽなのもそういうわけなんだね」（pp. 232-233）。

ホブソンはこう述べている。

　私の夢の筋立ての意味は明らかだろう。精神分析マインドを変えることが私に課せられた仕事である。私自身のマインドだけでなく、同僚のマインドも（そしてこの本では読者のマインドも）。精神分析家はつねに潜在的な意味を探しており、私の父もまたウィリアムソンに住んでいることに興味を持つかもしれない。また私の動機をドン・キホーテのように父に向かうエディプス的なものとみなしたがるかもしれない。それに共通の友人のバートは医学実習生であり、彼の最初の妻の名前はメアリーだった。おそらくこれらは、ヴァンとのダンス（これ自体薄いベールで覆われた同性愛の欲動か？）で隠蔽されているが、私の夢をより深いところで形作っている動機への鍵である。

　しかし私の夢はもっとはっきり、あからさまに旧友のヴァンへの苛立ちに関わっていると思える。彼はハーヴァードで私を窮地に見捨て、ウィリアムスで差し出された分析心理学の椅子の方を取ったのである。彼は敵なのか味方なのかと私が疑っているのは、はっきりしている。彼は忠実な同盟者であろうか、それとも利己的な裏切り者であろうか。後者の可能性を考えて私がやった報復とは、結局は実質のない優雅な形となった強欲な動機のために彼

を（ウィリアムスへの置き換えで）非難するということである。すべては私には一目瞭然、むき出し同然である。さらには私自身の夢理論が、建築としては魅力的だが、中には住めないのではと思っているのかもしれない。

　そういうことであれば、ヴァンはどうしていつもと違う服装だったのか？　どうして彼はつま先旋回するのか？　どうして彼は突然私に一片の金具を投げてよこしたのか？　どうして金具はドアの錠「のようなもの」なのか？　どうしてそれは「たぶん」塗料で固められた蝶つがいなのか？　どうして場面は変わったのか？　どうしてヴァンは、委員会はメアリーを選んだと「言ったみたい」なのか？　これらの質問は、それだけがこの報告をはっきりと夢のようにしている特徴に関するものである。その答えは、いとも簡単に防衛に帰せられるし、その防衛の意味は私の心の連想のなかに求められるべきものである。しかし偽装と見れば、それらはふさわしくないし、象徴と見れば不必要だ（p. 233）。

　ホブソンが自分の夢について述べている問題点のいくつかに注目したい。ここでの意図は夢の詳細な分析ではない。夢の理論に関連したいくつかの側面に焦点を当てたい。
　ホブソンの問いはこうである。「どうして金具はドアの錠『のようなもの』なのだろう？　どうしてそれは『たぶん塗料で固められた蝶つがい』なのだろう？」それに対する答えは、二つともが封鎖する手段である、というものである。それらは異なる種類の防衛を表している。錠は絶対的な防衛であり、他者をドアから入れるかどうかを選べる。蝶つがいはドアを開けるが、塗料で固められた場合は錠のようなものとして作用する。とはいえそれは錠より通りやすく、誰かを締め出すかどうかの選択はできない。塗料で固められた蝶つがいは固まっており、これは機能不全とみなされる。この夢の部分は夢形成の典型である。錠／固められた蝶つがいは、異なる程度、異なる種類の防衛を表しうる合成物である。この防衛により、精神分析と認知神経科学の間の、脳のハードウェアと心のソフトウェアについての情報の交流が妨げられているのである。
　ホブソンは「何でも欲しがる性質」のため、いつもなら錠／固められた蝶つがいを受け取っていただろう。しかしそれを拒まねばと思うと言っている。彼はそれを投げ返し、ヴァンはホブソンが持つことになってるんだと言い張り、ホブソンが持っているかどうかはっきりしないままに場面が変わる。夢はホブソンとヴァン、神経生物学と精神分析の関係を表すものであろう。それぞれが防衛的であり、錠／蝶つがいで「熱いポテト」のゲームをしている。錠／蝶つがいはそれぞれの防衛の重

さなのである。ヴァンはこう言っているかのようである。「君は封鎖されている。この錠／蝶つがいは、君がどんなふうに封鎖されているか象徴してるよ」。そしてホブソンはヴァンにそれを投げ返す、こう言うかのように。「いや、封鎖されているのは君の方だよ、ヴァン」。

　ホブソンとヴァンの間の障壁とはどんなものだろう？　それは錠のようなもので、誰かが掛け金を開けたり、鍵を持っていれば好きなように入ることを選べるのだろうか？　もしくは動かそうと思っても動かない、塗料で固められた蝶つがいのようなものだろうか？　固められた蝶つがいを動かすのは、やっかいな仕事だ。長時間溶剤に浸さなければならず、汚れ仕事で時間もかかる。それにおそらくは、ホブソンとヴァン、神経生物学者と精神分析家は、その関係にある蝶つがいを動くようにするための、時間のかかるやっかいな操作に関わりたくはないのかもしれない。

　もちろんこのように夢の解釈をすることで、夢をエナクトしている可能性がある。シメル（Schimel, 1969）、レヴェンソン（Levenson, 1983, 1991）、ジョセフ（Joseph, 1985）、私（Blechner, 1995a）が指摘するように、夢の解釈ではしばしば起こることである。夢の内容が、夢解釈をしているときに夢主と解釈者との間でエナクトされるのである。自分の夢へのコメントで、ホブソンは精神分析的解釈の可能性に全面的に向かってはいない。分析家に、できるものなら自分の夢に公式的なエディプスやホモセクシュアルのテーマを見つけよと挑んでいる。彼は精神分析的な夢解釈について間違った考えを持っているようである。分析的夢解釈は、いくつかの性的決まり文句にとどまらない。ホブソンの夢とその注釈への私の最初の反応は、夢はホブソンの防衛に関するもので、そのことを彼は認めようとはしないだろう、というものだった。しかしそうした解釈をするということで、実際には夢でヴァンが行っていることをやっていたのだろう。つまり固まった蝶つがいをホブソンに返し、彼はまた精神分析へ投げ返そうとしている。これはすぐに行き詰まり状（錠）態になる。そこで私は考えるのだが、夢を防衛とみなす代わりに、気やすい遊び心と厳格な防衛の間、神経生物学と精神分析の間の弁証法を表すものとして解釈することで、夢の核心により近くなりうるのではないだろうか。そして蝶つがいは動くようになるのではないか。

　ホブソンはまた「ヴァンはなぜいつもと違う服装をしているのか？」と尋ねている。夢でヴァンはいつもよりカジュアルな格好をしている。もしかしたらホブソンはヴァンが、つまり精神分析が、もっとカジュアルであって欲しいのかもしれない。こう言ってもいい、夢は真実を見ている……現代の精神分析はかつてに比べカジュアルである。おそらくホブソンはある精神分析学派の形式主義や硬直性に慣れている。また、いくつかの科学的論争が硬直し、敵対的性質であるのに対し、ヴァンの

ダンスは優しさ、優美、相互性への解放を意味しているのかもしれない。

ホブソンはこうも尋ねている、「なぜ場面は変わるのか？」。これまでたどってきた夢解釈の範囲での答えは、彼の、あるいはヴァンの防衛の問題を深追いしたくなかったから、というものである。しかし場面の変化をもっとよく見てみよう。夢の登場人物は、屋内から屋外へ移動している。

ここでとりわけレーコフ（1993）が助けになる。夢を下支えしている無意識のメタファーという彼の考えを借りるなら、場面転換を「一息つきに」出かけたとみなすことができる。いま一つの対決回避の試みである。**移動は夢の情動の中核をとらえており、それは気やすい遊びごころと攻撃的な対決との弁証法であるかもしれない**。

私の見るところではこのように、錠／蝶つがいのイメージの核心は、言い換える言葉はいろいろあるかもしれないが、でまかせの奇怪な作り物ではない。逆にそれは夢における意味の結合体を形成している。奇怪な夢形成は特別な意味があるのかという問題は、私の見解ではきわめて重要である。それは二つの基本問題につながる。一つはなぜ夢を見る必要があるのかというもので、もう一つは思考過程において夢は特別な位置にあるのかどうかというものである。私がここで提案したいのは、フロイトの願望充足の観点、ホブソンの周期的生物学的原因の観点の双方に代わるものである。

夢を見るということは、言葉にできない考えを持たせてくれる特別なことであると私は思う。夢は言語外の思考を許す。その思考は言葉の制約を越えて広がり、大半の覚醒時思考よりも束縛が少ない。近年精神分析は、ボラス（Bollas, 1987）が「未思考の既知 the unthought known」と呼び、スターン（Stern, 1997）が「未構成の経験」と呼んだものに焦点を当ててきた。この二つの観念が示唆するのは、思考は言葉で表現されうるが、未だに言葉にされていないということである。夢は文字どおり言葉に出せない思考を表現してくれる、と私は思う。その思考が言葉で表現できないのは、それを語る言葉がないからなのである。このため自由連想が語りえない事柄を夢は語ることができる。

このように夢によって精神は言語の束縛なしに考えることができる。ある人からもう一人へ容易に効率よく伝達できるよう思考を形成するには、言語は確かにとても重要である。こうした思考様式をサリヴァン（Sullivan, 1953）はシンタクシスと呼んでいる。しかし言語はまた思考を厳しく束縛もする。その束縛を夢は解き放つ。夢により、言葉にできないことを考えることができるのである。（ここにいう言葉にできないこと、の意味はタブーである何かという含みを持つだけでなく、もっと字義どおりに、それが言葉で表現不可能であるために言葉にすることができない何

かでもある)[4]。

　精神分析の基盤になる考えによると、神経症症状を何らかの言葉に翻訳すれは治癒に至る。これはヒステリーの治療の原則である。身体症状は言葉にできない何かを表している。しかしこの「言葉にできないこと」の原因はふつう力動的な抑圧である。言い換えると、それを言葉にできないのは、罪責感や文化的タブーのような情動により言葉にするのを妨げられるからである。例えば性的に虐待されてきた女性は、それを喋るなという強い文化的な圧力を受ける。しかし夢に反映している言葉にできない考えは必ずしも、受け入れ難いために抑圧や解離の傾向にあるわけではない。それらが言葉にできないのはむしろ、その考えを表す言葉が私たちの言語には存在しないからなのである。

　サピア＝ウォーフの仮説（Whorf, 1956）によると、言語が私たちの持ちうる思考がどういうものかを具体化し、かつ制限する。覚醒時の生活では、それを表す言葉のない事柄を考えるのはとても困難である。サピア＝ウォーフ仮説の考えでは、異なる言語の話し手は異なる思考を持つ。なぜなら彼らの思考を表す語彙が異なっているからである[5]。

　言語が思考を制限するやり方の好例は、今日の認知神経科学において顕著である。私たちの言語には、「心 mind」や「脳 brain」という単語がある。この二つの単語は、心と脳が別物だというデカルト的観点を強いる。「脳」というときには身体的器官を意味しているし、「心」というときには、精神の作用や機能の全体を意味している。しかしこの区別に私たちの多くは、次第に居心地の悪さを感じるようになっている。フロイトの『心理学草稿』の目標と同じく、現代の神経科学の目標は心的事象を神経生物学的なプロセス用語で説明すること、またその逆過程も説明すること、それによってついには二つのものを統合された現象として理解することである。そういう事情で私たちの多くが「心／脳」について語るようになっている。この合成用語はデカルト主義的二元論を回避するためには、今日英語圏で使用できる言葉ではもっとも精密なものである。もしかしたらいつの日か「心／脳」のために一単語ができるかもしれない。「心／脳」と頻繁に言ううちに、発音がつながって「mibron」のような新しい単語になるかもしれない。あるいはまったく新たな単語が作られるかもしれないし、ひょっとしたら誰かが夢のなかでそうした新しい言葉を創出するかもしれない。

4　私は音楽家でもあるために、いつも真っ当な理由をもってそう考えてきた。音楽は高度に構成されて意味を持ちながらも言語化できないような精神作用をもたらすのである。
5　エスキモーの雪を表す言葉の数についてのウォーフの実例が実際に正確かどうかは、大いに疑問視されてきた。

夢のなかでは、言語の制約を超えて自由に考えられるので、思考の柔軟性も大きく増加するように私には思われる。そうした夢を報告しようとすると、必然的に言語に頼ることになる。しかしそうした描写のあいまいさや複雑さは、いかに夢が言語の束縛から遠く隔たっているかを示している……ちょうどホブソンが錠の「ようなもの」とか、「もしかしたら」蝶つがいかも、と言うときのように。こうした夢の部分はしばしば奇怪なものとして特徴づけられるが、真に創造性あふれ、啓発的な夢の側面なのである。理想的には、夢を解釈するとき、言葉の上ではよりつじつまが合っているが、夢が本来とらえているものからは隔たっているような諸断片に還元すべきではない。あるいはそもそも夢は解釈されるべきではないのかもしれない。

　まったく解釈しない！　それは正当な精神分析ではないような響きがある。しかし私が言いたいのは、いくつかの表象、とりわけかなり奇怪なものは触れるべきではない、もとの表現のままにしておくべきだ、ということである。それらを翻訳する代わりに、夢全体の文脈を描写することで、より明らかな意味を得ることができる。もしかしたら一つの問いとして。

　このようにすると、夢分析はゲームのジェパディ！（クイズ番組）に似ているかもしれない　そこでは答えが与えられるので、回答者はそこから正しい質問文を導かなければならない。夢解釈では、正しく質問すれば、夢のイメージが答えとして働いてくれる。正しい前後関係を設定すれば、そのときにはナンセンスと思えるものが意味を持ってくるだろう[6]。

　レーコフとジョンソン（1980）は、これに関するすばらしい実例を覚醒時生活のなかからあげている。次の文章がそうだ。「アップルジュースの席にお座りください」。この文章はそれ自体としてはナンセンスだが、それが出現した前後関係によって意味を持ってくる。つまり「泊り客が朝食に降りてきた。四つの席が用意されていた。三つはオレンジジュースが配られ、一つはアップルジュースが配られている。アップルジュースの席とは何かは明らかだった」。

　ホブソンの夢が提示する問いの一つが、「ホブソンと精神分析の関係はどのようなものか？」である。夢の答えはこうだ。「それは塗料で固められた蝶つがいと錠との合いの子のようなもので、どちらの側もそれを保持しようとはしないし、動かそうとしないし、また固定させようともしない」。実際に、たったいま私が言ったように、夢が二次加工の言葉に翻訳されるとき、より伝わりやすくはなる。しかし多分もとの夢の正確な意味の何がしかは失われる。この点で、私は作曲家のネッド・ローレム（Rorem, 1994）に賛成だ。彼は次のように述べている。

6　こうした夢への取り組みの理論的な基盤は第8章でさらに展開される。

夢は夢だ。それ自身で完成している。睡眠保持のためのシンボルではない。感覚や強さ、存在意義そのものが単なる知性では決して説明できない音楽に似て、夢の意味は永遠に僕らをすり抜ける。言葉にするにはあまりにも茫漠であるからではない。言葉にするにはあまりにも精巧なためだ（p. 517）[7]。

ジェイムズ・ヒルマン（Hillman, J., 1979）は同様の見解を述べている。

いかなる夢に接するときも、私たちの黄金律は夢を生き生きと保つことである。夢の作業とは保護することである。当然のように普通行うこと、夢を未来に投影したり、過去に還元したり、あるメッセージを引き出したりすることは退けなければならない。それらの動きによって、夢から得られるものの代償に夢を失う。保護するとは、いま在るものを大切にし、いま在るものは正しいとさえみなすことである（p. 116）。

おそらくはホブソンの夢で、ヴァンが彼に投げてよこしたものは、かつて見たことのない何かであったし、それを表現する正確な言葉はないような何かである。ホ

---

[7] 個人的な経験から、私はこれは本当だと思う。人生のさまざまな時期に、私は音楽に自分の経験を「位置づけ」ることをしてきた。音楽家でない人には型破りと思われるかもしれないが、そうやって「隠喩」を創出してきた。それは一人の親友が「音楽のどの作品が君なんだい？」と尋ねたとき以来である。そのとき私は直ちに答えがわかっている、と気づいた。ブラームスの弦楽6重奏曲2番、作品36が私「であった」。なぜその作品が当時、「自分であるかのように」感じられたかを考え抜くには、しばし時を要した。そしてつくづく思ったのだが、およそ考えうるどのような言語的な属性表現（楽観主義、やさしさ、穏やかさ）も、音楽自体ほど精密ではない。自分の情動的な経験を音楽の上に位置づけることで、言葉を使わずにすむ。それでいて隠喩的である。同じように私の患者はその夫から、自分たちの関係はモーツァルトのピアノ協奏曲第23番の最終楽章を思わせると言われ、夫の言おうとすることを察し、大いに喜んだ。

　非言語的隠喩、つまりある非言語的な経験をいま一つの非言語的経験に位置づけることについては、研究すべきことは多い。そうした場合、言葉にされた意識、つまり言葉による経験の描写は、ほんとうに付随現象なのである。音楽家はそうした位置づけを行うのに言葉を要しない。音楽についての著述を行う学者である音楽研究家は、音楽の体験を言葉で描写するという任務にある。幾人かは他のものより的確にそれを行う。しかし音楽家の大半が合意するところでは、音楽家がノンバーバルな音楽という手段で相互にわかりあえるものに、言葉は接近するだけなのである。

　レオナルド・マイヤー（Meyer, L., 1956）はゲシュタルト心理学の用語で音楽過程を実に見事に描写する音楽研究家の一人である。しかし彼の著作は言葉で書かれているとはいえ、その素晴らしさは、どのように音楽が聴こえるかを非言語的な知覚機能の用語、強い持続、プレグナンツ、閉合などで表したことに拠っている。そうした概念はまた視覚的な形態に対しても用いられてきた。視覚芸術にもっと感性の鋭い人が、私が音楽にしたように、自分の体験を個別の絵画に位置づけてくれないだろうかと期待している。

ブソンがそれに中間的な性質を付与しているのはもっともである。もし彼が夢を書き留めていなかったなら、時間経過とともにその物を、私たちのいる物の世界にもっとぴったりするように変え、慣れ親しんだ言葉で分類できるようにしたことだろう。そして、そのとき夢の本質的な意味は失われることになる。

言語の枠を超えた夢思考の力という私の考えは、何度も同僚たちによって前言語的 prelinguistic と言い換えられたが、それは間違っている。前言語的と言語の枠を越えた extralinguistic というのは同じでないことを強調したい。私の考えでは、夢は単に思考の早期の様態の反映であるだけではない（前言語的）。完全に発達した、言語に制約されない、おそらくはさらに進化さえした種類の思考であるかもしれない（言語の枠越え）。

夢はいくつかの点で言語の枠を超えている。すでに述べたように、まだ名前を持たない何かを創り出す。また月並みな隠喩の限界を踏み越える点でも言語の枠を超えている。夢はまったく新しい隠喩を創り出し、また流布した隠喩をまったく新しいやり方で拡大し結びつける。

何を言いたいのか説明しよう。レーコフとジョンソンは、その著書『メタファーに満ちた日常生活』で、私たちの日常会話がいかにありふれた隠喩で満ちているか示している。通常はその大半に気づかず使っているが、容易に気づくこともできる。例えば、よく使われる隠喩は**考えは食べ物である**として彼らは指摘している。「**生の事実がある**」とか「彼の考えは**生焼けだ**」と、しばしば言われる。しかし少なくとも覚醒時の思考には限界がある。レーコフとジョンソンが言うように、「**生焼けの考えはあるが、ソテーした、あぶった、割り落とした考えはない**」。ソテーした考えは日常会話で使われると文法にあわないように感じられる。夢を理解するには、非慣用的な隠喩、あるいは新奇な細部を持つまでに広がった隠喩に対し、精神を解放する必要がある。

レーコフとジョンソンが指摘するいま一つの慣用的隠喩は、**知的な議論はスポーツである**というものである。「考えをいくつかトスしよう」と私たちは言う。野球が念頭にあれば、「議論の相手は変化球を投げてきた」、あるいは「その考えはホームランだよ」と言うかもしれない。ゴルフの心酔者は、「それは本当にホールインワンだ」、テニスをする人は「彼は返球がまずい」と言うだろう。ボクシング愛好者は「さあ彼は本当にグラブを脱いだぞ」と言うかもしれない。これらの隠喩はすべて英語の慣用句として理解できる。

ホブソンの夢は**知的な議論はスポーツである**という隠喩を使い、さらに広げている。ホブソンとヴァンはキャッチボールをしているが、かなり特殊なやり方である。「議論で彼は変化球を投げてきた」は、ほとんどの人に理解できるが、覚醒時の会

話で「議論で彼は塗料で固められた蝶つがいを投げてきた」あるいは「錠を投げてきた」と言われるとびっくりするだろう。しかしこれらの文章は新しい隠喩を作り出している。**知的な議論は協働で作り上げられたものである**。このようにホブソンの夢は二つの隠喩を結び付けている。**知的な議論はスポーツである**と**知的な議論は協働で作り上げられたものである**の二つである。この交差、連結された隠喩は、金具をキャッチボールするゲームを生み出していて、この金具自体、多くの考えが凝縮されたものである。このような連結された隠喩は、夢の並みはずれた特徴であり、さらなる研究の価値がある。

第 3 章
二次加工、三次加工、そしてそれを越えて

私は信じる、まだ言われたことのないすべてを
リルケ『時禱詩集』

　前章での問いかけは、夢の意味が創出されるのは、どのようにして、いつ、どの程度なのかというものであった。この時点での答えの一部は、夢が想起され語られるときにはつねに、私たちは夢を変形させ、なにがしかの意味を創造しているということである。このことは、意識に達するすべての夢に生じていることである。注目すべきことであるが、覚醒時に意識的に夢に接近するとは、もっぱら夢の**記憶**に接近しているのである。これまで、ある人が見た夢を別の人が観察することは決してなかった。SF映画『ブレインストーム』では生じていることだが、その映画のなかでは、ある人の経験が別の人に伝達できるような機械が作られ、出来事と同時に伝達したり、あるいは後刻再現できるようテープに記録されている。

　しかしこれまでのところ、現実の科学は夢をリアルタイムで観察するに至っていない。観察されるのは脳機能から引き出された結果である脳波、筋電図、眼球運動・筋肉運動のパターンであり、夢自体ではない。ウィトゲンシュタインは同様の意味で問いかけている、「『夢見る』という動詞は現在時制であろうか？　これを使うことを人はいかにして学ぶのだろう？」（Kenny, 1994, p.223 による）。

　「私はこれこれの夢を見ている」あるいは「彼女はこれこれの夢を見ている」と**言語表現**されることはない。現在時制で夢見ることは、ほとんどの慣用法で非常に稀で孤立している。ただし白昼夢やファンタジーの意味で、現在形で夢見ることはある。例えばマーティン・ルーサー・キングの「私には夢がある」のように（この夢は「私は夢を見ていた」の夢の意味とは違う）。

　ある実験があり、それは夢がまさに生じている現場を盗み見するのに近い体験を与えてくれる。アルキン、ヘイスティとライザー（Arkin, Hasty and Reiser, 1966）は夢主に、睡眠中、夢が生じればその場で話すように後催眠暗示を与えた。睡眠中に述べられた話は、そうして話をした後に覚醒してから想起された夢とほとんどの

場合とても似ていた。これは多分、ある人の夢が生じている最中に、その夢に参加することにきわめて近い。

　しかしこの場合でさえ、夢主は夢が生じているときにそれについて**話した**のである。それは夢体験それ自体とは異なる。夢を想起し、それについて語るとき、すでにそこに変形過程が生じているのを見てとれる……感覚的に体験され、どちらかといえば非言語的なあるものから、主には言語的な何かへの変形である。その際、感覚的で体験的な要素は、（大なり小なり）言語的テキストへ翻訳される。私たちはしばしば心理療法で「夢テキスト」について取り扱う。しかし夢テキストを夢見る人は誰もいない。テキストはすでに夢体験の変形されたものなのである。**もし解釈が、ある意味の体系からいま一つの体系への変形であるならば、夢を想起し語るときに私たちがつねに行う、体験のテキストへの翻訳はすでに夢解釈の過程の一部である。**

　フロイトは二次加工という概念を導入した。それは夢の話をよりつじつまがあい、よりもっともらしくするために、欠落部分を埋める過程をいう。二次加工は精神病者や神経学的損傷患者にみられる覚醒時の作話に似ている（Blechner, 2000b）。患者は欠落部分を埋めるために話をでっち上げる。

　フロイト（1900, p.489）は、いくつかの徴候から二次加工の作業が同定できると論じた。二次加工で加えられた部分は、次の事柄から確認できる。

　　＊語られるときの滑らかさ
　　＊「まるで」という導入
　　＊生き生きとしたものの欠如
　　＊夢の二つのパートが連結する場所
　　＊夢思考本体からの派生物に比べ、記憶にとどまりにくいこと

　二次加工は、フロイトの夢理論においてやっかいな側面の一つであるが、また非常に重要な一面でもある。フロイトは二次加工についての考えを、その業績の中で数度変えている。最初は、二次加工は夢工作の一部であると主張した。それから『夢解釈』では夢工作についての章のうち一節全体が二次加工に当てられている。その章においてさえ、夢工作の一部という主張に疑問を持ち始め、二次加工を覚醒時思考の過程だと認めている。

　　　次の考察により十分確かになりそうなことであるが、夢内容の二次加工として述べてきたことを遂行する心的機能は、覚醒時思考の活動と認めるべきか

第 3 章　二次加工、三次加工、そしてそれを越えて　35

もしれない。覚醒時（前意識的）思考は、それが出会うどのような知覚素材に対しても、いま考察中のこの機能が夢内容に対して振る舞うのと、まったく同様の振る舞いをする。そうした素材の中に秩序を打ち立て、関係づけ、知的に把握できる全体性への期待に沿うよう馴致することは、覚醒時思考の本性なのだ。実のところ、その方向へはやりすぎてしまう。提示された感覚印象を知的にパターン化することに頼りすぎて、手品の早業に見事に騙されてしまうのである。たびたび奇妙な錯誤に陥ったり、あるいは眼の前の素材に関して真実をゆがめてしまうことさえある（Freud, 1900, p. 499）。

その後の論文でフロイト（1913, 1923c）は、二次加工は本来の夢工作の一部では断じて**ない**、という確信に向かっている。

顕在夢はできあがるまでに、二次加工の一過程に従う。その過程は新しい創作物に、意味や一貫性の性質を持つ何ものかを加えようとする。厳密に言えば、この最後の過程は夢工作の一部ではない（1923c, p. 241）。

あるときにはフロイトは、二次加工を単なるパッチワークに過ぎないと考えた。物語構成の穴を埋め、磨き上げ、もっとつじつまの合うように仕立てる。また別のときには、夢の物語構成の**ほとんど**は二次加工に由来すると考えた。

二次加工を夢工作の一部ではないとする考えは、フロイトの夢理論に必須なものになった。そのことは、夢の物語構成全体は後で継ぎはぎされたもので、夢の意味にとって主要なものではない、という彼の主張に適合している。彼は顕在夢の物語構成を、「非本質的な幻想」と呼んだ。この観点から夢の要素の解釈をフロイトは判じ絵を解くようにやった。そこでは解釈者は、夢の物語構成を無視し、潜在的な夢思考を明らかにするために、夢主の連想を通じて顕在夢の内容の要素それぞれを解読していくのである。

もし夢の意味を絶えず進化する何かだとみなすならば、二次加工に関するフロイトの二つの見方を結びつけることができる。二次加工は夢形成の副過程として進行するのかもしれないし、夢体験の後も継続できる。二次加工の複雑さの一部は、それが一回だけの過程ではないということにある。想起し、語られるたびごとにさらなる二次加工がある。不可避的に、夢テキストは滑らかにされ、変更される。これはすべての夢に、聖書における夢にさえ生じる。

例えば、創世記におけるファラオの夢を考えよう。聖書は夢を二回語っている。最初はファラオが夢見たとき、次いでヨセフに解釈させるために語っている。この

二つの夢の語りを見ると、小さいが重要な相違のあることがわかる。これを明確にするため、この二つの夢を併記して、重要な変化が生じている二つ目の夢の語りの部分に下線を引いた（対面のページ参照）。

　二つ目の語りはより長い。二つの夢が一つになっており、いくつかの用語はより過激である。また、やせた牝牛が肥った牝牛を食べた後で、やせた牝牛は肥らなかった、と追加している。

　語られるたびに、夢は変えられる傾向があることにフロイトは気づいていた。そして夢が二回語られるとき、変化した部分は抑圧のとりわけ重要な領域であり、解釈の鍵になりうると論じている。このことをヨセフは知っていた。彼は夢をこのように解釈している（私の注釈はカッコの中で強調）。

> ファラオの夢は一つである（**ファラオの二回目の語りで明らかである**）。神は為そうとされることをファラオに示された。七頭の良き牝牛は七年である。七つのよき穂は七年である。夢は一つである。そして後から来た七頭のやせた醜い牝牛は七年である。そして東風にやけた実のない七つの穂は飢饉の七年となるであろう。（**やせた牝牛が先の牝牛を食べても肥らなかったという事実は、やせた牝牛は時間的に肥った牝牛の後に続くもので、肥った牛から益されてはいないというこの解釈を補強している。**）

ファラオの夢の2形

ファラオの夢の第一の語り （夢見たとき） [創世記 41：1-7]	ファラオの夢の第二の語り （ヨセフに語ったとき） [創世記 41：17-24]
二年の後ファラオは夢を見ることがあった：	ファラオはヨセフに言った、
彼は河のほとりに立ち、七頭の美しい肥った牝牛が河から出できたり、草を食んでいるのを見た。それから七頭の違う牝牛が河からのぼり出た。それらは醜くやせていて、河のふちの美しい牝牛のそばに立った。醜く痩せた牛は七頭の美しく太った牝牛を食べつくした。	夢で私は河のほとりに立ち、河から七頭の美しい肥った牝牛が出できたるのを見た。彼等は牧草を食んだ： 　その後から七頭の醜いやせた牝牛が出できたった。<u>それらはエジプト全土でいまだ見たことがないような醜悪さであった。</u> 　やせた醜い牝牛は最初の七頭の肥った牝牛を食べつくした：<u>しかしからなかった：なお前と同様醜</u>

	かったのである。
ここでファラオは目を覚ました。	それから目覚めた。
また眠り再び夢を見た：	そして夢で見た（注意。一つの夢とし
一つの茎から七つの肥えたよい穂ができた。	て述べている）、一つの茎から七つの実の詰まった¹よい穂ができた。
それから七つのやせて東風に焼けた穂が生えた。	それから七つの<u>しなびて</u>、やせ、東風にやけた穂が後から生えた：
そして七つのやせ穂はよく実のついた七つの穂を呑みつくした。	そしてやせた穂は、七つのよき穂を呑みつくした：私はこれを法術士に語っ
ファラオは目覚め、それは夢であった。	たが、明らかにできるものはいなかった。

このことはヨセフのファラオへの忠告の要になっている。

> これは私がファラオに語ったことである。神は為そうとされることをファラオに示された。エジプトの全地に七年の大いなる豊年がある。それから飢饉が地を滅ぼすだろう。豊年は地において知られることはないであろう。続く飢饉のためである。飢饉はきわめて厳しいであろう。そのためファラオは夢を重ねて二度見た。これは神によって定められたことであり、速やかにこれを生じさせようとされたからである（創世記41：25-32）。

そういうわけでヨセフの忠告は、七年の豊年の間に食糧を蓄え、それによって、七年の飢饉の間に食料があるようにすることである。

三次加工

夢の加工の流れは夢主にとどまるものではない。自分の夢を精神分析家や他の誰かに語ると²、その人もまたその夢を想起したり語るときに加工することになる。

1　この違いは翻訳者のせいではない。ヘブライ語で第一の語りでは「Briot」、第二の語りでは「Melayot」である。

2　最初にこの文章を書いたとき、私が思いついた言い方は、「自分の夢を精神分析家や他の**第三者**に語るとき……」であった。自分の夢を語る相手は二番目の人であり、第三者ではないことに気づいたが、この間違いは、夢が自分の中の対人関係として体験していることの反映であることもわかった。夢は別の人から私たちに語られるお話に似ている（そのお話の作家は私たち自身だと知ってはいるのだが）。

そうした加工が夢主以外の人によって行われるとき、私はそれを「三次加工」と呼んでいる。

　三次加工を詳しく見たければ、自分で次のテストをやってみることだ。誰かに夢を語らせる。それを聴いているときに書きとめ、目の届かないところに片付ける。2週間後その夢を再度書き出し、二つの夢の形を比べてみる。変更はかなりあからさまであることがわかるだろう。それらはあなた自身の心理状態の刻印を帯びていることになる。またそれらは夢の異常な側面を平坦にする傾向にあるだろう。

　精神分析の文献には、これに関する魅力的な実例がある。サリヴァンは助手の一人が語った夢を二度報告している。一度目は『精神医学の臨床研究』という著書で、二度目は『精神医学は対人関係論である』において[3]。ファラオの夢の実例のときのように、この二つの形を比べやすいよう併記した。

サリヴァンの助手が見た夢の2型

『精神医学の臨床研究』	『精神医学は対人関係論である』
「あるめったにない夢を取り上げることで、遁走と自己意識の減衰をもっともよく説明できるだろう。同僚の一人が、自己理解に近づきつつあるときに、ある悪夢を経験したが、それは私の知る限りこうした種類の経験ではもっとも典型的なものである。 　この青年は、混乱した患者の扱いではすぐれた才能があり、自分のパーソナリティのなかに同性愛傾向があるのに遅ればせながら気づいていたのだが、後に結婚したある婦人と当時は婚約していた。しかし自分の心のありように携わるうち、同性愛的な生活様式を、可能な、あるいは望ましい、自分のいくつかの性向の成就と一時的にみなすようになっていた。	"別の夢を論じよう： ある時期私には実に素晴らしい助手がいた……特に公的な教育は受けていないのだが、才能と経験で、おびえた人を自然と安心させるような人物である。若い統合失調患者が、自分の恐怖をそのせいにできるようなところが彼にはなかった。そのほかにも多くの点で、統合失調症患者を扱うのに必要な、おのずと尊敬できるような人柄をそなえていた。人間の人格に関わる仕事に伴う危険性について、当時の私は多くのことがわかっていなかった。そしてこの青年は私の左手となり、ほぼ左腕全体となったのだ。早死にしなければもうけもの、の言い方そのままに、彼はひどい類妄想症的な女性にとても関心をもつようになった。私たちにおいて盲目的ではあるが常時保持されている警戒心のおかげで、彼はこの関係に悩み、私に話した。私は彼や女性と話し、

3　この夢の二形に気づいたのは、マーク・シーゲルトのおかげである。

第3章 二次加工、三次加工、そしてそれを越えて

結婚延期を勧めた。なぜなら彼女は彼の気まぐれな女性関係におそろしく苦しんでいたようだし、もし結婚すればそうした悩みは大きくなると思ったのである。それに私は彼に動転して欲しくなかった……とても大切な存在だったのである。

ある夜彼は次のような夢を見た。彼はみずみずしい緑の草地に立っていた。とても美しく、気持ちがよかった。ふと見ると、足場は低く前には巨大なコンクリートダムがはるかに天頂へそびえていた。

彼は楽しんでいたが、驚いたことに立っている草地とダムのふもとの間に、水が帯状に現れた。見る見るうちにそれは広がった。同時に驚きはおびえになり、さらに強く恐怖へと強まった。

その時ダムのはるか上にいる誰かが彼に呼びかけた。(連想でその人物を婚約者としている)。彼はあがいた。パニック状態であった。彼女のところ、固いコンクリートの上に行きたかった。広がった帯状の水を飛び越えた。

ちょうど帯状の水を飛び越えようとやみくもにがんばっているとき、気がつくとベッドの縁から寝室の床に月光がさしているところへ飛び込んでいるところだった。衝撃によりいくぶん傷ついたが、しばらく時間がかかったものの、怯えを十分に払拭し、『現実との十分な接触を回復』し、傷に気づき、自分をなだめ、再び眠った。自己はこの夢では十二分にはっきりしている。個人的な現実の評価における是認の参照システムとしての自己意識は、夢状

そこで彼は夢を見た。あなた方の幾人かはボルティモア近郊に行かれ、ロッホ・レイヴンをご覧になったかもしれない。ロッホ・レイヴンはコンクリートダムで、その上流にはとても美しい人造湖ができている。このダムは壮大で、非常に高く、水門も幅広い。夢の設定はロッホ・レイヴンのふもとである。そこには岸からそう離れていないところに、緑あふれるとても小さな島……素敵な島……がある。そこを助手と私は会話しながら歩いている。彼はダムを見上げ、一番上に婚約者を見る。そして特に気にせず、会話を続ける。

それから私たちが渡ってきた島と岸の間の水域が急に広がるのを見た。

彼は恐慌状態で目を覚まし、ベッドの縁から寝室の床に月光がさしているところへ飛び込んでいる自分に気づく (Sullivan, 1953, pp. 336-337)。

況から完全に回復するのは遅れる。統合失調性の遁走では、終始その覚醒状態は夢から『目覚め』に続く時間帯に酷似する。相違は、患者が全面的に『現実との接触を失っている』とき(一般的にはパニックにあるとき)、あるいはひどい『睡眠』障害にあるときは、覚醒度がぐっと落ちることである」(Sullivan, 1972, pp. 288-289)。

　いくつかのドラマティックな変化を見てとれる。夢の前置きで、第一の語りではサリヴァンは同性愛の葛藤を強調しているが、第二の語りでは完全に省いている。第二の語りでは女性が助手の「気まぐれな女性関係に苦しんでいる」。夢本体も変わっている。もっとも顕著なものは、特にサリヴァンと女性との間で夢主が感じている葛藤の大きさである。第一の語りでは、サリヴァンは夢に登場せず、夢主はパニック状態である。第二の語りでは、サリヴァンは登場し、助手は彼との会話を特に気にせず続けている。

　フェレンツィ(Ferenczi, 1913)によると、「人はその夢を、内容が関係している当の本人に話したくなる」という。あるいは助手は、自分の葛藤のゆえにサリヴァンに夢を語ったのかもしれないし、サリヴァン自身の葛藤が三次加工をもたらしたのかもしれない。

　二次加工と三次加工は基本的に異なる過程ではない。しかし二次加工が、夢を精神内部で練り上げるのに対し、三次加工はある程度対人関係を含む。夢の加工の進行は三次加工にとどまらない[4]。夢は聴く人があれば何度でも語られる。事実、神話形成に関するある一つの理論は、神話は一人の人の夢から始まるというものである。ある人から次の人に夢が語られるとき、それは子供の「伝言」ゲームのように変化する。語られるたび、特異な細部、個人的な細部は剝がれ、大人数に適した中核の要素が維持され増幅される。ついには、加工された夢は、社会全員のための寓話として機能することになる[5]。

4　文献には、二次・三次加工の例が多数ある。興味をもたれた読者は、トルストイの『アンナ・カレーニナ』のオブロンスキーの夢の二次加工と、ウラジミール・ナボコフのオブロンスキーについてのエッセイにある同じ夢に対する三次加工の分析をしてみたいと思われるかもしれない。
5　夢を神話に関係づけるユング派の技術は、この過程の逆の形である。神話はかつて個人の夢として始まり、今は個人の夢を映し返すために、またその普遍的な主題を強調し増幅するために使われる。

第4章
誰が夢を作り、所有し、想起し、語り、そして解釈するのか？

きみは見えないものを夢見る術を知りたいかい？

オリヴィエ・メシアン

　認知神経科学の新たな発見の多くが、私たちの言語は人間の経験を話すためには不十分で不正確であると教えている。私たちが自分についてどう話すかは、意識的経験の持つ幻想に基づいていることが見出されつつある。心／脳の働きは外から計測されるものとして（例えば、EEGやPETのように外部から脳の活動を計測する手段によって）解明され、心／脳の活動とそれに対する覚醒した意識とはめったに一致しないことがわかっている。

　これらの発見により、活動するとはどういうことか、また活動の意志を持つこと、意識的であるとはどういうことかの再考が促されている。そうした再考の過程で、「私」という言葉がきわめて疑わしいものになってくる。「私」と言うとき、何を言っているのか知っていると私たちは思う。しかし心／脳について知るほどに、真である文章を作るうえで「私」という言葉は実にふさわしくないことを学ぶのだ。

　例えば、それをやろうと意識する**前**に脳は活動を開始しているという研究がある。脳の意志は、意識される意志に**先行する**のである。脳の活動を電気的に計測したリベットとその同僚（Libet et al., 1983）の実験を考えてみよう。実験参加者は好きな時に人差し指を強く曲げるよう指示される。参加者は実際の動作より、200ミリ秒早く意識的に指を曲げる意図を持つ。しかしその意識的な選択の350ミリ秒**前**に、頭蓋の電極からは大量の精神活動が検出される。したがって脳は、人間が指を動かす決心に気づく前に、そう決心している。脳が最初に決断し、それから少し遅れてその決断の意識が続くのである[1]。

　このように意識は、ある場合には脳活動を**導く**というより、**監視**しているのかもしれない。意識してある行動を決断したと思っている場合ですら、脳ではすでにその決断がなされている。それは「私」が決断したのではない、という意味であろう

か。「私」が自分の脳を含むのでないならばそのとおりである。しかし慣用的に「私」という単語をある文章の主語として使うとき、例えば「私は書いた、私は言った、私は歩いた」と言うときには、普通、意識的に為される行為を考える。「私の脳は歩くことを決断した、ついで私は脳の決断に気づいた。それを拒まず、私の足は動き始めた」とは、通常言わない。

　「私」についての考え方を変える必要があるだろう。単一の自分の代わりに、「私」の多数の様相が存在するのかもしれない。そこには「私の脳」のさまざまな部分が含まれている。かりに、ストレスの強い知らせを受けて胃痙攣を起こすとしよう。この体験をもっとも正確に描写する方法は何であろうか。「私の脳は私に胃痙攣を起こすよう決めた」と言うのはぎこちないと思うだろう。しかしその文章は事実に近いようである。もし脳が「私」の一部であるなら、その文章はこう言い換えられる、「私は自分に胃痙攣を起こさせた」。しかし聞き慣れず、ぎこちない。ここで「私（I）」とは脳を指し、「自分（me）」とは胃や、脳による胃の意識を含んだ生体全体を指している。なじみのいい方では、「私は胃痙攣になった」と言うが、その原因は、無意識であるにせよ、普通「私」のせいとはされない。おそらくこういう言い方がより正確であろう、「私の脳の一部が胃痙攣を起こし、私の脳の一部がそれを知覚した」。

自分自身に語る物語としての夢

　主体（agency）と体験の問題は、夢に関することになるとよりいっそう錯綜する。
　夢は、誰か別の人に書かれた物語であるかのように体験される。誰によってであろうか？　古代の人は、夢は神からのメッセージであると考えた。フロイトは、夢は無意識からのメッセージであると言った。フロイトが正しければ、私たちは驚くべき体験をしていることになる。夢は私たち自身の心によって語られ、しかも対人的だと感じられる。私たちはその原因に気づかずに夢を体験しているかのようであり、たいていは夢がどのように展開するかには一切の制御がきかない。あたかも夢は誰か他の人、どこか他の場所から到来するかのようであるが、しかし、それは私たちの夢なのである。このように夢は、自分自身の心があたかも他の人格であるか

1　フロイト（1923b）はこの問題を予見していた。こう述べている。「思考過程という名前で大雑把で不正確にひとくくりにしている、これら内的過程についてはどうだろうか？　それらは、行動を引き起こすときに心的装置の内部のどこかで生じる精神エネルギーの置き換えを表している。それらが表層に至り意識を生じるのだろうか？　それとも意識がそれらに達するのであろうか？」（p. 19）。

第 4 章　誰が夢を作り、所有し、想起し、語り、そして解釈するのか？　43

のように体験される、最上の実例としてふさわしいのである[2]。

　夢を見ることは、不随意の創造行為である。夢では私たちすべてが、吟遊詩人、物語作家、新しい体験の織り手である。「私たち」がそれをやっていることはわかる。しかし、私たちの体験する、意図を持ち意識的で意志にみちた自分としての私というものは、夢がおこなう創造には普通関わっていないように感じられる。代わりに、何か他の私、夜の私、あるいは無意識の私が席巻する。その知性とひらめきは、覚醒時の生活に比して勝るとも劣らない。体験の持つこうした側面は、ギリシャ語のような言語で明確に示される。ギリシャ語では、「私は夢を見た」と文字どおり言われる。

　神経学者であり、サン・ディエゴの「脳と認知の研究センター」所長をしているV. S. ラマチャンドランは、ある夢の報告をしている。その夢で誰かが彼にとてもこっけいな冗談を言い、夢のなかで腹を抱えて笑ったという。この夢がラマチャンドランに示唆したことは（Ramachandran et al., 1996）、「夢を見ている間、私の中には少なくとも二つの、相互を覚えていない人格があったはずである」（p. 44）。ある冗談に腹を抱えて笑うという体験をするには、少し驚く必要がある。誰が夢で冗談を言い、誰が笑ったのか？

　ラマチャンドランの主張によれば、彼の夢は多数の人格の可能性を証していることになる。しかしいま一つの見方では、**ほとんど**の夢は多数の人格の体験を示唆している。というのは夢のシナリオを作り上げる人格と、それを体験する人格とは別のものに思えるのである。それに冗談のほかに、夢はいろいろなやり方で私たちを驚かす。夢の報告ではごくありふれて、「突然」という言葉が使われる。夢ではしばしば、突然で驚くような転換を体験することがあり、それは私たちを怖れさせたり、喜ばせたり、魅了したりする。しかし夢のなかでの「思いがけない」出来事を体験すると、夢の語りを導いている、ある強い不覊の力をますます感じるようになる。もし仮に意識的に自分で夢を作り上げているのなら、突然の場面転換にはさほど驚かないだろう。

　夢についての新しい語法が必要なのである。しかしそれはいまだ展開しておらず、あるいは考案されてはいない。私は「夢を見た」と言う。もし「私は夢を見たが、覚えていない」と言うなら、含意は、ある時点で夢に気づいていたが今は忘れてしまった、ということになる。**決して**気づいたことのない夢について、「私は夢を見たが、覚えていない。私はそれを思い出さなかった、あるいは少なくとも思い出

---

[2] これに対する例外は「明晰夢」である。そこでは夢主は夢見ているという意識をある程度持ち、時には夢のなかの出来事の進行をコントロールできると感じる（van Eeden, 1913; LaBerge, 1985）。

たことを思い出さない」とは普通言わない。しかしこの言述が表すものは、しばしば夢の生活についての真の状態である。1953年にアセリンスキーとクレイトマンは、一晩中私たちは定期的に夢を見ていることを発見した。しかしその大半を私たちは覚えてはいない。アセリンスキーとクレイトマンの発見以降は、このように言うことも正しいだろう、「私は昨夜五個以上の夢を見たが、どれも覚えていない」。この場合夢を見たという確信は、直接の意識経験より、夢見の規則性の知識に基づいている。

　リベットら（1983）の実験を知るものは、こう言うかもしれない。「私がそれをやることを決心したことに気づく前に、私はそれをやることを決心した」。しかし世の人々にはこれまでのところ、そのような文章は奇妙に聞こえるだろう。文章の中の異なる複数の「私」は異なる対象を指し示している。私たちの言語はいまだそうした異なる「私」を指し示す異なる語彙を持たない。つまり、無意識の脳活動の「私 - 性」は、それよりなじみある意識的に意志する感覚の「私 - 性」に先行するが、それを識別する名詞はない[3]。

　この点では哲学が、世界で知られる現象を記述するために言語は不十分だということを解析する助けになる。知ることのできるすべてをくまなく言及できる、伸展する言語、創出する言語に関わる哲学の一分野が存在すべきだろう。

　哲学と精神医学の歴史は、自己の観念と**意識する**自己の観念をしばしば混同してきた。しかしつねにそうだったわけではない。ソクラテスでさえ『メノン』において、学習は知識を意志的に積み重ね、徹底して分類するものではなく、すでに心／脳が無意識に知っていることを意識的に発見することだと示そうとしたのである。

　19世紀には、この用語法の問題を解く試みがなされ、意識的な自己は「私（I）」と呼ばれ、意識的なコントロール外にある生体の部分は「それ（it）」と呼ばれた。『善悪の彼岸』でニーチェ（Nietzsche, 1886）は書いている。「『それ』が望むとき、思考が訪れる。『私』が望むときではない。だから『思考する』という述語の必要条件が主語の『私』だというのは事態の歪曲だ。『それ』が思考するのである」（p. 24）。

　ゲオルグ・グロデック（Groddeck, G., 1923）は、『それについての本』の中でこの考えを伸展させ、ほとんどの身体疾患は大幅に解離された心の葛藤の表現だとしている。一例は朝の気分の悪さだ。グロデックによれば、妊娠した女性が意識的にはどれほど子供の誕生を待ち望んでいても、また誕生を怖れてもいる。そして程度

---

[3] リチャード・レスタク（Restak, R., 1991）は巧妙な書名『脳はそれ自身の心を持つ』の著書で、この問題への注意を喚起した。1991年、フランス人クラパレードは「moïté」という用語を案出し、それはデイヴィッド・ラパポート（Rapaport, D., 1951）により「私らしさ（me-ness）」と翻訳されたが、流布されるに至っていない。

第4章 誰が夢を作り、所有し、想起し、語り、そして解釈するのか？　45

の差はあれ胎児から解放されたいと願っているだろう。これは朝の気分の悪さによる吐き気や嘔吐に表れている。母親はそうした感情を持つが、それらは空々しく、受け入れ難く感じられる。だからそれらは「私」よりむしろ「それ」に帰属させられるのだ。

　フロイト（1923b）はこれをさらに論じ、心の三領域あるいは三審級を示した。つまり、「私」、「それ」、さらに「私を超えるもの」。これらはジェイムス・ストレイチーによって、「自我」、「イド」、「超自我」と翻訳され、似非科学の響きを与えられた。しかしドイツ語で、イドを表す単語はニーチェやグロデックの使ったものと同じ「それ Es (it)」である。フロイトのドイツ人読者ならば、哲学と精神分析の関連を容易に見てとるであろうが、英語訳の読者はそれを見逃すだろう。

　フロイトや彼に従う私たちの多くは、「無意識的なもの（*the* unconscious）」と言うことはあっても、「意識的なもの（*the* conscious）」というのは稀である。この区別は私たちの言語では確立されている。つまり「精神分析家は『無意識の内容』(the contents of the unconscious)について語る」といった文章は、完全に文法に適った響きである。「意識の内容」(the contents of the conscious)について語るという言い方は、ほとんどの人にとって、文法に適っているとは思えない。「無意識的なもの（*the* unconscious）」はどうして定冠詞をつけた実在物になったのだろうか？　おそらくは無意識的なものは見知らぬように感じられて、一個のものとして把握されたのである。「意識的なもの」は、はるかに親しみやすく、すでにきわめて個人的な名前を持っている。「私」である。さまざまな無意識の精神作用はいまだ名前を持たず、とりわけ一人称で語られるときはそうである。無意識的にという副詞に頼っている。このようには言える、「私は無意識のうちにそれがしたかった」。通常の英語で、無意識のうちに決めた行動を「それがした (It did it)」とは言わない（ニーチェとグロデックはそうした文章を書いているが）。

　フロイトの構想では、また一般的な考えでは、「私」はまず意識的な自我とされる。フロイトは後年、私、つまり自我を意識的部分と無意識的部分に分ける必要があると考えた。『自我とイド』(1923b) とは、英語では「私とそれ（I and It）」というタイトルになるべきものだが[4]、そこにおいてフロイトは無意識の作用を3種類に分けている。(1)前意識：意識的になりうる。(2)抑圧されたもの：意識から積極的に切り離されており、その力は精神分析によって解除される。(3)第3の無意識：抑圧されてはいないが、にもかかわらず気づかれない働きに関与し、意識できない。無

4　『自我とイド』のいくつかの文章を、「Ich」を「私 (I)」に、「Es」を「それ (It)」に置き換えて訳しなおすのは、英語の読者にとって貴重な訓練である。論文全体がこのように訳しなおされれば、論文は現在の読者によって相当違う理解を得られると思う。

意識の自我機能のこの最後の部分は、フロイトが「どれほど重要か、はかりしれない部分」とコメントし、近年認知神経科学によりますます注目の的になっている (Kihlstrom, 1986; Libet, 1993)[5]。

精神が無意識に経験することには、さまざまな種類があり、さまざまな理由からそれらは意識できたり、できなかったりする。それらを列挙する。

1. 力動的に抑圧された思考。それらは意識には**受け入れられない**ためである。
2. 解離された思考や情動。それらはある状態の意識には受け入れられるが、その状態での他の思考（あるいは情動）との関連は意識されない。
3. 言語的な意識では考えることができないもの。しかしそれらは非言語的に経験、つまり、情動的に、あるいは音楽的に、また他の形態で経験しうる。
4. 「未構成の経験」。それらは言語を用いる意識により叙述されることが**可能**であると思われるが、されていない。
5. どのような形態であっても意識することが完全に不可能な思考。それらの性質を述べることはできないし、その存在を証明することもできない。しかし精神活動のさまざまな領域で、それらが存在し続けているのを推測できる。例えば覚醒時に無意識に処理されるいくつかの形態があり、それらは決して意識されない[6]。

これらのさまざまな意識レベルに、夢形成や夢体験のどの面が対応しているのだろうか？　夢体験を一人称で語ろうとしてみれば、この問題の困難さがわかる。た

5　精神分析の基礎概念の多くは認知科学者により、再発見され、再命名されているところであるが、彼らは先達である精神分析家への謝意をしばしば欠いている。「観察自我」はメスラム (1998) の「注釈自己」commenting self として再登場し、人の思考構造とは身体的な体験に基づいていることを、レーコフとジョンソン (1999) が再発見した。

6　この最後の種類は、**決して**気づくことのできない脳の「非精神的」な過程を含まない。リベットはこれについて書いている (1992)。「無意識の精神機能を広く見渡すと、それは情動的に困難な思考へのフロイト派の"抑圧"という、より制限された機能をはるかに超えて広がっている。しかしそれは、意識されるに至るまでのポテンシャルに達していないという意味で"非精神的"な脳の働きを含まない。その"非精神的"な脳機能に含まれるものは、血圧、心拍数、自動的な姿勢保持などをコントロールする諸過程である」(p.264)。これは精神の、つまり脳の働きについての魅力ある定義だ。少なくとも意識できるようになる**ポテンシャル**の**閾値**を脳機能が持つことになる。仮に練達のヨーガ実践者がその心拍数をコントロールできるようになれば、それは心拍数を「精神」機能にしたということだろうか？

とえばフロイトの夢モデルを受け入れるなら、こう言えるだろう。「私の脳の一部はある考え（潜在的夢思考）を持ち、それを他の脳の部分は不安を起こすものと思う。そしてもとの考えを検閲し、「夢工作」として知られる働きにより、大部分がわからないように（顕在夢に）変える。顕在夢は私を不安にさせず、眠り続けることができる」。これらすべては「私」の異なる部分である。つまり潜在夢の思考を考える部分、難儀な内容を把握する部分、夢工作によってそれを変える検閲の部分、そして検閲され変更された成果である顕在夢を最終的に体験する「私」。さらに覚醒時の生活で顕在夢を思い出し、潜在夢の思考を引き出すために考え込む「私」がある。

　もし夢について活性化‐合成モデルを受け入れるならば、こう言えるかもしれない。「私の脳がある状態へ変化する。その状態で脳の一部が活動を始め無秩序にイメージを作り出す。他の部分がそのイメージと共に働き、イメージにまつわるストーリーを紡ぎ出そうとする。私（あるいは依然として脳の他の部分）はそのストーリーを視覚運動的な体験として見、そして感じる」。

　夢形成における主体の問題、つまり「誰が何を」夢で行っているかの問題は、多くの精神分析家を悩ませてきた。そしてフロイトの夢形成理論に固守する者のなかで、満足できる答えを提出できたものはいなかった。ロイ・シェーファー（Schafer, R., 1983）は問う。

　　　誰が夢の作業を行うのか？　夢工作は、たまたま生じることはない。フロイトのように、それは単にそれ自体で生じると言ったりほのめかしたりするのには意味がない。また夢工作は一次過程が行うと述べるのも受け入れ難い。その理由は、その際に、機械的な論説の範囲に留まってしまうからだけではない。そう述べることは、しばしば経験されるような夢に感銘を受ける事態と矛盾するからである。人口に膾炙する一次過程の概念化が強調するのは、エネルギーの流動性であり、創造的な統合ではない。それに現代の精神分析理論では、フロイト流の、夢作業を行う仮説的な**無意識**システムはもはや存在しない。メタ心理学的には、事態はいまや構造的に概念化されなければならない。

　　　構造主義的な観点からは、多機能の原則を思い起こす必要があるだろう。心のすべての構成要素が、夢として人の認める驚くべき最終結果に携わっている……。

　　　夢に対する責任についての議論で、フロイト（1925a）は夢主が夢に責任を持つ、と言わねばならなかった。他の誰がその夢を見ただろうか、と彼は

尋ねた。責任という考えが議論に入り込めば、たちまちメタ心理学の非人称性から離れ、人について語り始めなければならないのである（p.61）。

ドナルド・スペンス（Spence, D., 1982）は同じ問題で躓いた。彼の達した結論は、自由連想は想起された夢を**変化**させるというものであった。これは夢解釈の過程が実際には夢形成過程を保持し、意味を単に見つけるのではなく、創り上げるという私の信念に近い。ジェイムス・グロットシュタイン（Grotstein, J., 1979）はその機智の利いた論文のタイトルでこの問題を総括した。そのタイトルは、『夢を見ている夢主は誰か、そして夢を理解する夢主は誰か？』。

意識や主体が複数あるという体験は、夢に該当するだけでなく、創造行為にも当てはまる。偉大な創造的思想家の幾人かは、ひらめきの瞬間には、脳の活動を受け入れる受け身の器のように感じると認めている。作曲家のイーゴリ・ストラヴィンスキーは「私は『春の祭典』が通過する容器だ」というようなことを言った。またアルベルト・アインシュタインは、1932年のエリカ・フロム（Fromm, 1998）への手紙の中でこう述懐している。自分の相対性理論の展開の体験は、ある解を探すことであったが、自分の心はすでに解明したと感じていた、と。「問題を創造するものは、その解答を所有している」。

「私は考える」というより、「考えが私に生じた」と言うとき、私たちは自分の脳の活動性について主観的には同じ受身の感覚を認めている。この文法構造はドイツ語での等しい表現（「それは私に思われる」）より英語の方が受け入れやすい。それが表しているのは、私たちは自分の思考が形成される過程を意識的に体験していないという感覚である。

認知神経科学はますます発展しているが、その成果の一つは、脳は同時に異なる種類の作用を併行させる極度に多面的なものであるという認識である。このモデルは今日、並列分散処理（parallel distributed processing: PDP）として知られる（McClelland and Rumelhart, 1986）。その重要な特徴の一つは、「多数再入力シグナル multiple re-entrant signaling」である[7]。これは、脳の出力は入力の一部にもなるということを意味している。つまり脳は、その処理を再処理しているのだ。

デイヴィド・オールズ（Olds, D., 1994）のおかげで精神分析理論は、認知神経科学のこれら最新の発見を統合する方向に動いた。彼は意識の再入力の特性を強調したのだ。その強調点は、「意識は脳の**出力**の担い手のひとつである。意識に閃いたものは、感覚入力や、記憶や内臓系からの入力と並んで、脳が取り扱わねばならない多くの**入力**の一つになる」（p.597）。そのようなシステムのどこに「私」を位置づけるのか、という問題は極度に複雑で、おそらく決定不可能である。

意識は単にそれ自身のための経験であるだけではない。脳の活動を測る一方法であり、また「再入力シグナル」と呼ばれるものをとおして脳の出力の結果を修正する方法にもなっている。ヴァイスクランツ（Weiskrantz, 1986, p. 170）は意識を「注釈システム」といっている。意識は脳活動を全体として監督してはいない。せいぜい脳活動をいくらか修正する程度である。それも常識で思われるよりはるかに少ない。

　意識的思考の能力の一つは、嘘がつけることである。嘘をつこうとしてたまたま口をすべらせて本当のことが露見する場合、精神分析は通常その現象を意識的意図への無意識の侵入と考えてきた。次の章では、この能力が夢ではどのようになっているのか、また「誰が」夢を見るのかについてこの能力が示唆するところを考察しよう。

7　フロイト（1923b）は書いている。「体外から（感覚知覚）また体内から——感じや感情と呼ばれるものだが——受けとられる一切の知覚は、始めから**意識**である」(p. 19)。今日知られていることであるが、感覚刺激が意識される過程は、その始まりにおいてもう少し入り組んでいる。例えば、一軒の家を見たとき生じることはただ単に、光の波が眼に入り、視神経によって伝達される信号に変換され、その信号が解読され、神経による家の表象になる、ということだけではない。情報は心的装置を一方向にのみ流れるものではなく、多方向性を持ち再入力される。光は眼に入り、網膜を刺激することから出発する。それから情報は外側膝状神経節に移り、さらに皮質視覚野に至るだろう。しかし経路には多くの反転するフィードバックのループがあり、一部処理された情報をシステムにフィードバックする。同様に、記憶との連結は、多くの種類の順行・逆行の機構を巻き込む。かつて見たさまざまな家の記憶、かつて見た白い箱型の物体まで生き生きと思い出すかもしれない。この甦った記憶はいま家を見ている見方に現に影響するだろう。また家についての大脳皮質の処理は、眼球運動に影響しうるし、映像の見方が違ってくるだろう(Keating and Gooley, 1988; Kosslyn, 1994)。

第5章
夢のなかでは決して嘘をつかない
―― 顕在内容の真実 ――

> もし他の人間の心を覗き込む眼力が与えられるなら、ある人間についての判断は、何を考えるかより、はるかに多く何を夢見るかによってなされることだろう……まったく自然に生じる夢が、私たちの心の刻印を帯び、それを保つ。何にもまして直接に、誠実に、私たちの魂の最奥部から立ち昇るのは、無鉄砲な、無制約の憧憬である……私たちのとてつもない空想は私たちに一番似ている。
>
> ヴィクトール・ユーゴー『レ・ミゼラブル』

　フロイトは夢を構築するおもな動機を、受け入れ難い願望を偽装することだとした。彼によれば、夢の検閲は受け入れ難い考えをつねに顕在夢思考へと偽装し変える。それによって潜在夢思考は隠されるのである。
　『夢解釈』の一箇所でフロイト（1900）はこの命題を大いに推し進めている。

> 夢のなかでの一見判断行為に見えるものを分析すると、解釈の作業を実施するためにこの著書の始めに設定した規則を再認させられる。つまり、夢の構成要素の見かけ上の一貫性は、本質的でない幻想だとして無視するべきであるし、また要素それぞれについてそれ自体のためにその源へ遡及すべきである［p. 449］。

　私が提案するものは、かなり異なっている。夢は、偽装と検閲への関わりを主とするものではない。夢は、事実私たちのもっとも率直なコミュニケーションであり、おそらくは、そこで嘘がつけない唯一のコミュニケーションである。夢については嘘が言える。しかし夢の**なか**では嘘をつかない。夢は潜在的な夢思考を偽装するというフロイト理論から見れば、私が夢のなかでは嘘をつかないと言っているのは、いささか反語的と思えるだろう[1]。しかし私はそう思っている。夢ではいつだって

真実が語られるが、そのメッセージは誰にでも読み解けるものではない。夢の現す真実は、覚醒時思考とは異なる手段を用いるから、夢の意味は夢主にとってはっきりしないかもしれない。それにメッセージは夢主から解離された何かかもしれず、同じ内容を解離する必要のない他の人にはその意味は明らかであっても、夢主には意味不明かもしれない。このことが、ユング派分析家であるマリー＝ルイズ・フォン・フランツ（Marie-Louise von Franz）の「誰も自分の背中を見ることはできない」という言葉が言おうとしていたことである。

　夢は巧みに偽装されるわけでもないし、巧みに理解されやすくなるわけでもない。夢はそれ自身の言葉で語る。必ずしも伝わりやすくはないが、豊かな意味があるように意図されている。覚醒時の心がそれを理解するには、いくぶん努力と好奇心が必要である。一方で夢は覚醒時の発言では決して現れない私たち自身についての真実を多く語る。大半の人は自分の夢に何が存在するのか気がつかないために、できれば隠しておきたい個人的な事柄を、夢を語ることで露見させたりする。

　よくあることだが、自分の精神分析家と重要な情報を共有できない、あるいはしようとしない患者が、夢でそうした情報を明らかにすることがある。いくつかの事例では、治療で率直に議論される題材が、数ヶ月前、あるいは数年前に夢が先取りしている。分析家はある夢のなかに、葛藤のある題材を聞き取るが、患者は何も知らないと言い張る。分析家は葛藤素材があることを知るが、もし患者がそれを認めないなら、最良の方法は、とりあえずその素材を放置し、忘れず、無理押ししないことだ。そのような時点で患者の防衛を突破することに拘泥する分析家は、どうやら空のカウチとともにいる自分に気づくことになる。しかし分析家が時機を待てば、夢の題材の真実がついには姿を現す。

　ほとんどの場合、夢の具体的なイメージは正当性を持つ。象徴的な解釈もまた正当であるときでさえ、そうである。スティーヴン・ミッチェル（Mitchell, S., 1998）の提供する素晴らしい例で、彼は夢を象徴的に解釈するが、ついで夢のイメージが特定の外傷記憶を示していることを見出している。彼の患者ロバートの夢は：

　　　私は裏庭の石壁を伝って降りている。ディヴィッド（私の息子）が一緒だ。
　　　私は彼の腕をつかんで地面に下ろしている。地面から1フィートくらいのと

1　フロイトによって想定された夢の検閲の偽装作用は、一般に考えられている嘘をつくことと同じではない、という議論があってもいい。虚言は、ふつう故意の欺き行為と考えられている。もし真実の偽装が意志や意識を伴わずに行われたとき、それは虚言と考えられるのか？　フロイトの夢形成のモデルが提案するのは、一種の心的内部の嘘である夢の検閲が、睡眠を妨害する真実を偽装するのである。

ころで彼を放した。安全なはずだったが、彼の落下で地面に穴が開き、彼は何か部屋のようなところに沈み、穴の中へ消えていった。地面の5、6フィート下に床でもあるように、明かりのようなものがあった。彼は跳ね返って、横に転げていき、見えなくなった。私は叫び始め、妻に警察や救急車や何かを呼ぶように言った。半狂乱で地面を掘り始めたが、進まなかった。いくつもツルツルの岩があった。それから救助隊やたくさんの人がそこにいた。ディヴィドが死にかけているのではと恐ろしかった。それから少し離れたところに、土の中から木片が突き出ているのに気づいた。それは動いていた。掘り返すと箱が出てきたが、それは私のファイリングボックスに似ていた。そこにはいつか必要になるだろうと思っていろんなものをしまっておいたのである。箱を開けるとディヴィッドがいた。生きていて、元気だった。

ミッチェルはこの夢についてのロバートとのやり取りをこう語っている。

私はロバートに言った。「君の心の中には気づかない部分があって、そこに君は体験の一部をしまって将来に備えている、と夢が示していると理解できそうだね」。私がさらに言ったのは、息子との揉み合いは、いくぶん、はるか昔に埋められた彼自身の一部との格闘の反映だ、ということであった。

次のセッションの皮切りに、ロバートは夢を「創造的に」理解してもらえたことにお世辞を言った。やがてわかったことだが、「創造的に」ということで彼が言いたかったのは、こじつけということだった。それからもう一つ別の夢を語った。そこで彼の妻（彼女は精神分析に興味を持っており、かつて彼に治療を受けるよう勧めていた）は、地下の込み入ったパイプ構造の中へ消えた。このイメージへの連想で彼が思い出したのは、子供時代に家族が住んでいた家には、裏庭の地下に浄化システムがあったことだ。このシステムの浄化タンクは巡回トラックにより、定期的に排水せねばならなかったし、それは相当高くついた。子供の教育のためのお金を節約しようと、父はタンク側面のパイプのための溝を掘るという壮大なプロジェクトに着手した。溝は地下の有効排水量を増やすと思われた。この壮大な掘削プロジェクトには、子供たちが頭数に入っていた。ロバートは彼の安全を気遣う母のことを思い出した。というのは、溝は時に彼の背丈より深かったからである。記憶ではロバートのシャベルが岩に突き当たったとき、地下水脈の水は溝にあふれ始めた。しかし溝が水で一杯になるまでに、彼は安全なところに引き上げられた[2]（pp. 22-23）。

夢を取り扱うときの私の好みは、いつも夢に含まれる一番具体的なものから始めることである。より隠喩的な、あるいは象徴的な解釈のための時間はいつでもある。もし患者が、夢で描かれた具体的な体験とのつながりを意識するのを拒むようなら、待て、と私は忠告する。そのうちにおそらく夢の真実は現れてくる[3]。こうしたことは多くの患者であまりにしばしば体験したため、私にはこれがほとんど実用的な指針に思えるのである。

　例をあげよう。ある患者が二度目のセッションで、三つの夢を語った。夢には膨大な素材があったが、個々の夢には共通して頭部外傷があった。私は尋ねた、「頭部外傷を負ったことがおありですか？」。彼女は「いいえ、何も」と答えた。彼女は自分の頭部、すなわち精神が分析で傷めつけられないかと怖れているという、より象徴的な解釈に満足していた。

　次のセッションに戻ってきて彼女はこう言った、「頭部外傷がなかったと思っていたなんて信じられません。前のセッションの後で思い出したのですが、あるときウェイトレスとして働いていて、皿を積み上げたトレイを運んでいる別のウェイトレスがトレイを私の頭にぶち当てたのです。眼窩骨折をしました」。

　フランスには「階段のひらめき」（*l'esprit d'escalier*）という表現がある。立ち去った直後に（文字どおり階段の上で）、言えたはずの、あるいは言うべきであったはずの気の利いたことを思いつくという、よくある体験を指している。セッションを終えた直後、あるいは少し後に、重要なことを思い出すこうした患者の認識を、「階段の気づき」（*la connaissance d'escalier*）と私は考える。セッションを終えた後に患者が肝心なことを思い出すことはよくある。そのような洞察は夢の解釈家に、夢は「解明」されたという感じを与える。しかしそうした「階段の気づき」が最後のものではない。ずっと後になって、明らかに夢のイメージに関係している、夢主の他の記憶、通常はさらに早期の記憶が思い出されることがある。頭部外傷の夢の

2　類似例はビンスワンガー（1928）を参照すること（フーコー（1986）p. 58 からの引用）。治療で行き詰まっている患者が以下の夢を見る。国境を越えようとし、税関役人が荷物を空けさせる。彼女は一個一個所持品を取り出し、最後にティッシュペーパーでくるまれた銀のゴブレットを取り出す。役人が「どうして一番重要なものを最後に出すのか？」と言う。容易にわかるように、夢は治療のメタファーである。治療で彼女は肝心なことを最後までとっている。夢を語った後数日間、彼女は不安だったが、ついに5歳時の重い性的外傷を思い出した。それは銀の薄片でくるまれた銀のティーポットの置かれた部屋でのことだった。

3　オットー・イサカウワー（Reiser, 1997）はこの観点を展開して次のように断言したと言われている。「夢を取り扱うときに新しい何か、つまり**関連した新しい生活史上の情報**のことだが、それを何も聞くことがなければ、その夢についての作業はうまくいっていない」（p. 893）。すべての一般化と同様、この断言もまた間違っている。またこの断言は、分析家が夢のなかに生活史上の情報を発見する（あるいはでっち上げる）のを責務と感じるよう促すかもしれない。

1年半後、患者が幼い子供時代のことを語りながら思い出したのは、母が繰り返し頭を引っぱたいていたことである。成人後のウェイトレスのときの、あるいは母に打擲（ちょうちゃく）された子供のときの外傷の記憶のいずれも、初めて夢を語ったときには患者は覚えていなかった[4]。打擲のことを語っているとき、私はその記憶と彼女が治療初期に語った夢と関連づけ、彼女は同意した。

　このように夢は信頼できる。もし夢が患者を当惑させるようなこと、道徳的に非難されるようなこと、さもなければ社会的な汚名をこうむるような何かをしていると描くならば、その体験は現実体験と関係している可能性がある。ある男性が夢を語った。その夢で彼は女性を椅子に縛り、猿轡をかませ、残酷に打ちすえた。そうしている最中「この女は本当はこうされるいわれはない。されて当然なのは、この前の女だ」と考えていた。そう考えていながら、前に同じことをやったことがある、と夢のなかで気づいた。私は尋ねた、「あなたは夢でやったことか似たようなことを、かつてやったことがおありですか？」（私の質問は、顕在内容と潜在内容の両方に向けられている。顕在内容は残酷な行為を描いている。しかし加えて夢は「前にやった」ことをほのめかしている。なぜなら前の女がそうされて当然だったのだから）。患者は、「何のことです？　あなたはアルフレッド・ヒッチコック派の夢解釈の信奉者なんですか？」と尋ね、その理由を述べた。ヒッチコックのある映画で、名前は思い出せないが、ある男が繰り返し一つの夢を見ていて、その夢がついには犯罪の解決に役立つのだ。先週、彼は娘の一人とセックスする夢を見た。その夢でも、私は「そうしたんですか？」と最初に訊いた。「いいえ」とそこでも彼は強調して答えた。しかし、しばらく後の治療で語ったところでは、彼は十代の頃、親類の女性に性的行為を無理強いしたという。二つの夢は、あわせて考えるとこの十代の経験を指している。それについて彼は大いに罪悪感を持ち、恥じていたのである。

　夢の細部が夢主の現実体験を指している例を、私は他にもたくさん経験している。ある男性は治療初期、性転換手術を受ける夢を見た。他の例と同じく、彼もその夢にあっけに取られた。現実にはそうした類のファンタジーは持ってないと彼は否定した。結局、私たちはこの夢を彼の怖れとして、象徴的に理解するに至った。その怖れとは、感情について多く語りすぎることは、彼の見解では女性的だろう、とい

---

[4] 注意していただきたいのは、患者が初めて夢を語るときに、これらの記憶のどちらも**思い出し**はしなかったが、**認める**ことはできたであろう。彼女が夢を語った日に、もし私が「誰かあなたの眼窩にトレイをぶつけませんでしたか？」とか「お母さんは頭をぶちませんでしたか？」と尋ねたなら、彼女はどちらの質問にもおそらく「はい」と答えたと思う。彼女は二つの事実を認めただろうが、補助なしに思い出すことはできなかっただろう。これは治療において「回復する」記憶とは大いに異なる。それは回復以前には、思い出したり認められたりできないのである。

うものだった。しかし数年後、同性愛や女装のファンタジーが葛藤に満ちて出現した。それはより具体的に夢と関連するものだった。

　顕在夢は具体的な意味を持つのが通例であっても、夢のより象徴的解釈の妥当性を損なうものではない。この男性は精神分析によって「脱男性化」されるのが本当に怖かったのだ。具体的なもの、象徴的なものの双方が真でありえる。しかし私の興味を引くのは、具体的な解釈より象徴的な解釈の方が普通患者に受け入れられやすいということである。精神分析家の多くが、患者は象徴的解釈をより受け入れやすいのを知り（そしておそらくは、自分が象徴的解釈の発信者であることで自らの創造性を誇らしく思って）、それ以上先には進まないかもしれない。皮肉なことに、夢の意味の最大の力はまさに表面上にあるかもしれないのである。かつてオスカー・ワイルドは「表面的な人々だけが表面の下を見る」と語った。精神分析は「深層の心理学」とされているが、精神分析家が最良の仕事を行えるのは表面下を見ることによってではなく、表面上をできるかぎり深く見ることによってである。

　夢の取り扱いでは、バランスが大切だ。もし夢主が具体的に考えているならば、分析家は象徴的解釈をすることで、その具体性との均衡を取ればよい。もし夢主が夢の細部を飛び越えて象徴へ至るならば、分析家は具体的な細部へと注意を促すことで、うまく均衡がとれる。とりわけそれが該当するのは、夢の象徴的解釈が、より具体的ではあるが葛藤にみちた解釈への防衛として作用している場合である。

　例を示そう。ある女性は盗賊になった夢を見た。《私が盗みを働いているのは、下町の商業ビルでした。そのビルには、大理石のロビー、真鍮のエレベーターがあり、守衛がいました。私には、自分と同年齢の男性の共犯者がいました。誰かはわかりません。ティーンエイジャーっぽいところがありました。彼と私はビルの中を「ブラブラ」しています。地下室には現金があることがわかっています。私は戻ってきてそれを盗むつもりです。真夜中過ぎ、私たちはそこにいます。私はエレベーターの縦穴を降ります。それは矩形で、そこを忍びの泥棒のように降りていきます。現金を手に入れ、それをポケットに入れます。捕まりません。また戻り、もう一度盗みます。自分の技術を磨きたいと思います。電灯をつけなくてすむように、懐中電灯を自分の首回りにかけます。さらにいくらかの現金を盗みます。バカみたいですが、翌日そこをぶらつきます。守衛が見咎め、怪しまれます》。

　夢を語ったセッションで、彼女は共犯者からは私を連想し、守衛からは夫を連想している。続けて、夢への象徴的な解釈を三点、提示している。夢はセッションの数を増やした後に見られていたため、彼女は次の三点を考えたのである。自分は余分なお金を使うことがやましいのか？　夫にセッションの数を増やすと決めたことをきちんと打ち明けたのか？　自分は夫からお金を盗んでいることにならないか？

彼女はまた夢に対する性的な解釈にも触れている。懐中電灯は男性性器のようであり、エレベーターの縦穴は女性性器のようである。この二つの組み合わせは彼女がコントロールできるものであり、マスターベーションによる満足を意味しているかもしれない。最後に彼女は夢の商業ビルを、先だって地下室で専門的な仕事を行ったビルと関連づけた。そこでは彼女の「専門的な技術」のレベルが披露されたのだ。そのビルは大理石のロビー、真鍮のエレベーターがあり、守衛がいた。とはいえ私のオフィスのあるビルもそうだったのだが。彼女は自分の職業においてきわめて野心的で、その領域で私に競争心を持っているのである。

これらすべての解釈は妥当と思える。しかし私は夢の盗みの側面に強く印象づけられた。そこで私独特のやり方で、彼女にかつて盗みをしたことがないかと尋ねた。彼女は青年期に二回盗んだことがあると話したが、それは夢の細部の「ティーンエイジャーらしさ」と符合する。それから彼女は語気強く請合った、「それ以来、何も盗んでいません」。

次のセッションで彼女は当惑した表情で入室した。「あることを打ち明けなければならなのですが、私には言いづらいことです。でもすぐに始めたほうがいいでしょう。それは泥棒の夢と関係しています。私に今までに盗みをしたことがあるかとお尋ねになりました。そうですね、昨年の夏、あなたは請求書を間違われたんです。7月に私は5月分の小切手を送りましたが、それは6月分と同額でした。あなたはお送りした小切手は6月分のものだと思われたに違いありません。それで6月のセッションの請求書は支払い済みになっていましたが、支払ってないことは承知していました。これについてはだいぶ考え、自分にこう正当化しました、間違ったのはあなた、どうして私が支払うことになるの？」（夢のなかで彼女の盗みには男性の共犯者がいることに注意）。「けれど夢を見た後、盗みは私の盗みだとわかりました。それでお話しする決心をしました。さあ、同額の小切手をどうぞ受け取ってください」。

フロイトは夢の思考は夢工作によって顕在夢の個々の要素へ変換されると考えた。この要素が二次加工によって一貫性のある語りへと構成されるのである。フロイトは語りの全体構造は、その背景にある夢思考を解明するのに関係ないと論じた。かわりに個々の要素を自由連想によって分析するべきだと言う。

しかし個々の夢の要素を分析することは、夢の本質的な思考を見逃さないという保証にならない。患者イルマについてのフロイトの夢は、彼が始めて分析のシステムを用いたものだが、夢の正直さについてもっともよい実例である。

フロイトは、大きなホールに大勢の客を招いている夢を見た。その中に、自分がヒステリーの治療をしているイルマがいた。フロイトは彼女を脇へ連れて行き、彼

第5章　夢のなかでは決して嘘をつかない　57

女の窮状に対するフロイトの「解決」を受け入れていないと非難した。彼女はさらに身体の具合が悪いと訴えた。フロイトは器質的な問題を見逃していたのでは、と気になった。彼はイルマを診察し、口の中に白い斑点と鼻骨様になっているかさぶたを見つけた。ついで他の同僚の医者が彼女を診察し、感染しているという確定診断を得た。フロイトは、友人のオットーが彼女に注射し、そのシリンジがひょっとしたら清潔でなかったことを思い出した。

　フロイトはその夢を自己正当化の**願望**と解釈した。もしイルマの病気が器質的な基盤を持つものならば、彼女がヒステリー症状から治らなくてもフロイトが非難されることはありえない。しかしフロイトのイルマの夢の解釈は、一方では連想によって顕在内容のさまざまな部分の意義を説き明かしているものの、不完全だということが明らかになっていった。すなわち、彼はイルマをめぐって生じた治療上の大失敗に口をつぐんだわけだが、そのことは後になって、マックス・シュール（Schur, M., 1972）やその他の人々によって明らかにされたのである。シュールはフロイト‐フリース書簡を公開前に手に入れた（事態はその全体が刊行されてから変わっている［Masson, 1985］）。シュールは次の事実を見つけた。フロイトがその解釈で連想しているベルリン在住の友人フリースはイルマに手術を施したが、その手術はうまくいかなかった。より正確には、フリースは傷にガーゼを置き忘れ、それが化膿しあわやイルマは死ぬところだったのである。

　シュールの論点から見ると、顕在夢はフロイトが認めるよりはるかに夢の本質的な思考に近い。フロイト（1900）は「**私たちは感染の原因をじかに知っていた**。夢における知識のこの直接性は注目に値するものだった。ほんの少し前まで私たちは知らなかったのだ。というのはレオポルドが初めて感染を明らかにしたのだから」（p.115；強調は著者による）と述べている。これがまさに起こったことなのである。

　フロイトのこのテクニックを「全体分析を伴わない構成要素の分析」と呼ぶことができるだろう。顕在夢のさまざまな要素をばらばらにして分析することで、夢の理解を助けることは可能だとは思う。しかしフロイトとは異なり、私は顕在夢の語りの全体的な構成を見逃したくはない。見逃すどころか、私の考える最良の夢解釈とは、ばらばらの分析は**顕在夢全体**を明らかにする手段として用いる。私の見解をさらに進めて次のように言いたい。**もし一部分ごとに分析して、全体としての顕在夢の語りとぴたりと合う解釈へ到達するならば、それは正しいやり方をしている。もし連想が顕在夢の語り全体に矛盾するか、そぐわないとき、その連想は夢の意味に近づく方途ではない**（Erikson, 1954を参照せよ。関連する見解ではFrench and Fromm, 1964）。ユングや他の人たちが指摘したように、連想は夢を明らかにする。しかしまた夢から離れて私たちをさまよわせることもありうるのである。

イルマの夢は、顕在夢が嘘をつかないことを実証している。イルマの顕在夢が語るところは、何か悪いことがイルマに起こったこと、彼女に痛みがあり、そのために非難されているのだが、それはヒステリーとかフロイトの解釈を受け入れるとかの問題ではない、ということである。そうではなく、いまだ判明していないが器質的な何かが現実に彼女を苦しめている。それは単なるフロイトの願望ではなく、事実である。彼の連想による解釈はこの事実を語らない。彼の解釈はフリースの医療過誤もそれに関するフロイトの罪意識も明らかにしない。連想は夢のさまざまな要素を明確にしたが、しかしイルマは医療過誤によって身体的な不調を抱えているという夢の本質的な事実を否定している。私たちは夢のなかでは決して嘘をつかないのである。

スタンレイ・パロンボ（Palombo, S., 1984）は、患者の夢を解釈する自分自身の過程を研究した。彼が患者に、夢のある側面を現実体験に関係づけることができるかどうか、特に尋ねると、できるという答えは92％だった。特に尋ねなければ、38％が現実と関係づけた。このように夢の内容と現実体験との関係はかなり低く見積もられているようである。患者は分析家にそうした関係を言わない傾向にあるかもしれないし、とりわけ分析家がそうした関係にそれほど関心がないと思えば語らないだろう。

この章の初めに行った強硬な主張に一つの修正を施しておきたい。「私たちは夢で決して嘘をつかない――しかし夢について嘘を言うことはありうる」。夢主は夢が暗に意味することに気がついて、それを偽装するために夢を違ったように語るかもしれない。精神分析家が夢を重んじるのは、夢自体が抵抗を迂回し、患者が意識的には話すことに抵抗するような事柄を多く語ってくれるからである。しかし夢を語るなかで、抵抗があらわになることもある。時にはそうした抵抗は露骨である。例をあげれば、ある女性はヘロイン（heroin）依存症である夢を見た。夢の意味は自分がヒロイン（heroine）依存症だということだと彼女は思ったが、意識的にはそれを認めたくなかった。きらびやかさへのそうした願望は薬物依存よりやっかいだと思った。それで夢を話し合うときに、「heroine」の「I」を「hero eye n」のように長くのばし違った発音にした。ヘロイン（heroin）とヒロイン（heroine）が同音異義語だと気づかれたくなかったからである。実際、彼女が意識的なレベルで望んだように、誤った発音で私の注意は**誘導**され、同音異義語には気づかなかったのである。

第6章
圧縮と間事物

> 人間精神は、観察に供された二つの事物あるいは形の間にあくまで類似を見出そうとするようにできている。二つの事物が似ていないほど、秘められた類似性を見つけようとする挑戦はより喜びにみちる。
>
> ゲーテ『ウィルヘルム・マイスター』

　フロイトの『夢解釈』の中核は、私の考えでは夢工作の章であり、その中でもっとも卓越した部分が圧縮についての研究である。ここでフロイトは、心がいかにして世の中の事物や特徴を操作し、意のままに変えるかを見据えている。フロイトの圧縮の章はそれ自体が高度に圧縮されている。私は夢理論と思考の理論の構築のために、圧縮の観念に含まれている事柄を精密なものにしたい。

　圧縮には数種類がある。それらに共通するのは、いくつかの考えや事物を一つの夢の要素に圧縮していることである。圧縮は**何**を、**どのように**圧縮しているかで分けられる（72 頁、表 1 参照）。圧縮されるものは、言葉、世界の自然物（人を含む）、それに考えである。これら 3 種の圧縮は次のように分類される。

1. **語彙**上の圧縮は、言葉や言葉の一部を結びつける。例えばフロイト（1900, p.296）の「ノレクダル」は、イプセンの登場人物のノラとエクダルを結びつけているし、ブレッシュナー（Blechner, 1997a）の「prestyl dolby」は「press the till, dough'll be ［yours］」（銭箱をつかめ、金はお前のものだ）という話を圧縮したものである。
2. **形態**上の圧縮は、二つのイメージを、それらの物質的な特性を結びつけることで、一つに融合させる。……ガルトンの合成写真のように。あるいは今日ではモーフィングといったらよいか。形態上の圧縮は、普通、視覚的特性をもつが、他の感覚様態もあり得る。
3. **思考**上の圧縮は、二つあるいはそれ以上の思考を混合し、一つの夢へ作り上げる。この圧縮のタイプは、言語的な面や視覚的な面など、あらゆ

る局面を含む。夢の性質として、感覚的、主には視覚的であるから、ほとんどの思考上の圧縮はいくぶん感覚表象の性質を持つ。それにもかかわらず、夢工作によってなされる結合が言葉やイメージの結合ではなく、イメージによって表象された内在する思考の結合であるとき、その圧縮は思考上のものである。思考上の圧縮だと同定するには、象徴解釈を要することがよくある。顕在夢自体で明らかにならないことがあり、そのために他の二つとは種類が違うということが論じられるかもしれない。

加えて、圧縮はその**結果**により分類される。その圧縮物の性質により、次のように異なる。(1)覚醒時生活に存在する事物、(2)覚醒時生活ではかつて見られなかった新しいものだが、存在する可能性のある事物、(3)覚醒時生活ではかつて見られなかった新しいもので、これからも私たちの知る世界に存在し得ない事物。これら3種の圧縮を、(1)**単純型重複決定的圧縮**、(2)**創造的圧縮**、(3)**部分的圧縮**と呼びたい。理由をこれから述べよう。

1．単純型重複決定的圧縮

単純型重複決定的圧縮において、夢工作はいくつかの考えを一つの事物に圧縮する。夢主は何も新しい事物や考えを創り出しはしない。しかし単一の要素はいくつかの夢思考の収束したものを表象することができる。事物は覚醒時の生活に馴染みあるものである。しかし重複決定原則により、その背後にはいくつかの思考がある。

事物が夢見られ、それが圧縮であるという証拠は表立って何もない。しかし夢主に連想を尋ねると、圧縮が露呈してくる。圧縮の証拠は、顕在夢内容の多数の源を「示す」さまざまな連想の流れから得られる。従って、多数の思考が一つの事物へ収束するときに圧縮が起こる。同様に言語においても、多数の意味が一つの語に収束するときに圧縮が起こる。例えば、「パン（bread）」は食物の一種を意味するが、俗語では「金銭」をも意味する。もっと比喩的には、基本的な必需品を表しうる。いかなる語にもこうした多数の意味があり、夢では一つの要素に収束するのかもしれない。書き言葉は違っていても話し言葉は同じという同音異義語でも、このことは生じる。「彼は本を読んだ（He has read a book）」の「読んだ（read）」は、読むの過去分詞である。「red」は同じ発音だが、赤い色を意味している。さらには低俗（「redneck」）や、当惑感（to redden、つまり顔を赤らめる）、あるいはコミュニズム（「Red China」）も意味することができる。そうした圧縮の記録は夢主の連想から発する**意味**の**放射**に見出すことができる。

もちろんこういうふうに、夢のあらゆる要素は圧縮の産物である。連想を尋ねる

ならば、圧縮の源を知ることができる。ここで問題となるのは、連想は夢の要素の真の源であるのか、夢の要素への事後の細工であるのかを明言できないことである。

すでに記したように、私の患者の一人はヘロイン中毒で、メタドン（訳注　合成鎮痛剤）の維持療法を受けているという夢を見た。彼女は、分析への依存、私へのエロティックな感情の見地から夢を分析した。次のセッションで、彼女は人々から愛されるために偉大なことを達成する必要があると語った。いわく、「私はヒロインになる必要があるんです」（長くのばした「i」で違った発音をして）。それから「ヒーロー（hero）」になる必要があると語った。後日判明したことだが、彼女はヒロインになるという考えを、夢のヘロイン中毒に結びつけたのだが、この連想を「ヒロイン（heroine）」の発音を違えること（これは何かが起こっていることを確実に漏洩していた）で、ついで男性の「ヒーロー（hero）」に切り替えることで隠そうとした。このように夢の「ヘロイン（heroin）」中毒は重複して決定されている。分析へのエロティックな依存と、ヒロインであろうとすることへの依存を圧縮しているのだ。

さて単純型重複決定的圧縮のいま一つの例である。この章についての作業をしているとき私が夢見たものである。ジムでロッカーを使っていたが、その組み合わせ番号がわからなかった。目覚めて気づいたが、その夢に出た「組み合わせ」自体が圧縮だった。「組み合わせ（combination）」という語は圧縮（condensation）と同意語である。もっとも顕在夢の内容では違った意味、つまり組み合わせはロッカーを開ける数字のセットであることは明らかであるが。夢は私が組み合わせ（圧縮）の諸意義の正しい組み合わせを捜していること、つまり圧縮問題の解明を求めていて、その多くの意義を明らかにしつつあることを伝えている。ちょうどこの章でやろうとしているそのとおりに。

重複決定を知らせるサインは、夢のなかで言葉が普通でない使われ方をしたり、必要ないのに使われることである。例をあげよう。ある女性が夢見た。《私は入浴していて、水は本当は黒かった。後から誰かが、浴槽の中にミルクを注いだ》。

「本当は」という言葉は不要であることに注意してもらいたい。その余剰性はそれが重複決定されていることを示している。女性は混血人種の人だった。夢を語ったときには、混血人種のことや、本当は自分は黒人なのかどうかという彼女の関心に夢が関係しているとは気づいていなかった。浴槽の液体は、人種、清潔さ、養育といった事柄を圧縮しているのである。

2．創造的圧縮

創造的圧縮では、異なる二つの事物の特性が結合され、新しい事物が創り出され

る。顕在夢内容のなかには、夢主の覚醒時の生活にはない新しい人物、新しい事物、新しい観念がある。夢の新しい創造は完璧に形作られているが、なおも圧縮が生じたという証拠は顕在夢内容から識別できる。連想は圧縮の源を明かすかもしれないが、連想がなくても圧縮が生じたことはわかる。

結合された特性は、二つの視覚的要素のように同じ感覚様態のものであってもよい。19世紀にゴルトンは二枚の写真を混ぜて一枚の合成イメージにしたとされている。20世紀ではこの作業はコンピューターによって行われ、「モーフィング」として知られるようになった。こうした圧縮の一例はフロイトの夢（1900）である。《友人のRは私の伯父だった。（現実には存在しない人である。）私は眼前にいくぶん変化した伯父の顔を見た。あたかも縦に引き伸ばされたかのようだった。顔を縁取る黄色のあごひげがとりわけ目立った》（p. 137）。フロイトの夢はさまざまな人物の特徴を抽出し、一瞬にしてこの夢以前には見たこともない新しい人物にしている。集められた身体特性は、それぞれ異なる個々の特徴を持つ人達を指し示すが、次の問いにより相互に関連し合っている。「彼らはどれほど罪があるのか？」——フロイトの黄色いあごひげの叔父ジョセフは違法金融取引で有罪判決を受けており、非の打ちどころのない性格が一つの些細な犯罪で傷つけられたRと結びつけられている。

圧縮作業はいかなる連想がなくても、顕在内容から明らかである。とはいえ連想は圧縮の源をはっきりさせてくれる。仮にある人が、ジュディ・ガーランドに似ているが金髪で背の高い女性のことを夢見たとしよう。ここには圧縮が作用していることがわかる。しかし金髪や背の高さが夢主に何を意味するのか、どうしてそれらが一体となりジュディ・ガーランドへの連想に結びつくのか、それらを知るには夢主の連想が必要だろう。

二人の個人が夢のなかで単一の人物になっている圧縮は、臨床家にとってとりわけ有益である。時にそうした夢は夢主に、人と人とを無意識に関連させていると気づかせてくれ、不思議なほど強い感情を解き明かす手立てとなってくれる。例をあげよう。ある女性は結婚生活がうまくいっていなかった。夫の性行為のやり方は彼女を冷感症にし、うんざりさせた。離婚するかどうかを決めようとしていたときに、気味悪い夢を見た。彼女は生家にいた。サダム・フセインがその家に住んでいた。もう一人の男がそこにいて、デイヴィッド（夫）かブルース（実兄）かのどちらかだった。その時彼らはアパートにいて、逃げようとしていた。夢は逃走作戦を巡って続いた。

夢のことを考えて、患者は「デイヴィッドかブルース」という男性像に驚いた。彼らは似てないし、夢の人物がどちらかは分からなかった。しかしそれが、彼女が

第6章　圧縮と間事物　63

夢で体験したことなのだ。そこで彼女は自分にとって二人は心理的に結びついているのでは、と考え始めた。私は、彼女が夢のなかで怯えているようだったと指摘した。彼女は泣き始め、子供のころ繰り返し兄に暴力を受けていたことを思い出した。当時の彼女を知る人のほとんどは、虐待のことなど考えもしなかったし、彼女と兄はまったくの仲良しだと思っていた（ちょうど大人になってから、ほとんどの人が彼女の結婚はうまくいっていると思っていたように）。夢は根本的な問題提起をした。彼女の夫が兄に似ているのは、それが合理的であろうがなかろうが、どういう点においてなのだろうか？　どのようにして、二人の結びつきが彼女を怯えさせ、結婚生活の難しさをもたらしているのだろうか？

3．部分的圧縮：「間事物」

　時には圧縮の生じ方は異なる。夢思考は顕在夢の単一の要素へ収束せず、その代わりにそれらは収束して、この世界に存在してもいないし、存在する可能性もない新しい事物を創り出す。それは「XとYの間の何か」とでもいえるあいまいな構造をしているかもしれない。ホブソンが夢見たのは、《一個の金属製品で、ドアの錠のような何か、あるいはひょっとして塗料で固められた蝶つがい》であった。夢のなかではこのようなどっちつかずの構造を私たちは受け入れている。ホブソンはそれを「不完全な認識」と呼び、フロイトは「どっちつかずの寄せ集め構造」（intermediate and composite structure）と呼んだ。私はそれを部分的圧縮、あるいは造語を使うなら**間事物**（*interobjects*）と呼びたい。それが何でないか（何の完全圧縮でないか）より、それが何であるか（他の事物の混合から新しく創られた物）に焦点を当てたい。

　組み合わせは十分に形成されておらず、完全な「形態」を持った新しい事物へはいたっていない。どちらかといえば不完全に溶け合ったままである。部分的圧縮については、顕在夢内容からの圧縮の証拠は他の二つのタイプよりさらに明白である。創り出された事物は、覚醒時の事物を述べる言葉では、容易に描写できない。夢主は、「それは蓄音機と重りの間の何かであった」（p.45）と言うかもしれない（Meltzer, 1984）。夢自体のなかで、事物の特徴が曖昧なのか、単に言い表し難いのかは明らかでない。芸術家は蓄音機と重りの間の何かである一つの事物を、おそらくはそれぞれから馴染みの部分を一体にして描くことができるだろう。しかしまた夢体験では、そのように言及された事物が安定した二重のイメージであったり、二者間を揺れ動くイメージであったり、その他のものであったりといったことが可能である。夢主の体験を尋ねることでこれがはっきりする。夢のなかの事物が二つの事物の「間」にどのようにあるかについて、夢主が細工できようか？

そうした質問をするときには、分析家は注意深く進まねばならない。つねに二次加工や現実原則が、覚醒時の世界では受け入れ難い不調和な知覚を懐柔しようとしている。この理由で、**夢の研究では、夢を語ろうとする夢主によって最初に使われた言葉を遂語的に書き写すことが大切なのだ**。さもなければ細部は容易にごまかされ、「秩序正しくされ」てしまう。

間事物のいくつかは、夢主が無意識に考えている「XそれともY？」という問題を象徴している。これについての素晴らしい例がフェレンツィの『臨床日記』(1932)にある。

> 患者B：
> 1932年4月26日
> 「幼児期に性器への暴力を受けた前史がほぼ確かな患者の夢。彼女は兵士、あるいは体操選手の列を見る。全員頭がなく、硬直して整列している。それぞれの左側（肩）に直立した肉の突起が突き出ている。連想はボウリングのレーン（九柱戯）に移る。一突きは個々の兵士で表される。おそらくは九人全員によって、オーガズムが得られるという考え。同時に頭がないということは、知性のコントロールをまったく欠いた、純粋の情動性を表している。愛は頭のない牡牛だ（L'amour est un taureau acéphale）。しかしまた患者の心的状態も同じく表わされている。九つのピンは左側が重くなっているためバランスが取りにくいだろう、と彼女は思いつく」(p.90)。

間事物は「兵士あるいは体操選手」であり、夢主は意味を明らかにするために必要な連想を供給する[1]。兵士も体操選手もともに頭がない。彼らの主な働きは身体的なものであって、精神的なものではない。夢主は幼児期に性器暴行を経験しており、セクシャリティを、少なくとも虐待史のそれを、精神性のなさと同一視している。中心にある夢の問いはこうだろう。「私にとって男性はどのような存在か——兵士、それとも体操選手？　彼らの身体性や攻撃は危険なのか、それとも単にスポーツなのか？」

ときに間事物は言葉から創り出される。エリクソンのある患者はそうした言葉の間事物を伴う夢を報告している。夢で彼女は新しい言葉 S[E]INE を見た。これは seine という語（ドイツ語で「彼の」）、sine という語（ラテン語で「なしに」）、

---

[1] 「兵士あるいは体操選手」が真に間事物かどうかは疑問に付されるかもしれない。もっと尋ねることで（これはフェレンツィの患者にはできないことだが）、夢主は兵士と体操選手の間の何かを知覚したのか、それとも単にどちらであるかを言えないだけのなのかが判明しただろう。

Seine という語（フランスにある川の名）、それにエリクソンの名前のイニシャルである「E」の圧縮であることが明らかになった。

フロイト（1900）は間事物を高くは評価していないようである。彼は書いている。「しかし、明らかなことであるが、諸表象の圧縮は、中間物形成や妥協形成と同様、この同一性目標に到達するためには妨害となってくるに違いない。それらは、ある表象をもう一つの表象に置き換えるので、最初の表象から導かれる道筋から逸れていってしまうことになる。それゆえ二次思考では、こうした過程は慎重に避けられる」（p. 602）。

コミュニケートする覚醒時の思考では、精神病だと思われないために私たちは中間物形成や妥協形成を避けるという点でフロイトは正しい。しかし社会的に受け入れられないことは役に立たないことを意味するわけではない。これら中間物形成や妥協形成といった間事物は、人間の思考で基本的な機能を持つかもしれないのだが、ほとんど研究されていない。言語の枠外で形成されたものには、間事物と同様、建設的な面があり、それは真に斬新な表象の形成にきわめて重要だ。完全な二次過程の形成体だけを用いていては、その出現はより困難であろう。

圧縮とカテゴリー

私たちが環境を分類する基準の中で、もっとも顕著なものは何だろうか？　またどの基準同士が圧縮できるのだろうか？　夢について講義するとき、私は学生たちに「圧縮ゲーム」を教える。こう言うのである、「よく考えて夢の圧縮を真似てみよう。想像したまえ、例えば樹木と馬の間に何があるだろうか？」。この質問を学生たちにすると、彼らの出す答えの幅広さにいつも驚かされる。それぞれの答えが、「馬らしさ」や「樹木らしさ」についての異なる次元に注目している。

一つの答えは「木製の馬」であり、もう一つの答えは、「短い頭髪を持ち、馬の体の感触と温かさを持つ樹木」である。この二つの答えは素材と形の圧縮である。前者では樹木の木質が馬の形と結合している（たぶんこの答えはトロイの木馬にヒントを得ている）。後者では、馬の身体の素材が樹木へと再形成されている。

圧縮のもう一つの戦略は特徴の結合である。これで枝の突き出た馬ができる。あるいは頂上が馬の頭の樹木の幹。あるいは立て髪のある樹木。

また動作を組み合わせることもできる。いななく樹木、あるいは冬に落葉する馬などである。

もう一つの圧縮はキリンである。ここでは樹木の高さが、馬の首に移されている。

さらなる圧縮の戦略は言葉の結合、語彙の圧縮である。このやり方で獲得できる

のは、樹上の小屋 tree-house（樹木 tree と馬 horse をゆるくねじっている）や木挽台 sawhorse（この出所はもっと複雑で、馬を使う大工仕事 woodwork の観念と結びついている）、あるいはドイツの俳優ホルスト・ブッフホルツ Horst Buchholz である。ここで圧縮は、"horse"、"Horst"、ドイツ語で"樹木"であるところの"Holz"の音の類似性に作用している。

ある生意気な学生は、「樹木と馬の間に何があるだろうか？」と尋ねられて「草」と答えた。しかしこれにもある種の夢工作が含まれる。つまり「間」という言葉を捕まえ、観念的な意味より空間的な意味に焦点を当てている。現実の場面で馬と樹木があり、その間に草があることを想像している、ということである。

要するに、圧縮が多くのやり方で可能だということは、私たちが世界をどう分類しているかに気づかせてくれる。素材や形体や事物の特徴を使って圧縮が創り出される。また言葉自体を圧縮の対象として使うこともできる。「圧縮ゲーム」はある事物や人物を私たちはどう考えているか、その同じ事物や人物を他者は如何に異なるコード化をしているか、大いに気づかせてくれる。

カテゴリー越え

圧縮ゲームはカテゴリーへの標準的な感覚を、夢のなかでのように柔軟にしてくれる。カテゴリー越えは昼間のコミュニケーションでは受け入れられない。例外はおそらく詩人と狂人だ。しかし夢では私たちの多くがそれを受け入れる。

夢はカテゴリーの境界を難なく越えることができる。スザンヌ・レインジャー（Langer, S., 1967）は述べている。「新しい、未開発の思考の可能性が人間の精神に押し寄せるとき、日常用語の貧しさは転機をはらんだものになる」（p. 121）。それで私たちは夢見るのだ。そうウルマン（Ullman, 1969）も言及している。「夢主の課題はかつて経験したことのない関係性を表現することだ。覚醒中枢に流入する感覚印象は、視覚形態を優先的に採用する。そしてこれらがさらに覚醒を促すとき、それに関連した新しい刺激システムあるいは感情が放出される」（p. 699）。

フロイト（1900, pp. 302-303）は言語の境界を越えた夢を報告している。その夢には「erzefilish」という単語があり、それはドイツ語にはない言葉だった。彼はそれが「erzieherisch（教育的）」や「syphilis（梅毒）」を含むいくつかの単語の圧縮であると分析した。

エレノア・ロッシ（Rosch, E., 1977）のような心理学者たちは、覚醒意識の「自然なカテゴリー」について研究した。しかし夢や神話や芸術においては、そうしたカテゴリーからは解放される。それらがなくなるわけでなく、「越えることが可能」

になるのである。狂っているとみなされずとも、境界侵犯できる。

芸術家はカテゴリー越えでよく知られてきた。ルーブル美術館にあるダ・ヴィンチの絵画、洗礼者ヨハネは、男性と女性との間の人物、あるいは男性でもあり女性でもある人物を描いている（モナ・リザはダ・ヴィンチの女性としての自画像であるという説は、同様の考えを示している。しかし洗礼者ヨハネは両方の性をより滑らかに結びつけている）。

ピカソは有名な『雌猿と子』という彫刻を制作した。彼は彫刻の中におもちゃの車を用いて、それがいかにサルの顔に似ているかを示した。

カテゴリー越えは音楽においても生じる。音楽形式はそれ自身のカテゴリーを創り出し、偉大な作曲家はそれらのカテゴリーに抗する曲を書く。カテゴリーに準じたり、はみ出したりしながら。例えばウィーンの古典的作曲家たちは従来より満足のいくソナタ形式を作り上げた。そこでは通常第一楽章の楽節は主調の第一主題と、第5度調性の第二主題を備えていた。ベートーヴェンはこのソナタ形式を取り上げ、晩年の作品のいくつかで、調性構造はそのままにして、単一の旋律要素の中で調性が変化するようにし、第一と第二の主題の区別をぼやかすといった音楽構造を作り上げた。

アーノルド・シェーンベルクも踊れないワルツを作曲し、類似のことを行った。彼はまた、話／歌（Sprechgesang）という新しいカテゴリーを創り出した。それは正しく演奏されると、人の声からはかつて聞いたことのないような作品だった。話／歌という言葉はまさに夢の創造のように響く。

もちろんこうした種類の創造は、神話ではおなじみである。そこには多くの対応物がある。ティレシアスの物語では、女になった男が語られている。人／動物の区別が超えられている例は多い。例えばミノタウルスは半分が人で半分が雄牛であった。メドゥーサの頭からは蛇が生えていた。ゼウスは白鳥に変身し、白鳥のままで人間のレダを強姦した。人／植物の区別もまた越えられる。ダフネの物語で、彼女は一本の木に変えられる。

旧約聖書でも、茂みは話し（燃える茂み）、動物は話し（バラムのロバ）、時間は止まる（ヨシュアによる太陽と月の停止）。世界を分別し、編成している私たちのおなじみの手段はすべてだれでも早いもの勝ちで手に入る。

神話でよく見られる種のカテゴリー越えは、子供の夢においてもよく生じる。フロイトの患者「狼男」の子供のときの有名な夢で（p.1918）、夢の狼たちは《白い色で、狐かあるいは羊の番犬のようだった。というのは、尻尾は大きくて狐のようで、何かに注意を向けるときは犬のように耳を立てたんだ》（p.29）。

子供は間事物に対し、成人よりはるかに寛大である。次の逸話は覚醒している成

人の間事物への抵抗と、子供の間事物への考えを「修正」したくなる気持ちをとらえている。

9歳の少年が「おそろしくて、面白い」夢を報告した。夢で、彼と数人の友人は島から逃げなくてはならなかった。島はいくぶん映画の『トゥルーマン・ショウ』[2]の島のようだった。彼らは水路を横断していたが、何かの理由で別のボートが必要になった。彼らは脅えるが、その時一匹のアザラシが泳いで近づいてきた。彼らはそれをアザラシにすぎないと思っていたが、どうだろう、水面下にはボートが丸ごとあった。それはたいそう大きく、彼らはアザラシ／ボートに乗り込み本土の岸へたどり着いた。

少年は朝、父親にこの夢を話したが、父親は矛盾には耐えられないというように、少年に言った。「それなら本当は、それはボートだったんだ。大きな、安全なボートだ」。少年はもとの夢に強くこだわり、言った。「ボートだったさ。でもやっぱりそれは大きなやさしいアザラシだったんだ」。この子供はいまだ自分の知覚を調整して、世界が動いている慣わしにあわせる術を学んでいなかったのである（Schachtel, 1959; Foulkes, 1999)。

精神病者もまた自由に境界やカテゴリー越えを行う。精神病と夢の類似性は長く注目されてきた。精神病者はまた言語の境界を越える造語を好む。私の患者の一人が私は「consaring」していると言ったが、そのとき彼は「concerned（心配している）」と「caring（気にかけている）」を結びつけているのだと私にはわかった。正気で覚醒している意識はこう尋ねるかもしれない。「なぜ、心配していて、気にしている（concerned and caring）と言わないんだ？」と。しかし彼は「なぜ一緒にしないんだ？」と尋ねるだろう。そうすることで彼は自分の言い分を理解され難くしたが、しかし感情をあからさまに表明することが招来する、彼の怖れている屈辱は避けたのである。

カテゴリーをどのように編成し、カテゴリー越えをどのように許容するかについては、いくぶん文化的相違があるかもしれない。次のことを考えてみよう。「私は家の中に立っており、矛と盾の間の何かを握っている」。これをどのように解釈すべきだろうか？　矛は攻撃に使われ、盾は防衛に使われる。この人の感情状態を私たちはどのように理解するのだろうか？

実際には、この夢は作りものである。そういう夢を本当に見た人を私は知らない。友人のキャサリン・Ngから、両価性を表す中国の言葉が文字どおり「矛」と「盾」

2　『トゥルーマン・ショウ』は現実の知覚についての本質的な問題を扱っている映画である。その中で、ある男が現実のものだと体験している全生活は、実はテレビ向けに作られた話であり、彼の生活に登場するすべての人物は俳優なのだ。

の二つの言葉から作られていると聞いたことがある。「矛－盾」は最初に夢のなかで結合していたのだろうか？　そうでなければ、結合することがありえただろうか？　そしてもしある人が「矛と盾の間の何か」を持っている夢を見たとき、そうした夢は彼の両価性を示してはいないだろうか？

　中国の漢字はそうした合成語を作るのにとりわけ適している。中国語では、西洋の言語より言葉と視覚イメージが緊密である。なぜなら中国語の書体は、そのほとんどがある対象や一組の対象を視覚的に表している字から構成されているのだから。中国で書法が高度に洗練された芸術形式であるのは偶然ではない。なぜなら字は指示的意味だけでなく、それ自体が視覚的な表現である。それで中国人の精神には、西洋人より言葉とイメージの間にはより緊密な関係が存在するのかもしれない。中国語を話す人々にとって、言葉の表象と物の表象との間に異なる関係があるかどうか、彼らの夢は西洋人とは異なる間事物を創り出すかどうか、それは研究に値する論題である。

カテゴリー越えの限界

　言語で生じることだが、境界越えの微妙な形がある。そこでは普通はあるカテゴリーで使われる言葉が別のカテゴリーに移される。例えば20世紀後期の北米で、名詞の動詞的使用が比較的慣例になっていた。「衝撃（impact）」という名詞は、「大統領の決断は経済をどのように衝き動かす（impact）か？」という文章のように動詞として受け入れられるようになった。しかしなおすべての名詞が動詞として認められているのではない。覚醒時の言葉の使用では、「大雨が野原を緑した」とは普通言わない。もっとも詩人はそういう言い方をし、理解されるだろうが。

　こうした方式によって、すべての色は動詞になりうる。色により程度の違いがあるが。人口の高齢化を指して、アメリカが「白髪混じりになる graying」と言うことは確かにできる。「黄色になる yellowing」は、事物が黄色化する、つまり古びることを言い、これは白い衣類では自然経過でたびたび起こることなので、動詞の「黄色になる yellow」が作られたのだ。赤色は特別扱いされてきた。物が赤くなったとき（became red）、赤化した（have redded）とは言わない。新しい動詞の形、「赤くなる redden」ができるのだ。同じ形は白にも当てはまる。「白くなる（する）whiten」である。私たちは衣類を白くするが（whiten）、白（white）はまた動詞形でも使われる。タイプするとき間違えば、「消し去る（白くする white it out）」。（この動詞の形は、機械としてのタイプライターと同じようにすでに時代遅れかもしれない。）また「節電 brownouts」という言葉もある。しかし私の知る限り、オレンジ

色やターコイス色の動詞形はない。

　圧縮ゲームは、正しく指示されれば、覚醒中に如何にやすやすと境界を越えうるかを示している。しかし限界はある。**圧縮される二つの事物は、ある様態の中での類似性**がなければならない。もし七面鳥と理論の間は何かとか、バナナと理論の間は何かと尋ねられたならば、圧縮するにはだいぶ苦労しなければならないことになる。ヒルマン（Hillman, 1979）は指摘している。

　　　ただ**似たもの同士だけが対立項でありうる**。何か素材とか性質とかで共通したものを持っている二つのものだけが顕著に対立しうる。七面鳥と理論とは、どういうふうに互いに似ているか見つけないかぎり、対立しえない。私たちの心理学的見解においては、一つの事物であるのに、それがまるで厳しく戦っている非常に異なる二つの事物であるかのように（再びヘラクレイトス）、過激に表現する**極端なメタファー**があるので、それによって対立をみれば対立項の現象なしですますことができるのである。このことを勇敢な自我は文字どおり想像しなければならないし、要請として受けねばならない。

　バナナ（banana）と理論（theorem）の間には何があるのか？　難問だ。二つには、共通する文字もない。しばらく考えていると、むろん何か見つかるだろう。例えば両者ともに三音節である。

　実際には、バナナと理論の間の事物の登場する夢は、聞いたことがない。それは起こりそうにないと私は思う（この章を読んだ後に夢を見ないかぎりは）。夢のとてつもなく創造的なカオスにおいてすら、間事物を創り出すための規則がある。これらがどんな規則であるかは、これまで明確にされてこなかった。この問題に適切に向き合うためには、現代認知神経科学のいくつかの発見と理論を考察する必要がある。

　今論じている観点からは、新しいペアはすでに心の中で、ある範疇で結びついている事物間だけに生じ得るようだ。並列分散処理理論（parallel distributed processing）あるいは結合理論（connectionism）として知られる現代の心のモデル（McClelland and Rumelhart, 1986）が提唱するのは、それぞれの事物は脳のいくつかの場所で、一個の神経細胞においてではなく、神経野において表象されているということだ。この心の理論を採用するならば、神経細胞における事物の表象相互間には、重みづけされた結びつきが存在すると言えよう。覚醒しているときは、昼間の論理や文法のような規則系がそれらの結びつきを支配する。夜にはこれらの規則系のいくつかは後退する。

第 6 章 圧縮と間事物　71

　しかし夜間、心的再結合はまったくの無秩序とカオスに支配されるのだろうか？　そうでないなら、どのような規則があるのか？　それはわからない。覚醒時の世界からの事物が何一つ認められない夢のことを、これまでに私は聞いたことがない（もしそのような夢を見たとしても、それを覚えておいて報告するのはかなり困難にちがいない）。夢のなかでもしも、重みづけられた結合が昼の規則の整備されたシステムを凌駕するならば、そのときに結合された神経野に蓄えられた事物の間で圧縮が起こるだろう。
　このように、夢で作り出される間事物は心の構造について何がしかを教えてくれる。夢において脳は刺激を受けるよりは**作り出**しており、これら内的な構造上の要素は、普段は気づかれないが、その存在を私たちに知らせる。夢を見ているときに心は知覚を作り出し、神経の発火のパターンは、隣り合って貯えられている表象を結び合わせ、それが新しい事物の創造をもたらす。水路橋は水泳プールとはかなり異なった機能を持つが、夢のなかでは無視される。代わりに夢見る脳は、水路橋と水泳プールの類似点に「注目」し――つまり両者ともに大量の水を容れる人工物である――、それらを「水泳プールと水路橋の間の何か」あるいはバート・ステイツ（States, B., 1995）の夢で生じたように「水路 - プール」へと圧縮する。
　間事物を創り出すための何らかのガイドラインを明確にできるなら、コンピューターにそれらを作り出させるようプログラムすることが可能だろうか？　とすると

表 1　圧縮のタイプ

		形態的	語彙的	観念的
圧縮の結果	単純型 重複決定的	葉巻	「赤い」という言葉	牧師：父、キリスト教、独身のイメージの圧縮
	創造的	フロイトの「黄色いあごひげの叔父、ジョゼフ」	フロイトの「erzefilisch」	混血を表す、黒い水と白いミルクの入った浴槽
	部分的	ホブソンの「錠と蝶つがいの間の何か」	エリクソンの SE[I]NE	？ 注を見よ

注　この欄の内容は、明記するのがとても難しい。なぜなら圧縮はそれが観念的なものであれば、顕在内容から簡単には解読できないからである。この欄は、夢から偉大なひらめきが誘導されるところである。つまり新しい観念的な結合が生じる場所である。ここでアインシュタインは、空間と時間を新しい統合体、空 - 時へ圧縮した時空の連続性を考え出したかもしれない。この場所で、作曲家のエリオット・カーターは転調（伝統的には和声の変化に用いられる言葉である modulation）と拍子（meter）を圧縮して「転拍（metric-modulation）」としたのかもしれない。

コンピューターに夢を見させることに近づくことができるのだろうか（Palombo, 1985）？　この計画は実際に広告研究グループのジャコブ・ゴールデンベルグ、デヴィッド・マツルスキイ、ソリン・ソロモンによって実行されている。

　彼らが興味を持つのは覚醒時の創造性であり、夢ではない。そしてコンピューターのプログラムを創造的な広告を作り出せるよう考案した。結果として、コンピューターが考えた広告は、人が作り出したものよりより創造性が高いと判断された。コンピューターが広告をデザインする規則は、「置換テンプレート」と呼ばれるが、本質的に間事物を創り出す規則でもある。彼らの報告に述べられた使用法がここにある（Goldenberg et al., 1999）。

　　　製品（P）と特徴（T）があるとしよう。求められるものは、PがTを有するというメッセージを伝える広告のための創造的アイディアを出すことである。視覚フォーマットで、広くTと同一視される象徴の事物（S）はPで置換される。Tが不可欠である位置にSがあるならば、効果は高められる。さらに置換操作は反復できる。Pよりむしろその一部、その一側面、それと関連する事物を、相応するS関連の要素と置換するために用いることができる（p. 1495）。

　このようにして、エルサレムにおけるワールドテニスカップトーナメントの広告を制作するよう依頼されたとき、コンピューターはテニスボールの地模様のドームを持ったモスクを作り出した。航空機の定時発着の広告でコンピューターは、ハトのかわりにジャンボジェット機が飛び出すハト時計を作り出した。この両方の作品――モスク／テニスボールとジャンボジェット機／ハト時計――は間事物であり（作者はその言葉を使ってないが）夢によって創り出されたことがあるかもしれない。

　夢を見るときに起こりえる、また起こりえない圧縮の種類を正確に明言するために、このような認知処理のコンピューターモデルを展開するのはやりがいある計画だろう。

第7章
夢のダーウィン主義

言葉と思考の関係や新しい観念の創造は、魂のなかで展開する複雑で、精緻で、謎めいた作用である。

レオ・トルストイ談（ヴィゴツキー（1934）より引用）

晩年サティは夢を見た、《昨日の晩、夢でペニスが二つあったんだ！　そのおたからでどれだけのことができるか、考えてみろよ！》

ヴォルタ（1989）より

　なぜ夢を見るのか？　この問いはあまりに頻繁に問われすぎて、当然問うに値する問題だとされている。しかし長期にわたって夢について考え研究するにつれ、そのぶん私にはこの問題は時代遅れで、あまりに広範にわたると思える。私たちは夢の大半を覚えていないにもかかわらず、夜を通して必ず夢を見ていることを、夢の研究者が発見したとき、この問題は時代遅れとなった。この発見により私たちの夢への見方は、比較的稀に生じる「小病理学的」出来事から、規則正しく生じている精神機能へと変わった。この知識に伴って、「なぜ夢を見るのか？」という問いは、「なぜ考えるのか？」という、一つ以上の答えのある巨大な問いへ近づいたのである。
　なぜ夢を見るのかという問いは二群に分けられる。(1)なぜヒトは夢見る能力を進化させたのか？　(2)意識的な考察と分析によって夢はどんな有用性をもたらすのか？　過去二つの問いはつねに峻別されてきたわけではない。スクワイヤーとドムホフ（Squier and Domhoff, 1998）は、夢の諸機能と、ヒトが夢に付与できる有用性とは区別されねばならないと論じている。「夢はさまざまなやり方で覚醒意識に有用だろう。その意味は、夢は文化的な構想物をとおして発達してきた『機能』を持つということである。夢を見ることに何らかの心理的機能があるという意味ではない」[1]（p. 156）。

1　さらにドムホフ（1993）pp. 314-315 を参照。

夢に何らかの有用性を見出せる事実は、ヒトが夢見る力を発達させてきた理由と必ずしも同じではない。十本の手指の配置により、車の運転時にハンドルを握り操縦ができる。だからといって運転するために手指はいまあるように進化したと思うだろうか？　あるいはピアノを弾くために、またタイプライターを打つためにそう進化してきたと思うだろうか？　多分思わないだろう。車やピアノやタイプライターの存在前に、指の配置は現在の形へ進化したのである。

さて夢についてである。何世紀にもわたって、夢の解釈家は夢を利用する方法を多く見出してきた。彼らは夢を利用し、神聖なものからのメッセージとしての予言に威厳ある雰囲気を与えた。西洋では20世紀をとおして、精神分析家と夢の解釈家は夢から引き出せる範囲を大幅に拡大した。私たちは多くの夢から、充たされつつある夢主の願望を見分けることができる。また意識的な態度とは真逆の考えや感情も見分けることができる。ユングはこれを「補償的」な夢の機能と呼んだ。

もっと最近では、ベネデッティ（Benedetti, 1989）は、統合失調症患者の夢と彼らの治療者がどのように治療の新しい径路を描けるかを示した。そして私は第16章と第17章で、分析中の患者の夢が、いかに修正や他の方法を分析家に示すことができるかを明らかにした。また夢に見てとれるのは、夢主の現在の心理的な関心、生育史早期の痕跡、他の人々への関係の持ち方、自分の身体への感情、そして他にも多くの事柄がある。

これらはすべて、私たちが夢から得ることのできる有用な事柄である。しかしそれらは夢見る能力が進化した**理由**であろうか？　ほとんど夢を覚えておらず、誰にも夢を語ることのない人物もなお夢を見る。**私たちの理論は、フロイトが知らなかったこと、つまり私たちの夢の大半は記憶されず、語られず、分析されないという事実を組み込まねばならない**。なぜ夢を見るかの説明は、これらの夢、つまり覚醒時の意識には実に手の届かないような夢の存在理由を含まなくてはならないだろう。分析するかどうか、意識的に注意を向けるかどうかを別にして、私たちの心／脳は夢をどのように利用しているのだろうか？　これらの夢は私たちの精神生活にある働きを持っているのだろうか？　持っているとすれば、何の働きだろうか？

夢を見る理由についての仮説のいくつかを以下に示す。

1．受け入れ難い願望があるなかで睡眠を維持する（Freud, 1900）。
2．日中維持されているあまりに偏った意識的態度を補償する（Jung, 1948）。
3．夢が語られるとき、それ以外では言うことのできない何かを誰かに伝える（Ferenczi, 1913; Kanzer, 1955; Blechner, 1983）。
4．まったく理由などない。夢は定期的な脳の発火の随伴現象に過ぎず、そ

のとき心は「難しいことをうまく処理している」(Hobson and McCarley, 1977)。
5. 心の清掃である。つまり機能していない寄生的なつながりや内容を、心から一掃する (Robert, 1886; Evans and Newman, 1964; Crick and Mitchison, 1983)。
6. 異なる分野の思考を結びつけ、日中に得た情報と夢主の人生で得た他の情報とを統合する (Winson, 1985, 1990; Fiss, 1991)。
7. 情動に充ちた早期体験を思い出し、それらと現在の体験を統合する (Reiser, 1993; C. Smith, 1995)
8. 気分を調整する (Kramer, 1993)。
9. 覚醒時には解離されている諸領域を「安全地帯」で結びつけるといった、一種の心理療法的な働きをする (Hartmann, 1995, 1998)。
10. 覚醒時の思考では形成されえない「言語外の思考」を形成する (Blechner, 1998)。

　これは夢の可能な機能のリストの一部に過ぎない[2]。私は夢にはなおもう一つの目的があることを示したい。進化論的な観点からは、夢のように複雑なものがヒトにおいて進化してきたのであれば、それは生体の生き残りに役立っているはずである。人類の生き残りに、夢はどのように貢献しているのだろうか？
　もう一つの夢の理由を私は提案する。つまり**部分的で無秩序な産出によって新しい考えを作り出すことで、それらの考えは有用と判断されれば保持されるのである**。フロイトの見解では、夢の奇妙さは、潜在内容をかき乱すという夢作業の偽装に伴う随伴現象である。しかし私の理論では、**夢の奇妙さは夢の機能に必須である**。夢は心的生活と内的語りに無秩序な変化を導入する。それらは「思考の突然変異」を引き起こす。心はこれらの変化・変異の中から選択し、新しい種類の思考、想像力、自己認識、また他の精神機能を作り出すことができる。
　私はこれを**夢のダーウィン主義**（Oneiric Darwinism）と名づける。(Oneiros はギリシャ語で「夢」のことである。すなわちダーウィン主義は、ダーウィンの変異と選択のモデルを指している)。夢は心的産物を無秩序に（あるいは少なくとも比較的無秩序に）生み出す作用をもたらす。また記憶痕跡、知覚、観念、言葉、それ

2　他のものについては、モフィット、クレイマー、ホフマン (Moffit, Kramer and Hoffman, 1993) を見よ。パンクセップ (Panksepp, 1998, p. 128) は、夢は覚醒時の意識の古代型だと提唱した。それが「より高度な脳の進化が効率よく進むために、積極的に抑制されるようになったのだろう」。

にあらゆる心的な内容物の突然変異をももたらす。これら変異した心的産物の中で、適合性や有用性を増加させるものが心によって保持され、有用でないか、あるいは有害なものは拒絶される。

　ヒトの機能のその他の面では、選択主義者の言う過程を伴ってはいるが、このように心的生活はある程度、異種同型的なものとみなすことができる。私たちは皆、生命の初期の形態から突然変異と自然選択によってヒトが進化してきたというダーウィンのモデルを知っている。ダーウィン理論は万物における人間の自意識をくつがえしたと言われてきた。なぜなら、その理論は人間が神によって特別に創造されたのではなく、より低い種の子孫であると提唱しているからである。しかしダーウィン理論がより大きな衝撃を与えるのは、万物の設計に無秩序な過程が中心になっていることである。偉大な生命世界の発展のおおもとに偶然の働きがあるという考えは、神は人間の知りえない偉大な目的で全世界を導いているという宗教的、存在論的な基本信念に反している。神は、自分の為すところを知りつつ体系的に世界を創ったのだろうか？　それとも偶然に進化が起こり、無秩序な突然変異によって、あるいは生き残りあるいは消え去る多様な生体が創られたのだろうか？

　ダーウィン（1859）自身は、そうした自分の考えは反発を買うであろうと気づいていた。彼は書いている。

> さまざまな距離に焦点を合わせ、異なる光量を受け入れ、球面収差や色収差を修正する無類の装置を持つ眼が自然選択で形成されてきたと想定することは、正直に言うが、最高に馬鹿げていると思える。太陽が静止し、世界が回っていると最初に言われたとき、人類の常識はその学説は誤っていると宣言した。しかし古い格言「民の声は神の声」は、哲学者すべてが知るように、科学においては当てにならない（p.186）。

　しかしこの数年間に、他の生物学的過程に対し類似のモデルが提唱されてきた。例えば免疫学の領域はそうしたモデルによって変革した。免疫学の初期モデルによると、抗原（異種の生体）により身体が脅かされると、免疫システムはその抗原に特異的に結合する抗体を産出し、抗体は抗原を攻撃する。

　より以前の免疫理論は、免疫システムに合目的性を仮定していたのである。いわば生体を脅かす要素へ「合わせて適合」する抗体である。これに対し1973年、ジェラルド・エデルマンは、免疫システムは広大なひと並びの抗体を、ややランダムに作り、その抗体のプールの中から抗原に対抗できるものが選ばれると提唱した。この業績で彼はノーベル賞を授与された。エデルマン（Edelman, 1987）は、その後、

脳の神経発達における類似の理論を提唱している。ランダムな発達と選択という原則を個々の神経細胞の成長に適用し、これを「神経のダーウィン主義」と呼んだ。

エデルマン（1987）は、すべての選択理論が満たすべき一般的要件を三つあげている。それは(1)異型を生じる多様性のみなもと。(2)効果的な出会いのための手段、あるいはある独立した環境からのサンプル。その環境は、絶対的にあるいは既定のやり方で最初期に類別されていないものである。(3)集団のなかで、より大きな適応価値を持つ異型が、ある期間にわたって、差異を増大させる手段、である（p. 17）。

この三つの要件を、夢のダーウィン主義はどのようにして充たすのか？ 一番目の多様性のみなもとは、夢そのものである。環境との出会いは、無意識の思考でも、覚醒時の意識的思考でも起こりえる。また集団においてより大きな適応価値を持つ異型が差異を増大させることは、夢の認知的-情動的な創造性を覚醒時の生活において役立てることから生じるだろう。ただし、こうした心の創造性や、それが試されていることは、人は決して意識的に気づきはしないだろう。

このモデルを用いて、私たちは次のように提唱できる。つまり、ランダムな発達と選択は、エデルマン（1987）が『神経のダーウィン主義』で提唱したように、細胞レベルで作動しているだけでなく、思考や知覚のレベルにおいてもまた作動している。つまり脳／心のハードウェアにだけでなく、そのソフトウェアにも作動しているのである。要約すれば、夢は心がランダムな異型や変異を思考へ導く過程であると、私は提案したい。これら新しい思考のいくつかは、非常に有益であるとわかれば、他の状況下で心が使うように、意識的あるいは無意識的に、保持されるかもしれない。しかし新しい思考の多くは、無益であり排除されるだろう。

夢のダーウィン主義は無意識の夢の価値を説き明かす。新しい考えや経験は、決して思い出せない夢のなかで生み出されているのである。もしそれらが有益で保持されるなら、覚醒時に「再発見」されるだろうが、その源が夢にあることは決して知られることはない。もちろん、時にはそうと知られることもある。ときどきそうした思考や知覚の源に対して、うっすらとわかる感じがあり、「デジャヴ（既視感）」の感覚を伴う。つまりそれらの物事に、以前どこかで出会った感じを持つが、そのどこかは思い出せないのである。

夢のダーウィン主義理論は、**夢が覚醒時思考に生産的な効果を及ぼすために、意識的に思い出されることを要請はしない**。しかし、夢が意識的に思い出されるならば、意識して夢と関わり、覚醒時の創造を夢のインスピレーションのおかげとすることができよう。この種の報告は、科学者や芸術家から多くなされている。

例えば化学者のアウグスト・ケクレ（Kekulé, A., 1890）は、夢でベンゼン環の構造を発見した。夢の「日中の名残り」は、実際は15年前のもので、まだ学生であっ

たケクレは、ある隣人の死について裁判時に証言を求められた。その死者の遺品の中に二匹のヘビがそれ自身の尾に噛み付いている形の金の指輪があった。後年ケクレは、ベンゼンの6個の炭素と水素原子はどのように配置されているかを考えていた。この問題を念頭にうとうと眠り、夢で跳躍する原子がヘビのような形をとるのを見た。ケクレが日記に記したところによれば、《ヘビのうちの一匹は自身の尾をくわえ、その形は私の目の前でからかうように旋回した。雷光にうたれたかのように、眼が覚めた。そして今回もまたその夜を仮説から導かれる結論の解明に費した》[3]（p. 22）。

　発明家エリアス・ハウは、ミシンをどのように完成させるかを1846年の夢から学んだ。従来、彼は軸の真ん中に糸を通した針を使っていたが、そうしたとき夢を見た。人食い人種の部族から追われ、捕らえられ、柱にくくられた。奴等は槍で脅してきた。さらに殺そうと近付いてきたとき、槍はすべてその先端に「穴」を持っているということに、彼は気づいた。彼はびっくりして起き、夢を思い出した。そしてそれがミシンの発明をしようとする際に直面していた問題を解決してくれそうなことがわかった（Kaempffert, 1924）。

　1869年2月16日、ロシアの化学者ドミトリ・メンデレーエフは、ソリティアでもするかのように一組のカードを試していた。元素の配置を発見するためだった。その晩の夢で、彼の配置は正しいが、180度の回転を要することがわかった。目覚めるとすぐにそれを行い、周期表を作成した。

　これらの例すべてで、夢主は覚醒時の生活で知的な問題に取り組んでおり、次いで解決は夢で示唆されている。夢が解決し、夢主が後にそれと気づくのは、単なる偶然だろうか？　あるいは精神は無意識に解決に取り組んでおり、夢のなかでその解決が表わされるのだろうか？　どちらかはわからない。それぞれの夢主による他の夢について、今度は、多分正しくないが関連はしている別の解決が夢で示唆されるかどうかを知ることは、無論、有益であろう。

　どの例でも、革新者たちはそのインスピレーションを夢へ跡づけることができた。しかしまたときに、覚醒時の生活でインスピレーションに打たれるとき、そうした夢を見たことは覚えてないにもかかわらず、夢の内容は覚醒時の意識に入り込んでいて、インスピレーションの源になっている可能性はある。

　創造的な芸術家もまた、夢をインスピレーションとして使ってきた。クリストファー・デュラン（Durang, C., 1999）は、自ら実際に繰り返し見て、俳優のおよそ8

---

[3] ケクレの説明の信憑性については、WotizとRudofsky（1984）が問題にしたが、彼らの論拠はRamsayとRock（1984）、およびStrunz（1993）によって論破されている。

割が見ていると彼が考えている悪夢を基に戯曲『俳優の悪夢』を書いた。その悪夢とは、演じている最中に突然リハーサルをしていないことに気づき、次の台詞がわからなくなるというものである。

チャールズ・ドジソンは数学者であり、またルイス・キャロルのペンネームで詩や文学の著作があり、それらの中で彼は「ほとんど論理的」な天才を創り上げた。キャロルは、覚醒時の語りの規則を放棄することについて多くを教えてくれるが、彼はそれを自分の夢から学んだのである。次のように書いている（Carroll, 1976）:

> あるときはこれら無秩序な思考のひらめきの源をたどることができよう……しかしそれらはそれ自身のやり方をもち、また不意に生起し、絶望的に非論理的な現象の見本であり、「原因なき結果」であり、……そうしたことは、再び言うが、**夢**で生じた一節だったのである。私はそれについて先行する他のいかなる原因もたどれなかった（pp. 277-278.）。

次の例は『シルビーとブルーノ』（Carroll, 1976）からの一節である。

> 男爵は言われた、「わが家系は天才的武人で有名でござる」
> 　奥方は優雅に微笑まれた、「そういう家系はよくありますわ」。そしておっしゃるには、「ちょうどパイ菓子好きの家系のように」（p. 333）

この節は夢の独創性を示すとともに、その皮肉もまた示している。奥方の最初の一文は、家系に天才的武人がいるという考えに賛同している。それに続く一文で、それを二様に矮小化している。まず、天才的武人（おそらく重要なもの）とパイ菓子好き（おそらく重要でないもの）を比較することによって。次いで、パイ菓子好きの家系があるということで、家系に伝わる特性は証明しようがないこと、どっちにせよたいしたことではない、と皮肉っている。彼女の発言はある種の圧縮である。「ちょうど……のように」（just as）という二語をいたずらっぽく使うことで、奥方は武門の天才とパイ菓子好きという一見無関係な特性を、一つの観念にまとめている。

ルイス・キャロルの言葉「原因なき結果」は、「主語なしの述語」に似ていなくもない。夢はしばしば原因のない結果のように思える。夢解釈が原因を、少なくとも原因の可能性を持つものを、解き明かそうとはするのだが。ルイス・キャロルの偉大な作品の多くは、まさにこの効果を出している——まったくのナンセンスに思えるが、よく調べてみると味わいがあって、類似した意味をもっていることがわかる。

再び『シルビーとブルーノ』（Carroll, 1976）より、例をあげよう。

> 彼は一匹の象を見ていると思った。象は横笛の稽古をしていた。
> ふたたび見ると、それはなんと
> 妻からの一通の手紙。
> 「そうだったのか」と彼は言った。
> 「人生はつらいものなんだ」（pp. 320-321）

　この詩は回復した精神病に似ている。まず始まりがある。見たと彼が考えるもの――奇矯な知覚であり、それは怖ろしげでもあり、おもしろそうでもある――、それからもう一度見ると、「実際に」見えてくるものがある。そして最後の二行対句は、この幻覚の修正体験を表している。横笛の練習をしている象という奇矯なイメージは、妻からの手紙だとわかる。おそらくはより俗っぽいもので、それは彼に人生のつらさを悟らせる。また妻と象とのつながりもそのつらさに貢献したかもしれない。
　こうした創造にいかに夢が貢献できるかはおわかりだろう。突然変化する物事の経験は、夢ではありふれている。変化前後の状況を比較することで、その下に横たわる実に驚くべき内容に至る。次の夢を報告されていると想像してみよう。《横笛の稽古をしている象の夢を見ました。それは妻の手紙に変わり、つらい思いでした》。この夢には以下の潜在内容が見てとれる。「もし妻が象に似ていれば、それは軽視できない。それで私はつらい」。フロイトが夢工作についての章で記したように、ある夢で近接していることは、もし～ならばこうなる、ということを意味している（Freud, 1900）。「一つのイメージが別のものへ直接変わることで……**原因は時間的継起**により表される」（p. 316, 強調は著者による）。
　顕在夢は尋常でない知覚か、幻覚のようである。そこには最初は無意味に思える突然の変化がある。しかしそれは熟考し分析すれば、洞察と情動をもたらす。キャロルの最終二行のように。しかしルイス・キャロルのような芸術家によって夢が詩に変えられるときには、構造はしばしば単純化され、より対称的になる。芸術的に変化させる仕事は、夢の加工のもう一つの段階とみなしうるかもしれない。

夢のダーウィン主義と心的決定論

　夢のダーウィン主義の理論は、精神分析の秘蔵する公理――心的決定論という公理に真っ向対立する。『日常生活の精神病理学』や他の著作で繰り返しフロイトが論じているのは、一見無秩序で偶然の誤り、言い間違いやその他のうっかり行為は

実際には無意識の動機づけにより決定されているのだ、ということである。「しかしながら、心においては何一つ気まぐれなものはなく、すべては決定されている」（Freud, 1901, p. 242）。フロイト（1910）は「精神分析家の特徴は、精神生活の決定論にとりわけ厳格な信念を持つことにある。彼らには、何一つ些細なこと、気まぐれなこと、偶然なことはない。すべての事例に充分な動機を予見するのである」（p. 38）と述べている。繰り返しフロイトが語るのは「心的過程が決定される際の厳密さ」（1910, p. 29）であり、「心的出来事の厳密な決定論への強い信念」（1923c, p. 238）である。

フロイト以来、多くの精神分析家は極端な決定論の主張を再確認してきた。チャールズ・ブレナー（Brenner, C., 1955）は書いている：

> 心的決定論の原則から始めよう。この原則の意味は、われわれをとりまく物理的自然がそうであるように、心においては何事も偶然に、無秩序には生じない、ということである。心的出来事はすべて先行する出来事によって定められる。心的生活の出来事で、無秩序で、先行することに無関係に思えるものがあっても、それは見かけだけのことである。実に精神現象は、物理現象と同様、以前に生じたこととの因果的な関連を欠くことは不可能である。こうした意味での不連続性は心的生活には存在しない（pp. 1-2）。

こうした理論には荘厳さがある。しかし事態のすべてを語るものではない。私の考えでは、精神分析的思考は根本的な変化を要すると思う。それは、一見無秩序と見えるものは偽装と抑圧から生じているという厳密な心的決定論から、適応し創造をおこなう精神の健全な働きにある偶然性の役割を認知する方向への変化である。正直な分析家であれば、言い間違いのすべてに精神力動的な意味があるとは思わないだろう。この考えは、現代精神言語学の研究によって支持されている（Fromkin, 1973; Baars et al., 1992; Motley, 1995）。無論、一見無秩序なものはすべて説明できるし、そうできないと思えるのは洞察を欠くか、臨床家の抵抗なのだ、と論じることはできよう。しかし反対方向に論じることもできる。まったくの無秩序や偶然の出来事に、**事後的**に意味を付与することができる。それはもっともらしく思えるが、真には因果的でないのである。

秩序、意味、因果関係の不在の場所に、いかに人は巧みきわまりなくそれらを見出すかは周知である。セリグマンとイェレン（Seligman and Yellen, 1987）は次の逸話を語っている。

バーナード・カーメルが約10年前、ペンシルバニア大学の合同討議で実演したある証明は記憶に値する。彼は一連の50個くらいのクリスマス用電球を取り出し、点いたり消えたりするよう配線した。ついで一連の電球をグチャグチャにした。つぎに彼がビートルズの何かの曲をかけると、聴衆は抗いがたく錯覚に襲われた。電球はいまや音楽に合わせて、点いたり消えたりしているように思われたのである（p.1）。

　研究者たちは別のやり方でも、意味のない刺激に意味を付与する人間の傾向を証明している。人を暗い部屋に入れ、動かない光の点を示すと、動いていると考えがちである。
　レヒトシャッフェンとメドニック（Rechtschaffen and Mednick, 1955）は、このような状況下で、人々に光点が言葉を書き出すだろうと伝えた。すると光は動かないままであったにもかかわらず、実に全員が言葉を見た。一人の実験参加者は、一節全部が書き出されるのを「見た」。
　同様に、ランダムに動く2個の点のビデオを見ると、一個の点はもう一個を追いかけているように「知覚」しやすい。また私たちはやすやすとペットに意味深長な動機を想定してしまう。この点で私のお気に入りの例は、ブランギエ（Bringuier, 1989）とスイスの偉大な心理学者ピアジェの会談で起きたことである。一匹のネコが入ってきた。

　　　ピアジェ：おや、ネコちゃんだ
　　　ブランギエ：あまりいうことをきかないな
　　　ピアジェ：そうでもないさ（p.2）

　この例では、二人の知性ある人間が、ある動物の行動を観察し、その意味について違った結論に至っている—しかし両者ともその行動にある意味を付与はしているのである。総じて私たち人間は、与えられた知覚に意味を付与しがちである。
　イアン・ハッキング（Hacking, I., 1990）は、その著書『偶然を飼いならす』で、偶然に対する態度の変遷を跡づけている。彼は書いている：

　　　理性の時代を通じて、偶然は庶民の迷信だと呼ばれてきた。偶然、迷信、大衆性、不合理は一体だった。合理的人間は、そうした事柄から眼を背け、カオスを仮借ない法則のヴェールで覆うことができた。世界は時に気まぐれに見えるかもしれないが、必然的な内なる源泉の作用を知らないだけなのだ、

と言われていた……19世紀の終わりには偶然は、ヴィクトリア朝の一従者の地位を獲得していた。偶然は自然科学、生物科学、社会科学の忠実な下僕になろうとしていたのである。

ホブソンとマッカレー（1977）の活性化‐合成仮説は、夢理論へ非常に重要な要素を導入した。それは精神分析の観点からは欠けていたもので、夢形成へランダムな過程を入れ込むものであった。分析的思考は基本的な変化を必要としていると私は思う。それは、見かけの無秩序は偽装に由来するという決定論から、適応的で創造的な精神の健全な働きに対し偶然の過程が持つ役割を認める方向への変化である。

ホブソンとマッカレーは、夢の本来の源は脳幹の橋付近で発生する無秩序な視覚刺激だと提唱する。フォーゲル（Vogel, 1978）が指摘するように、そのような刺激が本当に無秩序かどうかを証明することは不可能である。ホブソンとマッカレーの主張では、この一見無秩序な刺激が生じた後、大脳皮質がそれをもとに物語とわかるものをこしらえようとするのである。彼らはこの段階を、皮質は「ガラクタをうまく処理している」と述べている。

この否定的見解は、夢に公平ではない。この偶然の過程は、新たなものを創造する自由をもたらすことができるのである。まさに進化論において、無秩序な変異が生物の多様性の源であるように。また現代芸術の分野で、無秩序な過程が驚くべき創造を生み出すのに利用されるように。その例は、音楽では、ケージ、ブーレーズ、シュトックハウゼン、絵画では、ジャクソン・ポロック、即興劇では、ピランデルロである。

夢で生じる心的イメージは**完全には**ランダムではない。ランダムな選択といえども、ある集合の中から選んでいる。結局、ある知覚が真にランダムならば、到底認識できない。しかも経験からわかることだが、まったく認識できないものについて夢見ることは、あっても稀である。形のない色の塊を夢見たりしない。私たちの夢は、対象物、人々、場所や感情についてであることが多い。細部は無秩序に変えられるかもしれないし、つじつまの合わない組み合わせがあるかもしれない。しかし夢の無秩序には制限がある。

実際には、夢のイメージ自体、夢主にまったく理解できないとか、まったく青天の霹靂であることはほとんどないと思える。それらの配置や突発性だけが、ときに奇妙なだけである。例えばある患者が語った夢で、彼は飛行機の客室乗務員であり、楽しげに乗客から洗濯物を集め、飛行機のなかで洗濯していた。洗濯機や飛行機は完全に認識可能な対象である。彼が洗濯するのも、洗濯が好きだしおかしくない。彼が飛行機の客室乗務員であることもまたおかしくない。そうなる職業上の可能性

が彼にはあった。しかし飛行機で洗濯することはでたらめで軽佻だと彼には思えた。彼の人生から二つの明らかな事実が結びつけられたが、それは覚醒時の現実検討が到底許容できないものであった。

デネット（Denett, 1991）は、無秩序な要素が夢（や幻覚）生成の過程に入り込む、その進入方法の一つを説明するパーティーゲームを提唱した。そこでは、「オニになるある人は、次のように告げられる。彼が部屋を出ている間、パーティーのメンバーの一人が最近の夢を語るように要請される。彼は部屋に戻って、その夢について尋ね始めるが、残りのすべてのメンバーにはその夢の筋書きが教えられていて、夢主が返答者の中の誰であるかわからないようになっている。彼の仕事は、一団の人々にイエス・ノーで答える質問をし、ある程度詳しく夢の物語を想定することである。そしてその想定により夢主の精神分析をし、その分析を使って夢主が誰かを当てなければいけない」（pp. 10-11）。

しかしオニになる人が部屋を出て行くと、主催者は皆に次のルールで質問に答えるよう、次のように説明した。もし質問の最後の語の最後の文字がアルファベットの前半にあれば、「イエス」、後半にあれば「ノー」と答えなくてはならない、と。この過程はしばしば一貫した夢の物語を作り出すと言われている。それはオニになる人の投影なのである。（実際の彼の夢と、こうしてできた夢がどう関係しているかは、興味深い）。

デネットはこの夢生成のモデルを「統合による分析」として知られる知覚過程に関係づけている。そこでは知覚は、外界からの感覚的入力と、何が起こりうるか、起こるべきかの内的な期待とから構成される（Neisser, 1967）。「作り出し－試行する」サイクルがあり、そこで期待と興味から知覚についての仮説が形成される。それらの仮説は、つねに揺れ動く過程にあって、現実の感覚データと結ばれている。

夢のダーウィン主義の考えでは、夢により個人はその慣習的な思考様式を打破することができる。創造的な夢は、ドナルド・クラインが次に述べることの真逆である。

> 熟練者のグループ間での合意に至る、反復的な技術というものがある。一番知られたものは、デルフィの技術である。それぞれの熟練者は一連の質問を提示され、個々に答えをどの程度かという形でマークする。マークの平均値が取られ、それぞれの熟練者に、平均値や分散の程度が報告される。それから、彼らの決定を再考するよう求められる。この手順が繰り返され、ついには平均の揺らぎはなくなり、分散値の低下は横ばいになる（pp. 364-365）。

全体の平均へ向かうこうした動きは、グループ間だけでなく、個人同士にも起こりえる。かつて聞いた知恵の定義を思い出すのだが、それは同じことを何回も繰り返し行っていれば、ついにはそれが最上の方法だと思えてくる、というものだ。

　集団の知恵が挑戦を受けるのは、革命的な人間が物事を揺るがしパラダイムを移すような新しい考えを携えて現れるときである。もしかしたらこのことは、個人の内部で、反復する思考から本質的に新しい考えへの変化をもたらす夢とともに進行しているのかもしれない。既知のものへ収斂する思考ではなく、夢によって、私たちの心／脳は辺境の新しい思考領域へと遠心力を得るのである。

　こうした新奇な考えのいくつかは、長期にわたって有用性を発揮できないかもしれない。ライト兄弟の数百年前に、ダ・ヴィンチは飛行機械を構想していた。サイエンス・フィクションの多くの創造物は、当時は途方もないと思われたが、実現している。だから奇怪な創造物の登場する夢を聞くとき、私はその可能性に対し開かれた心でいるよう努めている。インターネット上で、バーカード・シーヴァース (Sievers, B., 1999年2月15日) がドイツから報告した次の夢を考えて欲しい。

> 私はファックスで、箱に入った包みを受け取った。箱にはおいしそうな料理、つまりソースつきハンガリーシチューなどが入っていた。とてもがっかりしたのだが、それはファックスにあるため、食べられないのだった。それからこれも夢のなかで、素晴らしく賢いアイディアがひらめき、私は得意だった。箱をファックスからe-mailへ転送したのだ。それで食べられるようになり、喜んで食べた。とてもおいしかった。

　この夢の圧縮はとても微妙だ。電子通信を受信するときにトラブルがあると、ある媒体から他の媒体へ転送すれば受信可能になることが時々ある、という考えがそこにはある。しかしこの夢では、ファックスで送られてきたのは**食べ物**である。うまく送られてきたのだが、ファックスの**中**のことである。それでファックスから転送することで、それは食べられるようになったのである。

　この夢は伝統的精神分析の解釈によれば、現実原則に対する願望充足の勝利とみなされるだろう。つまり夢主は空腹で、食べ物を見つけるが手が届かず、知恵によってそれを手に入れる。一方、夢の創造性の観点から見ると、この夢は長年サイエンス・フィクションの望むところであった、テクノロジーによる物質移送の一種を描き出している。明日は現実になるかもしれないものである。ここに選択肢がある。この夢を非合理な願望充足と見るか、テクノロジーの創造性への企てと見るか（あるいは両方）である。それは、夢のダーウィン主義の産物として輝いている。私た

ちの現実の変異であり、いつか実を結ぶかもしれないし、無用の考えとしてゴミ箱へ投げ入れられるかもしれない。どちらであろうか。インスピレーション、あるいは想念の戯言か？　それは時が証するだろう。

　ここで提示されている夢のダーウィン主義理論は、私が夢の排除主義者、あるいは夢の排泄理論と呼ぶ一群の夢理論とは相当異なっている。後者は、夢の主な目的は、脳から不要なものを排除することだという（Robert, 1886; Crick and Mitchison, 1983）。排泄や排除は実際のところ、夢の一機能であるかもしれない。しかし事の一部に過ぎない。夢を見ることは進化の上で適応的である。夢は内的に生成された知覚を、多くの新しい形態で再結合させ、比較的自由な創造を可能にしている。これらの多くは無用のものであり、忘れられた夢のイメージのガラクタの山へ投げ込まれるだろう。しかしいくつかの新しい考えや知覚は、知的に、創造的に、芸術的に、社会的に、またその他のいくつかの方面で人に有用だろう。それらは、意識的な過程において、あるいはまったくその人の意識的な気づきなしに、昼間の思考の中へ取り込まれるかもしれない。後者においては、覚醒している人に、その源が夢であるとは気づかれずに、ある考えが役に立つかもしれない。また、意識されなくとも有益な思考というものはあり得るのである。

第 8 章
夢と思考の言語

夢《原稿があるんだ。翻訳して欲しいが、やつらは言語へ翻訳しない。翻訳するのは、**意味**へ、だ。》

　思考の言語とはなんであろうか？　本来的な、初源の思考の言語があるのだろうか？　脳は、コンピューターで使われるような機械言語のようなものを使っているのだろうか？　コンピューターでは、基本的にすべての言語は、0 と 1 のコードに還元できる。コンピューター学者でない人には、何十年もコンピューターを扱っているが、非常に複雑なコンピューターの働きの基礎にあるこの二個からなるコード・システムとはまったく直接縁がないと言う人もいよう。しかしそうした言語は存在する。同様に、これまで私たちが直接接することのなかったような、脳の言語の基層があるのかもしれない。夢がこの脳の基層言語への洞察を与えてくれるだろうか？

　思考の言語の問題は、何世紀にもわたって哲学者たちが俎上にのせてきた。ソクラテスは、プラトンの『テアイテトス』で、思考は沈黙の会話以外のものではないと論じている。ここに彼自身の言葉がある（Hamilton and Cairns, 1961）。

> ソクラテス：それでは君は、思考の流れについて僕の述べたことを受け入れてくれるかね？
> テアイテトス：どのように述べられたのですか？
> ソクラテス：およそ考えていることについてならなんでも、精神がそれ自身と行っている対話として、だ。この説明を無知な男がやっていると、君は思うに違いない。しかし僕は精神が考えるとき、それは自身と対話し、あれこれ尋ねては答えている、と思っているんだ……それで考えることは対話することだ、判断は他の誰かに対して声高にではなく、自分自身に黙って述べられる陳述だ、と言うのだ。

アリストテレスは異なった見解を持っていた（McKeon, 1968）:

> 話し言葉は精神の経験の象徴であり、書き言葉は話し言葉の象徴である。皆が同じように書かないように、皆同じようには話さない。しかし精神の経験は、双方の言葉がそのまま象徴するものであり、皆にとって同じである。ちょうど我々の経験がそれのイメージである、そのものが皆に同じであるように（p.40）。

ここに基本的な二つの見解がある。(1)思考は沈黙した話し言葉である、(2)話し言葉は思考の特殊な表現で、すべての思考がそこで生じる基層言語の翻訳である。

両者の言い分には多くの根拠がある。答えは結局、まったくアリストテレス的、まったくプラトン的とはいくまい。哲学者のギルバート・ライル（Ryle, G., 1949）は、プラトンの観点に短いが重要な修正を行った。思考を沈黙の話し言葉とみなしつづけながら、しかもそれは視覚イメージを伴うとしたのである。彼は述べている。

> 普段の思考の多くは、内的な独白、あるいは沈黙のひとりごとである。**通常それは精神内部において視覚イメージからなる映写ショーをともなっている**……沈黙のうちに自分に語るコツを習得するのは、時間もかかるし努力も要る；それを体得するには、まず声に出して知的な事柄を語り、他の人たちもそうするのを聞いたり理解しておくことが必要条件である。自分のなかで考え続けることは、精妙な達成なのである（p.27；強調は著者）。

実験心理学者のB.F.スキナーは思考は「言葉による行動」に他ならないと論じた。行動主義の後を継いだ認知心理学の革命のなかで、思考は潜在的には話し言葉から独立しているとみなされるようになった。「言葉なき思考」という題の卓越した小論文で、哲学者ゼノ・ヴェンドラー（Vendler, Z., 1977）は、ソクラテスの観点はとんでもない結論に導くと論じた。対照的に、アリストテレスの観点の終局の極論では、思考は言語と無関係で純粋のものであり、言葉は思考を損なうと考える人たちがいる。その事情をチュッチェフ（Vygotsky, 1934）は「思考はひとたび口にされると、嘘になる」（p.254）と述べている。

思考の基層にある言語と夢の関係については、少なくとも二つの観点がある。(1)夢は、覚醒時の話し言葉と同様、思考の基層言語の変容である。(2)夢そのものが思考の言語である。

この点で、この章の冒頭に掲げた非常に短い夢を思い出す。

原稿があるんだ。翻訳して欲しいが、やつらは言語へ翻訳しない。
翻訳するのは、**意味**へ、だ。

　この夢で、**意味**と呼ばれる基礎的な言語がある。「意味」と呼ばれるこの言語を話す人はいない。しかし皆理解しているのだろうか？
　思考の基層言語が何であるかという問題は、心理学のうちでも最難問の一つだ。これはロシアの偉大な心理学者レフ・ヴィゴツキーによってずばり論じられた。ヴィゴツキー（1934）は、児童の言語と思考の発達を研究し、深遠な問題を立てた。つまり、思考の基本的言語は何であるか？　この基本的言語は、伝達的な話し言葉とどう関係するのか？　思考の基本言語はどのように児童期から成人期へ発達するのか？　それは所与のものか、それとも社会的交流から発達するのか？　この思考の基層言語の顕在化は何であるのか？　言語で表現しえない思考は存在するのか？　もしそうなら、その思考はどうなっているのか？
　ヴィゴツキーは彼のいわゆる「内言」にとりわけ注目した。それは児童の「自己中心的な話」から発達するものと彼は考えた。ピアジェの観察によると、集団での幼い児童はしばしば「集団的一人話」をしている。とても幼い児童は集団のなかで会話しているように見えるかもしれないが、実際には伝達的でなく喋っており、他の人には理解できない自分だけの考えを言っていることがよくある。社会は伝達的に話すよう求めているのだと児童が学習するにつれ（ふつう3歳から7歳のあいだ）、集団的一人話は他の子との表立った話からは消えていくが、ヴィゴツキーによれば本当に消えるわけではない。そのかわりそうした言語は内に向かい、「内言」となる。それが他の人に伝わるかどうかを考えることなく、内言は思考の意味を担うのである。
　内言の特徴は何であろうか？　ヴィゴツキーによれば、その第一の特徴は主語をはぶき、述語は保持することである。これを私は「主語なし述語」と呼ぶ。日常生活の会話でも、主語なし述語を使う場面はある。ヴィゴツキー（1934）は、次のように書いている。「外言では述語のみ、というのは二つの場面で生じる。答えとして用いられるか、関わっている全員に主語が何であるかあらかじめわかっているときである。『お茶をいかがですか？』への答えはふつう『いいえ、私はお茶を欲しくありません』とは言わない。『いいえ』と短く言う。明らかにそうした文は、その主語が両者に暗黙裡に了解されているときにだけ可能である」（p. 236）。もし誰かが単に「いいえ」と言うのを聞けば、何の意味か、つまり何について「いいえ」なのかさっぱりわからない。しかし「いいえ」の前に質問を聞いておけば、事情は異なる。質問が「お茶をいかがですか？」であれば、「いいえ」は「いいえ、私はお茶を

欲しくありません」になる。質問が「ロシアはアフガニスタンに侵入しましたか？」であれば、「いいえ」は「いいえ、ロシアはアフガニスタンに侵入していません」になる。同じ一つの語「いいえ」はまったく異なる意味を担いうる。つまり「私はお茶を欲しくありません」対「ロシアはアフガニスタンに侵入していない」である。

ヴィゴツキーは「文法上の述語」と「心理的述語」を分けている。文法上の述語は、高等学校で教わるように、文章の一部で、文法上の主語に続き、主語についての情報をもたらす。「ジョンは学校へ行った」という文章で、文法上の述語「学校へ行った」は、主語の「ジョン」についての情報を与える。

これに対して心理的述語は、新しい情報を与える文章の一部であり、心理的主語は話し手と聞き手が共有する情報である。心理的主語・述語は文法上のそれらと同じであってもよいが、そうである必要はない。ヴィゴツキー（1934）は次の例を用いている。

> 時計が止まったのに気づいて、どうして止まったのかと尋ねたとしよう。その答えは、「時計が落ちたんです」とする。文法上の述語と心理的述語は一致している。「時計」はまず私の意識に上ったものだし、「落ちた」は時計について述べられている。しかしもし私が隣の部屋でガチャンという音を聞き、何が起こったか尋ねて、同じ答えをもらったとするなら、心理的主語と心理的述語は反転する。そう、何かが落ちた、それが話題だ。「柱時計」がその考えを補完する。文章は、「落ちたもの、それは柱時計だ」と変わる。それで文法上の主語と、心理的主語は一致することになる（p. 220）。

含まれている主語を理解することはコミュニケーションにとって、とても重要な側面である。ある種の知識を共有する二人の人は、その知識を共有しない他の人にはわからないことを伝え合うことができる。関係が長期間にわたる夫婦では、この種の知識の基盤を作り上げており、その相互のコミュニケーションは内言にだんだん似てくる。私の知っているある夫婦にとって、「青いやつ、取って」という言い方は普通である。部外者には、これはどちらかといえば無意味だ。しかし彼らが二つのバックパックを持ち、それは一つが青色で一つが茶色であり、青色のものには本が入っていて、茶色のものには食物が入っている、ということを知れば、「青いやつ、取って」というのはその夫婦にとって「本を持ってきて」という意味だとわかる。

無意味で精神病的だと思われる文章は、それが前提としている背後の知識基盤を知れば、しばしば意味を持てるようになる。ジョージ・レーコフとマーク・ジョン

ソンによって記述された「りんごジュースの席におかけください」という例は、このいい見本である。それはナンセンスに思える。しかしテーブルは4席あり、オレンジジュースが供されているのが3席、りんごジュースが供されているのが1席であるのを知れば、意味を持つ。クレペリン（Kraepelin, 1906; Heynick（1993）を参照）は類似の夢の文章を述べている。《N氏は公証人事務所で働いていなかったが、歯科学についての論文で受賞した》（p. 101）。この文章は事実上理解できない。しかしN氏が公的に認められた研究者グループに所属しておらず、公証人事務所が指し示すのは、公認の歯科診療所や、公的に価値が証明されること（合法的と認められること）だと知れば、理解できる。

　ガートルード・スタインは、とりわけ二つの部分のつながりがすぐにははっきりしないような重文を好んだ。例えば（D. Smith, 1999）、「それは庭のように見えたが、彼は事故で怪我をした」（p. E4）。この文章を理解できるような状況を想像できるだろうか？

　もう一例は、手紙で使われることもある疑似電報スタイルだ。一人の友人からの手紙はこう始まるかもしれない。「君が元気で、嬉しい（Glad to hear that you are well）」。英語ではその文章は文法に適っていないが、暗黙の主語を理解するのは容易だ。つまり「君が元気で、**私は**嬉しい」。「私は」は、事実上確かなものである。「私」以外の誰が手紙を書いただろうか？　一方次のように始まる手紙を考えてみよう。「僕たち互いの友人のビルに昨日会った。君が元気で嬉しい」。この場合、第二文はぐっとあいまいになる。誰が嬉しいのか？　手紙の書き手、それともビル？

　ヴィゴツキーの内言の分析は素晴らしい。しかし内言の論議のなかに夢を取り入れなかったのは残念だ。ある箇所で彼は書いている（1934）。

> 内言はその大半が、純粋に意味だけの思考である。それは力動的で、うつろいやすく、不安定なものである。それは言葉と思考のあいだを翻っている。言葉による思考が、多少なりとも安定し、多少なりともきっぱりと描く、二つの成分のあいだを。その内言のまじり気のない性質や場所を理解するのは、言葉による思考の次の水準を吟味した後ようやく可能になる。その水準とは内言よりさらに内的なものである（p. 249）。

　この最後の文章を読んだとき、私は、ヴィゴツキーは次に夢に進むと確信した。無論のこと、夢は内言よりさらに内的であるから。しかし違った。ヴィゴツキーはこう続ける、

その水準とは思考自体である。すでに述べたように、すべての思考は結びつきを作り出し、機能を充たし、問題を解決する。思考の流れと同時に言葉は展開しない。二つの過程は同一物ではなく、思考と言葉の諸単位は厳密に対応しない。これがとりわけ明らかなのは、思考過程が挫折するときである——これはドストエフスキーが言ったように、思考が「言葉に参入しようとしない」ときである (p. 249)。

ヴィゴツキーは内言の論議を夢に適用しなかった[1]。しかし私はここでそれをやりたい。私見では、「言葉と相容れない思考の王国」とは、まさに夢の領域である。なぜなら夢は完全に言葉のない思考を表象することができるのだから。「言葉に参入しようとしない思考」はイメージや感情にその表現を見出すことができ、それらは顕著な夢の構成要素なのである。例えば、「陰性の夢スクリーン」（第15章）と私が呼ぶものについての論議を参照して欲しい。そうした夢の怖しい空虚さをいかなる言葉もとらえることはできない。言葉を使った瞬間、その空虚はすでにいく分充たされるのである。

主語なし述語としての夢

　ヴィゴツキーの内言の理論は、夢と夢解釈への新しい理解の基盤を与えてくれると私は思う。夢は言葉を主とするものではない。より多くイメージや感情からできあがっている。にもかかわらず、言葉への依拠を除き、内言の特性と夢の特性は似ている。

　私が第2章で述べた、夢分析はジェパディ！のゲームに似たものだという見解に対し、ヴィゴツキーは理論的支持を与えてくれる。夢が答えとなるような質問をしなければならない。あるいはヴィゴツキーの言葉では、夢が心理的述語となるような主語を用意しなければならない。そうすれば夢を理解できるだろう。**無意識の思考では、主語は、理解されており、はぶかれている**。この意味では、夢は私的なものであり、伝達を意図されていない。**夢は主語なしの述語である**[2]。夢は前後関係の

---

[1]　私はヴィゴツキーの業績の中に夢への言及を見出すことができなかった。傑出したヴィゴツキー学者であるジェームズ・ウェルチは自分もそうした言及は知らないといっている。同僚のウィリアム・ハーストはヴィゴツキーが夢を論じなかった理由を示唆している。ヴィゴツキーとその一門は、高次精神過程が社会との相互作用を通じて発達していくことに関心があり、ヴィゴツキーは高次精神機能が内面化された社会関係だと提唱していた。夢は、非社会的な精神現象の最たるものと思われるため、社会的文脈のなかでの精神の発達に彼らが抱く興味に全体として合致しなかったのである。

第 8 章　夢と思考の言語　93

説明なしに、決定的情報を与えるのである。
　ヴィゴツキーは、こうも書いている。

　　　すべての観察が示唆するのは、内言は自律的な言葉の機能だということである。内言が**言葉による思考の独自の水準**であると自信を持ってみなすことができる。明らかに内言から外言への移行は、一つの言語からいま一つの言語への単なる翻訳ではない。沈黙の言葉を単に音声化することで達成はできない。それは複雑な力動的な過程であり、そこで内言の述語的で慣用語の多い構造が、他者にわかるように構文上筋道の通った言葉に変えられるのである (p. 248)。

　この複雑な力動的な過程、内言の述語的で慣用語の多い構造が、他者にわかるように構文上筋道の通った話しに変えられることはまた、確かに夢分析の記述でもありえる。
　文の構成や語彙がどれほど奇妙であろうと、内言は言葉よりなる。これに対して、夢のほとんどはイメージや感情や動作性体験よりなる。夢は内言と同じではない。むしろ**内的体験**、あるいは**内的表象**により近い。それは言葉だけでなく、イメージや体験や「ヴァーチャルリアリティ」を含む[3]。それは実際の経験がなくとも表象される経験である。対話のない言葉が内言であるのと同じで、夢の内的表象は出来事のない経験といえる。
　ある連続体の一端に夢を、中間のどこかに内言を、反対のもう一端に理解可能な言葉を想定できよう。夢を語るとき、本来は言葉でない体験を言葉のテキストに変換しているのである。夢テキストは、夢体験とは異なっており (Khan, 1976)、その構造は、本来述語的な言葉による思考水準である内言に近い。というわけですぐれた夢分析は、夢テキストを述語とする主語を与える過程となる。
　夢は内言と同様、極度に圧縮されている。ヴィゴツキーは次のように述べている。「簡単な文の構成、圧縮、語彙の数の極端な少なさは、相手がことの成り行きを知っているときに、外言で生じる叙述の傾向の特徴である」(p. 238)。
　夢と内言の基本的な違いは、**夢は多くの場合、夢主に理解できない**ということである。夢では、内言の過程は進展しすぎて、夢主はもはや述語を把握するのに必要な主語も理解できなくなる。自分の夢に対するこの夢主の立場は、誰かの内言の側

2　ルイス・キャロルの言葉「原因なしの結果」は、主語なし述語の一変形である。
3　ここでライルにより提唱された思考の定義を思い出していただきたい。それはプラトンの沈黙の言葉に、「内的な視覚イメージの映写ショー」を随伴するものであった。

に立つもう一人の人の立場と同じ関係にある。夢は非常に私的な、内言の極端なものであり、逆説的にそれを生み出した人、つまり夢主にも、おいそれとは理解できないこともある。

　作り手にも理解できない内言という考えにより、私たちは夢を単一の心の現象というより、複数の心の現象と考えることを余儀なくされる。睡眠時の夢体験と、覚醒時の夢の吟味とでは、異なる精神状態における解離がある。第4章では、夢を見ている夢主と、夢を理解している夢主は、心理学的に分けられることを示した（Grotstein, 1979）。心はそれ自身の内部で分けることができる。そして夢は覚醒時の自分には考え及ばない思考の側面を描き出すのかもしれない。

　すでに述べたように、エリクソンは簡潔の典型のような夢について記述しており、それは、いくぶん内言に似ている。ある女性は、暗い背景の中に、一つの単語のイメージ「S[E]INE」だけが明るく見えているという夢を見た。彼女の主訴はパリのルーブル美術館でキリストの割礼の絵を見たときにさかのぼる。彼女は多言語話者で、エリクソンと行った分析では、夢の「S[E]INE」というイメージは4つの要素の圧縮であると理解された。(1)パリのセーヌ河（SEINE）で、原トラウマが生じた。(2)SINE は、ラテン語で「〜なしに」の意。(3)ドイツ語の SEINE で、「彼の」の意。(4)括弧にくくられた E で、エリクソンの頭文字。これらをまとめると、「エリクソンの……なしに、エリクソンと会う」となる（……の表記はエリクソンによる）。加えてエリクソンの分析によれば、夢のそれぞれの側面は、彼女の病理の側面と関係していた。患者は視覚健忘があり、そのため夢のなかでイメージがなく、一つの単語だけがあったのだと、エリクソンは言う。夢空間が暗く、鮮やかなイメージの周囲は完全に動きがないという事実は、患者のトラウマ記憶が逆転して表象されたものである。つまり中心部の黒い点の領域（抑圧された情景）が、明るく色彩豊かな広間で囲まれている。夢における寡動性は患者の症状、広場恐怖と無活動に呼応している[4]。また夢には時間の次元がないが、それはまさに今患者の生活に一切の時間性がないのと同様である。

　エリクソンの例から見てとれるのは、いかに簡単な夢であろうと、夢主の連想が夢の文脈を明らかにでき、夢理解に貢献できるということである。夢主はまた他の人たちの連想からも助けられる。彼らは、夢主に直ちにわかる事柄以外の情況を、提供するからである。ある夢を一人あるいは数人の人と論じることは、理解のための背景を、つまり、ヴィゴツキーの言葉では、夢を述語とする心理的な主語を確立

---

[4] これは後にレーコフとジョンソン（1999）が「身体化された心」と呼ぶことになるものの例である。そこでは、世界の身体的体験は隠喩的に夢に変えられるのである。

するための背景を、立ち上げる可能性を開く。

　夢解釈のさまざまなやり方、その中には別の人が夢主に夢の意味を示唆することも含まれるが、それは夢主に夢を述語とする主語を再発見する可能性を切り開く。注意していただきたいが、夢解釈の従来の方法が、この修正した方法のために妥当性を失うわけではない。逆に、夢解釈の多くの異なる方法は、この理論の内部で妥当なものとして**再理解できる**。しかし提言したいのだが、私たちの焦点は「夢解釈」より、「夢の文脈化」あるいは「夢の明確化」にある。解釈は、「夢XはYを意味する」とするが、文脈化や明確化は、「夢主が関心を持っているのがこれで、夢の提示する問題がこれである。これらの事柄を知れば、夢テキスト**それ自体**はたいてい理解できるようになるものだ」と言うことになる。

　自由連想は、フロイト派夢分析の主軸であるが、文脈化と明確化を助けるかもしれない一手順である。自由連想は、私見では潜在的夢思考へと後方的に導きはしない。そこへ前方向的に導くのだ。このことで言いたいのは、自由連想は夢形成の過程をさかのぼらないということである。自由連想は潜在的夢思考の覆いを取るというより、夢をそれ自体で説明できる文脈を作り出すことによって創り出す。しかし自由連想はまた、私たちを文脈から逸脱させもするかもしれないのである。

　夢解釈の多くの技法はそうした文脈化を目論んでいる。旧約聖書のヨセフの技法でさえそうである。ヨセフがファラオの夢を解釈したとき、彼にはおそらくファラオの主な関心事がわかっていた。つまり、「この国をどうするべきか？　来年以降穀物はどうなるのか？　国の首長として、それに対し自分は何ができるのか？」といったものである。ヨセフはこれらがファラオの夢の潜在的疑問であることを明らかにしたのである。

　密接な関係は、夢と内言の間だけでなく、夢と統合失調症患者の言葉の間にもある。統合失調症患者の言葉は内言とある種の類似があるのだから、このことは驚くにあたらない。統合失調症患者の言葉を、理解してもらえるかどうか、恥を怖れて気にすることなく、人前でなされる内言、と特徴づけることもできよう。私はこのように考え（Blechner, 1995b）、それを統合失調症患者と積極的に作業してきた他の精神分析家と共有している。

> 私的な考えは、考えられるがまま口にされる。その際、聞き手が理解できるための要件を配慮して言葉が組み立てられることはない。このように統合失調症患者は二つの目的を達成する。彼は皆の前で自分の考えを発散するが、自分の伝えたいことは真に自分の経験に興味を持ち、その考えを解読しようとする人たちだけに届くことができると確信している。無関心な聞き手はチ

ンプンカンプンと聞くだけであろうし、そうした人からは統合失調症患者は安全なのである（p.376）。

フリーダ・フロム-ライヒマン（1950）は統合失調症患者の話は内言に近いという見解を取っていた。彼女の主張では、統合失調症患者は自分が何を言っているのか、しばしば治療者よりよく知っている。自分が言わずにいる心理的な主語も知っている。例えば、ある男性の統合失調症患者は、自分の脳はスペイン風の名前を持つ遠い惑星からの放送を受信していると感じている。彼の妄想を主語のない述語と考えれば役立つだろう。彼は現在ニューヨークに住んでいるが、イーストロサンジェルスのスペイン地区で育ち、貧困がにじむものの文化的に豊かな背景に強い両価的な感情を持っていることを知れば、妄想の意味するところをはるかによく理解できる。彼の妄想が述語であるところの主語を知り、次のような解釈をすることができる。つまり、「あなたはスペイン語を喋る家庭から遠く離れている。けど繰り返し考えるのね、故郷や家族のことを。気持ちは乱れるけどね」。

もしも妄想のテキスト「スペイン風の名前のついた遠い惑星から私は放送を受信している。それは私の心を強く乱す」が夢テキストであったならば、それを理解するのに同じ背景の材料が使われることだろう。背景の主題を供することは、それ自体が解釈ではない。**しかしその主題について充分に知れば、夢テキスト（あるいは妄想）はもはや解釈を要しない。それはそれ自体の言葉で理解できるのである。**夢への連想から同じ意味を引き出すことができよう。しかし、幻覚状態にある統合失調症患者がまさにそうであるような強い不安状態にあるときには、連想は意味をもたらしもするが、容易にそこから遠ざけもする。

夢はその大半が言葉による表現ではなく、内言とは違う。しかし目覚めてつい先ほど見た夢を考えるとき、夢体験を他の人に話すことのできる夢テキストに変換するのであり、その夢についての考えは内言にもっと似てくる。実際、夢から覚めて内言の文章を考えている可能性がある。その内言は夢の一部のようには感じられないが、密接に関係しているように思える。例えば私の患者の一人が夢から覚めて、「私の出自は犯罪者の家系だ」と考えたと言う。最初、彼女はその文章の意味も、夢とどう関係するのかもわからなかった。私たちはこのことを話し合い、私は夢とどう関係するかこだわらないように彼女に言った。ただこの短い文章を膨らませるよう頼んだ。彼女はそうしたが、いくぶん気が乗らないようだった。そして次の発言をした。「私の家族はまるで犯罪者のように私に暴力的です。マフィアの家族のように自分たちだけの組織立った決まりがあります。それに反すると、たとえ外の世界ではそれが普通でも、道徳的である場合ですら、彼らは私を罰するのです」。こ

れは夢後思想と呼べるかもしれないが、それによって夢は容易に理解できるものとなった。

内言と夢の圧縮との関係

ヴィゴツキー（1934）は、内言のいま一つの特徴は、彼の言う「膠着」agglutinationであると述べている。

> これにより内言について、別の意味論的な特性がもたらされる。両者ともに語の組み合わせに関している。そのうちの一つは、むしろ膠着に似ている——ある言語ではかなりの頻度で起こる語の組み合わせ法であり、他の言語では比較的稀である。ドイツ語はしばしば数語ないし数句から一つの名詞を作る。いくつかの原始的言語では、そうした語の膠着は一般的法則である……子供の自己中心的な言葉は、この現象と類似している。自己中心的な言葉が内言に接近するようになると、複雑な考えを表すために合成語を作る方法として、子供は膠着を次第に多用するようになる（p.246）。

膠着は、圧縮の一形態だとみなせよう。そこでは普通では受け入れられないやり方で語は組み合わせられている。レーコフとジョンソンの「りんごジュースの席」は英語におけるそうした膠着の一例である。しかし英語ではハイフンをよく使う。ドイツ人は膠着にそう慎重でなく、もっと日常的に語が結びついている。

トーマス・マンはその小説の題名を『魔の山』としたが、ドイツ語では「魔の山（Magic Mountain）」は Zauberberg という一語になっている。グスタフ・マーラーの歌曲集『亡き子をしのぶ歌（Songs of Death of Children）』はドイツ語で Kindertotenlieder という一語になっている。

そうした語の膠着は、夢の圧縮とどう関係しているのだろうか？　第6章で、夢の圧縮には基本的な三種があるとした。これらは語彙上でも類似のものを有していると思われる。最初の**単純型重複決定的圧縮**は、すでに日常言語のなかに、同義語や多義的な語のかたちで存在している。しかし夢の重複決定では、言葉はさらに非日常的で思いがけない意味を担っている。それらの意味は、混じりあい相互作用しあっており、日常の覚醒時思考よりさらに豊饒である。そこにある内言との類似は衝撃的である。ヴィゴツキー（1934）は述べている。

> 内言の基本的な意味論的特性は、語の意味が結びつき一体となる様式である。

つまり意味の結びつきの法則とは異なる法則の「意味の流入」に支配される過程である。異なる語の意味は、相互に流入しあい（flow into one another）——文字どおりの相互影響（influence one another）——初めの意味は保たれつつ、後の意味を修正する。……内言では、これらの現象は極点に達する。一つの語はあまりにも充塡され、『死せる魂』[5]の題名のように、意味の凝集となる。それを外界の言葉に展開しようとすれば、幾多の言葉を要するだろう（pp. 246-247）。

　二番目の圧縮の型、**創造的圧縮**の類似物は、普通の膠着のなかにある。この本を書いているとき、私は何度も「夢テキスト（dreamtext）」と書きそうになった。ワープロのスペルチェックがそれはだめだと教えてくれたが、しかしその語を見れば意味は自明だろう。

　三番目の圧縮の型、**部分的圧縮**の類似物は、内言の造語にある。そこではもとの語は変形されるか、新しい語は実質上新しい創造である。子供たちはこうした新しい語で秘密の言語を作りあげる。作家のルイス・キャロルは、すでに述べたように自分の夢からの素材をその作品で使ったが、とりわけそうした語の創造に巧みだった。彼の作った「Jabberwocky」という語を考えてみよう。この語はきっちりとした意味はないが、「言語‐類似」であり、ほとんどの人に何かを連想させる。私には、「Jabber」は馬鹿げたお喋りを思わせ、「wocky」は風変わりを思わせる。それでこの語（Jabberwocky）をいつも「風変わりなお喋り」と理解してきた。そうした語句は、言葉のロールッシャハ・テストとして機能できる。

　ここで夢の理論の方向転換をしよう。これまではフロイトの夢理論を吟味し、ユングやレヴェンソンといった他の精神分析家の理論、ホブソンとマッカレーの活性化‐合成仮説といった認知神経科学の理論、クリックやミッチソンの寄生神経節の消去理論と比較してきた。夢が間事物や、他の新たな夢の創造物を作り出しながら、情報をどういうふうに圧縮し、再組織するかを詳述した。それらの現象に基づいて私が提唱したのは、人間の思考におけるさらなる夢の働き、夢のダーウィン主義と呼ぶものである。そこでは精神は変異思考を創造し、それらは有益であれば保持され成長することができる。また主語なし述語として夢を理解する、新たな接近法を

---

[5] ヴィゴツキー（1934, p. 247）はゴーゴリの『死せる魂』という題について説明している。「それはもともと死んだ農奴で、役所の書類から抹消されず、あたかも生きているがごとく売り買いされている人間をさしている……作品の最後では、『死せる魂』が意味するところは、死せる農奴というより、むしろ登場人物すべてであり、彼らは肉体的に生きているが魂は死んでいるのである」。

提唱した。それはヴィゴツキーの内言理論に基づいている。それは夢ととり組むための異なる方法を示唆しており、夢を解釈するというより、文脈化することを含意している。

　ここで面接室の内部に向かうのがいいだろう。夢理解をさらに実際の臨床に適用するためである。後に（第Ⅳ部）夢理論に再び戻り、臨床神経学を援用して、夢が心／脳の働きについて何を教えてくれるか、考えることにしよう。

III

夢の臨床的取り組み

第9章
夢解釈のベクトル

すべての一般化は、この文章もそうだが、誤りである

マーク・トウェイン

　夢が語られるとき、どの情報に注目するかには選択が働いている。何を見出すかは、何を求めているかによって部分的には決まるだろう。この夢への接近における選択を「解釈のベクトル」と名づけることにする。

　解釈のベクトルということで私が意味するのは、夢を特定の視点群から見る接近法であり、それぞれの視点は夢について異なった種類の情報を生じることになる。ベクトルという観念を物理学や数学から借用しているが、それは、同一対象を違った視点から見るという私の考えを掌握するためである。辞書の定義によるとベクトルとは、速度・加速度・力のような、空間に大きさと方向を持つ物理量を表す線である。しかし私はいくぶんメタファー的にベクトルを用いたい。あるものを貫通する線か面を想像してみると、新しい視点から見ることになる。例えば、三次元幾何で、円錐を見るとしよう。円錐の底に対して平行な面で切ると、円ができる。底に対しある角度をもった面で切ると、楕円ができる。底に対して垂直に正中面を含んで切ると、二等辺三角形になる。底に対して垂直ではない面で切ると、女性の指の爪のような形をした放物線になる。

　これらすべての異なる形――円、楕円、三角形、放物線の無限の数――は円錐に潜在している。円錐を見てもこれらの形はすぐに見てとれるものではない。しかし適切なベクトルを円錐に交差させると、これらの形が現れる。

　簡単に言うと、それが私の夢分析に関する見解である。夢のなかには夢主についての情報が膨大にある。夢からどんな情報を引き出すかは、まさにどんなベクトルを分析で使うかにかかっている。引き出すことのできる情報の数々はすべて妥当である。しかしどのような接近をするかで夢は異なることを語るだろう。それで夢分析者として、夢からどんな種類の情報を引き出すか選べるのである。

　夢分析には多くの異なったベクトルがある。フロイトの方法は夢に現れた無意識

の願望は何かと問うことだった。願望充足がすべての夢の原因であると言ったことはフロイトの誤りかもしれないが、夢の研究として願望を問うことはなお卓越した方法である。フロイトはしばしばペシミストと呼ばれてきたが、願望充足としての夢理論はきわめて楽天的な見解である。もしすべての夢が根底からの欲求をそのなかに暗号化したものならば、夢分析過程は、正しく実施されれば夢主に対して、人生で真に望むものは何かを開示することができる。これは一つの実り多い夢分析ベクトルである。

夢解釈家は以下のものを含む多くの解釈のベクトルに馴染んでおかなければならない。

* ＊現時点で、夢主に何が最重要で、何が最も激しい葛藤領域であるか？
* ＊夢主のパーソナリティはどのようなものか？
* ＊生育史の非常に特異的な出来事を含めて、夢主の子供時代の発達はどのようなものか？
* ＊夢主は何を欲しているか？
* ＊夢主はこの現実世界で自分をどう経験しているか？
* ＊夢主は自分の身体をどう見ているか？
* ＊夢主は他者との関係で自分をどう見ているか？
* ＊夢主の生活史でどのような重大なトラウマがあったか？
* ＊夢主が分析治療を受けているなら、転移－逆転移はどのような性質のものか？
* ＊夢主の顕著な感情のパターンはどういうものか？

夢の他の側面でより争点の多いものは、夢主の健康についてあるいは未来について夢は何ごとかを伝えることができるかどうかということである。

一つの夢に異なったベクトルを適用して、異なった種類の情報を引き出すことができる。また一つのベクトルを一連の夢に適用することもできる。変化のベクトルを持続的に用いて、一人の患者の一連の夢を聞き、それらから患者がどの様に成長し変化しているか考えつくこともできる（Blechner, 1983; Domhoff, 1996）。また身体的な事柄や、感情のパターン、転移－逆転移構成、クライン派のポジションなどのテーマを探索することもできる。ある一人の治療者が担当する患者たちのすべての夢にベクトルを適用し、そこからその治療者の逆転移についてのしかるべき考えを得ることもできる。同一学派の分析家の患者たちの夢にベクトルを適用すると、ユング派の分析家はフロイト派の分析家とは違う種類の夢を患者から聞き出す傾向

にあることがわかる。

　解釈のベクトルという観点から、夢の精神分析的解釈の全史を眺めることができる。ここではすでにわかっているいくつかの重要な解釈のベクトルを概観するにとどめる。その作業のなかで、第2章で論じたホブソンの夢に立ち返ることとしよう。

願望充足としての夢

　フロイトはすべての夢は願望充足を表していると提唱した。この一般化は繰り返し攻撃されてきた。上述のように、フロイトでさえこの一般化を撤回し、時には夢は願望充足の意図を表す、あるいは夢の一部だけが願望充足を表すと言っている。

　私の見解では、願望充足仮説はすべての夢には当てはまらないが、それを廃棄すべきではないと思う。むしろ夢がそれを示唆するときには、その考えを保持すべきである。例えば次のような場合である。夢の顕在内容は、夢主が夢のなかで何かを達成しようとしているが、そのための責任に気づいてないというもので、これは無意識の願望充足を示唆している。実例を出すと、ある男性が次の夢を見た。

> 戸外の道路にいた。私の前、道路の曲がり角に私の傘があった。二人の女性が来た。私の高校時代のクラスメートのような若者で、無教養だった。二人は喋り合っていた。一人がもう一人をまじまじと見た。傘を踏んづけるだろうと思った。傘は吹っ飛び、私の傍に落ちた。明らかに壊れていた。それから二人の女性は通りを横切った。私は追いかけていって、「僕の傘を踏んづけたよ！」と言った。女性はいくらか、むっとしながら違うと言った。私は筋道立てて、しかも力を込めて言おうとしていた。「問題は過ちでなく、責任なんだ」と言った。緊張が走った。私は言い張ったが、敵意はなかった。女性の友達が25ドル札を取り出した。それは高すぎると思った。「少なくとも5ドルくらいを払うべきだ」。私は10ドル札を彼女に与えるべく探したが、札入れには20セントしかなかった。それと1500ドル札と100ドル札。札入れにいくらあるか私は隠そうとしていた。

　最初彼は傘からペニスを連想した。折れた傘は去勢を意味するのか？　それは一つの意味かもしれないね、と私は言った。それから、ペニスは何で傘に象徴されたんだろう？　ペニスの形をしたものは山ほどあるのに、と問いかけた。それで夢主は両親に経済的に依存していることを話し始めた。彼はある職に就いていたが、そこではしばしば賃金交渉をしなければならなかった。かなりうまくやれていたが、

金は得るより使うほうが多かったので、その分両親から金を借りる羽目になっていた。金と夢の傘から私は「『雨に備えて節約せよ』という格言を思い出す」と彼に言った。さらに、顕在夢では傘を地面に置き去りにしているという点を指摘した。仕組まれたように見える。女性たちがそれを壊すのを、実際にそれが起こる前に彼は期待している。それならどうして彼女たちは傘を踏んづけた責任があろうか？　夢では彼女たちがそうするよう、彼は望んでいるように見える。多分彼の無意識の願望は、傘が壊れることだったろう。ついで私は彼の夢のなかでの交渉のやり方はどうだったかと考えた。仕事上の交渉では、普段彼は自分のやり方を進めるのにとても巧みである。女性は25ドル札を差し出す。それはまさに傘の値段だったが、高すぎると感じた彼は後ずさりし始める。何という交渉だろう？

彼は、「自分自身が関わる事柄を交渉するときは、いつもこんなふうなんです。押しが強く、はっきりしていて、いい調子だと感じると、今度は腰が引け、何だかそれを引っ込めてしまうんです。弱虫なんです」と言った。

「君は自分自身に対して不公平だね」と私は言った。そして「君は弱虫じゃないけど、葛藤があるんだ。うまく交渉するが、あと戻りするんだ」と続けた。

すると彼は、成功せよ、しかしすぎるな、という母親の両価的なメッセージについて語り始めた。「母の影響から逃げなくてはと思うんですが、するとこう考えるんです。金のため母は必要だ。両親にいくら金があるのか、そこからいくら引き出せるのか。それを強迫的に計算してしまう」と続けざまに述べた。

私は次のように言った。「夢で君は、『問題は誤りではない、責任なんだ』と言っている。これが君の現状についてお母さんを責めるのを止め、自分で責任を取るんだ、という意味ならどうだろう。そうなら君の夢を願望と見ることができる。夢は、傘を壊す、つまり両親からの保護を壊す願望の可能性がある。傘を壊したあと、財布を見て、君はその金がそっくりあるのを見つける。おそらく心理的に両親へ依存しているのをやめて自由になれば、君は自分自身の金がもっとあるのに気づくのだろうね」。

彼の連想はこの解釈を支持した。彼はTVのコメディ番組『ロダ』を思いつき、「あるエピソードがあって、ロダが母親のイダに言うんです。イダはロダにお金をあげたかったのに、ロダは、『そのお金は要らないわ』と。素晴らしいと思いました」[1]と語った。

補償としての夢

願望を探すフロイトのやり方の後、次の重要な夢の研究方法はユングの補償とし

ての夢の構想だった。ユングの考えは、夢は夢主が**実際**に考えたり欲したりしているものを表しては**おらず**、意識的な考えの傍らで、夢主が**なおも**考え欲しているものを表しているというものだった。ユング（Yung, 1934）は書いている。「大事なことだが、意識的パーソナリティの価値は無傷で保たれる。というのは無意識の補償は統合的意識と協働するときにのみ効果的なのだから。同化は「**あれかこれか**」という問題では決してない。つねに「**あれもこれも**」である」（p. 104）。

ホブソンの夢が補償の見本となろう。ホブソンは、起きているときには、フロイトと精神分析を貶めようとしたことがあった。夢形成のフロイト理論を攻撃しただけでなく（Hobson and McCarley, 1977）、フロイトの『夢解釈』冒頭の文献要約に対し、夢の生物学的原因の考えを支持する19世紀の夢文献の多くが省かれていることを批判した（Lavie and Hobson, 1986）。このように起きているときには、フロイトや精神分析に敵愾心をもっているが、彼の夢が明らかにするのは、彼の同僚であるヴァン（すなわち、精神分析）と親しく交わり離れられないことなのである。

ユングによる補償としての夢の理論は、フロイトの願望充足理論とは別物と普通は考えられている。しかし私の見解では、補償自体が常にある願望を含み持つ。つまり人生のバランスへの願望である。ある人がつねに暴力的で犯罪的行為に巻き込まれているなら、彼はスピリチュアルな夢を見るだろう。退屈で受身の生活を送る人は、冒険を夢見るだろう。これら補償の夢すべてにおいて、込められた願望は、現在は欠落しているものを人生にもたらしたいというものである。

補償の夢が願望充足を表すものであるにしても、それらは幼児願望を表すものではない、と論じられるかもしれない。しかしそれは正確ではない。なぜならもっとも基本的な幼児願望はホメオスターシスを求めるからである。生命の始まりの初っ端から、私たちの存在はそのすべてをあげて、ある種のバランスを求めるようつくられている[2]（Freud, 1920）。水分が不足すれば、喉が渇き、水が飲みたくなる。夢では、この渇きは象徴的に表現され、結局は目が覚め、水を飲む（例えば灰のつぼの夢を参照のこと（Freud, 1900, p. 123以降））。

仕事中毒のある男性は、これまで野心的な職業上の目標を追求するために、個人の欲求や家族・友人の求めを犠牲にしてきた。夢で、起伏の多い荒地を車で走って

---

[1] これは私たちの夢での作業の要約である。その他にも数項目を検討している。そのうちには次の事柄がある。彼の賃金に関する転移（25ドル札と1500ドル札は現実には存在しない事実を含め）の形で、夢がいかに経済問題を反映しているか。彼の性的能力や身体の統合感がいかに性格と関係しているか。傘の飛び上がったり落ちたりする動きは、性的および性格的な能力感の揺らぎにいかに関係しているか。

[2] フロイト（1920）は、精神装置は興奮量を最小量に維持しようとする、と論じている。精神装置は興奮を最適レベルで維持しようとする、というほうがより適切だ。

いた。かなりの速度で走っていて、交差点でも他の車をよけて止まることはしなかった。疲れたが、走りに走った。

　この夢を補償として見ることは難しくはない。その男性が言うには、最初ドライブはわくわくするものだったが、度がすぎてきた。だんだん疲れてきたが、止まることも、スピードを落とすこともできなかった。補償の観点からは、スピードを上げすぎた夢の居心地悪さは、つねに働きたいとする意識的な昼間の生活への補償である。夢のなかで、彼は繰り返し事故を起こしかける。起こすには至らないが。少なくとも私が見るところでは、これもまた補償である。つまり彼はその生活態度を原因として対人関係上のトラブルに巻き込まれていたのだが、それがどれほど応えているか、決して認めなかった。夢は警告だった。それに彼は気づいた。そして、「もし夢がそうやって続いていたら、ついには大事故が起こり私は死んでいたでしょう」と言った。

主観的レベル・客観的レベルにおける解釈

　ユング（1916-1948）が提唱したいま一つの重要なベクトルは、「主観的レベルにおける解釈」である。フロイト（1900）はすでに、夢の主役はつねに夢主を表していると主張していた。主観的レベルでの解釈という言葉でユングが意味していたのは、夢のすべての登場人物は夢主の諸側面を表している、という視点から夢を考えることだった。ユングは「客観的レベル」をそれと対比させた。そこでの登場人物はその人自身か、夢主以外の人物として解釈される。

　フェアバーンはこの考えを展開し、夢で生じている外見上の対人間のドラマは、実は夢主の内的対象関係の反映であると示唆した。後年、これはゲシュタルト学派の治療者によって採用され拡張された。

　このベクトルは夢についてのもっとも基本的問題の一つを提起する。夢で複数の登場人物があれば、それらは他者との現実の対人関係を表すのか、それとも夢主のパーソナリティの異なる側面が複数の人物間のドラマとして描かれているのか？
今日ほとんどの精神分析家は、両者ともに真とするだろう。つまり、ある夢の全登場人物は、夢主の異なる側面を表し、しかも他者との関係についての夢主の見解もまた表している。

　両者が共存できる理由により、精神分析のパーソナリティ理論における一層深い真実が露呈する。つまり個人のパーソナリティは種々の側面から構成されているという考えである。それはサリヴァン（1953）により「擬人存在（personifications）」と呼ばれ、あるいはクライン（1946）、フェアバーン（1944）、それに続く対象関係

理論家によって「内的対象」と呼ばれている。人の社会状況のなかで現に存在するものと、内的な対象との間には絶え間ない相互関係が続いている。

　人は社会状況のなかで、その内的対象を現実化しようと目論むだろう。こうして精神分析臨床で、投影同一化という現象が生じる。そこでは一方が他方をなんとか協働させて、自分の内的対象関係を生き抜こうとする（Ogden, 1982）。その間、少なくとも対人関係理論によれば内的対象は、本人の社会的環境の中に実際に存在する人物によって形作られ、修正されていくことになる。この二つの趨勢間にある緊張――分析家との現実の関係のなかで自分の内的対象関係をふたたびエナクトしようとする患者と、「変容に抵抗」（Levenson, 1972）し患者の内的対象関係を修正しようをする分析家の現実の行為――が、精神分析治療の本質的なプロセスである。

　これを心に留めながら、夢を聞こうとしている分析家は二つの基本的な問いを尋ねなくてはならない。(1)夢はいかに患者のパーソナリティ全体を表しているか？(2)夢は患者と他の人々、そこには治療者自身も含まれるが、少なくとも患者が理解する範囲での人々との、実際の相互作用をいかに表しているか？

　「主観的レベルにおける解釈」はどのようにホブソンの夢に適用できるだろうか？　精神分析家のヴァンはホブソン自身の一面を表していることになるだろう。ならばホブソンとヴァンのやりとりは、ホブソン内部での争いになる。彼が取り組んでいるのは、自分自身の精神分析への興味と「たわむれる」か、それともおさらばするか、という葛藤であり、夢のなかではこう彼は言っている。「だから君たちはこれほど立派な建物があり、中身は空っぽなんだ」。

　夢解釈の主観・客観レベルでの奇妙な点は、出版されているほとんどの夢解釈文献では、夢の「私」は夢主とされていることである。「私」が他の誰かであるかどうかは、滅多に問われない。ジェイムズ・ヒルマン（Hillman, J., 1979）は（フロイトに並んで）、「私」は夢主とは異なると考えた数少ない分析家の一人である。

> 　ほとんどの夢解釈における矛盾が、ここには明白にある。つまりすべての登場人物は主観的レベルで受けとられるが、「私」だけは客観的レベルのままである。解釈家は、私の夢のなかの車は現実の私の車でなく、私が「自動車の運転」をするイメージであったり、私の「駆動力（車輪）」のイメージであると想像するし、夢の私の妹は妹でなく、彼女のイメージが私の心にもたらすものと想像するだろう。しかし夢のなかの「私」は、依然として面接室のクライエント用椅子に座っている私であり続ける。「私」は文字どおり私であり、そのままである。決してそれ自身のイメージへ本当に分析されることはない。

だから完全に主観的であろうとするなら、夢を扱うものは客観性の最後のポケットである夢のなかの私、またその行為や感情に、それらをイメージ内に保持しながら、手を伸ばさなければならない。その作業は、「私」を夢に従属させるものであり、「私」を夢のなかで溶かすことである。それは「私」が夢で行ったり、感じたり、言ったりしたことすべては、夢のなかで「私」がおかれた状況の反映であること、つまりこの「私」とはまったく想像上のものであること、を示すことでなされる。たやすい仕事ではない。というのも「私」とは元型としては超越的現象であり、英雄的な姿の強者である。しかしついにはどのように夢を見るかを学ぶことによって、それは想像上の「私」になる（p.101）。

　フロイト（1900）の著作の中に、夢主が別の誰かを表していると考えられる、私の知るところでは数少ない夢解釈がある[3]。フロイトの女性患者は夢のなかで、ディナーパーティーを催したいと思うが、家にはスモークサーモンが少量しかなく、仕出し屋は閉店していて、パーティーができなかったという。フロイトはこう分析する。夢主には、夫がよく称揚する一人の女友達がいた。しかしその友達はやせていて、夫の好みであるふくよかな体型とは異なっていた。だからディナーパーティーが開けないことは、フロイトの解釈では、ディナーパーティーを開きたくない気持ちと関係しており、それはすなわち友達を肥らせないためであり、肥って夢主の夫を魅了しないためであった。

　しかしさらにフロイトは、ヒステリー性の同一化に基づいた第二の解釈をする。つまり夢の「私」は友人のことである、と。「彼女の友人はかねて、もっと肥りたいという願望を表明していた。それで私の患者が、その願望がかなえられない夢を見たとしても驚くにあたらない。なぜなら患者自身の願望は、友人の願望（体重を増やしたい）がかなえられないことであるのだから。このように、夢の人物は患者でなく友人である、患者は友人の立場に自分をおき、いわば自分を友人と「同一化」していると想定すれば、夢は新しい解釈を与えられることになる」（p.149）。

　しかしこの症例では、夢主が他の誰かの表象であることは、第二の解釈であり、

3　フーコー（Foucault, 1986）によると、フロイトは「私」は別人でありえると考えていたが、言及はしていないという。「フロイトのいう意味では、夢の主体はつねに主体性少なく、いわば代表者である。どっちつかずの状態に投げ込まれ、他者の演劇のどこか、夢主と彼の夢見るものの中間のどこかで宙ずりにされている。**その証拠に、フロイトにとってこの夢の演劇は自己から疎隔した同一化による誰かを実際には表象している**ようである。あるいは一種の自己像幻視によって、もう一人の誰かは夢主自身を表しているかもしれない」（p.57）。

夢主自身であるという初めの解釈に引き続いてなされている。そもそも夢主自身でない、という夢解釈は今まで私は遭遇していない。

　夢の登場人物すべてを夢主の諸側面と分析するユングやフェアバーンのベクトルに対し、他の推論から導かれるベクトルを提示したい。つまり精神分析中の患者に関し、その夢のすべての登場人物は分析家であるとみなすことだ。こんな考えにはついてこれないかもしれないが、実際やってみると、分析家とその患者との関係についてきわめて興味深いことがわかることと思う。

　ゲシュタルト学派の治療者たちは、主観的レベルの解釈の領域を大いに拡大した。夢の**無生物**でさえ夢主の諸側面とみなし、夢主に、自分がこうした無生物であると想像してみることを要請している。

自我心理学のベクトル：4つのW

　エリック・エリクソンの1954年の重要な論文『精神分析の夢標本』は、自我心理学に基づいた一群の夢分析のベクトルを概説している。エリクソンが提唱するのは、夢分析では顕在夢の一文一文を「4Wの質問」を用いて分析するということである。その4Wとは、その時に誰がそこにいるのか？（Who）、どのような状況か？（What situation）、感情はどうか？（What affect）、何時のことか？（What time)、である。この方法を用いると顕在内容だけから、しばしば夢主の対人的な世界の驚くべき描画と出会うことになる。この分析方法がとりわけ有効なのは、夢主の生活での他者の存在感や役割がいかに変わらないものか、それとも気まぐれなものかを教えてくれる点である。

　例えばホブソンの夢はきわめて一貫している。客観的世界で、時間的にも対人関係上も、ほとんど一定した性質を示している。夢全体で、ホブソンとヴァンだけがいて、メアリーについて言及されるが他の人はいない。つねに現在時制である。しかし感情面をみると、変化やあいまいさは大いにある。つまり気まぐれな戯れときびしいやり取りの間をいわば行き来する動きである。夢全体の感情的構造の揺らぎは、蝶つがいを投げたり投げ戻されたりする内容と相応する。潜在的夢内容が精神分析と実験的夢研究の交流にあるのに対し、顕在夢が顕わすのは、もっと深刻な問題は感情的なものであること、つまり怒りと友情、強情と戯れ、厳格さとバレエのような優雅さの間をどのように移動するか、ということである。また夢のなかでは行動と対話の移動もある。夢の初めにホブソンとヴァンは、ホブソンが招聘講座シリーズに選ばれるかどうかを話していた。ついである種のバレエもしくはパントマイムとなる。ホブソンは夢を語りながら、ヴァンが彼に鍵／蝶つがいを投げてよこ

したとき、「『さあ、埋め合わせに取ってくれ』と言うかのように」と言っている。このコメントは二次加工のように思える。夢を思い出したときに夢を修正しているのだ。「と言うかのように」は実際には夢のなかで言われてはいない。とても意味深長で感情のこもった、ホブソンによれば理解できる事柄が、二人の間に無言のまま多く生じている。無言のものから言葉のコミュニケーションへの移り変わりは微妙である。夢テキストの中でヴァンは言っている。「メアリーが選ばれたよ（あるいはそう言ったように思える、とホブソンは語っている）」。これはきわめて特別な夢体験の一つである。会話は二人の間の何かを示す言葉から、言葉ではないものへ移行してしまっている。夢体験では、ヴァンは何か言ったように**思える**というものである。ここには夢について、さらなる重要な問題がある。つまり、夢のなかで人は何と言うのだろうか、いつ言われるのかをどうやって知るのだろうか、言われたように思えただけであってもそれを理解できるのだろうか？

幼児期願望とコンプレックスのベクトル

　異なる解釈のベクトルは、異なる種類の情報を夢から産み出すだろう。フロイトが勧めたように、ある夢について、夢主の幼児期の性的な性質についてそれが何を語るのか尋ねてみれば、おそらく重要な情報をいくらか得ることができよう。ホブソン自身が、自分の父親はウィリアムスタウンに住んでいると明かし、それはドン・キホーテのようなエディプス的動機を示唆するかもしれない、とどうでもいいとばかり付言している。

　「ドン・キホーテのようなエディプス的」とはそれ自体輝かしい夢の圧縮に似ている。それはドン・キホーテ物語とエディプス神話を混ぜている。ドン・キホーテは風車と戦う素晴らしく風変わりな武者修行者だ。彼は闘争的に見えるが、その攻撃は的外れだ。ドン・キホーテの一番情熱的な現実関係はサンチョ・パンサとのもので、その事実はホブソンがヴァンとのダンスを連想していることと同種のものである。すなわち、「それ自体は薄い膜でおおわれた同性愛の欲望？」ホブソンの連想は夢の補償的側面を照射する。夢では明らかに皮肉や敵意が見えるが、ホブソンとヴァン（精神分析）の間には愛の一面もまた存在する。それを言葉で認めることは決してしないが、ホブソンの行動のすべてにそれは内在している。彼等は鍵／蝶つがいの投げっこをしているだけではない。重要なことに、ホブソンは夢の初めから終わりまでヴァンに魅了されている。彼はヴァンを追いやったりはしないし、気遣いと愛情を存分にこめて彼に注目しているのである。

時間経過における夢の変化のベクトル

　これまで吟味してきたベクトルのすべては、個々の夢に関するものであった。しかしまた、夢が時間経過においてどのように変化するかを調べる「縦線のベクトル」もある。長年夢の記録をつけてきた人ならば、こうした変化に心奪われることだろう。時を経ても変わらない個々の夢の側面に魅了されるのと同様である。

　このベクトルは変化を肝要とする臨床状況において、とりわけ重要である。治療過程で、どのように患者の夢は変化しているか？　夢は生活ですでに生じている変化の指標であるかもしれないし、差し迫る変化を前触れするものであるかもしれない。変化はさまざまな方法で観察できる。個々の象徴が変容していくかもしれない。カリガーとカリガー（Caligor and Caligor, 1978; Caligor and May, 1968 も参照）は一連の夢を報告し、そこでは乗り物という共通する象徴や、その乗り物と運転者や乗客との関係が段階的に変容している。最初の夢では、給油スタンドに乗り入れる小さな車に関したもので、スタンドでは気のいい男が満タンにしてくれる。車は気分よく強気になり、勢いよく発進する。治療の後になると、夢主はある車の乗客である。運転手はスピードを上げ続け、夢主は車が制御できなくなるのではと怖くなる。治療のさらに後には、夢主はバスを運転している。それもまた徐々にスピードを上げ、制御できなくなりそうになる。夢主はパニックになるが、パニックではない男の人が傍に立っている。バスはあわや道からはずれそうになるが、夢主は何とか制御できる。「これらのかなりとびとびの夢にでてくる乗り物のイメージの段階的な発展のなかに、この青年の象徴的な成長を見ることができる。つまり子供っぽい、共生的な関係から、徐々に成長して、不安定なところやそこから生じる不安はあるにしても、自分自身の自律性を身につけるに至っている」（p. 123）。夢の進行の理解には、他のやり方もあるかもしれない。最初の夢で、車そのものが走行している。一連の夢で、夢主はだんだん責任感を強く持つようになるが、一人ではやれない。治療はより重い責任を取れるようにするが、依存心もますます増大しているのではと考えざるをえない。

　患者の夢の変化は、精神力動の変化を反映するだけでなく、覚醒時の現実検討のレベルの変化もまた映し出す。精神病患者では、回復時には幻覚妄想の内容は象徴として夢へ取り込まれる（Arieti, 1963; Blechner, 1983, 2000a; Goode, 1999; Quinodoz, 1999; Williams, 1999）。このことはさらに第 19 章『狂気の実在する場所』で論じるつもりである。

記憶拡張のベクトル：早期記憶の痕跡をもたらす夢

　夢についての疑義ある問題の一つが、夢と記憶の関係をめぐるものである。早期記憶が夢の内容に進入してくる可能性があることは、多く実証されるところである。時には夢主は記憶を思い出すことがある。しかし他の人からは、どのように記憶が夢のなかに現れているかがわかるのに、夢主には気づけないこともある。

　このような現象は、私の夢解釈のクラスでしばしば生じてきた。クラスは、精神分析の卒後学生に教えるもので、学生はすべて経験をつんだ臨床家である。ある患者の夢が、その背景の情報なしで、クラスで読み上げられる。6人から12人のクラスの学生は時には強く確信して次のように記す。夢主は性虐待の犠牲者だ、あるいは戦争経験者だ、身体的疲弊がある、あるいは他の何らかのトラウマの犠牲者だ、離婚家庭あるいは一人親家庭の出身だ、あるいはその他の組み合わせの何かである、と。一つのクラスで、これらの基礎事実についてどの程度正確であるかが照合され、約85％であるとわかった。これについてはさらに厳密な統計的テストが必要である。それなしには、夢と記憶に関する論争は、泥沼となりがちである（例えば、Brenneis, 1994; Alpert, 1995）。夢は新しい体験を創り出しもするのだから、夢を第一印象で、夢主の成育史上の事実に関する証拠とすることはできない。夢は道しるべに過ぎないのである。

　多くの例で、夢は早期記憶と、精神分析体験を含む現在状況を圧縮している。例えば、ある男性は未熟児で生まれ、生後2週間を保育器で過ごした。彼は35歳のとき、次の夢を見た。《私は泳ぎ手と一緒にベンチに座っている。熱源ランプがあり、そこから熱がきている。ある取り決めがあり、マットレスのようなイカダで進水することができる。それにはお金がかかり、引き返したときに払い戻される》。

　この夢で、彼は熱源ランプに温められている。それは人工的な熱であり、人の温かみではない。しかし周りには人がいる。この夢のイメージは、保育器に入り熱源ランプのもとにあり、周囲に人がいるが接触はないという、彼の周産期体験に由来するのかもしれないし、その体験についての彼のファンタジーに由来するかもしれない。

　また彼の分析体験の枠組みで解釈もできよう。分析家は彼に水を探索するようイカダを与えている。当初お金を払うが、結局、また帰ってきたときは払い戻してもらえる。（夢主は、治療開始時は最低料金であったが、治療終了時には経済状況は良好だった）。イカダは生命を救う。それはまたカウチにも似ている。このように夢は彼の最早期体験と現在の治療体験とを融合させたのである。またこの男性が体

温に関することを、転移の中で最後にはどのように再体験するか、夢は予告していた。治療が進んだ頃、彼はセッション中身体の部分で体温が異なるのを体験した。分析家に近い側は体温が上がったのである。

同様に、ニーダーランド（Niederland, 1965）は、一人の統合失調症の男性について報告している。彼は天候がどうであれ、いつも大量に着込んでいた。二人はその理由を次の夢を通じて発見した。

> 私は北極圏の北極点か、それに近いところにいた。夜で、私は氷のブロックか冷蔵庫の上に横たわっていた。それが私のベッドのようなものだった。周りは氷と雪で、まったくの闇だった。夜は氷のように、冷たく、暗く、いつまでも、まるで永遠であるかのように続いた。ついに夜明けが来た。何人かの人が部屋を入ったり出たりしたが、私はその部屋でベッドである冷蔵庫の上に横たわっていた（p. 567）。

ニーダーランドは患者にかつて夢で生じたように、何かの中で凍えたことが実際にあったかどうか尋ねた。患者はニーダーランドの質問について、ふざけ半分両親に話したところ、両親は驚いた。彼らが言うには、患者が1歳に満たないとき、厳寒の夜に彼の寝室の窓を半ぶん開けたままにしてしまい、彼の泣き声を聞き過ごした。肺炎による入院となり、患者はその後長く虚弱であった。この夢の分析で彼の症状は軽くなった。（夢によって早期記憶が再発見された例は、Rosen [1955]、Pulver [1987]、Williams [1987]、Share [1992]。）

健康状態の指標としての夢

夢について論議が白熱する話題の一つは、夢は夢主の現在と今後の身体的健康について何事かを告げることができるだろうか、というものである。フロイト（1900）は、夢は医学的疾病を診断するのに役割を果たしえると考えた。そしてこう記している。「ある疾病の始まりが、覚醒時には何も感じられないうちに夢でそれと感じられるのは大いにありえる、とアリストテレスは考えた。夢による、印象の増幅効果があるからである」（p. 33）。フロイトはさらにほかの医学的権威を引用し、身体的疾病と夢の内容の関連を「疑いなく確立された」とした（p. 35）[4]。

---

4 さらにユング（1934）、デイヴィー（Davie, 1935）、サヴィニ（Savini, 1981）、ハスケル（Haskell, 1985）を参照のこと。

この観点はフロイト自身の夢にも当てはまる。シャヴェルソン（Schavelson, 1983）はアルゼンチンの腫瘍外科医で精神分析家になった人であるが、1928年から1939年までのフロイトの口腔癌の組織標本を発見し、1983年に出版した著書でそのうち26例を掲載した。

　シャヴェルソンはおそらくは初めてイルマの夢をフロイトの癌と関係づけた。1995年にハーシュは同じ見解の論文を出した。イルマの口腔のかさぶたや白い斑点は、フロイトの病気の予知とみなされている。《義歯を入れたような婦人のような》イルマの振る舞いは、フロイトが晩年癌手術のため補綴物の装着を余儀なくされた事実と呼応するように思われる。

　このように考えると、フロイトのいま一つの夢もまた彼の口腔癌や補綴物のことを言っているようである。その夢でフロイト（1900）は自分の息子を見る。《彼の顔や額は包帯が巻かれているように思えた。彼は口をもぞもぞさせて、何かを入れ込んでいた。髪は白髪まじりだった。私は思った、「やつはこんなに疲れているのか？　入れ歯をしてるのか？」》（p.559）。

　しかしジョーンズ（Jones, 1957）はフロイトの伝記の中で、癌の最初の徴候は1923年2月に現れたとしている。イルマの夢は1895年に見られており28年もさかのぼる。また息子の夢もまた1900年以前のものである。夢がこれほど前もって癌を予告するのは、突拍子もないことかもしれない。

　夢の文献には、病気の予知夢の報告が多数あり、病気の始まりや、現在進行している病気が何であるかを告げている。それらは夢と病気の時間差はずっと少ない。オリヴァー・サックスはその著書『レナードの朝（Awakenings）』（Sacks, O., 1973）で、彫像に変わってしまった生々しい夢を見た男性のことを述べている。彼はウィルス性脳炎があり、そのため喋ることもほとんど動くこともできなくなっていた。それはあたかも彫像のようだった。ついには40年後L-DOPAで治療され、「覚醒（awakened）」したのである。

　こうした文献の問題点は、それらがほとんど逸話的であることである。正しい予言や診断の例は、非常に興味をそそられるが、夢が**間違って**予言しているのが何倍あるかはわからない。間違いの例は普通報告されない。私はかつて一緒に働いていた同僚が死んだ夢や、親戚がある病気になった夢を見たことがある。知る限りでは、10年近く経つがどちらの夢も現実になっていない。もちろんその同僚もいつかは死ぬだろう。私たちすべてと同じことだ。この夢はしかし、未来予告というより私自身の精神力動と関係しているように思う。

　もうひとつの例としては、1963年にモンターニュ・ウルマンはある夢を見た。そこで彼は中心視力を失い、周辺視力のみが残った（Ullman, 1973）。階段を手と膝と

で昇らなければならなかった。ウルマンは、社会の暴力的な事柄の多くを、私たちは無視せざるをえないことを夢が描いていることに興味を持った。しかし夢の疾病予告を信じる人は、ウルマンの夢が将来の視力喪失を予告したのではないかと思うに違いない。答えは、断固として否である。夢の 36 年後、ウルマンの視力は優れたもので、四つん這いで道を探るはめには至っていない。

ほかのいくつかの予知夢

　夢が予言的であるという信仰はきわめて古い。旧約聖書のすべての夢は予言的である。ヤコブの梯子の夢、ヨセフのこれからの家族関係についての夢、ヨセフに解釈されたファラオの夢、ダニエルに解釈されたネブカドネザルの夢、すべてそうである。実際に旧約聖書の中で神は、モーゼは夢や幻覚を通じてではなく「口から口へ」神が考えを伝える唯一の預言者であるといっている（民数記 12：6-8）。

　夢が未来を予言するという信仰は、多くの文化に見られる。1997 年に私が中国旅行の際に教わったことは、血の夢は幸運をもたらし、お金の夢は悲劇の前触れだと多くの人は信じているということである。ジャマイカや、スペイン系のいくつかの文化では、タルムードにおけるのと同様、歯の抜ける夢は誰かが死ぬことを意味する。これらの文化圏の誰かが、夢がどのように社会的に扱われるかを知りながら、無意識的であれ、個人的願望を充たす夢を見ることができるかどうか、いまだ私は知りえない。例えば、誰かを憎んでいるとする。そこでその人の死を予言すると解釈される夢をみることは可能であるし、その人がその夢について聞き知ることにも確信が持てる。

　歯の抜ける夢が差し迫った死を意味するという信仰はきわめて広域に、異なった多くの文化圏に見られる。知られているように、作曲家のリヒャルト・ワーグナーとその妻コジマもそう考えていた。ワーグナーは歯が多数抜ける夢を見た。コジマは歯が折れる夢を見て、前兆とした。まもなくワーグナーの友人カール・タウジヒが死んだ（Wagner, 1978, p.393）。

　暗殺される数日前、アブラハム・リンカーンが妻に語った夢は、ホワイトハウスで棺が兵士に守られているのを見たというものだった。誰が死んだのかと尋ね、「大統領だ、暗殺者に殺された」と答えが返ってきた。そうした報告は興味深いが、大統領が暗殺された夢を見て、しかも暗殺され**なかった**ときのことは報告されない。したがって、現実のものとなった夢の予言伝説は積み重なり、夢は確実に予言するという証拠をでっち上げやすくなるのである。

メタベクトル：ベクトルとしての夢解釈過程

　これらすべてのベクトルと平行して、夢解釈家は一種のメタベクトルに注目しなければならない。それは夢解釈の一部であったりなかったりする、種々の夢の情報と種々の対人関係過程を再考するものである。夢解釈の作業の一部として、分析家や患者が採用した夢解釈のベクトルを吟味し、そのことを夢の説明を助けるものとして使わねばならない。レヴェンソン（1983）が書いているように、「真実に到達した方法の吟味なしには、またその方法を、到達した真実とは別に、独立した妥当性を持つものとして取り扱わないうちは、患者を教唆しているに過ぎないのである」（p. 92）。

　これは夢解釈にどのような意味を持つだろうか？　どのような解釈のベクトルが選ばれようと、なぜそのベクトルを選んだかを吟味しなければならない、ということである。

　夢解釈には他にもベクトルがある。それらをすべて同定することは誰にもできない。夢と取り組むそれぞれの人が、現に用いているもの以外の余分のベクトルを同定できる。もしどのベクトルをもっとも好んで使い、どのベクトルを避けるかに注意するならば、私たちは自分自身についてもまた何事かを学べることだろう。

第10章
どのように夢を分析するか
──基本原則──

> そうだ、僕たちはいまだあの広大で多様な世界、
> 他者の心を探索してはいない
> それのみか自分の心、胸に押し込められた
> 狭隘な世界ですら知らない
> 自分の行為の原因をかろうじてたどるだけだ
> かの領域を囲む晴れることのない雲で
> 自然があいまいに隠しているのか、
> それとも努めることの不足がそうさせるのか
>
> マシュー・アーノルド『メロープ』

　夢分析は、なおも心理療法のもっとも重要な側面の一つである。しかし心理療法家の一部は夢への熱意を失い、また一部はまったく夢に留意しようとしない。この章で私は夢への興味を復活させ、夢を理解するには多くの方法が可能であることを読者によく知ってもらいたいと願う。
　すべての人は夜、夢を見る。ある人たちはその夢をめったに覚えていない。しかし夢を覚えていないと主張する人たちのほとんどは、夢を語りかけたい誰かを見つけ、夢を探索するときに豊かな経験ができれば、事情は変わるのを知る。何度も繰り返し私たちが気づくことだが、心理療法では、分析家がいかにくつろいで夢に興味を持っているかという度合いが、その患者が夢を思い出し報告する頻度に直接影響している。臨床家の中には治療初期、患者に夢が彼らの作業の助けになるだろうと告げる人もいる。それは有用な説明ではあるが、夢が魅力的な自己－知識の源でありうることを患者に確信させるのは、夢を扱う治療作業の経験である。
　私は夢分析のコースにおいて、すでに相当の臨床経験をつんだ精神分析研究所の訓練生に教えているが、数人の訓練生はよく自分の患者が夢を皆目、ないしほとんど報告しないと言う。私が言うのは、コースの終わりには、あなた方はよりよく夢分析を知り、よりくつろげるようになっていて、患者は夢をもっと頻繁に報告して

くれるでしょう、ということである。いつもそのとおりになる。

　夢を扱うすべての作業に大切なことは、夢主と夢解釈者の協働である。私がこの章で述べようとするのは、協働という言葉がまさに意味しているとおりに協働的に関わった夢分析の過程である。協働的な夢分析、それは夢主と分析家の協力を育むものである。また夢主は自身の夢の理解をはばむ障壁をもつが、分析家にもまた異なる障壁があると認める。また協働的な夢分析は夢解釈と夢の明確化について、夢主について多くを明らかにする、二者間（あるいはそれ以上の人との間でも。というのは優れた夢分析はグループ間でも行えるから（Ullman, 1996））の過程であると考える。それはさらに夢解釈家について、また夢主と夢解釈家の関係についての事柄をも明らかにするだろう。

夢恐怖の克服

　夢解釈家の最初の仕事は、夢への興味を成長させることと夢が語ることへの恐怖を小さくしていくことである。これは現実には思ったより難しい。私たちは皆、できれば知りたくない人格の領域がある。こうした解離された人格領域が、夢では明瞭に可視化されることも、私たちにはある程度わかっている。だから夢にいくぶん、居心地の悪さを感じたり、恐怖したりするのは、まっとうなことである。この事態を私は**夢恐怖**と呼んでいる。

　夢に抵抗をなくす最良の方法は、自分自身の夢を分析することである。もし精神分析を受けているなら、よい出発点である（その分析家が夢に対してリラックスできているとして）。

　自分だけでも夢について作業できる。すべての夢の記録をとりたまえ。当座はいかに忘れにくく思われても、それを思い出させまいとする力は強いかもしれない。夢を思い出さないならば、ベッド脇に紙とペンを置いておきなさい。夢から醒めると、すぐに書き下すのである。もしくはそれに代わる夢記録の方法を見つけなさい。小さなテープレコーダーやデジタル録音機をベッド脇に置く人もいる。他の場所に応答機を備え、後で夢を「呼び出して」書き写す人もいる。

　コンピューター・ファイルにすべての夢を保存しておくのは大いに助けになる。簡単に取り出せるし、今見た夢の何かをかつて夢見た覚えがあるがどの夢なのかを思い出せないとき、ワープロの「検索」機能によって、キーワードを入力すればこれまでのすべての出現位置を同定できる。

　夢を記録したならば、自分で分析してみよう。一つの方法は、フロイトの方法だが、夢について思い浮かぶすべての考えを書き下すことである。フロイト自身が自

己分析で用いたこの自由連想の方法は、きわめて生産的でありえる。ただし自分に到来したすべての考えを、いかに些細で一見関係なさそうでも、書き下さなければならない。

　連想のすべてを出し尽くしたならば、始めに戻って再出発である。夢の個々の点すべてでどのように感じるかを考え、書き留めよう。じっくり考え抜くよう時間をとりなさい。夢に自分以外の人物がいたなら、夢のなかの個々の点で彼らがどのように感じるかを想像したまえ。最後にこれらすべてをやり終えたら、夢のなかの人間でないもの、あるいは無生物のすべてについて、自分がその無生物であることを想像しなさい。もし夢で入浴していたなら、浴槽であることを想像するのである。君はどんなだろう？　どう感じるだろう？　新しくピカピカで、白く丈夫だろうか？　それとも古くてくすんでいて、汚れて灰色だろうか？　水は冷たいか、生ぬるいか、熱いか、どっちだろうか？

　次に夢のどのようなところが、実生活の出来事と関係あるのかを考えたまえ。これを夢のなかでの自分の行動すべてについて行うのである。これで終わりではない。夢のなかに登場したすべての人物についても、そのすべての行動を考えなさい。もし夢で自分以外の誰かが何か奇妙な、不快なことをしたなら、自分の生活で似たようなことをしなかったか、あるいはそうしたかったかについて考えたまえ。またそれをしようとして、どんな状況の下で行おうとしたか、誰と一緒にやろうとしたかについても考えてよい。

　次は説話や神話に似ているところがないかを、夢全体を通して調べる段である。もし君が古典的な神話学に通じているなら、そうした発想で考えればよい。あまり知らないのなら、映画や童話、小説やTV番組、あるいはその日のニュースの言葉で考えるのである。当代きっての売れっ子エンターテイナーは、通常は、文化の非常に大切な部分を掌握しているもので、それは個人の心理と共鳴している。アメリカ合衆国の20世紀末に、私の患者のうち驚くほど多くの者が、自分の夢から流行のTVドラマの『となりのサインフェルド』を連想した。そして登場人物のわがまま、疎外感、性的自由や卑劣さを自分たちのものとした。理想主義的な1960年代には、ビートルズが優しい革命や理想の愛のモデルを夢に提供した。1950年代の戦後資本主義の興隆という時代精神においては、コメディアンのジャック・ベニーがいた。彼は巨大な富と安っぽさの間のパラドックスを掘り出したのである。夢を考えるとき、ゼウスとアフロディーテーが真実を表象するのと同様に、これらすべては正当である[1]。

　これらすべてをやり終え、夢について考えうる限りは考え尽くしたとなれば、そのときこそ夢を誰か他の人に話すときである。それは専門家でなくていい。友人か

親戚でいい。大事なのは君が共にいてくつろげる人であるということ。まずその人に夢のテキストだけを話しなさい。それから友人が夢について考えつくことをすべて言ってもらいなさい。傾聴し、彼の言ったことをノートに採る。当初自分の夢とは関係ないと思った部分は、後に重要だと判明するかもしれない。その部分に君は抵抗している。つまり、できれば気づきたくない何事かなのである。

夢分析のパートナーが言える限りを言ってしまったなら、感情や神話への関連などに関して君が自分に問うたものと同じ質問を、彼に投げかけなさい。

夢分析のパートナーの言葉の中には、とんだ見当違いだと思うこともあるだろう。こう感じるかもしれない。「自分よりも彼に当てはまっている」と。君が正しいかもしれない。解釈家はその場に自分の心理のいくばくかをどうしても投げ入れてしまうものである。これは避けようがないが、今しばらく判断は保留して欲しい。覚えておいてもらいたいのだが、彼の言うことのほとんどは、たとえそれがどれほど彼自身に該当しようとも、部分的には君についての洞察もまた含んでいる。それがわかるには、しばらく時間がかかるかもしれない。

この経験はグループによる夢解釈の価値に気づかせてくれるだろう。自分の夢について何人かの考えを聞くなら、それぞれのコメントにはその人自身の心理の何がしかが持ち込まれていることがわかる。しかし6人ほどにこれをやってもらえば、それぞれの夢への反応に共通する何かが浮かび出てくる。これを「夢の沈殿物」と呼びたいところだが、君の夢のエッセンスにだいぶ近いと思われる。そしてさまざまに異なる多くの反応に耳を貸すことで、自分にもっとも当てはまるものを拾い上げ、選ぶことができる。

自分自身の夢に関してくつろいで作業できるようになったら、一歩進んで他の人の夢を探索できることになる。忘れてならないのは、自分の夢を探索するときの不安である。そうすれば、他の人が夢を探索する際に経験する同じような不安を尊重することができる。

相互性と協働

臨床状況のなかでそう大変だと思わなければ、夢分析のいくつかの技法を学ぶのは値打ちがある。技法は夢への考えに枠組みを与えてくれる。それに夢分析が立ち往生したときにはとりわけ、夢解釈家に選択肢を提供してくれる。しかし夢分析の

---

1 両者ともにすぐれた点がある。古い神話の利点は、長い時間を経て話されることで、おそらくは地域的な細部を剥ぎ取られより普遍性を持つようになったことである。新しい神話の利点は、現在唯今の文化の響きをより響かせることである。

もっとも大切な原則は、夢主を分析過程に関与させるための必要事をやるべきだということである。この関与は自発的であればあるほどよい。

ユングは精神分析の歴史の初期に、夢解釈での相互性がいかに重要かを強調した。彼は分析家が患者の夢を理解しても、患者もまた理解しないなら患者の役に立たないことを認識していた。分析家が一方的に夢を解釈するなら、患者は分析家と張り合うかもしれないし、分析家の言うことに耳を傾けないかもしれないとユングは言っている。患者と分析家の両者が理解することを保証する最上の方法は、両者が積極的に夢の探索に巻き込まれることである。1934年にユングは述べている。

> もし夢の理解がすべて私の一方的なものであるときには、きわめて冷静に言って、私は理解していない。というのは結局、医者の理解の有無は事態を変化させない。患者の理解の有無は大いに変化を生む。理解とはそれゆえ、相互に反映し合った産物としての同意であるというべきである（p.94）。

夢を再び想像する

他の人の夢について作業する際にまず必要なことの一つは、夢が実際にどんなふうであったかを、できるだけ事細かに探し出すことである。これは思ったよりはるかに難しい。私たちは何気なく聴くことに慣れているが、夢分析では夢主の述べるところに一語一語聴き入り、夢体験を自分の心に再創造するよう努めなければならない。

自分にこう問わねばならない。「夢のなかでそれは実際どのように起こり、どのように見え、どのように感じられたのか？」と。多くの場合、答えはそうはっきりしない。そのため理解できなかったことを明確にできるよう焦点を合わせた質問を、夢主にいくつかすることになるだろう。このように、夢分析の最初の段階は注意深く聴くことである。分析家は、漠然として定かでないものについて尋ねながら、夢を**再想像**（reimagine）するべきである。

ときには患者は夢にとって大切であると思われる事物に対して連想ができなかったり、あるいはしたくなかったりする。ユングは連想を得る巧妙なやり方を創案した。彼の患者が「トランプ用テーブル」を夢に見て何の連想もできなかったならば、ユングはこう言うのだ、「『トランプ用テーブル』という言葉が何を言ってるのか、僕にはさっぱりわからないと仮定しよう。このものを言葉で描写して、その来歴を話してくれたまえ。それがどんなものか、わかり損なうことがないようにね」[2]。

明確にするために尋ねられると、患者はもとの夢の報告に含まれてなかった新し

い素材をたくさん出してくるかもしれない。フロイト（1900）に素晴らしい例がある。ある患者は彼にこう語った。

　　夢で、市場に着くのがあまりに遅くなり、肉屋でも野菜売りの女性からも何も買えませんでした。

フロイトはもう一度夢を話すよう患者に求め、その二度目の叙述をこう記している。

　　夢で彼女は料理人と一緒に市場へ行った。料理人はかごを下げていた。何かを買おうとすると、肉屋は言った。「もう手に入らんよ」。そして何か他のものを差し出し、付け加えて、「これもいけるよ」と言った。彼女はそれを拒み、野菜売りの女性のところへ行くと、その女性は、束ねてあるが黒い色の奇妙な野菜を売りつけようとした。彼女は「なんだかわからない。要らないわ」と言った（p. 183）。

　一回目の夢の叙述からは、まさにドラマチックな変化だ。一回目では彼女は一人きりのようだが、いまや料理人が一緒だ。一回目では、肉屋や野菜売りに女性から何も買えないだけだが、今度はそれぞれが何かを差し出し買わせようとしている。彼女は差し出されたものを拒んでいる。
　夢の一回目の叙述は二次加工のめざましい見本だ。この症例の場合、「二次簡潔化」と呼びたい。患者は夢をわかりやすくするために物事を付け加えるのと同様、夢を受け入れやすくするために物事を取り去りもするかもしれない。
　転移の観点からこの夢を解釈するなら、二つの夢の報告には大きな違いがある。一回目のものは、あなたから何ももらえてない、であり、二回目のものは、あなたが差し出すものはいやだ、受け取らない、である。一回目は欠損、二回目は嫌悪と拒絶を意味しているようである。すぐれた精神分析的解釈ならば、夢の報告は両方とも正当性をもつものと考えるだろう。性格を論じるならば、両方の夢が含意するものは、彼女はなされるがまま剥奪された人であると見えるが、積極的な選択を隠している、ということである。フロイトはこの女性は子供時代に性的虐待を受けた、と述べている。ならば夢が顕わにしたのは、フロイトからの同様の性的接近を彼女は予感していて、それを拒みたい、ということである。この性的ファンタジーの関

2　このユングの技法はその後デラニーによって広められた（1991）。

連では、夢の二つの報告は一緒に考察することで次のことを意味している。「望んでもいない接近というトラウマを耐えたくはない、むしろ何も手にはいらないだけの方がいい」。

分析家のなかには、原則として患者に夢を二回語ってもらう人たちがいる。これは技法を機械的に用いるとたいてい起こることだが、トラブルのもとになりやすい。患者は疑って、最初の話をよく聴いていなかったのではないかと思うし、もしくは他の動機があるのではとも疑うだろう。夢解釈の過程で、それが自然の流れであれば、そのときだけ繰り返しを頼むのがベストだと私は思う。例えば、ある患者は書きとめた夢を持ってきて、記憶のまま夢を語ったほうがよいか、メモを見ながら語ったほうがよいか尋ねた。その場合の私の指示は、まず記憶のまま語り、それからメモを見て言い残した事柄が一つでもないかどうか調べてみるように、というものだった。これは一種の協働実験として提案された。そして重要なことが判明したが、記憶のままに語られる際には、夢のなかのお金に関することはことごとく省かれていたのだった。

さらに他の例を述べよう。あるゲイの男性が非常にエロティックな夢を報告した。夢で彼はセックスクラブへ行った。最初彼はそこで男女のカップルだけを見た。それからゲイと思われる4人の男性が一緒にいるのを見た。そのうちの一人は筋肉隆々だったが、趣味じゃないなと彼は思った。次いでほかの一人が夢主に近づいた。夢主は、こいつはいけると思い男にフェラチオをしようと近づいた。そこで夢から醒め、性的にとても興奮していた。

夢主は一度もセックスクラブには行ったことはないと言い張った。これで私はあれっと思った。すると夢でセックスクラブはどんな風だったのだろう？と怪訝に思った。詳しく話すよう頼んだ。彼はフロントのドアから入ったと言った。入り口の通路の右に二人の全裸の男性がいて彼の前を過ぎて中に入っていった。彼らはたいそう魅力的だと夢主は思った。彼がクラブに入っていったのは、実際には彼らの後をついていったのである。

私は、なぜ最初に夢を語ったときこの部分を言わなかったのかを尋ねた。明らかになったのは、彼はこの二人の男に切実な欲望を感じていたことである。そして彼らを追いかけた。しかし夢の残りの部分では他の人間が彼を追いかけている。私たちは彼がパートナーへの欲望を感じていないことを分析で話し合っていた。いまや、彼は欲望の対象を夢の語りから排除していた。ちょうど実生活でそれらを避けているように。ついで彼は実生活で強い欲望を感じたいくつかの機会を思い出した。私たちはさらに彼自身の欲望に対する恐怖や恥を分析した。

これはさらに、夢の内容を再びエナクトする夢解釈過程の一例でもある。夢のテ

ーマの一つは、彼の実際の欲望体験を隠す試みであったが、それはまさに、セッションの中で、一部を省きながら夢を語るという彼の試みと同じであるといえる。

夢への連想は意味を明確にするか、それとも曖昧にするか？

患者の夢体験について、できるかぎり充分な考えがまとまったら、次は夢分析の中心へ進む時である。
どう展開するのか？
フロイト（1900）が論じるところでは、夢解釈の正しいやり方は、潜在的夢思考を明らかにするために、夢主の連想を通して夢の各々の部分を分析するというものである。

> 夢の一見判断行為と見えるものの分析は、この著書冒頭にかかげた、解釈の作業を行う際の規則を思い出させてくれる。つまり夢の構成要素をつなぐ見かけの一貫性を本質的ではない幻想として無視し、そのそれぞれの要素それ自身の源へ遡及するべきである。夢は集合体であり、探求の目的のために、今一度粉砕しバラバラにしなければならない（p.449）。

このやり方を夢のバラバラ分析、あるいは「判じ絵技法」と呼んでもいいだろう。判じ絵では、視覚的イメージが一語句のそれぞれの音節あるいは語をあらわしている[3]。

ユングとミーダーは、フロイトのバラバラ分析と連想重視への最初期の声高な批判者であった。今日の精神分析家はほとんど、その夢解釈の実践で判じ絵技法を用いていない。彼らは夢の語りの構成全体を「本質的ではない幻想」として退けるほど、高慢ではない。

フロイトの夢解釈過程は、夢の「異質さ」を和らげる傾向にある。フロイトの技法を使って連想を調べることは、夢の生産物を私たち自身の意識のなかや覚醒時の思考の中に位置づけ、その際より自分自身の夢のように感じることになる。これにより夢それ自体の意味により近づけるのか、あるいは夢の意味のにせ物へ近づけるのかは、未解決の疑問である。連想を用いることを、私は今後も全面的に放棄した

---

3 私のお気に入りの判じ絵の実例のひとつは、(1)木の枝（wood）、(2)小さな子羊（ewe）、(3)マルハナバチ（bee）、(4)トンネル手前の石炭を積んだ貨車（mine）、(5)心臓（sweetheart）、の絵でできたものだ。この判じ絵の答えは、wood ewe bee mine valentine = Would you be my valentine? 私の恋人になってくれますか？

くはない。夢の要素への個人的意味や関連を明らかにすることにおいて、連想は重要である。しかし用心深く使わなくてはならない。夢主の連想で夢の意味に近づくことができるが、またそこから逸脱させられることもあることを知っておくのは大切である。自分自身や患者の夢を長く研究すればするほど、私はフロイトのやり方からますます離れ、夢自体の中へ浸るようになっている[4]。

　分析家の連想もまた重要である。ただし患者の連想を考えるとき以上に用心してかからなければならない。夢が語られる間に分析家が抱く考えはことごとくが大切なものかもしれない。何ひとつ捨て去ってはいけない！　大したものでないかもしれないが、夢の理解になくてならぬものであるかもしれない。前もって知ることはできないのである。

　そうした経験を私は多くしてきた。興味深いことに、私の連想がとりわけ値打ちが出るのは、スーパーヴィジョンのときだ。つまり他の精神分析家がその臨床について助けを求めるときである。そうしたときには、患者と直接作業するときより、質問領域に自分自身の連想が混じってないか気にせずにすむ。あるスーパーヴィジョンの事例で、患者は階段を奇妙なやり方で登っている夢を見た。歩幅は大きく、ほとんど飛び跳ねるくらいだった。私にカンガルーのイメージがわいた。そして明らかになったのだが、夢主はオーストラリアで育ち、夢はそこでの重要な出来事に関するものだった。もう一例のスーパーヴィジョンで、独身女性の患者が真っ白のウェディングドレス姿の女の人を夢に見た。仔細は覚えてないが、私がありありと思い浮かべたイメージは、生身の女性でなく、バービー人形のイメージだった。私がそう言うとスーパーヴァイジーは驚いて、患者は生涯にわたるバービー強迫があったと述べた。

　経験をつんだ精神分析家であれば、似たような例を多く語ることができるだろう。私の見解では、それはテレパシーの問題ではない。私たちは無意識的に、意識しているより多くのことを認識しているに過ぎない。そして時には、その認識がどこから由来するのか、少なくとも始めはわからない、視覚イメージの形で現れるのである。しかし夢に関する作業で重要な原則は、そうしたイメージが夢主への貴重な情報をもたらしうることを信頼することである。同時に、分析家の連想にあまり重きを置きすぎて、患者の夢をハイジャックしてしまわないよう注意しなければならな

4　夢の自由連想の価値についてのおもしろい実験データがある。カルバンホールで出された論文（Reis, 1951）によると、「心理学者が個人の夢をシリーズで調べても、夢の自由連想はパーソナリティの理解を促進しない」（Domhoff, 1991, p. 96）。

5　フロイトが分析した「美しい夢」への著者の論述参照（16章）。またメルツァー（Melzer, 1978）も参照。

い。自分の連想を生産的な方法で用いることと、患者の夢を自分の投影で圧倒してしまうことの間の線引きは微妙である[5]。

フロイトの夢解釈の4つの方法

フロイト（1923a）は夢を取り扱う4つの方法の概要を述べている。

(1) **時系列にそったやり方**：夢の要素への連想を、その要素が夢の語りのなかで起こった順番に夢主に語らせること。これはフロイトが自分の夢を分析したときの最初の方法である。それは極端な徹底性を見込むものだ。どんな要素も見逃されない。一方では、しばしば夢を照らし出す自然な連想の流れが妨げられる。さらなる危険性は、もしこのやり方に盲従すれば、患者のなかには、それを抵抗として利用する者がでてくるかもしれない。連想を次々つむぎだして分析家を消耗させ、統合のいとまを与えないのである。

(2) **夢でもっとも目を引く要素から始めること**：分析家が作業する際、取り上げる要素は、もっとも目立つ部分でもいいし、明晰さや知覚の強さが際立つ部分でもいいし、話された言葉でもいい。この方法の利点は、潜在的夢思考にもっとも関係深いと経験上思える部分へ接近できることである。分析家の技量が大きくものをいう。また分析家の逆転移や逆抵抗にも大きく左右される。分析家はどのようにもっとも目立つ部分を選ぶのか？

(3) **日中の出来事の残滓から始めること**：顕在内容はさておき、日中の出来事の残滓について尋ねなさい。言い換えれば、夢主に前日のどんな出来事が、たった今述べた夢と心の中で結びつくか、尋ねることである。このことが先述の手順2（もっとも目を引く要素を取り上げる）の前になされれば、日中の出来事の残滓を確定することにより、夢のどの要素がもっとも重要かをより確実に決定できる。さらに、夢や夢分析にひるんでいる患者に、日中の出来事の残滓を尋ねることは、夢自体から焦点を逸らせ、不安を低減させるだろう。これはまた抵抗を強めるかもしれないのだが。

(4) **自由なアプローチ**：指示を与えず、夢主自身にどのような連想から始めるか決めさせるといい。このやり方はもっとも「分析的」だ。何かを自由に語ることが、連想を選択することになる。しかし新しい被分析者であれば、心に浮かんだことすべてを言うことになっているという基本原則を知っているはずではあるものの、何を言っていいかわからないというリスク

を犯すことになる。またそれはライク（Reik, 1948）が「第三の耳」と呼んだものをもって聴く、というさらに重い負荷を分析者に負わせることになる。

分析家はこれら四つのやり方をすべて試みて（本章末に概略を示したやり方も含めて）、どのやり方が一番自分にあうか、経験を積まねばならない。しかも被分析者が変わればふさわしいやり方も変わる。例えば、夢のそれぞれの要素についてそれ独自の連想を尋ねることは、ひけらかし屋にはわくわくものであろうし、多くの情報をもたらすだろう。かと思えば、若い頃に屈辱を与えられて行為不安があり、そうしたやり方はテストのように感じ、凍りつく患者もいるかもしれない。さらには無論のことであるが、夢分析のやり方の体験は、それ自体分析の素材になりうるのである。

分析技法の選択のいま一つの要因は、抵抗のレベルだろう。フロイトはそのレベルを、連想がある一点に収斂するか（弱い抵抗）、つねに拡散して分析家は確信がもてず協働できなくなるか（強い抵抗）によって判別しようと考えた。抵抗が頂点におよぶと、連想は何一つ生じないだろう[6]。

しかし現代の分析家は抵抗をもっと複雑で、しばしば相互作用的なもの（例えば、Schafer, 1983）と見ている。「何への抵抗か？」と問えるだろう。分析家は、患者が困難な素材を探求することに抵抗しているのか、それとも分析家のやり方に困難を体験しているのかを考えなければならない。この問題は結局は最初の原則に戻らせる。その原則とは、いかなる患者であろうともその夢分析の最上のやり方は、彼を分析過程に極力自発的に関わらせることだ、というものである。

フロイトは夢をどう扱ったか

出版された症例研究においてフロイトが夢をどう扱ったかは、仔細に調べてみる価値がある。私は精神分析の訓練生に症例ドラを教えているが、とりわけ女性たちは、フロイトの直截な夢解釈や、ドラに無理強いしていると思われるところに仰天する。だが症例ドラについてフロイトは失敗だと思っているが、私には完全な不首尾であるとは思えない。

ドラが治療のためにフロイトのもとに来たとき、彼女の症状は頭痛、抑うつ状態、

6　フロイト（1900）は連想が何もなければ、分析家は夢の象徴を直接翻訳するよう示唆している。「夢主が連想に失敗したので、象徴的代替により解釈しようと企てることができた」（p. 372）。

自殺念慮、**神経性咳嗽**、こしけ、そしてときおりの失声であった。ドラの父はK夫人と情交があった。K夫人の夫であるK氏は休暇中、ドラに言い寄った。フロイトの論点は、ドラはキスで性的に興奮し、これをめぐって彼女は葛藤し、そのことは置き換えられた父へのエディプス的感情に関係している、というものであった。フロイト（1905）は彼女に言っている。「夢を見る以前、私が言ったことを、もう一度夢がダメ押ししているのだ。つまり、K氏への愛情から君自身を守るために、お父さんへの昔からの愛情を掻き立ててるってね。こうした一切の労苦は何をしめすのだろう？　君が自分自身をおそれていることだけじゃない。彼に身を任せたいという誘惑もおそれてるんだ。手っ取り早くいえば、こうした労苦は君がいかに深く彼を愛しているか、もう一度証明しているのだ」（p.70）。

　多くの現代の読者は、フロイトの解釈にショックを受け不快になる。ドラの父は梅毒であり、結婚前に罹患しており、おそらくは妻に（もしかしたらドラやK夫人にも）感染させていた事実をフロイトは無視している。性的興奮よりも家族の複雑さの苦しみや二重性こそが、100年以上後の現在では、ドラの問題のはるかに大きな原因であると思える。今の時代には、父の愛人の夫に言い寄られても、青年期の少女にさほど魅力的なお誘いとは思えないだろう。

　ドラのいわゆる第一の夢はこう始まる[7]。《家が火事でした》。家というのを家族の象徴と見れば、ドラの家は父の情事と梅毒でまさに火事であった。夢の後半、家族のそれぞれが助かろうとしているとき、ドラの母は逃げるのを止め宝石箱を救出しようとする。宝石箱は性器だとするフロイトの解釈を受け入れるならば、ドラの母はまさに性器（宝石箱）を梅毒感染（火事）の破滅から救おうとしていることになる。みずからの梅毒や不貞に関してのドラの父の行動から、彼には妻の健康は取るに足らないものであったことがわかる。そうとすれば、夢で父が言った言葉「お前の宝石箱のために私や二人の子供に火傷をさせはしないぞ」は大して解釈を要しない。

　二番目の夢で、ドラの父は死んでいる。ドラはうっそうとした森へはいり、そこで出会った一人の男はドラに「あと二時間半です」と言う。男は同行を申し出るが、彼女は断り、一人で行く。この夢はドラがあと数セッションで分析を終えるつもりだとの警告であることを、フロイトは気がつかなかった。もっとも事後には、有名

---

[7] 「いわゆる」としたのは次の理由からである。症例記述の中で、フロイトはいわゆる**第一の夢**の前に、ドラとともに「いくつかのちょっとした夢を分析した」と言っている。私の見解では、これは夢の三次加工の例である。いかなる夢も、ちょっとした夢ではない。分析家が夢の価値を見逃すのは、これをフロイトは「美しい夢」でもやったのだが（16章参照）、おそらくは逆転移反応の反映である。

な症例報告（そこでは転移の観念が展開される）で認めてはいるが。

　フロイトはドラの分析終了は時期尚早で、症例は失敗したと考えた。しかし治療の影響を詳しく見ると、ドラは、フロイトの見解にかかわらず、というか、いわばフロイトをこらしめることによって、治療をうまく活用していたように思える。フロイトに治療中止を言い渡し、フロイトに対して反論し、そのうえで、父とK夫人に対して彼らの事情を直面化させていくことになる。彼女は二人の関係を明確にし、家族が経験している火事（第一の夢）や死のような空虚（第二の夢）から離れることが可能になる。彼女の発作は減り、抑うつは軽くなった（p.121）。フロイトは、ドラは転移の感情を分析するよりむしろ、治療を止めることで行動化したのだと言っている。なるほど彼女は行動化したが、しばしば転移の行動化は、分析場面の外で人生の問題を解決する準備となりうる。フロイトもまた、ドラに対して、主な問題は彼女の葛藤であり、相互に争う家族状況ではないことを告げていったことで、転移を行動化したと思われる。症例ドラは、精神分析家に非常に大事なことを教えている。分析家は患者を誤解し、誤った解釈を与えるかもしれないが、心からの関心をもって情況を理解しようと努めれば、患者はいずれ治療上の探索をうまく活用し、よくなるだろう。

　フーコー（1986）は、同様の見解を述べている。

> ドラはよくなったと言えるかもしれない。しかしそれは精神分析の中止にもかかわらず、ではない。よくなった理由は、中止を決定することにより、彼女は遠く進みあの孤独へと至ったのである。それまでは彼女の存在はその孤独へ向かう優柔不断な一局面でしかなかった。夢のすべての要素は、彼女のこの決断が積極的な突破であると同時に孤独の受容であることを示している。実際、彼女は夢で「両親がどうなったか知らずに出て行く」自分を見ている。父が死んだのを知り、それから森の中にいて、そこで一人の男に会い、同行を拒む。家に帰り、女中から母や他の人たちは葬式に出かけてしまったと聞く。彼女はなんら悲しくはなく、自分の寝室に上がり、大きな本を読み始める。こうして孤独を選んだことを、フロイトは瞥見した。表出された語りや夢の背後にフロイトは、「私はあなたから去り、一人で旅を続けます」という告白に気づかなかったのだろうか？（pp.56-57）。

夢の蒸留技法

　もう一つの夢への研究法は、大半のディテールを省いて夢の要点を言い換え、夢

主の反応を尋ねることである。とても長い夢ではとりわけこれが役立つ。患者にも分析家にも、夢の基本構造や感情に注意を集中させるよう役立つのである。細部にはまり込んでしまい「木を見て森を見ない」傾向の患者にも役立つ。

ユング（1948）はこの種の**夢の縮小**あるいは**夢の蒸留**を推奨した最初の分析家の一人だった。彼は書いている。「夢と関連した素材に、因果的な見方を適用することで、顕在夢の内容は、その素材によって示されるある基本的な傾向性や考えへと縮小される」（p.27）。この夢蒸留の素晴らしい例をユング（1909）は提供している。彼の患者は次の夢を見た。《荒野にいた。岩の上に黒い服を着て顔を手で覆った男が見えた。突如その男は絶壁を登り始めた。そのとき同じような黒衣の女性が現れ、その男を止めようとした。男は奈落へ身を投げ、女も道連れにした》。夢主は苦痛の叫びとともに目を覚ました（p.8）。

この夢で、ユングは最初連想を尋ねなかった。彼は夢から基本的な問題を抽出した。「自身を危険な状況に追いやり、女を破滅させた男は誰ですか？」である。この質問は夢主を深く揺さぶった。というのはこの男は夢主自身であったのだから。彼は夢の状況を以前の自殺念慮と、ある女性との婚約に関連づけた。彼は熱帯地方に住んでいたが、そこは過酷な気候で、婚約者との結婚はほぼ確実に彼女に死をもたらすと感じられた[8]。

夢蒸留の技法は、ユングの創意に言及されることなく他の精神分析家たちによっても述べられてきた。ハリー・スタック・サリヴァンはフロイトの潜在内容理論に侮蔑的でありながら、夢蒸留の技法を使って潜在内容を解きほぐす達人だった。そうしているとは考えてなかったようだが、そのやり方はサリヴァンの一般的な臨床方法に合っていた。つまり表層的な細かい贅言をすべて剝ぎ取り、核心へ至るのである（Sullivan, 1973）。彼の考えでは、神経症、とくに強迫神経症者は言葉をややこしくするのに長けているので、精神分析家にはそのややこしさの回避にかけては達人であることが求められるのである。

サリヴァン（1953）は、夢蒸留の技法を逐一述べている。それは彼の一般的な臨床方法の単に一特殊例である。

> だから精神科医が報告された夢を扱うやり方は、とても重要だと考えるあらゆることを扱うのと同じでなければならない。患者の言葉の中から、精神科医は自身が重要な陳述だと思う部分を患者に繰り返して言うのである。細か

---

[8] シュテーケル（Stekel, 1943）は同様の技法を「簡明化」として述べている。シュテーケルは患者に「ジャーナリストのように見出しの用語で考える」ことを勧めた（p.387）。

い個人的な細目や、混乱や、あいまいさを剝ぎ取って。そうしたものは重要な陳述を防衛していることが多い。それから精神科医はその繰り返した陳述が、患者の心のなかに何か考えを生じるかどうかを調べる。

　例をあげよう。ある強迫症患者は、生きていくうえでの甚大な障害を訴えている。通常6週間かそこらは精神科医に似たり寄ったりのあれこれの事柄を話すだろう。それらの事柄はやがて精神科医にはいくぶん明確なものになっていく。つまり、医者はついに、いったい何が本当には語られていたかを推測できるというわけだ。最初は多分できない。というのは患者は何が語られているかについての精神科医の理解を助けるようなすべてを、安全操作により排除するからだ。何が語られているか把握できるよう、患者の用意周到な排除領域を明確にした後で、精神科医はこう発言することもできよう。「なるほど、君がこれこれのことをしたということを言ってるわけだね？」。これに対し患者はかなりの不安をおぼえながら、「そうなんです」と言う。そこで精神科医はとっかかりを得ることになる。夢についても同じことだと思う。夢はそれほどの時間を要しないが[9]、精神科医は、報告された夢のなかで、無関係なもの、あいまいにするものをできる限り取り払う。患者が自分の重要問題について劇仕立てで語るものの中で、彼が聞き取ったと思うところを提出し、それから謎を投げかけるのである。「それで何を思いつく？」。精神科医がそうしたことに手だれであれば、患者から非常に有意義な何かがもたらされることが少なくない（p. 337）。

言葉を換えれば、患者は分析家の夢蒸留に対し連想を行う。サリヴァン（1953）は夢蒸留の秀でた例を提供している。

　例を引こう。何ヶ月もシゾイドの強迫症患者の治療に当たっていた。患者の母が過去何年にもわたって苛立たせ抑うつ的にさせるのだがはっきりしない、というデータが語られた。父親は穏当に言ってならず者だった。父親が何をしたかは容易に理解できた。しかし母親がしたことの一切は、なにかしら彼の元気をなくさせ、苛立たせ、はっきりとしないが彼の意気をくじくことにあった。さてこの患者はオランダの風車の夢を見た。とても美しい光景で、

9　この症例で、サリヴァンは心理療法における夢の役割を高く評価している。このような例から、私はレヴェンソン（Levenson, 1983）の以下の論述に賛成しない。「実のところ、サリヴァンは夢をそれ自体として分析する必要がなかった。夢を日中の残渣へ導くためにのみ用い、それからその日中の残滓が直接取り扱われるのだ」（p. 133）。

手入れの行き届いた芝生が地平線まで続き、そこにオランダの風車がそよ風に吹かれ回っていた。突然彼は風車小屋の中にいた。するとそこは何もかも壊れたガラクタだった。何インチもほこりが積もっていた。風車が何年も動いてないのは明々白々だった。患者がこの夢の報告を終えたとき、私は重要なディテールを拾い上げることができた——あの稀なる幸運の一例だ。私は言った。「つまり、外側は美しく、活動的で——内側はまったくもって死んで腐っている。これで何か思いつくかね？」。彼は答えた。「何ということだ、母です」。それが彼の問題だったんだね。母親は一種のゾンビになっていた。課せられた重荷に言いようもなく打ちひしがれていたんだ。彼女はただ平凡な教養を繰り返す、くたびれた蓄音機に過ぎなかった。それが誰かに何をするか、何を意味するか、一切考えることもなしにね。生きているというサインをまだ示してはいたが、彼女の内部ではすべてが死んでいた。私たちはかなり速やかに進捗し、母親について一定の明晰さを獲得していった。夢の潜在内容を論じなかったと言われるかもしれない。しかし心理療法においては、私はこう考えるに至ったのだが、おもに患者を利することだけを考えているものだよ（p. 338）。

　実際には、母親のゾンビ性はまさに夢の潜在内容だった。しかしサリヴァンの言うように心理療法においては、患者を利することだけを考えているのだから、現れた真実が潜在内容と呼ばれるか、他の名前で呼ばれるかはたいした事ではないのである。

誘導連想の技法

　夢の研究で、フロイトの自由連想法と対人関係論者たち（Bonime, 1962; Levenson, 1983）に採用された詳細質問をつなぐものを「誘導連想」と呼んでいいだろう。この方法はしばしばユングによって用いられたが、彼は誘導連想とは呼んでいない。好例は、ユングの夢解釈への抵抗に関する論述に見られる（Jung, 1909）。

　　私は小さな部屋にいて、ローマ教皇ピウス10世の横のテーブルに着いていた。その容貌は実際よりはるかに立派で、びっくりした。部屋の一側面に大きな部屋があり、豪華なテーブルが置かれ、イブニングドレスを着た婦人たちが集っていた。突然私は尿意をもよおし、部屋を出た。戻ってくると、再び尿意をもよおした。再び部屋を出たが、これが何度も繰り返された。ついに目

を覚ますと、尿意をもよおしていた（p.9）。

夢主はユングに、夢は膀胱の刺激によるもので、心理的な意味合いは何もないと言っている。ユングは述べている。

> 私が最初に推察したのは、夢主は夢が無意味であることを主張するのに必死になるほど強い抵抗を持っている、ということだった。だからあえて「どうして自分をローマ教皇になぞらえたのですか？」[10] という無謀な質問はしなかった。ただ「ローマ教皇」で何を連想するか尋ねただけだ（p.9）。

患者はローマ教皇について連想し、徐々に独身や一夫多妻についての考えが現れてくる。それはこの男にとって尿意と結びついている。というのは、子供のとき結婚式に出たことがあり、式はあまりに長くパンツを濡らしてしまったのだ。

ユングの振る舞いは巧みである。彼は抵抗のポイントをつかみ、ありふれた質問をしながらそのポイントを追及している。彼は重要だと思える細部について連想を尋ねるか、「それから何がありましたか？」といった開かれた質問をしている。質問を続けながら、しかも抵抗を尊重している。

このユングのやり方を「誘導連想」の技法と呼んでもいいだろう。彼は連想を完全に自由にはさせていない。抵抗のサインに耳を傾けながら、夢主をより深くこの地点に導いていく。このやり方は、後年サリヴァンや対人関係論者たちが「詳細質問」と呼んだものに近い。ユングは、たとえば「ああ、何でもありません」とか、連想のちょっとした途切れのような微細な抵抗のサインに注意することにより、質問を細かく誘導している。

誘導連想の技法は多数の精神分析家や、他の学派の心理療法家たちに用いられてきた。分析家は、とりわけあいまいで重要と思える領域を拾い上げ、患者に質問し細部を埋めていく。主旨は夢を明確にすることだが、夢主による二次加工にもなる。これは実に夢の意味を作り上げる協働作業への途なのである。

例を出そう。ある女性がある男の夢を見た。《男はペニスを切りとり、私の胸から乳首を一個切りとり、私たちはそれを交換した。それは一時的なことになっていた。またくっつくことになっていた》(Fosshage and Loew, 1987, p.12)。ウォルター・ボニームはこの夢を解釈するよう、またどのように患者とともに夢の意味を探っていくかを述べるよう求められた。彼は以下のように書いている。

10　ユングがその質問をしたならば、それは夢の蒸留であっただろう。

「ペニスや乳首を切り落とすなんて、取り乱しました」。私はこう言うだろう。「男が自分でそうするのを見たのですか？ それを経験する間、どんな感じがしましたか？ 痛くはなかったとおっしゃるが、彼の行為に何らかの感想や感情をお持ちでしょう。あの男があなたの乳首を切り落としたさまを再度心に描いてお話しされようとするとき、心をよぎるものは何なりとおっしゃってください。血まみれでしたか？ 怖ろしかったですか？ 何気ないふうだったですか？ ひょっとして血はなく、不思議な感じだったでしょうか、それともまったく自然な感じですらあったでしょうか？ 乳首やペニスがまたくっつくことをどう考えますか？ 『……になっていた』というのをどう考えますか？」(p. 117)。

　覚醒して夢を再考しながら、患者はこれらの質問すべてに答えるだろう。彼女の考えで夢は明確になると想定される。しかしまたこれは、分析家と患者が夢の意味を**創り上げる**例証でもある。夢主は細部を語り出すかもしれない。しかし彼女も分析家もそれら細部が夢体験の実際の一部であると想定することはできない。記憶障害のある人が、でっちあげで細部を埋める作話にそれらは似ているだろう。といっても夢の意味にとってそれら細部がお門違いということではない。ただそれらは夢の細部ではない、ということだ。精神分析家は二次加工へ鼓舞し、夢主は協働する。
　同様の手順は、ゲシュタルト療法家のラネット・ファンツも推奨している。彼女もまた、同じ夢をどう解釈するか述べるよう求められた。以前に述べたように、ゲシュタルト学派は、夢解釈へのユングの主観的アプローチを拡大した。ユングの方法では夢のすべての登場人物は夢主の一側面である。ゲシュタルト療法家は、夢の**無生物**もまた夢主の一側面であると考える。彼らは夢主に、自分がこれらの無生物であることを想像するよう求めるのである。ファンツは、夢主にカミソリの刃であると想像するよう求めるだろう、と書いている。すると夢主はこう言うかもしれない。「私は鋭くとがっているの。危険で、よく切れて、鋼製で。**私はそうじゃない！**
　ええっと。私はスリムで、よく研がれているわ。ちょっと待って。もし私がやせて鋭かったら、危険だわ！　（夢主は肥満している）他人の反応を引き出すのと切り捨てるのと両方できちゃう。それって、なんかとってもパワフル。カミソリの刃でいるって、そう悪くないかも」(Fosshage and Loew, 1987, p. 235)。
　これまで自分の夢の探求に患者を関わらせる基礎的な手順をいくつか調べてきた。次の章では、夢を取り扱ううえでの特別な問題やそれらを研究するさまざまなやり方をより綿密に見てみよう。

第11章
どのように夢を分析するか
―― 特別なトピックスについて ――

夢分析家の理論はどの程度夢分析を形成するか？

　フォサーギとレーヴ（1987）は、臨床的な夢の実験をした。彼らは一人の患者の分析のさまざまなポイントから6個の夢を取り上げ、フロイト派、ユング派、文化学派（対人関係学派）、対象関係学派、現象学派（現存在分析派）それにゲシュタルト学派の異なる学派の6人の精神分析家にそれを見せた。分析家は夢の意味についての見解や、どのように夢と取り組もうとするかの意見を求められた。この本は夢分析に関心のあるものには必読の書である。本の初めから終わりまで読むことは勧めないが、どれかの夢の6個の分析をすべて読むことを勧める。

　この研究により、分析家によって異なるある傾向がわかった。フロイト派のエンジェル・ガルマと対象関係学派のジョン・パデルは、ほとんどのイメージを性的に、あるいは身体的に読み取る傾向があった。「下に降りて」は性器を示し、煙や爆発は肛門に関係した。彼らが例証するのは次のフロイトの信念（1900）である。「夢は、**現在の経験に移し変えることで修正された幼児期光景の代理物として描かれたもの**であろう。幼児期光景はそれ自体で甦ることはできないので、夢として戻ってくることに安んじなければならないのだ」（p.546）。彼らの推論のいくつかは創造的なものだが、いくつかはこじつけに思える。フレンチとフロム（1964）が夢解釈の「プロクルステスのベッド」法と呼んだものだ。

　ユング派のエドワード・ウィットモントはアニムスのような特殊な観念を持ち込んだ。彼はまた他の分析家よりも、神話を引き合いに出す傾向にあった。夢主が20年来魂の抜け殻状態であるのに対し、彼はローレライの物語を引用した（しかし他の分析家たちはリップ・ヴァン・ウィンクルを持ち出している）。

　こうした想定内の相違にかかわらず、これら6人の異なる臨床家が出した結論は驚くほど似ていた。彼らはほぼ一致して患者の臨床問題を見ていただけでなく、あるイメージの重要さについても見解を一致させさえしたのだ。すべての臨床家は夢解釈を導くある象徴に対して良好なセンスがあった。患者の最初の夢は、ぐらぐらするバルコニー上で始まったが、それは夢主が自分や人生の状況を危なっかしく感

じていることを示唆すると臨床家すべてがみなした。私が思うに、最良の夢解釈者はおもだったメタ心理学をすべて学び、それらを夢に適用可能だと思えばそのいくつか、あるいはすべてを使えるはずである。

すべてのテーマを見出す

フレンチとフロム（French and Fromm, 1964）は夢へのあるアプローチの概略を示した。そこでは分析家の直感的な推量が、他の素材によってつねに繰り返し試され続ける。その素材は患者によってもたらされるもので、直接の連想や、これまでのセッションからの素材や、夢主の現実生活の問題がある。彼らの仕事は、患者のさまざまな領域を心を尽くして精査する素晴らしいお手本である。それらの領域をレヴェンソンが要約している。つまり、夢における状況、分析家との転移関係、患者の生活史、分析場面外の患者の生活状況である。彼らは患者の素材を徹底的に精査している。その分析は実に説得力がある。しかしおそらくは、すべての夢解釈の方法は夢の重要なテーマを見逃すリスクを負っている。フレンチとフロムも例外ではない。

例えば、分析の百時間目と思われるセッションで患者は第一の夢を報告している。

> 夢のなかで、また軍隊にいる。他のやつと食堂に行く。食べ物をとるのにちょっともめる（曖昧）。それから顔見知りの二人の男を見た。「大佐」と呼ばれる南部出身の男は、実際は一等兵だが、こう私に言った。「座れよ。世話焼いてやる。金の皿で、王様気分にさせるよ」。私は答えた。「皿はどうでもいいよ。うまいものを取ってくれ」。
>
> それからこの男の外見が変わった。まるでジャック・ベニーのようだった。彼は、自分をジャック・ベニーの兄弟だと言った。私が「親戚か？」と言ったら、皆が笑った。
>
> 場面が変わって、私たちは二人とも追われていて、トンネルを通っていた。私は言った。「おかしいじゃないか、お前が大金持ちのジャック・ベニーの兄弟なら、やつは何でお前を助け出さないんだ」(p.10)。

フレンチとフロムは夢を転移の領域で解釈する——分析家を理想化しながら、一方では分析家の最近の支持的なコメントを「ウソだ」と感じている、その葛藤の見地から。

それにもかかわらず、彼らの夢分析は夢におけるけち臭さのテーマを無視してい

る。それは夢の顕在内容にあり、ジャック・ベニーの巨大な富が言及され、なぜ彼が兄弟を助けないかという疑問も呈されているのだが。ジャック・ベニーが演ずるのを見た人は誰でも、彼のユーモアの変わらぬテーマは、信じられないようなけち臭さにあることを知っている。このテーマは、金の皿に関連して夢の初めに出てくる。夢主は両方を欲している（それで彼は夢へ移した）。しかしそれを欲していることは否定する。彼の連想は軍の中尉にも及び、中尉は彼を「ズルをする（goldbricking）」と非難したのだ。（彼は分析家を「ウソつき」と非難するが、彼自身が他人からウソつきと思われないか心配している）。

　他のセッションで、彼が、教会への献金が少ないために妻が恥ずかしく思っていることを話す（p.56）。さらに他のセッションで、彼の両親がクリスマスに、オレンジとお金と石炭を「悪い年を忘れないため」贈ったと話す（p.30）。また他の夢で、散らかった隣家が描出され、見ているうちに、それは立派なマンションになった（p.33）。こうした証拠があるのに、彼らはお金、気前のよさ、富への葛藤というテーマを見逃している。

　後になって（p.138）彼等はこのテーマの一端に触れる。もともとは夢について話しているときのことである。エリカ・フロムは「立派なマンション」に示された、患者の社会的地位への欲求に気づいた。それは患者には獲得不可能とエリカには思えた。しかしその後、エリカとトマス・フレンチは、象徴はもっと一般的なものだと決め付けた。つまり患者のマンションへの欲求の非現実性は、分析の助けなしに治りたいという患者の願いを象徴するものだ、というのである。

　もちろん他の分析家が見逃したテーマを見つけることは、いともたやすい。私たちのほうでも自分の臨床ではテーマを見逃しているのである。いかなる夢分析でも、分析家の逆抵抗によっていくつかのテーマは見逃されてしまう。それらのテーマは他の人には明白でありうる。しかし象徴の細部に注意しないならば、夢主についての重要な何かを取り逃がす恐れがあることは、少なくとも警告されてよい。

　くわえてさまざまなメタ心理学により、夢の意味へ至る多くの道筋が可能である。例えば、より厳密にフロイト派である分析家ならちがったやり方をしただろう。彼はあれこれの夢にある多彩な「肛門」イメージ、例えば **mess**-hall（mess：糞）、bull-shit（shit：糞）に、焦点を当てるかもしれない。これらは伝統的フロイト派のメタ心理学ではお金、けち臭さ、ためておくことと関連づけられるだろう。同じ患者が「混ぜ合わされているコンクリート」を夢に見ると、フロイト派の分析家なら、肛門に関連する可能性を見てとるだろう。パデル（Padel, 1987）は他の患者に関してそうした。彼は、「湿ったコンクリートの性状は、均質でドロドロで灰色がかった茶色である。それでよく糞便の象徴になる。それに子供の視点からは、コンクリー

トを塗るとドロドロで素晴らしい」(p.137)と言った。これは患者のちゃんと入浴しようとしないことや、教会への寄付が最低限だという妻からの非難と関連づけられるかもしれない。

　私の見解では、最上の途はできるだけ患者とのある種合意を得た解釈に到達することである。夢解釈の評価をする際の三大原則は次のものである。(1)解釈は意味をなしているか？　その解釈に夢の細部がすべて当てはまるか？　解釈内部での整合性があるか？　(2)連想と顕在内容から得られた諸推論が調和しているか？　(3)分析家と患者との間で合意された意見の一致があるか？　これらがあてはまるなら、夢の解釈作業は上首尾になされたと大半の分析家は言うことだろう[1]。

　ここまで至れば、さらに進もう。私がつねに知りたいと思うことは、この夢はそれまで知らなかった何を語るのか？　この夢をとおしてでないと知りえない何を語るのか？ということである。理想的には、夢解釈は新しく独特な何かを提供することになる。分析家と患者が解釈で満ち足りるときに、さらなるベクトルへの質問をすることもできる。それは例えば、顕在内容の具体的な細部や、それと患者の現実の過去への関連を尋ねる質問であるかもしれない。私は通常そうした質問をして報われている。時間がかかることはよくあることだが。

精神分析で報告される夢は分析関係をあるやり方で反映する
他にどんな意味を持つにせよ

　この想定は、20世紀終盤の時期には、精神分析的夢解釈のほとんど黄金律になった。しかしつねにそうであったのではない。フロイトはなかなかこの件に関して考えられず、抵抗した。ドラの治療中、彼女のいわゆる「第2の夢」(1905)には次の個所がある。《それから眼の前にうっそうとした森があり、そこへ入っていった。それからそこで会った男の人に尋ねた。彼は「あと2時間半だ」と言った。(彼女が夢を繰り返したときには、彼は「2時間だ」と言った。)彼は一緒に行こうかと言ったが、私は断って、一人で歩いた》。夢に治療のメタファーを探そうとすれば、ドラは2時間後、すなわち2セッション後に治療を終えるつもりだと推察できただろう。彼女の分析家は続けようと提案するが、彼女は断り一人で歩くだろう。

　フロイトは夢を聞きながら、まだ転移に気づいていなかった(彼はドラ症例の後書きで初めてそれを記述している。フロイトの1905年の論文参照)。「彼女が夢を

---

[1]　最初の二項は、フレンチとフロム (1964) がよい解釈だとする準拠枠でもある。私の考えでは、三番目の項は夢解釈の協働の根底をなすものであり、同様に大切なことである。

語っているときには、それから『2時間』しか治療に残されていないことに私は気づいていなかった（その2日後にやっとわかった）」(p. 119)。

1926年、オットー・ランクは驚くべき説を提唱した。患者が分析で児童期の夢を語っても、転移が込められていることを考察すべきだというのである。彼はこのことを「狼男」が4歳のときに見て、成人してから分析家であるジークムント・フロイトに語った有名な夢に関連させている。精神分析より夢のほうが早く生じているのだから、夢が患者の分析家観や分析状況をどう考えるのかを表すなんて馬鹿げたことだ、と論じることもできよう。しかしそれに反対する意見もいくつかある。

1. 転移は早期児童期の態勢を再出現させるとされているのだから、いかにも夢は転移の性質を反映しそうである。言い換えれば児童期の夢は、転移の上に映し出されるのでなく、転移を予期するのである。
2. 夢が転移に先行するにしても、分析のある時点でその夢を語ろうとする患者の決断は、夢が転移に相応しているという患者の無意識の気づきに由来するかもしれない。転移体験が、夢を思い出し語るという事態を準備したのだろう。
3. 児童期の夢の記憶は、成人期に大きな改訂を受ける。分析家は児童期の夢を聞いているのか、現在の状況に合わせた夢の記憶を聞いているのか、決めることができない。

フロイト（1918）は、狼男の夢を、もっぱら幼児性欲と原光景の目撃との関連で解釈したが、オットー・ランク（1926）は、その夢は転移と現実のフロイトのオフィスの反映だと論じた。夢は窓に面したベッドに横たわる狼男についてである。窓はひとりでに開き、窓の外には一本の樹があり、そこには狼たちが座っている。エスター・メネカーによれば、ランクは夢をフロイトへの伝言だと見ていた。メネカー（1981）は書いている。

> 夢の要素の象徴的意味の見地からは、ランクは窓の外の樹木を、家族樹つまりフロイトの家系図と解釈している。実際フロイトのオフィスの窓の外には、数本の栗の樹があり、ソファは窓に面していたからカウチに横たわる患者はそれを見ていたであろう。窓枠の横の狭い壁面にはフロイトの弟子たちの写真が掛けられていた。彼らが樹に座っていた狼たちである。彼らは患者がおそれ、羨望し、できればその立場と変わりたい兄弟である。終結の日の設定に急かされた分析に夢が再び現れるが、夢はランクの見方では、フロイトの

家族に生まれ変わりたいという狼男の願望の表現である。転移の見地からは、フロイトは母親像である。系統樹とは命の樹であるのだから。兄弟たちを生む母親……狼男の児童期の夢の性的解釈は、いくらかの妥当性を有するかもしれない。しかし治療上の疑問は、それが現在の治療にどのように、どんなやり方で関係しているのかである。ランクの解釈は患者の現時点での状況を踏まえ、患者の自己成長の必要性に呼応している。その成長は新しい家族の成員や新しい関係性を内在化する過程を通してのものである。狼男の夢はこうした見地からは分析されなかったし、理解もされなかった。実際は、フロイトのエディプス神話による理論に従って分析された。しかし皮肉なことに、狼男は、重篤な精神疾患にもかかわらず、フロイトの有名な症例の一つとなることで、部分的にフロイトの家族となり、ある種の精神バランスを維持しえたのである（p. 555）。

また実際に、狼男は人生の行手で、感情的な面では何人かの精神分析家に支えられ、経済的な面からは、フロイト・アーカイヴによって助けられた（Gardiner, 1983）。

ランクが狼男の夢を再解釈した後、フロイトは狼男に手紙で、夢は本当に子供のときのものであったか確認している[2]。1926年6月6日づけの患者の答えは、確かにそうだというものだった。それはまさしく「子供のときに夢に見て、分析のなかで何一つ変更せず報告したもの」だという（Wolf-Man, 1957, p. 449）。フロイトはこの手紙をフェレンツィに回送し、これを使ってフェレンツィはランクの批判を論駁した（Ferenczi, 1927）[3]。アーネスト・ジョーンズ（1957）も参入し、狼男の分析当時、フロイトのオフィスの壁の弟子の写真は3人だけだったと述べた（p. 76）。

確かに、この真っ向対立の二つの論のどちらも決定的ではない。夢は子供のときのものだという狼男の記憶は、成人してから修正してはいないことを保証しない。また壁には3人の写真だけがあったというジョーンズの論点は、そう重要ではない。なにしろ、狼男はフロイトに対して、夢には6匹か7匹の狼がいたと語り、それを描画するときには5匹だけを描いていたのである。

---

2 フロイトはここでは、児童期記憶の正確さを信じているようである。しばしば他の状況下ではそうした記憶を疑問視しているのだが。逆抵抗はいかなる分析家の観点も変えうるのである。
3 しかしこれが出版される2年前に、フェレンツィ（1925）は言明していた。「ここで繰り返し言うことしかできないが、私と私の分析にとって、ランクの提言を取り入れたのは進歩である。彼は患者と分析家の関係が分析素材の重要なポイントで、**すべての夢、すべての仕草、すべての失錯行為、患者の状態のすべての重症化や回復**、を何より転移と抵抗の表現としてみなすよう提言したのである」（p. 225）。

分析で語られる夢がどの程度、どのような頻度で分析関係と関連しているかという経験的な疑問はさておき、夢分析のこうした側面にどの程度の重要性を付与するべきかという、臨床上の現実問題が存在している。かつてはこの事実に分析家はほとんど留意せず、かわりに夢の心的側面を強調した時代もあった。21世紀初め、振り子は反対方向に振れた。いわゆる「二者」心理学の台頭で、臨床家の中にはその注意力を、患者の夢と分析関係との密接な関連に対して、まず第一に、あるいはそれだけに注ごうとする者が現れた。臨床的な問題すべてがそうであるように、バランスが肝要なのだ。

夢分析は通常、１回のセッションだけでは行われない

夢解釈の私のクラスに、あるとき一人の学生がいた。彼女は以前教わった教授から、前のセッションで語られた夢は患者が持ち出さないかぎり精神分析家のほうから言及してはいけないと言われたという。私はこの考えに強く反対する。

夢解釈は時と共に進展しうる。１回のセッションで提示される夢は一つだけに制限されない。精神分析家は、分析のあちこちで、特定の夢に言及してもよい。理想的には、患者と分析家は分析が進むなかで、いかなる夢についてであれ、その理解の見直し、さらなる見直しを続けていくことになる。新しい素材が現れたとき、またある抵抗が患者においてだけでなく分析家においても解消したとき、夢はさらに深く理解できるものとなるだろう。一つの夢の解釈は、同じ夢主の異なるいくつかの夢に注意を払うことで洗練され、拡張され、特定のテーマへ収斂していくだろう。

夜ごと夢見るとき、私たちはそれ自体の連続性を持つもう一つの生活を始めることになる。患者の夢生活の中でのこの連続性を把握することは、時には分析家の仕事である。いつかは、この方向性を覚醒時の生活の諸側面に結びつけたくなるかもしれない。しかしそれには時間がかかる。とりあえず進行できるのはすべて夢の生活の観点においてである。

夢の連続性は、数個の夢にわたって繰り返し生じるテーマに見てとることができる。例えば私の男性患者の一人であるが、ほぼすべての夢にある種の新しいビルがあり、極めて精密に細部が語られた。夢のビルの多くは患者の現実生活と何の関わりもなかった。彼は建築家ではなかったし、親戚も友人も建築家ではない。この夢が告げるのは、何か実現していない職業的な可能性ではないかと私は考えた。夢は続き、家の細かい描写がなされた。彼の描写する家の多くについて、私には実際に視覚イメージがある。

私たち二人はこの壮麗に並ぶ建築物に面食らっていたが、ある日彼は過去のある

出来事を思い出し、説明がついた。患者とはいい関係でなかったが、その父は家の修理が好きだった。あるとき、父と彼は家の中で仕切り壁を移動させていた。それは彼のもっとも幸福な記憶のひとつである。父との親密なつながりがあり、本当に一緒にやっている感じがあった。それらが転移のなかで甦り、夢で表現されていた。私たちは彼のために共に新しい人生を建築していたのである。

　洗練され教養ある婦人は、規律きびしく宗教性の高い育ちであったが、いくつかの暴力的で残酷な夢を見た。ある夢で、ピクニックへ行った。現実生活で、うっとうしいと思っている女性が殺され、夕飯用に料理され、料理は客に喜ばれた。客は自分たちが人肉を食べていることを知らないのだった。夢主はそれを知っていたが、料理はしなかったので罪の意識はなかった。他の夢で、彼女は夫の皮膚を剝いでいた。とてもやさしく、カミソリの刃を使って彼の肉の外の層を剝がしていた。それは有益な効果をもたらすことになっていた。二つの夢は、攻撃的感情を受け入れやすくする心理学上の意図を示している。最初の夢では、彼女は暴力行為に表面上の責任はないのだから、攻撃性は受け入れやすい。二番目の夢では、暴力はやさしく行われ、夫のためになるものだから、受け入れやすい。

　夢解釈家は患者の夢の連続したテーマを追ってゆけば、このテーマがどう発展するかについての重要な転換点に気づくことができる。症例マルタでは (Fosshage and Loew, 1987, p.12)、分析の最初の夢が描き出すのは、《彼女は30歳から50歳の20年間を、ぐらぐらするバルコニーに座りながら、自分は加わらないで他の人たちが行動するのを眺めて過ごしている》というものである。(彼女がこの夢を見たのは、実際には33歳のときである)。夢が捉えたのは、人生に参加していない、もしこのままいけば成人期の最上の年月を取り逃がしてしまうという彼女の懸念である。しかし分析の始まり時点では、彼女は不安で身動きがつかず、他に仕様がなかった。

　2年の治療の後、彼女はある男性とのデートを夢に見た。デートは金曜の夜だったが、彼女はむしろ土曜に彼に会いたいと思っていた。目ざとい夢解釈家ならば、ここに先延ばしのテーマが再現していることに気づくだろう。事態は改善していて、一日の先延ばしは、20年に比べればずっと短いと言える。

夢の神秘的解釈と分析的解釈

　フロイトは下からの夢と、上からの夢を区別した。下からの夢は、主として本能的願望に由来し、それが日中の残滓に表象手段を見出すのである。上からの夢は、覚醒時の考えに呼応し、抑圧された素材との活発な関係を通して表象される。

第 11 章　どのように夢を分析するか　145

　この区別はジルベラー（Silberer, 1914, cf. Freud, 1900, p.524）の「神秘的（anagogic）区別」対「分析的区別」と関連している。どのような夢でも神秘的に、かつ分析的に解釈できる。分析的解釈は[4]、夢に幼児性欲に属する意味を付与することを含んでいる。神秘的解釈は、知的な問題の視覚表象のような、「もっと真剣な考え」を表す。もちろんそれらは相互に交錯している。

　この夢解釈への二重のアプローチは、次の例が示してくれる。あるユダヤ人の女性がユージーンとデートしていた。彼はロシア正教の背景を持っている。彼女は夢を見た。

　《私はディナーの席にいる。ボルシチがある。カールはそれを食べていない。私は取り分けている。私はボルシチを食べているが、そこに紫のコンドームの包みがあるのに気づく。私は部屋を走り出る。私の犬がいる。犬は空腹だ。これまでエサをやっていた人が、エサをやっていないことに私は気づく。犬はひどく飢えているような動作をする。

　夢にはこれより前の部分があり、そこには私のキッチンがあって、実際には持っていないあらゆる種類のアートポスターがある》。

　解釈過程で、夢主は次の連想をした。「2、3日前、ユージーンと私はカールの家で夕飯を食べていました。カールは料理が上手だわ。彼の出身はキリスト教の家族で、彼の家族は強い反ユダヤ主義だけど、彼はそうじゃない。奥さんはユダヤ人よ。

　ボルシチでビーツを思い出すわ。プラスチック容器に入れて冷蔵庫に入れていたの。忘れてたけど。

　キッチンのポスターについては、私は持ってないけど、ユージーンは自分のキッチンに持ってる。夢は、私たちがキッチンを一緒にしたらっていうことは、結婚したら、少なくとも一緒に住んだらどんな感じだか示しているみたい。

　コンドームの包みについては、ユージーンは空のコンドームの包みを、昨日私のゴミ箱に投げ捨てたけど、それを掃除婦に見られるのがイヤで、封筒の中に入れなおしたわ。その包みは緑色だった。ラムスキンコンドームは紫の包み。いくつか持っているけど、使わないわ。ボルシチに子羊を煮込んでもいいけど、夢ではビーツと玉ねぎだけ。ユージーンとは、実際に最近そういうボルシチを作ってるわ。コンドームの包みは入ってないけど」。

　分析家は、ボルシチは普通はユダヤ的だ、と言った。患者は答えた。「いいえ、本当はそうじゃないわ。アメリカのユダヤ人の多くはそう考えてるけど、私はボルシ

4　「分析的」という語は、ここでは実際にはフロイト学派の精神分析を意味している。現代の分析的アプローチのいくつかは、夢の意味において幼児性欲がそうした特別な重要性を持つとは考えないだろう。

チはまさに、真のロシア料理だと思う」。

　次のセッションで、患者は再度夢を引き合いに出した。「ボルシチはユダヤ的だということについてあなたがおっしゃったことを考えてました。やはりそうではないと思いますが、その話でどうしてあんなにカッとなったんだろうって不思議でした。それでセッションの後に考えたんですが、私の強い情動は、ユージーンの家庭がロシア的背景に抱いている感情の強さの一部そのものだと。それが夢に現れたんです。週末、初めてユージーンと彼の実家で過ごしました。週末の期間ずっと、微妙ではあってもはっきりした反ユダヤ主義のサインがありました。それを無視しようとしたんです。

　カールの家族はユージーン家の近くの町の出身ですから、彼が夢に出たんです。彼らは極端な反ユダヤ主義です。夢は、ボルシチはロシア的か、ユダヤ的かという問題と関係しているように思います。私はユージーンの家族と一緒にいて、くつろげるのでしょうか？　ユージーンとの性的関係でも、くつろげるのでしょうか？　コンドームの包みが関連していたのは、セックスと安全性と恥なんです」。

　この夢において、神秘的解釈とフロイト派の精神分析的解釈との区別はつけられる。しかしこの両面は、他のほとんどの夢と同様、ここでも個別に扱われる必要はない。夢は、夢主がこれまで解離してきた宗教の違いに関する成人の感情を表している。しかし幼少期に関連した飢えと剥奪の基本的テーマも見られる。（彼女は2歳のとき餓死しかけていた）。セックス、避妊、安全性または危険性（性感染症、飢え、偏見、望まない妊娠からの）、それらすべてはこの夢主にとって入り混じり、短い顕在夢内容に圧縮されている。夢はこれらのテーマを彼女の現在の恋愛と結びつけている。しかし夢分析がつぶさに解明していったところ、これらの事柄は転移と、夢主のすべての恋愛関係のもつ全体的な防衛との中に表現されていたのである。

夢解釈の伝統的「規則」に対する若干の再吟味

　夢解釈における精神分析の伝統は、数々の規則や慣習を蓄積してきた。それらのうちいくつかは大なり小なり妥当性を持ち、すべてではないがいくつかは、十分な根拠のあるものである。

夢のなかの数値

　これら「規則」の中の一つは、夢にでてくる数値に関している。夢に特定の数が出てきたら、それはなにか重要なこと、つまり夢が指し示すある出来事か感情が生

じたときの夢主の年齢を示している。

　この「規則」には合理的な理由がある。つまり私たちの多くにとって、数との最初の触れ合いは自分の年齢と関係する。数を抽象的な存在として操作できるようになる前に、自分の年齢は3歳だと言えたのである。このように、夢の置き換えの「規則」には、「言語の考古学」によるものもある。最早期の言葉の使用は、しばしば置き換えと象徴化における言葉の機能の源である。

　このことがエラ・フリーマン・シャープの夢へのアプローチの基盤である。彼女は書いている（Sharpe, E. F., 1937）、「言語の基礎はそこに含まれるメタファーであり、また私たちが母国語を学ぶのは音声を通してであるという事実にある」（p.39）。この理由で、夢はしゃれを言う。夢では言葉は初めてそれを聞いたときの意味を示すことが多い。シャープの患者の一人が、アイオナ大聖堂の夢を見た。連想により彼が思い出した事実は、子供のとき「アイオナ大聖堂（Iona Cathedral）」という言葉を「私は大聖堂を所有している（I own a cathedral）」と聞いたことだった。これによって患者は夢に伏在する意味を理解した。

　そうした同音異義の言葉のせいで、多くの子供は有名な格言や歌詞を誤って理解している。私の知っている一人の女の子は、『星条旗（The Star-Spangled Banner）』の一節「その太きストライプと輝く星々（Whose broad stripes and bright stars.）」を疑問文だと聞き違えて「誰がストライプと輝く星々を持ってきたか？（Who's brought stripes and bright stars?）」と思っていた。

　しかし無論のこと「規則」には例外がある。練達の夢解釈者ならば、規則を知りながら、根拠があればいつでも規則をはずす。例えば、夢における数は年齢以外のものを示すことがある。アメリカに住むあるユダヤ人女性は、第二次大戦の間クリスチャンの家庭にかくまわれて児童期を過ごした。50年後、故郷に帰り、戦時の隠れ家を訪れ、そのときの記憶を回復したいと望んだ。思い出す住所に行ったが、そこにはその家はなかった。その夜彼女は2桁のアラビア数字の夢を見た。目が覚めると、彼女はそれこそ正しい住所だと確信した。後に別の情報源がそれを裏づけた。（興味深いことに、夢を見てからは正しい住所を知ったと確信しているのに、彼女はそこには行っていない）。この事例の夢は、おそらくは当時の生活についての大きな両価性のために、患者が解離していた事実を甦らせたのである。

夢の顕在内容における分析家

　20世紀半ば、マクスウェル・ギテルソン（Gitelson, M., 1952）は、夢の顕在内容に分析家が現れたならば、問題含みの逆転移を示唆するという考えを提唱した。ギ

テルソンがこれを書いたとき、大部分のオーソドックスの精神分析家は、治療過程に自分のパーソナリティが否応なく影響するとは好んで考えようとしない時代だった。したがって、それは素晴らしい提言だった。正しいかどうかはともかく、古典的な分析家を逆転移についてさらに考えさせたのである。私の見解では、ギテルソンの提言はあまりに限定的である。いかなる患者の夢にも逆転移はつねに含まれるだろう。分析家は顕在内容に登場するときもしないときもある[5]。

分析の初回夢はもっとも明晰であるか？

　臨床上の夢解釈の「規則」で流布しているいま一つのものは、分析の初回夢がもっとも明晰である、というものだ。分析が進むにしたがって、患者の抵抗も揺らぎ、夢は理解しにくくなる。そうユングは考えていた。彼は「一般に、治療が始まるとすぐに夢は、徐々に曖昧になりぼやけてくる。それで解釈の難しさは漸増する (p. 93)」と述べている。

　他の臨床家たちもこの公式を繰り返してきた。ホイットマン、クレイマー、ボルドリッジ（Whitman, Kramer and Baldridge, 1969）はこう主張している。「よく知られた事実だが、分析の初回夢はそれ以降の夢よりはるかにわかりやすく、転移神経症の経過や発展をフォーミュレイトするのに役立つ。初回夢以降では、さまざまなタイプの防衛が生じ、患者の力動や自我の対処機制を曖昧にしてしまうのである」(p. 706)。

　これが正しいかどうかは疑わしいと思う。確かに分析が進むにつれ、分析家それぞれが患者の夢を理解するのはより困難になるが、その理由として夢自体が曖昧になっていくからだとは思えない。

　この立脚点の根拠は、もし分析後期の夢が、直接治療に携わらない臨床家のグループに持ち込まれたならば、彼らは格別この夢を曖昧とは思わないだろう、というところにある。これは私の多年にわたる授業からくる印象である。私の生徒や私は、治療の早期より、中盤や後期の夢のほうがその主旨をつかむのに骨が折れるということはない。

　また別の説明をすれば、夢を理解する難しさは、分析家の逆抵抗や転移 – 逆転移関係の複雑さが増大するせいかもしれない。患者の夢が変わる同じ度合いで分析家も変わるし、治療のさまざまな箇所で、患者の素材はやっかいになるだろう。説明のもう一つの可能性は、早期の夢、とりわけ治療開始前の夢が明晰なのは、それが

5　これについてのさらなる論考は第16章、第17章を見よ。

大半**患者**についての夢であるから、というものである。ひとたび治療が進めば、夢は患者、分析家、およびその相互関係を反映するものとなるだろう。

　以降の八つの章で、夢へのアプローチの特殊な側面を綿密に調べよう。心がどのように動くか記述するうえで、夢が一つのフロンティアであることを、また夢は心理療法の革新の最先端にある臨床のフロンティアであることも知ることになるだろう。

第12章
夢の同音異義語とその他の地口

　夢分析をしたいと望むものにとって、しゃれ、地口、同音異義語に敏感になるのは価値あることである。しゃれを言う才能がなくても、患者の連想にそうした素材を聞き取る用意がないといけない。覚醒時の生活で特にうまくしゃれが言えなくても、夢ではときにはうまいしゃれの言える人がいる。

　多くのアメリカの子供は、なぞなぞを通してこうした地口を楽しむ。「What is black and white and red all over?（黒と白で、全部赤はなーんだ？）」。答えは「新聞」。「read（読まれる）-red（赤）」という同音異義語にかけてある。黒と白は、次に来る言葉もまた色だろうと思わせる。"red（赤）"と聞くと、動詞の「read（読まれる）」より色を選択してしまう。しかししゃれはその予想を裏切り、答えは「read all over（全部読まれる）」新聞となる。このしゃれは多年横行した。しかしついでそれに対する趣味の悪いしゃれもどきが出てきた。「What is black and white and red all over?　答えは階段を落ちる尼さん」。ここでは、なぞなぞを聞いたことのある人がだれでもが、「read（読まれる）-red（赤）」の選択肢で選ぶべきは「read」という動詞だと予想する。このしゃれもどきはその予想の裏をかく。色の red（赤）を聞き取らないようにごまかされたあと、言われているのは赤という同音異義語なのだ。

　最も簡単な語といえども多義であるのに、普通は気がつかない。「Mary had a little lamb.（メアリーは子羊を持っている）」で始まる童謡はよく知られている。しかしこう追加したらどうなるだろうか。「Mary had a little lamb — and Jane a little pork.」。文章は意味を変え、「had」という語の二重の意味に突然気づかされる。つまり(1)所有する、(2)食べる（Vendler, 1977 参照）。滑稽さの効果が生じる。メアリーは、可愛い子羊を抱いたやさしい女の子と思っていたのに、突如彼女はそれを食べている。それはステファン・ソンダイムのミュージカル『スウィーニー・トッド』に登場する歌「Have a little priest（小さな牧師をお食べ）……」にあるカニバリズムを連想させるかもしれない。

　この文章で気づくのは「had」の二重の意味だけではなく、私たちの言語のもう一つの特殊な面にも気づく。もし文章がこう延ばされて、「Mary had a little lamb — and Jane a little pig.」となるなら、「had」という語は変化していない。この文章により照らし出されるのは、英語においては動物の名前をよく二通りに呼んでい

ることである。つまり一般名称対食物の呼称であり、豚（pig versus pork）や牛（cow versus beef）や羊（sheep versus mutton）や子牛（calf versus veal）がそうである。「lamb」については、一般名称と食物の呼称は同一であり、そこから「Mary had a little lamb — and Jane a little pork.」の驚きの効果が生じている。

フロイトは、地口は東洋の夢解釈の基本要素だ、と述べている。1909 年に彼は以下の脚注を『夢解釈』に追加している。

> アルフレッド・ロビツェック博士が私に指摘したところによると、東洋の「夢の本」（西洋の夢の本は質の悪い、まがい物だ）が基盤にするのは、言葉の音の相似性や語の類似性に基づいた、膨大な夢の要素の解釈である。この関連は不可避的に翻訳では失われるので、西洋で流布されている夢の本の訳本は理解しがたいものとなる。東洋古代文明で地口やしゃれが果たしたとてつもなく重要な役割は、フーゴー・ウィンクラー（著名な考古学者）の著作で学ぶことができるだろう（p. 99）。

フロイト（1900, p. 232）は、自分の患者の夢のいくつかの同音異義語に言及している。例えば、ある患者はイタリア（行ったことのない場所）を夢に見て、特別な意味を見出した。ドイツ語で「gen Italien」（イタリアへ）は「Genitalien」（genitals 外部生殖器）と同音である。

別の事例では、狼男（Freud, 1918）は「*Espe* の羽をむしっている男」の夢を見た。狼男は Espe はドイツ語で、wasp（スズメバチ）のことだと思った。フロイトは正しくは「Wespe」だと言った。これに対して狼男（彼の本名は Sergei Pankejeff だと今では知られている）は言った。「だって Espe って、僕のことですよ、S. P. ですから」。

フランス人の患者のよく知られた例もある。彼女の父はアルコール症で亡くなっていたが、彼女は 6 本のバラの夢を見た（Malcolm, 1982）。フランス人の分析家は「6 本のバラ？　それとも肝硬変？（発音は、see-rose ou see-rose）」と尋ねた。フランス語では、「6 本のバラ six roses」と「肝硬変 cirrhosis」は同音異義なのだ。このように夢作業は、潜在内容の同音異義語を絵文字にする。

固有名詞の同音異義語は豊富にあるが、よく見過ごされる。ある患者が友人のアイリーンのことを夢に見た。分析家のパデルは依存の問題が（「I lean　私は依存する」）夢の登場人物との関係によって描かれたものだと理解した（Fosshage and Loew, 1987）。

これらの例からは、言葉に耳を傾けるときに私たちはどの程度すべての同音異義

語を聞き取っているのかを考えさせられる。私たちの心はこのように言葉をあらゆる同音異義語へ翻訳し、それら同音異義語のイメージによって、物事は表象されているのだろうか？

エラ・シャープは上記のように考えた。1937年に彼女は次のように記した。

> 言葉は、あるはっきりとした知覚イメージに向けられているときに、それらを最初に耳にした文脈から、個人的にも人種的にも置き換えられてきた履歴を持つ。言葉は第二の意味を獲得し、抽象概念を伝達するが、過去についての無意識の貯蔵庫に関する限り、最初に耳にしたり使われたりしたときの言葉にあった具体的な意味を失うことはない（p.28）。

彼女は多くの夢の例を提供している。「read（読まれる）」が月経の「red（赤）」と関連づけられる例などもそうである。

実験研究でわかっていることであるが、言葉を最初耳にしたときには、すべての同音異義語が実際に考慮されている。例えば、心理言語学者デイヴィッド・スウィニー（Swinney, D., 1979）は次の文章を用いた実験を行った。「政府の建物は何年来、ガタが来ているとのうわさがあった。部屋の隅に、クモやゴキブリや他のムシ（bug）がいても不思議はなかった」。それを聞いて少なくとも200〜500ミリ秒後には、「bug」の二重の意味（ムシと盗聴器）が心内には活性化されることが示された。脳は夢において、受動的というより能動的に、こうした聴覚的な連結を行っているらしい。どんな言葉でもその同音異義語へ移行できる。とりわけその同音異義語のほうが視覚表象しやすいときには特にそうである。肝硬変（cirrhosis）より6本のバラ（six roses）のほうがはっきりとしたイメージをはるかに作りやすい。

このような変換がどの範囲まで可能かは、驚くべきものがあり、またユーモラスでもある。スティーヴンス（Stevens, 1996, p.41）は、結構入念な変換例を報告している。

《モスクワで見た夢だが、ホールの入り口の一本の樹でミツバチが舞っているのが見えた》。

彼の連想は、ミツバチ（bee）は用心深げに（in a cagy manner）飛んでいたというものである。だから、a cagy bee, a KGB! 彼はKGBに用心するよう警告されていたのだった。

夢形成における同音異義語の役割の知識は、古代へさかのぼる。アルテミドロス（1990）によると、

第12章　夢の同音異義語とその他の地口　153

　マケドニアのアレクサンダー大王がツロを封鎖し包囲したときに、アリスタンダーは巧みきわまる解釈を与えた。アレクサンダー大王は膨大な時の空費に落ち着きなく心乱され、夢に自分の盾の上で踊るサテュロス（Satyros）を見た。アリスタンダーはその時ツロ（Tyre）にいて、ツロ人に対して戦う大王に随行していた。サテュロス（Satyros）という語を、Sa と Tyros に二分し、ツロはあなたのものと解き、王をさらに熾烈に戦うよう激励した。結果、王はツロを陥落させた（pp. 200-201）。

夢が演じる言葉の考古学

　言語を把握するうえで当たり前と思っている多くの過程に、夢は時として注意を促してくれる。時には夢では言葉は、覚醒時には気づかない構成成分に解体される。私の患者の一人は、強い罪悪感に苦しんでいたが、「罪深氏（Mr. Gill Tee）」を登場人物とする夢を見た。他の夢で、ある患者は「返信：フェラル（Re: Ferral）」で始まるメモをタイプしていた。彼女の一人の親友が治療者の紹介（referral）をもとめ、他の人たちに混じってそこには私の名前もあった。これは彼女にさまざまな思いを湧きたたせ、自分も紹介してもらう必要があるのではとないかと思わせた。加えて、「Ferral」は「feral（野生の）」と同音であり、夢主の野生的な怒りはさらなる治療を要するものだった。

　夢には言語を新作するものもある。まったく新しい言葉に思えるのだが、分析によって現実の言葉にその起源を持つことが明らかにできる。形態学的な分類は、時に夢主や分析家を勘違いさせる。例えば、ある患者は夢で「Prestyl Dolby」という言葉を見たと私に語った。彼にも私にもこれが何のことだかわからなかった。「言葉」を分類していたため、私は隠された言葉に気がつかなかったのだ。つまりPrestyl は新しい化学物質のように思え、dolby はハイファイシステムではありふれた Dolby Sound Reduction システムを連想させた。夢では同音異義の混交はよく起きるし、私たちの聴覚の過程でも頻繁に起こっていることはほぼ確実である。ただしこれはほとんど無意識に遂行されるが。dolby の「Dol」は「dole（施し）」であるかもしれない。しかし「dough'll（金銭は～だろう）」の圧縮だと気づくのは結構骨である。

　数週間後、彼は父親の所有するキャッシュレジスターからよく金を持ち出してい

1　この例のもっと詳しい説明はプレッシュナー（1997a）参照。夢形成と、隠喩、直喩、メタレプシス、代喩、換喩、声喩を含む詩作上の工夫との関係についての論考は、シャープ（1937）参照。

た奴について喋っていた。この前後関係で、他の連想の助けもあり、「Prestyl Dolby」という言葉は「Press the till; dough'll be yours（ゼニ箱を押し開け、金はお前のものだ）」という意味だと私たちは理解できたのだった[1]。

夢の地口と夢解釈

ある男性患者が、結婚の前日、分析セッション中に私に尋ねた。「嗅覚の夢を見ることは可能ですか？」[2]。前夜、夢のなかで彼は何か「臭いおなら」のような腐敗臭を嗅いだ。起きてみると何の臭いもしなかった。

この患者が分析に来るようになったのは、強迫的な女道楽のためだった。彼はどんな女性とも真剣に関わることができないのではないかと怖れていた。私たちが気づいたところでは、この問題は多層的だった。まず、彼が意識的には理想化している父親自身が女好きだという証拠があったが、大半解離されていた。さらにかばってくれるが支配欲の強い兄への、受動的な性的服従に対する反動形成があった。しかし彼の強迫的不貞のもっとも強い原因はこの夢の直前に形成されていた。それは、患者が婚約者へのいかなる否定的感情をも自分から解離していたことだった。彼女に対して攻撃心を感じると、彼は敵意を抑圧したが、ついで不貞を働くことで報復したのだ。これは婚約者に対してだけでなく、私も含めて、彼が頼る人物の誰に対しても生じた。転移のなかで、患者が私から批判されていると感じれば、前の分析家に連絡を取るのだ。

夢を解釈してみましょうかと提案すると、彼は「本当に夢だったのかわからない。それが何なのかわからないんです」と言った。ここで彼は悪臭感覚に対するのとまったく同様の振る舞いを夢に対してもしていた。それらが実際あったものかどうかは疑問に思うが、他にはそれらの存在を説明できないのだ。このように否認と混乱した不安は、夢へのアプローチのなかでエナクトされたのである。

セッションの後半、彼はユダヤ人作家による本のことを語り、こう言った。「それはユダヤ人街臭いんだ（reek）」。彼の「reek」という言葉の使い方に言及すると、彼の答えは、それはユダヤ人街に特徴的だということで、見下すつもりは無いというものだった。自分はユダヤ主義に強く同一化しており、ユダヤの伝統が好きなの

2 　嗅覚の夢はほとんど聞いたことがない。文献にも稀である。フロム－ライヒマンのバラードにおけるコメント（1959, p.165）参照。味覚の夢はさらに稀である。例としては、セリグマンとイェレン（1987）参照。《それから私はりんごの樹を見た。冷たくて、みずみずしく、赤いりんごがなっていて、木の葉はなかった。一個採って食べた（おいしくて、目が覚めた後でも味がするほどだった）》（p.18）。

だ、と彼は言った。ここにみられるのは同じエナクトメントである。すなわち、彼は「ユダヤ人街のユダヤ主義」への敵意を否認しているが、それはちょうど臭いの夢が本当に夢だったのかどうかを疑問視するのと同じである。敵意のこもった連想は本当のものではないという否認は、夢が現にあることへの否認に似ている。それはまた彼の人生で重要な人々への否定的感情を否認することとも似ている。

　前のセッションで彼は、未来の新婦は金遣いが荒いとこぼしていた。しかしまだそれを彼女に言えずにいた。そこで今、おならの夢が語られたところで、私は彼に言った。「夢が本当にあったかという疑問や、ユダヤ人街臭いというコメントに見下したところはないという否認に似た態度は、すべて婚約者の浪費への悪感情を言わずにいることと関係しているようだ」と。彼は「もし何がいけないかを彼女に言うと、怒りをぶちまけて（wreak）二人の仲を壊してしまうのではと、怖いんです」と語った。彼は無意識のうちに地口を言ってるようだった。そこで私は言った。「何もぶちまけたく（wreak）ないんですね。でも何かが臭ってきたら（reek）どうします？」。

　夢で地口がどう使われるかわかると、私は夢解釈の過程へそれを持ち込んだのである。

多言語的地口

　これまで述べてきた地口は一つの言語内での同音異義語に関している。多言語を使える人は、一つ以上の言語から同音異義語を引き出してくるだろう。イマヌエル・ヴェリコフスキー（Velikovsky, I., 1934）はヘブライ語とアラビヤ語に流暢なパレスチナの精神分析家で、インポテンツの治療を求めて町にやってきた農夫の患者から次の夢を聞いた。《男がライムを買えるところを探し求めて駆けずり回っている。私はそいつに言う、「何を心配してるんだ？　自分の家のほんの近くに穴に一杯のライムがあるじゃないか」》。

　ヴェリコフスキーは患者に売春婦と情交しようとしなかったか尋ねた。患者はそのとおりだと認め、分析家が知っているのに驚いた。それはライム（ヘブライ語で「sid」）と女性（アラビア語で「sit」）との連想に関係していた。そこで患者は、家の近くのライムの穴は彼の妻のことで、妻とはいつだってできるのだと言った。

第13章
夢は行動する
──行動としての分析中の夢──

　夢にはその内容以上のものが含まれている。臨床的な分析で語られる夢はいずれも、治療における患者の行動でもある。夢解釈においては、分析家は夢テキストや連想に対してのみならず、患者の語り方、あるいはいかに語らないかに対して、密な注意を注ぐ。夢を語ること（あるいは語らないこと）は治療内部での象徴的行動であり、夢の内容はしばしば夢解釈の途中でエナクトされる。1997年、ホブソンと私は夢に関する会議に同席した。事前に私は自分の論文を彼に送っておいた。それは彼の「ヴァン」の夢（第2章参照）に関する解説を含むもので、その夢で彼とヴァンはある器具の投げ合いをしているのだった。会議で話す前に、彼は自分の最新作のコピーを投げてよこした。まさに、機転のきいた夢のエナクトメントだ。「ほら、受け取って。僕の考えの最新版だよ！」とでも言うように。

　フロイトは時に、夢を行動として解釈しているが、それは通常、抵抗としてみる場合であった。これに関するもっとも有名な実例は、彼の願望充足理論について生じたものである。理論はフロイトの患者や他の精神分析家によって問題とされた。ある患者は明らかな願望は見当たらないような夢を提出した。患者はフロイトの願望充足としての夢理論に抵抗していたのだった。そこでフロイトは、願望のない夢をフロイトの願望充足理論を反駁する願望の表現として解釈したのである。もし願望充足仮説に反する証拠があげられるなら、そこには同種の精神力動が作用していると、フロイトは私たちに警告している（Freud, 1900）。「本当に、この本の読者の幾人かにも同じことが起こるだろうと予想される。私の過ちであって欲しいという願望が充たされるならば、そのことだけで彼等の夢における願望はいとも簡単に挫折させられることになるのだ」（p. 168）。

　そういうわけで、もしこの理論の反証となる夢に出会ったとしても、それは理論を証明することになる。多くの読者がこの種の循環論法で行き詰まるのも、むべなるかなである（例えば、Gruenbaum, 1984）。しかし視点を変えれば、フロイトがこのように論じた瞬間とは、夢解釈における画期的な出来事だった。つまり、それは夢の対人関係の次元を評価する方向への第一歩だったのである。ほとんどの分析の患者（治療がうまくいってない場合を除いて）がそうであるような緊密な関係性に

ある人間は、夢を他者とのコミュニュケーションに使うことができるとフロイトは示唆したのだ。

言い換えれば、夢は通常は自閉的、自己参照的、自己保持的であるが、対人関係的にもなりうるのだ。エラ・シャープは夢を分析内部での行動とする考えを発展させた最初の一人である。彼女は夢を分析家への抵抗として、また贈り物として述べている（Sharp, 1937, p. 81 ff）。

如何に夢を語るかは、しばしば内容と同じくらい重要である。分析家は夢の分析をまず患者がどういうふうに夢を語るかの分析から始める。抵抗分析を終えれば、抵抗分析を夢内容に関連づけることが可能であることが多い。グリーンソン（Greenson, 1967, p. 110）はこれに関する見事な例を提供している。ある患者がとても混乱して夢を語った。実際の夢とそれに対する連想と、実生活で起こったことへの考えを一緒くたにしていたのだ。説明はきわめて混乱し、グリーンソン自身どの部分が実際の夢かわからないくらいだった。

内容分析の前に抵抗分析を行うという原則に従って、グリーンソンは患者に夢を最初から最後まで単に語ることさえできてないことに気がついているか尋ねた。患者は初め、自由連想の原則に従って、心に浮かぶことを何でも話すべきだと考えていると言い返した。しかしそれからこのことをしばらく考えて、何かやるときは物事をまぜこぜにしてしまうことがよくあると述べた。彼は書物を真ん中から読み始め、ばらばらに部分部分を読むのだった。この傾向はその父が著名な学者であること、家族全員が好学で知られていることへの反発を含んでいた。またそれは父への愛着と、その愛着への恐れとの入り混じった反応も表していたのだった。

夢を語らないことは夢行動である

精神分析を受けている患者が自分の夢を覚えていて報告する能力は、実にさまざまで、それぞれ異なっていることは周知である。しかし分析家が患者に、自分は夢に興味があって夢は治療に役立つだろうと話すと、患者はたいていもっとよく夢を思い出すものである。これと似たことを、私は夢解釈のセミナーで教えていて気づいた。このセミナーで、私は治療者たちに、セミナーで取り上げることができるよう、自分たちの患者の夢を報告するよう求める。そうしたセミナーの始めには、きまって２、３人の、あるときは多くの治療者が、患者は誰一人として夢を報告しないと言う。その彼らが驚き、ほとんど奇跡的に感じることだが、夢についてのセミナーが始まってしばらくすると、そうした患者が夢を報告し始めるのである。この他にも、いくつかの変数が存在するようである。もっとも明瞭なのは、治療者にお

ける変化である。今や治療者は夢に興味を持っていて、患者が夢に関連したことを何か言うのではと、耳をそばだてるだろうし、そうした素材を以前よりよく覚えているだろう。またセッション中に、夢への興味を示唆する何事かを言いそうだし、そのことは患者が夢を報告するよう鼓舞するだろう。

　これはどうあっても些細な事実ではない。それが意味するのは、夢を覚えていて報告する力は意識的に制御されているということである。いわゆる「明晰夢」についての多くの研究がある。明晰夢においては、ある人たちは夢の一部や、進行や内容を、意識的な制御下で生じさせることができると報告している（Gackenbach and LaBerge, 1988）。この現象は、ここで論議している夢現象に含まれる一群だと私には思える。つまり意識的および無意識的な意図が、ある人が自分の夢をどう思い出すかに影響しうるということである。

　時に夢の想起は、患者が精神分析を通して取り組まなければならない性格の問題と相互作用する。例えば、人生にひどく落胆している患者が私との分析を始めた。彼の最初の結婚はたいそう波乱含みで、結局はつらい離婚となった。当初彼は二度目の、現在の結婚には何の問題もないと報告していた。しかし彼には20年来の重症の睡眠障害があり、治療で何とかならないかと思っていた。私は睡眠の途切れ目について尋ねた。彼の睡眠はしばしば浅く、真夜中に起きて、再入眠がとても困難だった。起きたときどんな気持ちがしているか、また夢を見ていたか、私は尋ねた。彼はわからない、それが何か役に立つのか、と答えた。役に立つかもしれない、と私は言って、起きたときに夢を見ていたかどうかに気をつけて、もし見ていたら夢を書いておくよう指示した。

　次のセッションで、彼はこのように報告した。前の晩起きたときに、実際に夢を見ていたかどうか注意を払った。「そうなんです、起きたとき、夢を見ていたのは確かです。でも何を夢見ていたか、覚えてません。起きて、夢を書かなくては、と思ったんです。でも書きませんでした。思い出せなかったんです」。彼は私に協力的であると同時に反抗的でもあることに注目したい。分析のときは協力したいとうわべでは言う。しかし夜には半ば無意識に、夢を書かない決断をしている。

　こうした治療的相互作用を、私は「夢行動」と分類する。治療でのその時点では夢はなかった。しかし起きて夢を書かない行為において、何らかの性格や基底にある障害を指し示すようなやり方で彼は行動している。そうした事例での治療家の責務は、患者の行動とその基底の意味を探求することだ。シメル（1969）、レヴェンソン（1983）、ジョセフ（1985）と私（Blechner, 1995a）は、夢の内容と患者が治療で行うことの間には対応があることに言及している。しかしここで私たちが問題にしているのは、夢の存在しない夢の行動である。

同盟を打ち立ててからひそかに反抗するといったこうしたことは、生活の別の領域でも彼はやっているのではと、私は思った。彼はすぐさま、そのとおりだと言った。彼は母親からゴミを運び出してと言われ、「あとでやるよ」と答えながらやらなかったことを連想した。

　やがて、密接な関係を作ってからこっそり反抗する彼のパターンは、彼の人生に行き渡ったものであることが判明した。ビジネスでの顧客とのやりとりで、それはいつも障害になっていた。顧客との作業計画を立てると彼は心中顧客に罠にはめられた感じがして憤慨してしまう。これで仕事の効率は台無しになっていた。

　ついには患者は、分析に夢を持ってくるようになった。最初の夢は次のものである。

> 　私は手術しなければならなかった。どうしてだかわからない。手術の傷や不恰好になったところを隠すため、乳房が与えられるところだった。私は思った、「ローリ（彼の妻）にこのことを話そう」。彼女は「胸に触らせて。それについて話してあげられるわ」と言った。彼女は私の胸を触り始めた。気持ちよかった。セクシャルだった。彼女は「あなたの乳房を見せて。ちゃんと乳房か、見るわ」と言った。私は「続けてくれ。君が女なんだ、僕ではない。ペニスには何もして欲しくない」と言った。恐れと魅惑の入り混じった感情があった。性的な興奮もあった。
>
> 　それからまた眠った。もう一つの夢を見た。私は会議室にいた。会議の新しいメンバーだった。そこに参加せず、何というか、成り行きを観察していた。よそ者の感じがした。それは心の中の感情だった。乳房を持つ前からよそ者だったのか、それともその後からだろうか？

　私は患者に、性転換手術を受けたいと意識的に願ったことがあるかどうか尋ねた。彼はそんなことはない、と主張した。しかし彼は夢を解釈していて、そこで性転換の内容を避けていた。彼は「私は本当に妻の乳房と戯れるのが好きなのです。しかし妻は私がやりたいほどはやらせてくれない。それでもし私が自分の乳房を持ったならば、好きなときにそれと戯れることができる、妻の気分のままにということじゃなしに」と語った。

　彼とその妻に何らかの問題があるということを、初めてここで述べたことになる。そのこと自体が重要だ。傷や不恰好のところは、彼の児童期の傷であり、性格の不恰好であり、そのために彼は他者と協働することが難しくなっている。彼はすでに転移のなかでこれを示していた。うわべの従順と、その裏では夢を持ってくるよう

にという私の指示へ逆らうことで。

　彼が夢について、妻との関係がどのようなものかという問題に集中したため、私は彼に、夢では妻は驚くほど積極的にできるだけ彼の助けになろうとしているように思える、と伝えた。夢で彼女は言っている、《あなたの胸に触らせて。それについて話してあげられるわ。……あなたの乳房を見せて。ちゃんと乳房か、見るわ》。

　彼女は女性である。乳房を知っている。もし彼女の夫が自分自身の乳房を持ちたいのなら、彼女はその専門知識を提供する。しかし夢では、彼はパニックになる。援助を受けることは女性になることであろう。

　ここには去勢の不安があった。それを彼自身が言っている。《ペニスには何もして欲しくない》。夢の行動の見地からは、別の何かが生じている。この夢で目が覚めたとは、彼は直接私には言っていないことに注意して欲しい。しかしほのめかしてはいる。《それからまた眠った》。ここには、起きたら夢を記録するようにという私の要求にいまや従っている、という微妙な承認がある。しかしまたそうはしなかったという偽装の意図もあるのだ。

　こう推測できる。この場面で現実行動のあるものが行われており、この場面で夢の内容が夢解釈の過程に関係している、と。協働、もしくは援助を求めることは、彼には脅威なのである。それは彼の男性性を脅かす。それで他者の彼を助けたいという意図をつねに妨害することで、男性性の感覚を強化している。そうした力動は、分析の進行をやりづらいものにする。治療同盟と呼ばれるものは、彼にとって男性としての全き同一性への不安の源になる。そのため治療同盟に対する気まぐれな振る舞いはすべて、治療において明確化され、綿密に調べられなければならない。

　とはいえ4年後、夢のもう一つの意味が明らかになった。それはすべての象徴はそれ自体でもある、という私の確信を強化してくれた。彼は人間全体への、とりわけ女性への不信について話していた。彼には閉所恐怖とパニック発作があり、それは死の恐怖あるいはコントロールを失う恐怖と関係していた。症状は長年にわたるものだったが、彼は最近までそれを隠していた。彼は症状を子供のときの扁桃腺切除術と結びつけた。彼の母親は、何か心配事が近づいたときよくやったように嘘をついた。母親は、お医者さんにちょっとやってもらったら、アイスクリームパーティーに行くのよ、と彼に言った。医者が彼の腕をくくりつけて、エーテルを無理に嗅がせたとき、彼は恐慌状態になった。その出来事以来、外科手術を受けるたびごとに彼はおびえる。外科手術のあとはいつも一定期間のパニックがあり、起き上がって歩き回れることを確かめねばならないように感じるのである。

　彼がこれを語っているとき、突然私は彼の手術の夢を思い出した。そうだ、手術はそれが何を象徴していようと、手術でもあるのだ。彼の夢は扁桃腺切除術や、手

術のトラウマを指していたのかと私は思った。夢はそれとなく妻と母を対比させている。現実生活では、彼はすべての女性を信じていない。しかし夢のなかで、妻は信頼に値し、彼を助けようとしていることを彼は認めている。これはまた、ユング派の補償という概念の見事な実例でもある。

第14章
象　　徴

> 夢をもっとも巧みに解釈できる人とは、
> 類似を見てとる力を持つ人である
>
> アリストテレス

　夢の精神分析史においては、象徴は安い通貨になってしまった。象徴の翻訳を積み上げるのは、分析家にとって比較的容易である。フロイト（1900）は『夢解釈』の改訂時に、象徴の節を追加した。それはついには他の節よりサイズが大きくなった。分析家たちがてぐすね引いて象徴を同定し始めたからである。その節をふくむ章が膨れ上がる過程は手に負えなくなったので、結局節全体が「**典型夢**」についての内容で繰り返されることとなった（Freud, 1900, pp. 271 and 393）。

　象徴の翻訳は夢解釈では一番容易な部分だが、**良い象徴翻訳はもっとも困難な部分**である。よく定式が求められるが、とても簡単な夢解釈でも、一冊の中にさまざまな象徴を調べることができ、おそらくそれらはこういう意味だろうと合点し、それから次へ進むことになる。もちろん、象徴辞書を執筆する仕事は決して完成されることはない。なぜなら世の中にはつねに新しい物事があるからである。私の患者の一人は、セッションの始まりに「夢のなかで、クレジットカードは何を意味するんですか？」と尋ねた。夢の象徴に関する私の著書のどれにも、クレジットカードはあげられていなかった。新しく出版する本ならあげるだろう。クレジットカードが象徴するのは、もっとも明瞭な形で経済力であり、財政上の偽の安全であり、そして合理的限界を超えて享楽することへの誘惑である。

　夢の象徴は、次のような基本的な問いに関係している。私たちの心はどのように世界を作り上げているか？　世界の組織化のどの側面が心にとって本質的であるのか？（Gibson, 1966, 1979）またどの程度、心や脳は世界のあり方を想定しているのか？[1]　しかし象徴はさらなる側面をもたらす。心は変容する力をもつが、どのよ

1　この問題の複雑さに興味を持たれた読者は、レーコフ（1988）の、火曜は外的な現実かについての論文を参照されたい。次いでフォドール（Fodor, 1998）の反論を考察してもらいたい。

うにしてある対象をもうひとつの対象を表すために使うのだろうか？
　私たちの生活は象徴にどっぷり浸かっている。言葉を象徴としてことさら考える必要はない。それほどその使用は学習に学習を重ねている。しかし言葉は即、象徴である。言葉は対象を表すために使われる。言葉の由来がときには言葉と対象の構造的あるいは物理的な関係を示すことがある。擬声語がそうである。しかしたいていの言葉と対象の結びつきはもっと曖昧である。
　文化は象徴から成り立つ。しかしいかにして外界のどのような側面が、象徴構成へ組み込まれるのか？　答えは入り組んでおり、多層的である。象徴と象徴されるものの関係の基になるいくつかの源泉を考察してみよう。

　1　**形あるいは形態の類似性**：相似た外観の事物は相互に表しあう。これは古典的フロイト派の性的象徴大半のよりどころである。ペニスは横長で円筒型である。ゆえに類似の形のものはペニスを象徴できる。これには、柱、ほうき、葉巻、ホース、槍などが含まれる。膣と子宮は内部に空間がある。ゆえにトポロジーは精神分析と合致し、内部に空間を持つ対象は何でも膣や子宮を象徴できる。これには、部屋、家、バケツ、財布、箱などが含まれる。
　2　**言語的な結びつき**：第12章で見たように、すべての対象はその名前が同音異義であったり、その他でも言語的に関連していたりすると、別の対象を表すことができる。こうして奇妙に飛び回る蜂「cagey bee」は、ソビエト・スパイ機関（KGB）を表すことができる。結婚の約束について葛藤を感じているある男性がメロン（cantaloupe）の夢を見た。彼はエドワード・アルビーの劇『ヴァージニア・ウルフなんか怖くない』のことを思いついた。その中でジョージが言う、「ほらマーサが二つのメロンを揺らして来るよ！」。描かれているのは、メロンと乳房との関係であり、不幸な結婚も関係づけられている。しかし彼が夢について本当に確かだと感じたのは、はじめて「cantaloupe（メロン）」と「can't elope（逃げられない）」との間に言語的つながりをつけたときで、これは彼の心配事の細目に密接に近づいたものだった。
　3　**文化的な関連**：このなかには、長年保持された文化のもたらす連想によって、一つの対象が他の対象によって任意に表されたものすべてを含む。このようにして、十字の形のものはすべてキリスト教を表すことができる。星、とりわけ6星形はユダヤ教を表すことができる。星とストライプはアメリカ合衆国を表す。これらは私たちに深く埋め込まれているので、夢で述べられるのを聞いても象徴だとは考えないだろう。しかしそれらは象徴なのである。

4　連関する素材の類似性：そうした象徴とは、象徴と象徴されるものが、一次的か副次的な特性の類似性によって関連づけられるものである。例えば、夜尿症の患者によく見られる愉快な水泳の夢は、夜尿を象徴している。火事も夜尿症を象徴するかもしれない。おそらくは放尿と消火を無意識に結びつけることによって。

　5　神話的な関連―集合的無意識：ユングの主張によれば、ある象徴は私たちにとって意識的には知られることはないかもしれないが、集合的な心理遺産なのだ。これらの元型的な神話の人物像は、一定の特質を象徴している。こうして道化は神話のトリックスターであり、あるいは先ぶれであるヘルメスとともに、お告げの担い手となる。こうした神話とのつながりで、夢の登場人物は、神話の人物と結びついた多くの特性を表すことができる。したがって、マリア類似の像は、処女性あるいは母性を象徴できる。

　6　特異的な結合：きわめて個人的な象徴は、個々の夢主に特有の方法で対象と結びつくことがある。ある患者は、身体の左半分が右半分よりずっと温かい、という夢を見た。彼の連想から、私から感じ取っている強い感情的な温かさを示していることがわかった。それで私に近い方の身体側面がより温かだったのである。尋常ならざる罪悪感に打ちひしがれたもう一人の患者は、飛行する自転車に乗っている男の夢を見た。自転車はギシギシ音を発し、その接近を警告していた。男の名前は「Mr. Gill Tee.（罪深氏）」。彼女はこうして、地口の名前と、警告音の都合のいいところを結びつけ、罪悪感に苦しむ男からの攻撃に備えることができるようにしたのである[2]。

　夢は心が象徴の創作にいそしんでいるところを示す。しかし夢のなかの何が象徴であるのか？　それは事実に応じて決められる。しばしばその決定は対象の奇妙さに基づいている。夢における新しい創造は、象徴的に考えつかれていることが多い。ユング（1960）は、患者のカニートカゲという結合を脳脊髄神経系と交感神経系の不調和として解釈した。

　しかし何が象徴を構成するかを決めるのは、やや曖昧なところがある。すでに述べたように、ゲシュタルト心理学者は実践的な臨床の作業にいま一つの原則を持ち込んだ。それは、夢のなかのあらゆる存在物、人間、動物、あるいは**無生物**は夢主の何らかの側面を象徴しているというものである。したがって夢の解釈者は、どれほどありふれたものであっても夢における事物の性質を調べ、象徴的な意味を探る

---

[2]　この事例は p. 153 でも論じた。

第 14 章　象　　徴　　165

ことが可能である。この方法に従うなら、夢が《入浴していました》と始まれば、入浴は一つの象徴であり、浴槽もまた象徴である。

　何が何を表象しているのか　事実、二つの事物の間を象徴、関連、結合させうる数は無限だ。もし人の経験領域でただ一つがもっとも重要だと主張できるなら、夢の解釈家の人生は今より単純なものになる。しかしそうした方略は夢に充分正当に対処しているとは言えないだろう。フロイトが身体的な性的体験を特別に重要なものとしたとき、彼の追随者たちは象徴に関して楽をした。彼らの仕事は限定された。身体部分、身体過程の象徴を見出すことに限られたのである。『夢解釈』の第 6 章に、ペニス、膣、性交、排尿、排便、月経、その他身体部分や身体過程を表す語のリストがある。このように限定した項目の場合でさえ、リストは長い（本の改訂ではさらに長くなっている）。象徴リストのさらなる例を、シュテーケル（Stekel, 1943）、ガセイル（Gutheil, 1951）、ガルマ（Garma, 1940）の著書に見出すことができる。しかし患者には当然まったく異なる象徴の意味があることを、つねに機敏に悟らねばならない。例えばフロイトは、長い、円筒形のものは、男性のファルスを象徴することが多いと考えた。無論このなかには樹木も含まれる。しかし彼の患者の狼男（Freud, 1918）が一本の樹木を夢見たとき、それはまた女性の象徴でもあった。彼は樹木からタンクレッド伝説を連想した。タンクレッドの恋人のクロリンダは樹木の中に幽閉されていたが、タンクレッドはそれを知らず、剣で樹木を切った。そして樹木の傷からは血が流れた。

　象徴が提示する問題についての臨床家の理論的信念は、夢解釈でそれを用いることになり、作業の実践方法に深い影響を与えるだろう。夢主の連想によるのが、象徴に至る最善の途なのだろうか？　それとも個人的な連想は回避して、文化的に受容された象徴を考える方がよいのだろうか？　象徴とはどの程度までが獲得されたものなのか？　私たちすべては生まれつき象徴語彙をもっているのだろうか？　ある生得の象徴形成の規則とともに私たちは生まれてくるのだろうか？　何を重要な象徴とするかのガイドラインとして、患者の連想が使おうとされるかもしれない。もし性的な事柄を探しているなら、もしくは他の切り出し斧があるなら（この句の象徴に注意して欲しい）、それに応じて象徴探索が導かれるのは明らかである。

　夢解釈のほとんどの側面と同様、問題はあれかこれかではない。象徴はそれ自体さまざまな意味の圧縮である。夢で一つの象徴を聞いたら、解釈者は少なくとも三つの意味合いを考えなければならない。(1)連想から得られた夢主個人への意味。(2)普遍的な意味。(3)それ自身としての表象（例えば葉巻は葉巻である）。

　(3)の原則は言い直せば「すべての象徴はそれ自体でもある」ということだ。この原則を非常に力強く表現しているのは、有名なガートルード・スタインの詩行だ。

「薔薇は薔薇であり、薔薇であり、薔薇である（A rose is a rose is a rose）」。スタインの表現は、言葉が何世紀にもわたって繰り返されるうちに、言葉が表しているものを生き生きとした知覚イメージに呼び起こす力を失ってしまう、という観察に由来している。言葉の使用はある種の「意味疲労」をもたらす。薔薇は薔薇であり、薔薇であり、薔薇であると言うことで、スタインは薔薇という言葉が喚起するあらゆる性質を甦らせようとした。彼女は言っている。

> さあ、耳を傾けてください！　おわかりですか、言葉が新しかった頃――チョーサーやホメーロスのいた頃のように――、詩人は事物の名前を言う、すると事物は本当にそこにあったんです。詩人は、「おお、月」、「おお、海」、「おお、愛」と言う、するとそこには月、海、愛が本当にあった。それでおわかりでしょうか、何百年も経って、何千人もの詩人たちが書いてきた後に、詩人がこれらの言葉に呼びかける、するとそれらは単に使い古された文語に過ぎないってわかるんです。さあ、耳を傾けてください！　私は物わかりが悪いわけじゃない。そうです、日々の生活で「……は……である……である」と言って回ったりはしません。そう、私は物わかりは悪くない。でもこう思うんです。あの詩行において、百年のイギリスの詩の中で初めて、薔薇は赤いんです。

　同様のことが、精神分析の夢象徴に関して起こったと言えよう。伝統的な性的象徴の連想が繰り返し学習されるこの精神分析文化のなかでは、性的象徴を性的でなく考察してみることは、やってみる値打ちがある。私は夢を教えるとき訓練生に、ヘビの夢を見たと聞いても、通例のフロイト学派のように性器象徴と考えないように、と頼む。容易ならぬ業である。『おかしな雑誌（Mad Magazine）』の古いマンガみたいだ。そのマンガでラジオのアナウンサーは「さあ少年少女の皆さん、偉大な音楽作品をお送りしましょう。君たちはたいてい『ローンレンジャー』を思い浮かべるだろうけど、本当はこの音楽は『ウィリアム・テル序曲』で、スイスの英雄を描いたロッシーニによるオペラの傑作なんだよ。それでこの音楽に耳を澄まし、一生懸命曲の物語を思い浮かべてみてほしい」と話す。二枚目の画が示すのは、目を半開きにして、音楽に集中しようとしている子供たちだ。最後の画は、彼らの髭面の父親が部屋に走りこんできてこう叫ぶ、「ハイヨー、シルヴァー！」
　西洋文化ではフロイト以降、夢のヘビはほとんど自動的にペニスに等しいと見なされるようになった。しかし世界には、こうした象徴図式が風変わりに思える地域がある。中国生まれの女性、キャサリン・エンはヘビ象徴方程式にかなり驚く。彼

女が言うには、彼女や大半の中国人にとって、ヘビは食物と考えられ、よくスープにされるのだそうだ。文化は多分どんな象徴システムでも形成できるのかもしれない。象徴システムの普遍性を想定できるのは、出身地にとどまっているときだけである。

　ユング（1916〜1948）もまた、いわゆる性的象徴が解釈の最終地点であってはならない、明らかな性的器官もまた何かを象徴するものと考えるべきだ、と論じた。

> 夢の性的言語はつねに具体的に解釈されるべきものとは限らない。つまり、それは事実古代的な言語で、その自然の性向として、実際の性的内容と必ずしも符合しないあらゆるアナロジーを手当たり次第に使う。だから夢の性的言語はどのような状況下でも文字どおりに取り、他の内容は象徴的に説明するというのはおかしい。それに対して性的メタファーを未知の何かの象徴と受け止めるならば、夢の性質についての考えはたちどころに深まる（pp. 49-50）。

　エーリッヒ・フロム（1951）は私たちに文化的近視眼にならぬよう警告し、夢主の象徴を理解したとする前に、その生活全体を考慮するよう注意を促した。多くの人は太陽が母や、生命自体でさえ象徴するのに同意するだろうが、サハラ砂漠の住人にとっては、飢え、悪、死すら象徴するかもしれない、と彼は言っている。いわゆる標準的な性的象徴もまた文化によって、特定の価値システムに準拠しながら変遷しうる。フロイト主義の皮肉なねじれ方だが、南アフリカのジヴァロ族では、夢で勃起したペニスはヘビを表すと考えられている。ジヴァロ族にきわめて重要な主題とは狩りであるからだ（Gregor, 1981）。ならば理論的には、ペニスは葉巻を象徴できるということになる。そのような夢はいまだ聞いたことがないが。

　夢の性的事柄が性的でない事柄を象徴し、その逆もありうるという原則は、タルムードの学者の知るところだった。タルムードによれば、母と性交する夢を見たなら、その男は分別がつくという徴と見なされる。夢で妹とともに寝たならば、賢くなるであろう。しかし彼がオリーブの樹にオイルをたらす夢を見るならば、それは近親姦の願望と解釈された（Berakhoth, 9: 56b）。「夢でオリーブの樹にオリーブオイルを垂らすものは、近親姦を夢見ているのだ」。同様のことだが、ある男がイシュマエル先生のもとに来て言った。「一方の目がもう一方の目にキスをした夢を見ました」。先生は答えた、「お前は死に値する。お前は妹と寝た」。その意味するところは、類似の生体器官同士を混ぜ合わせることによって、近親姦が象徴されているのである。

すべての象徴はそれ自体でもある

　フロイトは象徴をそれ自体として考えることにやぶさかではなかった。葉巻に火をつける際、こう言ったといわれている。「君たち、これはペニスかもしれないが、葉巻でもあることを忘れずにおこうではないか」。これはフロイトが自分自身に精神分析的解釈が適用されるのに抵抗があったことの挿話として、受け取られることが多い。しかし彼の言ったことには、より深い意味が込められている。つまり、すべての対象はそれが何を象徴していようと、それ自体でもある。

　これは取り立てていう必要のない自明の理のように思われるかもしれないが、夢解釈の臨床実践では、しばしば等閑視される。フロイトが夢の顕在内容、潜在内容を区別したために、精神分析家は象徴するものより、象徴されるものを重要だと感じる傾向にあった。この本で私がこれまで提唱してきたアプローチは、その二つは同等に重要であり相互作用している、というものだ。象徴の意味は、象徴自体の独自の特性と並んで考慮されるべきである。

　だからある人がヘビを夢見たときに、それをペニスと翻訳するだけでは充分でない。なぜ彼はペニスよりヘビを夢見たのか？　通常は、性的意味はタブーであるから、「本当の」性的意味を偽装するために象徴化が要請された、と考える。社会的場面でもペニスや膣のことを話すのに実に平気な人がいるこの現代においてすら、ヘビや槍、部屋や財布のことはなおも夢見られる。夢主にとっての夢要素の重要性を考慮することなしに、性的象徴へ飛びつくのは誤りである。例えば、その人はヘビを危険なものと考えているのだろうか？　それとも毒をもつもの、卑劣なもの、あるいはぬるぬるしたものと考えるのだろうか？　素早くて裏切るもの、何か魅了するもの、あるいは美しい皮革の原物だと考えるのだろうか？

　象徴解釈は、選択的注意を用いること、次いで放棄することを要求する。例えば、女性性器とその象徴を結びつけるために、ある次元に集中する必要がある。トポロジーの観点をとれば、内部空間の問題に焦点が当たる。内部空間を持つすべてのものは子宮を象徴できる。しかしこのように象徴化を行った後でも、象徴の選択は残る。つまり、財布ではなく、なぜ部屋が子宮を象徴するのか？　さらに注意深く見ると、象徴の他の側面が注意を引き始める。財布、それには内部空間はあるが、その中に特定のものを入れるようになっている。他のものではない。その内部は乾燥気味であり（女性性器とは異なって）、お金を入れるようになっていて、持ち運びができる等々の特徴がある。部屋、それには財布と同様内部空間があるが、より大きくもある。居住性があり、持ち運べない等々の特徴がある。それでこの二つの女性

器の象徴を考えると、二つが女性器を示唆する際に、大きな違いがあることがわかる。どの程度それは広いか、持ち運べるか、湿っているかそれとも乾燥しているか、たやすく開けられるかあるいは閉じられているか、単純なつくりかそれとも入念なつくりか、お金に関係するか、それとも避難場所に関係するか等々である。**象徴とはつまり、象徴と象徴されたものの圧縮なのである**。象徴されたものへ注目した後は、それと象徴自体の特性を再び統合しなければならないのである。

頻回に起こることだが、初回夢はいずれ治療中に出現する主なテーマや感情的な重要事項、また意味ある早期記憶を告げる（Caligor and May, 1968）。夢で患者に生じたものはすべて、現実に患者に生じる可能性のある事柄への恐れや希望である。頭皮を引っ張られる夢を見た患者は、自分が傷つけられるのを怖がっていた。しかし一方では防衛が突破されるのを望んでもいただろう。夢がメタファーを解明し象徴的に解釈されたとしても、象徴の特異性を見失ってはならない。この女性は怖がっていたが、現実に頭に加えられた物理的攻撃のことも夢で言及していたのである。

似た事例で、外科手術を要するという、分析での初回夢を見た人のことを考えてみよう。外科手術が分析のメタファーであるのを見てとるのはやさしい。彼はこじ開けられ、内部を変えられ、望むことは治療後にはもっとよく活動できるように、というものである。しかしそうした解釈を考えるときでさえ、こういぶかしむべきである。「なぜ夢主は外科手術を選んだのか？　夢主は実際の外科手術でどういう体験をしたのか？　以前の外科手術でトラウマがあるのか？」。このように外科手術は精神分析治療の象徴と見なせると同時に、外科手術それ自体でもある。外科手術は分析であり、外科手術自体でもある。夢解釈は両者の分析を要する。

象徴についてのこの二つの方法は、ユングの「因果的」および「究極的」な象徴へのアプローチの区別と関係している。用語にはいくぶんとまどいを覚える。にもかかわらずこの区別は重要である。因果的アプローチは問う、「この象徴は何を表しているのか？」。究極的アプローチは問う、「象徴が何を表すかについて正しく解明できたとして、夢主はなぜ他のものでなく、この特定の象徴を取り上げたのか？」。夢が分析されるときに、最初の問いが答えられると分析家も夢主も喜ぶあまり、第二の問いを無視してしまう。

フレンチとフロム（1964）の論文には、私のお気に入りの夢象徴への多元的アプローチの例があり、それは因果的と究極的双方のアプローチを含んでいる。彼らはデヴィッド・ハンブルグ博士が行った分析から抽出した、次の夢の断片を分析した。

　　　（彼は数晩前の夢についてわずか断片をおぼえているだけだ）。混ざり合うセメント。

（起きた直後、彼はどうセメントを混ぜるかちゃんと実際に知っているかのように感じた。しかし本当は知らない）。

（自分から進んで連想したのは次のことだけ。最近行った壁面継ぎ目の塗り込み作業。患者はそれを自分でやろうとしたが、コンクリートをどう混ぜるかわからず、人を雇った）（p. 42）。

フレンチとフロムは「家の壁面継ぎ目の塗り込み作業」は、忘れられた夢の一部であり、患者の連想からの一部だと推定する。彼らは問う、「家は何の象徴だろう？」。最初彼らはフロイト派への敬意を払う。家は女性だ、と。しかし次に他の素材から、家は患者の家族を表している、また、家の壁面継ぎ目塗り込み作業は家族を一緒にし、もっと仲良くさせることの表象だと推論する。さらに後半、他の夢への言及で、家は患者個人もまた表しているだろうと考察している。その場合塗り込め作業は、自分のパーソナリティーを一貫性のある良いものにしようとする試みをもまた表していることになる。

ここまではすべて、因果的観点からの家象徴への考察だ。家は患者の家族、また彼自身、またおそらくは女性も表している。ついで彼らは究極的アプローチへ向かう（彼らはこの用語を使ってもいないし、ユングの貢献を認めてもいないが）。「私たちは、患者はいかに家族をまとめるかという問題に心を砕いていると結論づけた。もしそうなら、問題は逆転できる。なぜ彼は家族の調和を取り戻す試みに、家の壁面継ぎ目塗り込み作業を選んだのか？」（p. 63）。

彼らの答えは、象徴と象徴されるものの違いを調べながら思案をめぐらせている。家族は生き物で、家は無生物だ。こうして彼らは象徴の一つの機能は防衛であることを見てとる。患者の採用する防衛を彼らは「脱生命化」と呼ぶ。主体を無生物とすることで、患者は関与する人たちへのさまざまな感情から自分を守り、改善の責務に対し、より冷静に集中できるのだ。こうして彼は分析で述べていた、家族のメンバーと付き合うという複雑な問題を取り上げ、より直接的な職人技の仕事へ再構成したのである。彼らはこれを患者の自我の作戦だと見ている。自分の問題をもっと取り組みやすくして、めげずに仕事をし続けられるように自我は目論んだのである。

薔薇は薔薇であり、薔薇であり、薔薇である。そしてときに腹具合は腹具合である。精神分析を受けているある女性は夢見た。

《私は公共のトイレの一室にいました。それは典型的な一室で、壁は金属製でした。私は排便しなければなりません。便座はとても不潔で、座ることができません。排

便するために、便座に座らずに何とか姿勢をとってみようとしました。ほんとうに便意は切迫していました。「別のトイレを探すのよ」と自分に言い続けました。壁にしがみつき、トイレの上で自分を支えようとしていました。そこで目が覚めました》。

　私に夢を報告する前、彼女は一緒に働いている女性にこの夢を話していた。その女性は、便意は彼女が吐き出したいと思っている何か悪いもののことだと解釈した。そのように彼女は夢のなかで、「自分が中に溜め込んで持ち運んでいる糞」から逃れようとする。しかし一人でやったので成功しない。患者はきわめて苦痛な感情を私に言うのはとても難しいと感じていて、分析家を変えることを考えていた（「別のトイレを探すのよ」）。夢を私に語った直後の彼女の連想は、「夢がもう少し続けば、できていたでしょうに」というものだった。これは私と彼女とで「これを作業して排出する」ことが可能だと、彼女が確信していることを示していた。そして実際に夢によって彼女は治療に留まることができて、転移から逃れるのでなく、ワークアウト（排出）できたのだった。

　糞便を彼女が転移の中で出せなかった悪感情と解釈することは妥当だと思う。その感情を彼女は元の家族や今の家族の中で思い切って出すことができずにきたのである。私はさらに、夢の出来事はかつて彼女に生じたことではなかったのかと尋ねた。彼女は思い出せなかった。つい先ごろ新居に移ったのだが、いくつかのトイレが壊れていた。それから彼女は語った。去年、周期的な胃病があり、そのため早朝目覚めて、幾度か続けざまにつらい下痢があった、と。私は、健康診断を最後に受けたのはいつか尋ねた。それは症状の出る前だった。そして彼女は付け加えた。「でも多分なんでもありません。今すぐ医者に行っても、多分そのことは言わないでしょう（私に言わなかったように）」。患者は医者も転移的に扱おうとしていた。何か訴えても聞く耳を持たない人であるかのように。何か吐き出すべき悪感情を持っているという夢の象徴的な意味は、夢以前に彼女には明らかだった。夢ではしかし現実と同様、実際のお腹の問題でも一人で格闘していたのである。私は言った。夢の一つのメッセージは、医学的な問題を除外することであり、医者につらい下痢のことを言わなければだめだ、と。

感情は象徴できるか

　夢はその感情の豊かさが特徴である。しかも夢主にとって、感情は経験されず、どちらかといえば象徴化されていることがある。フロイトは、感情が夢のなかで変化し得るかということについて、何回か意見を変えている。時として彼は、感情は

それ自体を表し、夢工作で変えられることはないと論じている。例えばフロイト (1900) は「気づかれることであろうが、夢のなかで感じられる感情は潜在内容に属し、顕在内容には属していない。しかも夢の感情的内容は、観念的内容には襲来する歪曲を受けず、そのまま保たれる」(p. 248; p. 323 も参照) と述べている。

他の時期には（例えば p. 467。Ferenczi, 1916 も参照）、彼は感情が夢工作によって変えられることが可能かどうかの疑問を呈している。時には夢工作が感情を隠すことのほうがありそうだと、フロイトは感じたのである。私はこの理論を膨らませてみたい。また注意しておきたいのは、経験上、時に感情は夢のなかで抑圧されているが、それにもかかわらず顕在夢で象徴化されていることである。

例えば私の患者の一人は職業上大成功している女性である。彼女はきわめて伝統的な慣習のなかで育った。彼女の母親は専業主婦で、父親は生計中心者で、家父長的な家族の指導者であることを享受していたようだった。彼女は意識的には自分の成功に罪悪感をもってはいなかった。しかし罰を受ける夢を見続けた。そうした彼女の夢の最初のものは次のようなものだった。《私は処刑されそうになっていた。オレンジ色のジャンプスーツを着ていたが、それは爆弾男ユーナが着ていたものに似ていた[3]。周りには顔見知りがいた。夫は私が電気椅子で処刑される手助けをしていた。私は電気椅子で膀胱や腸のコントロールを失ったらどれほど面目ないか考えていた》。

彼女は意識的な罪悪感は感じていなかった。しかし爆弾男ユーナの人物像のおかげで、罪悪感とその病理的な否認を象徴し圧縮することができた。爆弾男ユーナは計画的殺人によって断然有罪だと夢主は感じていた。しかし彼は罪悪感を持ってないとも言っていた。こうして、彼女は両親によって規定された社会基準について、また自分がどれほどそこから逸脱しているかを感じているかについて論じ始めた。夢のなかで、ちゃんとして見えること、身体の機能のコントロールを失わないことを心配していたことに彼女は気づいた。死刑されるときに、である。彼女はこのことを、ちゃんとして見えることに関心を払うことで、自分の主な感情から目を逸らせていることに結びつけた。これはついには変化し、彼女は自分のとても大切な感情をもっと思いやることができるようになったのである。

3　爆弾男ユーナは、合衆国のあちこちのいろいろな人に手紙爆弾を送りつけた男である。それで彼らを死亡させたり、ひどい障害を負わせたりした。最近彼は判決を受け、ニュースで大きく注目された。

第15章
クライン派のポジションと夢

> なんだと！ わたしは胡桃の殻に閉じ込められていても、無限の天地の王者のつもりになれるのだ。悪い夢さえ見なければ。
>
> 『ハムレット』

　メラニー・クラインは対象関係論を推し進めた初期の精神分析家の一人であり、一連の心理的「ポジション」を創出した。それらはとても重要で臨床的に有用な精神分析の概念となった。しかしクライン派のポジションは、私の知るかぎり夢の理解に対し、これまで体系的に適用されてはいない。ここで私は、夢を観察するためのこのきわめて重要なベクトルを同定し、論じてみたい。クライン派のポジションのベクトルは基本的な問題を告げている。夢主は物理的世界そして対人関係的世界との関係で、自分自身をどう体験しているのだろうか？

　メラニー・クライン（1946, 1952）はもともと二つのポジション、妄想 - 分裂ポジションと抑うつポジションを記述した。トーマス・オグデン（1989）がクラインの心理学を見直し、第三のポジション、自閉 - 接触ポジションを加えた。これらクライン派の三つのポジションは、自分自身を世界との関係において体験する際のひと連なりの次元を形成している。それらは私たちと事物や人々との関係性の基本的な側面を描く。その中には、事物としての人との関係や、人としての事物との関係を含んでいる。それらは精神病そのものだけにあるのではなく、すべての人間の機能に見られるものである。

　妄想 - 分裂ポジションでは、自分を全世界の中心であると感じ、他者は自分の延長か、もしくは自分への脅威である。罪悪感は感じられない。なぜならすべての攻撃が自分を犠牲者にするからである。抑うつポジションでは、他者は彼ら自身の権利を持った個体として認められ、私たちの攻撃で苦しむ可能性を持つ。そのために彼らに対し私たちは罪悪感を感じるかもしれないし、彼らを傷つけたならば補償を試みるかもしれない。この見方では、抑うつポジションは妄想 - 分裂ポジションを越えて達成されたものと見なされる[1]。

クラインは最初、「妄想‐分裂」や「抑うつ」という用語を、**精神内界**（*intra-psychic*）の内的対象との関係について用いていた。オグデンはとても興味深いことをやった。彼はクラインのメタ心理学を取り上げ、それをより対人関係的な用語集の中へ置き換えたのである。彼の説明によれば、事実クラインのもとの二つのポジションは対人関係的であり、そこからもっと精神内界だけに関わる自閉‐接触ポジションの必要性が招来される。それは次の問題を取り扱う。私の身体と自己とは一体のものでありえるか？　内部とは何か？　外部とは何か？　オグデンによって見直された妄想‐分裂ポジションと抑うつポジションは次の問いを論じる。他者から私の身体への脅威は何であるか？　逆に私の身体から他者への脅威は何であるか？　私は他者を利用しているか？　私は他者に配慮しているか？　他者の行為はどれも、私にどのように影響するかが第一に重要なのだろうか？　他者は私とは切り離された存在なのだろうか？　他者の体験がどのようなものであるか、それ自体のために私は気遣うだろうか？

もともとのクラインのポジションは、発達的なヒエラルキーに位置づけられ、そこでは妄想‐分裂ポジションは抑うつポジションより初期のものだとみなされている。オグデンはクラインのポジションを複雑にした。彼は、それらはみな世界への関係における立場であり、みな釣り合っていて、互いに平衡を取り合っているのだと論じた。どれか一つのポジションの突出は病的なものになりうる。こうして自閉‐接触ポジションの過剰な体験は、おそらくは心気症としての身体への行き過ぎた関心となる。過剰な妄想‐分裂ポジションの体験は、行き過ぎた自己への没頭となり、自己の延長として他者をサディスティックに扱うこととなる。最後に過剰な抑うつポジションの体験は、行き過ぎた無私性となり、マゾヒスティックな苦しみをもたらす。

自閉‐接触ポジションは多くの20世紀芸術で重要な次元である。フランシス・ベーコンを考えてみよう。彼は内部をさまざまな程度に露出する人間を描いている。ベーコンは人の身体の「肉性」を強調する。彼の人物像には、動物の死体に似たものがある。内部は部分的に外部であり、人の身体と無生物の世界の境界はあいまいである。肉体はそれが座る椅子に単に接しているのではない。それは椅子と混じりあっている。ベーコンの三枚組みの作品『礫刑図のための三つの習作』で、三枚の

1　ジェシカ・ベンジャミン（Benjamin, J., 1988）は妄想‐分裂から抑うつへの移行を論じている。彼女は児童の発達において、母親をそれ自体の主観性、感情、個人的な体験を持つ独立した存在だと認めることの重要性を強調している。これは抑うつポジションの発達の里程標の一つである。ベンジャミンの観点は、母親を独立した主体というよりまず第一に子供の要求を満たすものとして把えていたそれまでの大半の心理学理論の重要な修正である。

パネルはそれぞれ人間の肉体のさまざまな状態を表している。左の画は多かれ少なかれ人間だ。右の画は虐殺された身体で、真ん中の画は生きている生物体と死んだ肉体の中間の状態を表している。

20世紀の映像作家たちもまた、第一の主題として自閉－接触ポジションとその不安を大きく取り上げている。チェコの偉大な映像作家であるヤン・シュヴァンクマイエル[2]の作品も、しばしば粘土アニメーションの技術を使って同様の事柄を描いている。身体は、一度は全体的であったが、バラバラに手足をもがれ、攻撃され、再び集められる。身体の諸部分はその他の部分から引き裂かれ、部分同士は探し合う。諸部分は相互のつながり、本来のはたらき、その存在を、単なる部分としてというより、身体という全体の姿のなかに回復しようとあがく。

ベーコンやシュヴァンクマイエルの作品は、その他の作家の作品（例えば、デ・クーニングやピカソ）も同様だが、夢に由来しているだろう。彼らの作品は、おびえる主観的な現実が描かれる夢に似ている。それらは私たちの身体と肉となった屍骸との境目を実に脆弱なものにする。私たちすべては、虐殺され、屍骸へと変えられうる。私たちを人たらしめているのは何か、私たちを自己であらしめているのは何か、たんに身体器官の集合から私たちを区別するのは何か、私たちを無生物の世界から区別するものは何か、私たちは他の人々とどう違うのか――これらすべてはクライン派のポジションによって記述され、夢で描かれる。

3つのクライン派のポジションのベクトルを夢に適用するときには、多くの疑問が生じる。

私は、物質的な世界において、物質的な身体としての自分自身をどのように体験しているのか（自閉－接触ポジション）？　私は、世界の物質的対象物と、自分自身との間に境界を持つ独立した物質存在であるのか？　対象の物質的世界はどのようであるのか？　それは固くて真っ直ぐな表面で、寄りかかれて、私を支えてくれるようなものだろうか？　それは柔らかくて、液状で、変わりやすい性状があり、包んだり、守ったり、飲み込んだりするようなものだろうか？

自分自身は他の人々のなかでどのように体験しているのだろうか？　すべての他者が重要かどうかは、そもそもどのように他者が私に影響を及ぼすかによってであろうか（妄想－分裂ポジション）？　他の人々は、私が影響を与えるが、私とは別個に体験する人として私に重要なのだろうか（抑うつポジション）？

クライン派のポジションにしたがって夢を分析することから、学ぶべきことは多い。二つの基本的なやり方があり、次のように問うことができる。(1)夢でどのポジ

2　例えばシュヴァンクマイエルのシュルレアリスム作品や『ファウスト』参照。

ションが優位か？　もうひとつのやり方は、こう問うことである。(2)それぞれのポジションからは、この夢はどう見えるか？

　最初のやり方では、こう問うてもよい。夢のどれだけの割合が、自閉‐接触ポジションにおもに集中しているか？　また妄想‐分裂ポジションにはどうか？　抑うつポジションにはどうか？　私自身の印象では、少なくとも臨床上聞いた夢では、抑うつポジションにあるものはきわめて少ない。大半はもともと自閉‐接触ポジションか妄想‐分裂ポジションにある。これは、私たちの夢はおもに自己没頭的であり、自分の身体への関心や私たち自身を人間世界の中心としていることの言い換えである。(しかし、この事実はいくぶん医原的だとも言えよう。夢の人物は誰でも夢主の一面と解釈する精神分析の伝統によって、夢は妄想‐分裂ポジションを強いられるのである)。

　フロイトの「イルマ」の夢はしかし、少なくとも部分的には抑うつポジションに位置している。フロイトはイルマを調べる。そして彼女の苦痛を記録する。彼女は言う、「この痛みをわかっていただけたら。喉や胃やお腹が今痛いんです——息が詰まりそうです」。そこでフロイトは驚き彼女を見つめる。《彼女の外貌は青白く、むくんでいた》。夢が進行し、他の医者達がイルマの診察に加わるようになると、彼女の主観的な感情は背景へ消えていく。彼女は医学的な「標本」になる。

　顕在的なイルマの夢は抑うつポジションにあると思えるが、フロイトが夢への連想を始めると、彼の焦点はより妄想‐分裂的になる。すなわち、焦点はイルマの医学的状態が彼に対して、つまり彼の医者としての立場、力量、同僚と比較した彼の能力に対して意味するものへの関心へと向かう。しかしすでに述べたように、その後の夢の再解釈で（例えば、Shur, 1972）明らかになるのだが、イルマはフロイトによってフリースに紹介され、ヒステリー症状の治療のため鼻の手術を受けることになる。フリースは傷の中にガーゼを残し、重い術後後遺症を引き起こすことになった。フロイトは彼女の苦痛に罪悪感を感じているようである。彼の連想はそうした抑うつ的な関心から逸れていくが、顕在夢はそれらを充分に証している。

　第二の方法をとって、イルマの夢をクライン派のそれぞれのポジションから調べてみよう。最初に自閉‐接触ポジションを考察すると、こう問うことができよう。夢は物理的にどの場所で起こっているのか？　夢でその物理的世界はどのようなものか？　夢でその世界の表面や空間はどのようなものなのか？　固いのか、それとも柔らかいのか？　鋭くて危険なのか、それとも曲がっていてゆるやかなのか？　すべすべ、それともざらざら？　夢主はどのように世界を感じているのか？　また世界との関係で自分の身体をどう感じているのか？　それは滑らかに世界の中に納まっているのか、それとも身体的な衝突があるのか？

夢は大勢の客のいる大広間から始まる。それは大きな、どちらかといえば公的な空間である。しかしことは素早く動いて、はるかに狭い場所へ移る。フロイトはイルマを片隅に連れて行き、口の中を覗き込み、白い斑点と、白っぽいかさぶたを調べる。感じられるのは、公的空間から私的空間への移動、大広間の開放的な空間から閉ざされた口腔内への移動である。もしフロイトが私たちの患者なら、この公的空間から私的空間の移動についてもっと知りたいところだ。しかし自閉－接触ポジションからは、夢は口腔空間についての特別な関心を示していると推測できる。

自閉－接触ポジションの観点からは、イルマの夢はまたフロイト（または誰かの）の物理的世界での身体感覚を表している。つまり、侵入、抵抗、当惑、身体部分の代替物、病気である。

妄想－分裂ポジションからは、一見助けになりそうな医者がいるが、彼は患者に自己評価への脅威をみている。医者は患者を心配しているのか、自分自身のことを心配しているのか？　患者の求めをより気遣っているのか、それとも自分の競争心や地位を守りたい要求をより気遣っているのか？

抑うつポジションの観点からは、夢にはそれぞれの主体的な状態を表す人々がいる。病状へのイルマの答えは、抑うつポジションを表している。私はつらいんです、どれほどだかお分かりにならない、どうでもいいの？　あなたと私、どちらを優先するの？　私の人間性すべてをおわかり？　私の苦しみ、私の当惑、等々を？　先ほど述べたように、顕在夢自体はイルマの苦しみの生々しい表現で始まり、フロイトが分析するよりは抑うつポジションにある。一方、彼の分析はおもに同僚を前にした自己正当化の願望に焦点づけられている。

クライン派のポジションというベクトルを用いて、別の夢を調べてみよう。フォサーギとレーヴ（Fossage and Loew, 1987）の著書『夢の解釈：ある比較研究』から「マーサ」の夢である。マーサの夢の一つは、妄想－分裂ポジションから抑うつポジションへの移行の素晴らしい実例である。マーサには、ゴキブリ恐怖症があり、夢を見る。

　　私は浴槽に浸かっていた。ゴキブリがそこにいた。死にかけていた。私は立ち上がったが、パニックはなかった。そして浴槽を出た。ゴキブリは壁を這いベッドの近くに来た。ひとりの少女がいて、ゴキブリを殺そうと身を乗り出した。ゴキブリは大きく、逃げようとしなかった。私はスプレー缶をとり、長くスプレーした。するとそれは大きくなり、鶏になり、それから犬になった。犬は殺したくなかったので、スプレーするのを止めた。それに犬にはいくらか人間的なところもあったのだ。犬はいとまを請うた。私はドアを開け、

スプレーしたことを詫びた（p. 12）。

　夢は妄想－分裂ポジションに深く入り込んだところで始まっている。夢主はゴキブリを敵、偽装した侵入者と見ている。しかしそれを殺そうとしたとき、それはもっと進化した種に変わり、最後にはいくらか人間的なところのある犬に変化している。それが進化するにしたがって、それに対する夢主の感情もまた進化している。それを気遣うようになり、クラインによれば、抑うつポジションの前提である罪悪感さえ感じている。ドアを開けてやることでそれをいたわり、謝罪までしている。補償は、クラインによれば抑うつポジションをいまひとつ保証するものなのである。
　夢は、自分の住む世界の人々への患者の感情の進化とみなすことができる。その人々とは、治療初期には侵入的で不快だと捉えていた母親、嫌悪している父親、分析家、自分自身、それとおそらくは他の人々である。彼女の妄想－分裂ポジションはほとんどすべての人への態度を定めている。この夢は彼女の治療で画期的なものである。それは彼女の変化を告げている。他者を、その人に対し自分が関心やいたわりや罪悪感を持つ人間として受けとめるようになる変化を。

夢スクリーンと自閉－接触ポジション

　ベルトラム・レヴィン（Levin, B., 1973）は、「夢スクリーン（dream screen）」という概念を提唱し、私の考える夢の側面と自閉－接触ポジションとの関連について、うまく焦点化している。夢を映画と考えて、レヴィンは夢の背景に注意を集中した。そしてその背景を、夢主の早期性的体験に関連付けた[3]。レヴィンが特に注意を喚起したのは、早期の身体的体験が夢のイメージに変わることだった。なぜならそうした早期体験は言語以前のものであり、夢の非言語的な形においてもっともよく想起されやすいのである。イサカウワーは入眠の病理心理学についての1938年の論文で、入眠時に生じるイメージのなかで、すでにそうした体験があるとしていた。彼はそれを乳房のイメージに関係していると考えていた。
　レヴィンは夢を調べるときにもう一つのベクトルがあることを示唆した。見られた夢の素地の体験は何だろうか？　一つの夢は、動いて変化する筋立てと対比すると、単に静的なイメージでもありうる。夢は言葉を伴った物語だろうか？　単に印象だろうか？　夢のスクリーンは、他のやり方では思い出せない身体や感情の早期

---

[3] 映画のようなドラマ仕立ての夢について、より以前の議論はエラ・フリーマン・シャープの著書『夢の分析』に見出すことができる。

体験を再生させるのかもしれない。

　私の考えでは、レヴィンのアイディアは悪くないし、自閉‐接触ポジションの観点から理解できる。しかしレヴィンの仕事は拡張を要する。夢と映画のアナロジーは流布しているが、いくぶん精密さが足りないと思う。夢は滅多に2次元では見られない。夢は主には視覚的であることが多いのだが、3次元空間で起こる。もし夢が映画ならば、それは IMAX 映像か、オルダス・ハクスリーが彼の作品『すばらしい新世界』で「感覚映画（feelies）」と呼んだものである。夢ではふつう、イメージ群の最中にいると感じられ、空間を視覚的に体験するのと同様、運動していると感じる。そして通常、感情は顕著である。

陰性の夢スクリーン

　私は夢スクリーンの稀少例を観察した。それを「陰性の夢スクリーン」と呼ぶことにする。それは早期トラウマ体験の生々しさをとらえ、またそれに続くクライン派ポジションでの入念な作業を伝えてくれる。ある患者は甥を抱いている夢を見た。《甥は人間ではありませんでした。甥は真ん中に穴のあいた輪っかでした。危険な、呑みつくす輪っか。穴はどんどん広がり、私はますますそこに捕らえられるのを恐怖していました。誰かが言いました、「そんなふうに甥を落とせやしないよ」。それは呑みこもうとし、不快でした》。

　夢主は生後2週間、ほとんど飢え死にしかけていた。それは飢え死にしないかという「刷り込み」を残し、成人後の生活において彼にはつねに差し迫った危険と感じられた。彼の状態は、ウィニコット（Winnicott, 1988）が次のように書いた事柄の実例であった。

> 個人の情緒発達においてカオスが最初に到来するのは、存在を反応的に中断されることによってであり、とりわけそうした中断が長く続くときである。当初カオスとは存在の線の切断である……もし障害物が耐えられる限度を越えるならば……その時には……カオスが個人の気質へと入りこむ。

　カオスはじっさいにこの男の気質へと入りこんだ。彼は精神分析の多くの側面を、自分を破滅の危機に追いやるものとして経験した。日常のセッションの規則正しい取り決めが少しでもずれると、彼には命を脅かすものと感じられた。飢えの脅威だけではない。絶滅の脅威が感じられた。彼は夢で描かれた穴に放り込まれるかもしれなかった。それはますます広く口を開き、ついには何もなくなるのだ。飢えの圧

倒的なイメージ(「口を大きく開けて」)は、自己破壊的な虚無へと変じている。

この男性にとって、生存は空虚と虚無に変わりうるものだった。それは夢の素朴なイメージによって簡潔に描かれている。いかなる夢でもクライン派のポジションの観点から吟味されるならば、夢主がいかに物理的、社会的世界を体験しているかを把握できる。そしてもし臨床の作業が効果的ならば、この基本的な体験のパターンは移行できるのである。

第 16 章
患者の夢と逆転移

　　こころはそれ自体ととても近い―だからはっきりとは見られない―
　　そして私には何もたずねることがない

　　　　　　　　　　　　　　　　　　　　　　　　エミリー・ディキンソン

　フロイトは、夢は無意識に至る王道であると書いたが、それは夢主の無意識のことだった。それはそのとおりであるが、臨床的な精神分析では、患者の夢はまた分析家の無意識に至る道をも提供するだろう。おそらくは王道というより、岩場で危険な道ではあるが。この章では、分析的な関係のなかで活性化した自分の無意識をより理解するために分析家がいかに患者の夢を利用できるかについて考えよう。その際、分析家には希望がある。無意識的な分析家自身の逆転移、逆抵抗、逆不安がもたらすものを、分析がより明確にするにしたがって、転移や抵抗や不安を持つ患者をもっと援助することができるのではないかという希望である。要するに、分析家は患者の夢をいかにスーパーヴィジョンとして用いることができるかについて考えたい。
　患者は意識的か無意識的に、分析家をスーパーヴァイズしている可能性があるという考えは新しいものではない。ラング（Lang, 1978）は、患者が分析構造の侵犯があったことを無意識的に分析家に伝える多くの方法の要点を述べた。ケースメント（Casement, 1991）はラングの仕事を拡充し、分析家が、患者の必要とするものを注意深く患者から学ぶことによって、いかに自分のやり方を修正し続けることができるかを示した。その際、彼はラングの硬直した独断的な分析行為への見方に頼ることはしなかった。この領域でのおそらくもっとも果敢な改革者はフェレンツィであった。彼の 1930 年代の相互分析の研究はようやく最近出版された。彼は逆転移という障害物を取り除き、それにより患者を援助するために、患者に分析家の連想へ接近することを許したのである。
　フェレンツィは、逆転移を明確化するための患者の夢の潜在力を探求したパイオニアであった。その相互分析の実験は、患者の夢を転移、逆転移の双方からの見方

で理解することを含んでいる。彼は日記の1932年1月19日に書いている。「R・Nの夢。以前の患者のGx博士がR・Nの口に萎えた乳房を押し付ける。『欲しいのはこれじゃない。大きすぎるし、空っぽで、ミルクが出ない』。患者はこの夢の断片は、被分析者と分析家の無意識の心の内容物の組み合わさったものだと感じている」(Ferenczi, 1932, p. 13)。フェレンツィは彼女の夢と、自分の幼児期のエピソードを結びつけた。それは初めて感情を伴って思い出されたものだった。そしてそれはフェレンツィを解放し、彼は患者のトラウマに満ちた成育史により共感的になることができた。

　スーパーヴィジョンとしての夢という考えは、理論的な前提条件を含んでいる。その条件とは、夢は単に精神内界の過程を反映しただけのものではなく、夢主によって対人間のコミュニケーションに使われうるものだ、ということである。これはフロイトの考えではない。『夢解釈』において彼は述べている。「銘記すべきことだが、夢工作の産物は、理解されようとする意図をもってなされたものでない。夢の翻訳者に呈される困難は、古代のヒエログリフを解読しようとするものの困難より大きくはないが」(p. 341)。1933年にフロイトは再びこの問題に立ち返っている。「夢はそれ自体社会性を持った発語ではない。情報を与える手段ではないのである」(p. 9)。フロイトは夢工作を偽装として、つまり、分析家と患者から夢の意味を隠すほころんだ企てとして考えた。その企ては分析家の技能により乗り越えられるのである。フェレンツィは違う方法をとった。彼は、夢のいくつかは、ある人がもう一人についての見解を伝えるものだと見た最初の精神分析家の一人であろう。1913年に彼は述べている。「夢を語らずにおれなくなる当の相手こそ、夢の内容が関係している人物なのだ」(p. 349)。

　今日多くの分析家が夢の意図を両価性を持つものと見ている。夢は、とりわけ他者に語られる夢は、偽装者としても、伝達者としても機能しうる。実験的な夢の研究から、覚えているよりはるかに多くの夢が見られていることがわかっている(Aserinsky and Kleitman, 1953)。また私たちは自分の経験から誰かに話すよりも多くの夢を覚えていることも知っている。だから、夢が思い出され話されるとき、そこには何かを隠さないで伝えようとする意図があるだろう。表現されたものは患者のパーソナリティの一面であろうが、それはまたいくつかの理由であからさまには患者には表せない分析家のパーソナリティについての、少なくとも患者が受け止めた分析家のパーソナリティについての、彼へのコミュニケーションでもあろう。またそれは分析家の変化、あるいは患者と分析家の関係の変化への嘆願であるかもしれない。

　第19章では、次のような夢の集まりを論じることになる。つまり、境界例患者

や統合失調症患者の夢で、それらは覚醒時に直接には患者からは表明できない、分析家へのシンプルなメッセージを表している。それらのなかには、患者によって述べられたことと反対の伝達内容もある。例えば一人の患者は、覚醒時の言葉では分析家への警戒と不信のみを表現していたが、夢では分析家の態度への信頼とあたたかい感じを表現していた。

　こうした夢の観点に加えて、分析家のパーソナリティや働きへのコメントとしての拡張された夢の見方を提示したい。そのコメントは患者によって言明されえず、されたとしても分析家に聞き入れてもらえないものなのである。夢は患者から分析家に伝えられるときには、ある種、無意識のスーパーヴィジョンでありうる。この夢の機能はより通常の夢の機能――願望の表現や、子供の頃のトラウマの表現や、心の葛藤の表現や、ある種の遊びの空間や、転移の表現や、心身の状態の指標、等々――と考えられているものに取って代ろうとするものではない。これらの夢の機能は充分に精神分析の文献に載せられ、議論されている。だが夢はまたある種の分析家へのスーパーヴィジョンとしても機能しうるのである。つまり分析家の逆転移へのコメントとして、また特定の患者を治療する際の欠点についてのコメントとして、あるいは覚醒時には患者が抵抗し反抗するような、分析的介入への評価の表現として。これらは患者の夢のスーパーヴィジョンに可能な目標の一部に過ぎない。

　カンツァー（Kanzer, 1955）は、コミュニケーション力を持つ夢の機能についてのセミナー論文で、分析家が夢をスーパーヴィジョンとして利用できるいくつかの方法を述べている。患者の夢は患者の力動を伝えるだけでなく、分析家が逆転移により干渉しうることも伝えると、彼は論じている。例えばある女性が夢を見る。《私はカウチに横たわっていました。あなたは部屋のもう一方の隅に座っていました。私は起き上がってあなたの方へ行こうとしましたが、私たちの間にはおかれたばかりの（freshly laid）コンクリート（concrete）があったのです。足を入れると、それは急速に固まりました。私は万力に（in a vise）締めつけられ、怖くなり、叫びました》（p. 262）。彼女は喘息発作とともに目覚めた。カンツァーは夢とそれに続く喘息発作を彼女自身と分析家への攻撃と見ている。それらは彼に中立性を放棄させようとしているのだ。しかし彼はまた、分析家も巻き込まれているのではと問いかけている。「分析家自身の解釈は『早すぎた（too freshly laid）』のではないか、それはあまりに『具体的（too concrete）』だったのではないか、また彼女を『締めつける（in a vise）』脅かしとなったのではないか」（p. 262）。この夢の意味についての二重の考察は、患者と分析家双方の分析への関わりを反映したものとして、相互作用的夢解釈の第一歩である。それをこの章でさらに調べることにしよう。

　同様に、カンツァーが記述した別の患者は次の夢を見る。《私は弟の背後に立っ

ている。弟は蝶つがいの取れたドアをはずそうとしていて、もたついている（bungling the job）が、私は何も言わないことにする》。カンツァーは、何も言わないことがいかに、多弁だが意味のあることを言わない強い強迫症の患者のことを反映しているか考える。またしかし、患者がもがいているとき（bungling the job）その強迫性に拒絶的な沈黙で反応している分析家への矯正の試みとして、夢を考えてもいる。

　夢はこのように、過渡的な行為でありうる。それらは意識と無意識の中間、抑圧と思慮ある表現の中間の行為である。それらは夢主と夢が語りかける分析家にとって、理解するかどうかのオプションつきのコミュニケーションである。

　理解はしかし迅速にも、一足飛びにも達成されはしない。むしろ徐々に、骨を折って達成される。夢が分析家に対し、患者を困らせる分析家のパーソナリティや技術についての何かを伝えるものであり、分析家は個人的な不安や信念のためにその何かを聞こうとはしないときには、理解はもし生じても緩慢なものになる。レヴェンソン（1983）が示したことは、そうした症例においては、しばしば理解の中間段階があるということだった。分析家は、夢の解釈過程で、夢が伝えようとするまさにその力動をエナクトする、というのである。グリーンソン（Greenson, 1970）の記述する見事な実例では、夢解釈の過程が夢の内容を反映し、解釈において分析家は解釈しつつ夢をエナクトしている。彼が述べる症例はハンス・ソーナー（Thorner, H., 1957）に分析された患者で、試験不安を持ち、自分には「黒い記録」があると感じていた。「黒い記録」の性質や現実性は分析家にははっきりわからなかった。この患者が夢を報告した。赤いクモが患者の肛門を這いながら出入りしていた。医者が診察し、何も悪いところは見当たらないと患者に告げた。患者は返答した、「先生、何も見えないかもしれませんが、そいつらはやっぱりそこにいるんです」。分析家は解釈している。

> ここで患者は悪い対象（赤いクモ）が自分に巣くっているという確信を表明しており、医者の意見もそれを揺るがすことはできない。「黒い記録」と「赤いクモ」の連想の輪は「黒い記録」の肛門期的意義を示している。彼自身はこれらの対象を怖れていて、夢の男と同様援助を求めている。この援助はこれら対象の否認ではなく、認知に基づかなければならない——言い換えれば、彼はそれらをコントロールするよう援助されるべきなのだ。明らかなことだが、ここでは悪い内的対象による迫害感が問題になっている（p. 284 ff）。

　グリーンソン（1970）はソーナーの症例を患者の連想より、理論的な立場から解

釈した例として批判している。患者の医者への非難は、敵対的な転移と、正当であるかも知れない分析家への非難の結びついたものだと彼は推測している。また「患者の肛門を這いながら出入りしている赤いクモとは、分析家の侵入的で苦痛をもたらす解釈への患者の反発ではないか」と考えている（p.532）。重要なことだが、もしグリーンソンの見解が正しければ、ソーナーは、夢を一方的に上から目線で解釈しており、セッションで夢を再現していることになる。つまり患者は夢においてクモは分析家に見えようが見えまいがそこにいると言い、分析家は、セッションでクモはいないという自分の立場を苦心しながら強調するのだ。

　そうした臨床例は始めは意気阻喪させるものと思えるかもしれない。ソーナーの症例素材が逆転移の盲点をしめす稀な例だと考えてはならない。念頭に置くべきことであるが、すべての分析でおそらくは、同様の現象はある頻度で生じている。どれでもよい、夢解釈を取り上げて、何人かの技術を持った分析家の吟味にかけてみたらよい。彼らは患者の夢にいくつかの逆転移の傾向を見つけ、その分析家が解釈する過程で夢をエナクトしているのを見出すことができるだろう。しかしそうしたことが起こるとして、それを知ることが分析家に何の価値があるのだろうか？　分析家が自分の無意識の逆転移に気づける望みがあるのだろうか？　こうした事態が進展することに分析家が自分でもっと早く気づき、そのことによって分析の進行をもっと生産的にする方法はあるのだろうか？

　私の答えは二つに分かれる。一つは、夢解釈の過程のある客観的な特徴をとらえること、つまり逆転移、逆抵抗、逆不安の合図になると思われる、患者と分析家の相互作用に共通する特性をとらえることである（Wolstein, 1967）。これは「客観的アプローチ」といってもよいものであり、理論的には大いに興味を引くが、臨床的な適用には一定の制限がある。そうした客観的サインを知ることは分析家には有用ではあろうが、臨床家が熱のこもった現場の格闘のさなかでそうした冷静で客観的な留保的態度で治療過程を見ることは、ほとんど不可能である。臨床家はまた、自分の理解が妨げられたり途切れたりして、逆転移を感知することに対して防衛していることに気づくかもしれない。そうしたことが生じたとき、何かできることがあるだろうか？　この問題を考えるときには、視点の転換をはかり、第二のやり方をとらねばならない。つまり逆転移の阻害作用を調べる、相互作用的な協働のアプローチである。この見方は、分析家の盲点は患者の夢によって描かれうるという考えを示している。夢解釈の過程自体は、最初は夢の力動をエナクトしているであろうから、分析家は自分自身の盲点を見ることはない。しかし患者と分析家双方による、持続的に行きつ戻りつ解釈を見直し、さらに見直す相互的な過程をつうじて、分析家は自分の逆転移をとらえるに至るだろう。またそのことによって、患者の転移を

理解し、明確にし、解消するうえでの大きな前進ができるだろう。

客観的なサイン

　しかしまず、分析家への客観的なサインから始めよう。それは彼の夢解釈者としての仕事から生じ、逆転移が患者を理解する力を妨害しているサインである。ここで述べるのは決して十全なリストではない。逆に、仮説的な序章にすぎず、私が自分の仕事やほかの分析家の夢分析で観察したいくつかの事柄をざっと述べるにとどめる。

1．夢解釈についての自分のルールを破ること
　最初のサインは、定義上、比較から生じる。夢解釈の技術として通例のルールを分析家が破ることである。こうしてある分析家が通常行う手順は、夢解釈への有効なアプローチの一部であっても、もう一人の分析家には同じ手順が自分の技術の掟やぶりであり、そうした手順を採用することは逆転移かもしれないと考えるだろう。
　という次第で、いかなる手順でも、すべての分析家にとっての逆転移のサインとはならない。分析家の日ごろの手順と比較して考慮されねばならない。周知のことだが、夢解釈の規則には多くのコード化された定式がある。とりわけグリンシュタイン（Grinstein, 1983）、ボニーム（Bonime, 1962）、それにアルトマン（Altman, 1975）は、統一されたアプローチを編纂した。一人の分析家が全面的にこれらのシステムのどれかに賛成するというのはありうる。しかしほとんどの分析家は経験を積み、最終的にはきわめて個人的な標準的手順を開発するものである。この標準がいかなるものであれ、それはそれからの逸脱が定義されるような基本枠を形成しなければならない。それにより逸脱は逆転移のサインかもしれないと考えられるのである。（もちろんその逸脱は、ひらめきが可能にした介入や分析家の守備範囲の拡張であるかもしれない。創造的な分析と逆転移の境界領域は複雑である。メルツァー（1978）を参照）。
　例として、あるルールを特に考察してみたい。このルールにはほとんどのフロイト派分析家が賛同するだろう。つまり夢解釈のとき、患者の連想を優先するというルールである。フロイトは繰り返しこの重要性について強調した。『夢解釈』の夢の象徴についての節においてさえ、ある象徴の通例の意味を多くあげながら、フロイトの強調したのは、個々人の連想は、象徴翻訳の形式から得られた意味すべてを凌駕する、というものだった。フロイトは賛成するだろうが、患者の連想を無視するか、あるいは分析家が自分の連想を優先することは、理論上確実に危険なサイン

である。多くのフロイト派や他の見解の分析家の賛同も得られると思うが、自分たちの連想が患者のものを押さえつけていることに気づけば、ひと休みして自分の逆転移を考えてみるべきなのである。

　しかし患者の連想を優先しない標準手順をもつ分析家たちもいる。ユングがその例である。彼は、患者の連想を優先して治療することは、夢の本当の意味から離れてしまい、夢を聞かなくとも気づけるはずの患者のコンプレックスにふり戻されると考えた。ユングはフロイトの定めた、まず患者の連想を信頼するやり方は、夢を矮小化するとしている。その代わり彼が推奨したのは、いわゆる「拡充法」の過程である。そこでは分析家は夢に対する自分自身の連想を提供する。ユング（1944）は書いている。

　　　ある曖昧な経験を取り扱うときには、拡充法はつねに適切である。その経験はあまりにもぼやけた輪郭なので、すべての人に理解されるためには、心理学的なコンテキストの設定において拡大し拡張しなければならない。その理由で分析心理学では、夢解釈で拡充法をとる。というのも夢は理解するにはあまりにささやかなヒントであり、連想やアナロジーといった素材で膨らませ、拡充させることで、ついには理解できる点に到達するのである。

　フロイト派の人たちの中には、次に見るように、フロイト自身も含め、少なくとも一部はユングに賛成するものもいる。今日、自分自身の連想を一切患者の夢に与えないような分析家は、めったにいない。このやり方はとても実り多いものであるが、一方でそれは患者の連想に注意していくことを伴う必要があると私は信じる。そうでなければ、フロイトのやり方に対するユングの批判とは逆の結果になる。つまり分析家のコンプレックス、少なくとも患者に掻きたてられたコンプレックスのエナクトへ至るのだ。さらに、患者の連想をまず優先して注目するのが分析家の習慣であるなら、そうしないことを逆転移による阻害の可能性のサインとして考えるべきである。

2．潜在内容への跳躍

　もう一つの逆転移阻害のサインは、私が「潜在内容への跳躍」と呼ぶものである。この言葉で私が言いたいのは、夢の顕在内容からの早すぎる逸脱で、顕在内容から勝手に引き出したと思われる解釈をしてしまうことである。とくに潜在内容への跳躍の共通する方法は、次のものである。(1)患者への特異的な意味を考えずに、夢の象徴を紋切り型に解釈してしまう。(2)どのようなものであれ、勝手な理論的システ

ムによって、夢を解釈する。(3)夢解釈から夢の一定の部分を省く。(4)解釈は無意味だという夢主の再三の抗議を無視する。

　レヴェンソンはこの種の夢解釈に対する辛らつな批評家だった。ペニス羨望とかエディプス葛藤とかの標準的な「深い解釈」のせいで、いかに分析家が夢に現れたもっと直裁な、分析家と患者の特殊な相互関係の反映を見逃しているかについて、しばしば言及してきた（例えば、Levenson, 1983, p. 95 ff., 1987, 1991 の諸処、参照）。

3．夢の転移-逆転移の側面を無視する

　ほとんどの夢の解釈において、分析家は夢の登場人物がどのように患者や分析家のことを言及しているかを考えるべきである。これは、夢のそれぞれの人物の特定の細部のことでもあり、夢のなかの人々の関係性のことでもある。分析家が、夢と「分析家-患者」との対応をどんなものでも感知しそこなえば、なんらかの問題ある逆転移が作動している可能性がある。

　患者の夢に含まれる分析家の特性の範囲には限りがない。したがって分析家はつねに新しい自分の特性を見出すつもりでいなければならない。もっとも頻繁に生じることの一つに、分析家の名前に関連したものがある。長年経験をつんだ分析家であれば、自分の名前への関連づけの蓄積は膨大な数だろう。しかも非常に熟練した夢解釈者でさえいくつかは見逃している。例えばエラ・シャープ（Ella Sharp）はそうした事柄にとても敏感であったが、ある患者が《鋭い崖（sharp cliffs）》のことを夢見たとき、個人的な関連には気づかなかったようだ（1937, p. 103）。グリーンソン（Greenson）もまた相互作用的夢分析についての重要な論文の中で、「緑の（green）」レインコートを解釈していない（1970, p. 541）。

　分析家は自分への関連づけをすべて拾いあげることはできないが、見逃しに気づけば、それについてのありうべき力動を考えなければならない。例を引こう。ある患者が分析初期に、黒人娼婦が自分の後ろに座っている夢を私に報告した。数年後、私はその夢のことに再び言及していたときに、黒というのが私の名前と直接、関係していると患者は考えていたことに、気づいた。Blech という文字は、他のときでも「Bleck」と発音する人はいるのだから、私の名前は黒（black）と類似しているのだ。患者はその関連はあまりに明白と思えたので述べなかったのだと言った。私は最初、それを見落としたと思った。はるかに頻度数の多い連想は、「漂白（bleach）」だったからである。そうした合理的説明の後、再び考えたのは、患者が私のことを黒人の娼婦と見ていることに抵抗したのではないか、ということだった。

フロイトの夢分析における逆転移の客観的サイン

　夢解釈における逆転移阻害の3つの「客観的」サインを私は同定したが、この観点からここでフロイト（1900）によって『夢解釈』の中で報告された夢分析について考えてみたい。患者の夢を分析している時の分析家と患者の相互作用に関する詳細な報告は、『夢解釈』では比較的珍しい。いわゆる「美しい夢」である。

　　彼は大勢の人とX通りへ馬車を走らせた。X通りにはちょっとした料理店がある（これは実際と符合しない）。その料理店では芝居をやっている。彼は見物人になったり、役者になったりする。しまいに、また町の方へ出るのだから洋服を着替えなければいけないということになった。そこにいた人たちの一部は平土間に行けと言われ、他の一部は2階へ上がれと言われた。すると争いが起こった。2階の連中は、下の連中が愚図愚図しているために下に降りられないといって怒っている。兄は2階にいて、彼は階下にいる。彼は混雑がひどいので、兄に対して腹を立てた（この部分、不明瞭）。とにかくここに到着したとき、すでに階上に行く者と階下にとどまるものとははっきりと決まっていて、区分けされていた。それから彼は、町の方へ向かって丘の上を走っているX通りを、一人で越えていった。歩いて行くのがひどく難儀で辛くて、動けなくなりそうだった。中年の男が一人道づれになって、イタリア王の悪口を言った。丘のはずれに来た頃には、さっきよりずっと楽に歩けるようになった。
　　登りの辛さは、ひどくはっきりと感じられたので、眼が覚めてからも、夢かうつつかと疑ったほどだった。
　　顕在内容から見ると、これはあまり賞めた夢ではない。いつものやり方にさからって、分析を、夢見た本人がもっともはっきりと感じた部分からやり始めてみることにする（p. 285）。

　フロイトがこの夢をどのようにコメントしたかは注目に値する。彼の最初の文章は非難口調である。「これはあまり賞めた夢ではない」。これは分析家には尋常でない連想である。一般に、私たちは患者の夢を価値づけしないし、この夢について、何が低い評価になるのかはっきりしない。しかしフロイトがこの夢を高く評価しなかった事実は、夢の高いレベルと低いレベルとに関係している可能性がある。彼が夢分析を、自分が夢をどのように評価しているかで始めたことは、ある種の逆転移、

おそらくは競合的で、価値を見定めようとする逆転移が作動しているサインである。またそうした分析の開始は、この逆転移を看取することと、逆転移と患者のパーソナリティとの絡み合いとが患者の夢の潜在内容の一部である可能性のサインでもある。

　フロイトはついで、始めは困難で終いにはたやすくなった登り道から、ドーデの『サッポー』の序章を連想している。そこでは若者が愛人を抱えて階段を昇るのだが、始めはたやすく終りには困難になっている。これは夢の状況とは逆である。しかし患者は日中残滓のいくらかに、つまり昨晩見た演劇に符合していると思う。

　ここでフロイトの夢への最初のコメントのいま一つの側面「いつものやり方にさからって……」に注目したい。この夢の解釈において、フロイトは自身のルールをいくつも破っている。まずは患者の連想に従うというルールもそうだ。彼はドーデの『サッポー』への連想から始めている。患者がこの夢を日中残滓に関連づけている一方で、フロイトは自分の連想にのめりこみ、患者への注意がおろそかになっているようである。患者の連想は、ウーラントの詩行「いみじくもやさしき宿に　われは近頃客となりぬ」であった。

　ついでゲーテの『ファウスト』におよぶ。

　　　ファウスト（若い魔女と踊りながら）：

　　　　　いつか美しい夢を見た
　　　　　一本の林檎の樹を見た
　　　　　そこには美しい二個の林檎の実が輝き
　　　　　それに魅了され、そこに登った

　　　美しい魔女

　　　　　あなたは林檎を欲しいのね
　　　　　なぜって最初は天国で育った林檎だもの
　　　　　うれしくて感激するわ
　　　　　私の庭にそれが育っているなんて

　この連想の転移の意味を十分に理解するためには、最後の2行を原文のドイツ語で吟味しなければならない。

　　　Von Freuden fühl'ich mich bewegt.

第 16 章　患者の夢と逆転移　191

　　　　Dass auch mein Garten solche trägt.

　語り手は喜び（Freuden）を抱きながら感激している。それは明らかに分析家の名前と関係している。ほかの文脈では、フロイトは自分の名前へのよくある戯れに気づいていた。しかしここでは見逃している（Freud, 1900, p. 207, n. 2 参照）。推測できるのは、患者は分析に喜び（Freuden）を感じていることである。つまり強い陽性転移があることである。
　フロイトは夢を転移の中で解釈してない[1]。だが顕在夢内容のいくつかの要因は、夢が分析体験を語っていることを示唆している。ある瞬間には、夢主は聴衆であり、他の瞬間には演者である。これは被分析者の二重の役割を示している。第二に、フロイト（1900）が通常重要性を持つと評した、患者の夢のあいまい部分は、彼の「兄」への怒りであり、兄は階上にいて、彼は階下にいる。そのうえ、彼らが到着した最初から（つまり分析の当初でさえ）誰が階上で誰が階下かは決められ設定されていた。すなわち分析家と患者間の最初の契約のことである。これが転移‐逆転移相互作用の一部であることは、夢解釈の相互作用によって知らされる。患者の連想は、フロイトの連想の劣位に置かれている。ともかくも次のことはこの夢から見て取れる。非対称性と相互性の問題は、1990 年代（Blechner, 1992; Burk, 1992）に大いに注目されるのだが、精神分析の黎明期から存在していたのである。フロイトはフェレンツィの技法実験に驚いたが、フェレンツィによって提起された問題はフロイト自身の臨床の仕事に関連していたと思われる。
　この患者の分析がどのように始まったかについては、何かしらの重要性がある。多分フロイトは意識的、あるいは無意識的に気づいていたことだろうが、フロイトは『サッポー』の始めの部分を連想し、そこではある男性が出会ったばかりの婦人を抱えて階段の上へ運ぶ。最初、彼女は軽く思え、彼は元気である。階段の最後になると、彼女は耐え難いほどの重荷になる。この成行きのポイントは、関係性全体のドラマが、二人が出会った最初期の相互作用によって予告されうるということである。これは精神分析においてしばしば当てはまる。全分析の経過は時として最初のセッション、最初の夢によって、最初のセッション以前の最初の接触によってさえ、予示される。
　夢の二番目の部分で、夢主は年配の紳士に出会う。この出会いの後、歩くのが楽

1　バス（Bass, 1995）のコメントによると、フロイトは 1900 年にはまだ転移の考えを発展させていなかったのだから、この夢を転移の中で解釈することは期待できなかったという。しかし 1914 年に、フロイトは転移について多くの論文を出版したが、転移を夢解釈に持ち込もうとしなかった。いまや有名な狼男の夢はそのよい実例である。

になる。(そうした分析的治療の結果を誰が歓迎しないだろう？)しかし強力な逆転移がどこか働いている。フロイトは自分の『サッポー』への連想を、後では患者のものとして語っているくらいである。「乳母は、ドーデの『サッポー』と同様、患者が最近見捨てた愛人のことを指しているのだと思われる」(p. 287)。

フロイトの逆転移の源とその性質は何だろうか？　私たちは推測しかできない。フロイトは、夢は患者の乳母のことを言っているのだと結論づけているが、母への陽性転移の強さは、この夢においてフロイトの行う表象を認めにくくしていたのではないかと思われる。長い年月の後、フロイトは (1931, pp. 226-227) 前エディプス期の転移を扱う際の自分の困難を述べている。男性分析家より、女性分析家のほうがうまく扱えるだろうと考えたのである。このことはさらにラスキー (Lasky, 1989) によって吟味された。

転移や逆転移の厳密な性質は、推測の主題として残らざるをえない。いずれにせよ、私たちのおもな関心を逸らさずに集中すべき点は、夢解釈の過程が夢の主題をいかにエナクトするかを研究すること、また分析家が患者の夢や自身の逆転移関与を、顕在夢やそれに続く夢解釈のときの相互作用に反映されたものとして、より深く理解できるような技法の有無を見出すこと、そこにある。

フロイトの「美しい夢」の分析には、すでに同定した逆転移阻害の、少なくとも二つの客観的サインがある。彼は自分の規則を破っている。また明らかな彼や分析への言及を無視している。フロイトは自分の『サッポー』への連想を、患者の「夢思考の原型」と考えるようにまでなっている。これは自分自身の連想への過大評価のように思える。一方では分析家は自分の連想が患者の素材と響きあう、そこからインスピレーションに満ちた解釈を引き出せることは事実だが、そうしたインスピレーションは逆転移の崖っぷちでグラグラしていてしばしば特別の警戒が必要なのである。

夢解釈の相互的進行

すでに同定された客観的サインは、逆転移の侵入を知らせる有益なものであるが、これを用いる際は、公正に疑うことが必要である。例えば転移を示すものを無視するのは危険信号であるが、夢の転移含みのものへの注意が過剰になることもまたありうる。カーン (Curtis and Sachs, 1976) はこの見方をとり、「分析家は患者の対象であることに浸りきっているので、非－対象となるのに甘んじられないのである。患者が自分自身を経験しようとすれば、それは必須の要件であるのだが」(p. 349) と主張している。言葉を変えれば、転移解釈をしすぎること、「過剰転移

（hypertransference）」とでもいうべきアプローチは危険である。分析家へ関連するものへ注意力は集中し、他の可能性は強制排除されてしまう[2]。

分析家は転移解釈に集中しすぎてないか、それとも不十分であるかをどうやって知ることができるのだろうか？　確実な方法はない。ただその後の夢や他の素材をひたすら聞き、自分の分析の流れをつねに修正していくしかない。公算大であるのは、最初に解釈を試みるとき、分析家と患者は夢に描かれた問題の過程を再演する（replay）ことである。レヴェンソン（1991）が引用する多くの症例で、患者の夢は治療者との相互作用と平行する劇的状況を描いている。レヴェンソンの要約によれば、分析の責務はしばしば夢と臨床上の相互作用との平行性を探ることであり、そうすることで分析家は神経症的な相互作用から距離をとる術を考えることができ、世界と関わる際の新しい方法へ患者を導くことができる。この章では、この研究領域を広げてみたい。夢の素材と、それに続く夢解釈過程におけるエナクトメントとの平行性について、最上の実例のいくつかは、他の分析家の夢を調べる分析家によって確認されてきた。たしかに逆転移、逆抵抗は、自分のものより他の分析家のもののほうが同定しやすい。一方ではそうした他の分析家の仕事の「結果の後追い提言（Monday-morning quarterbacking）」は理論的には興味深いが、次の疑問が生じる。「分析家と患者が部外者の助けなしで、夢に描かれた逆転移や逆抵抗をつまびらかにする方法はないのだろうか？」

ジョセフ（1985）はレヴェンソンと同様、「夢がセッションにおいて生き抜かれることで、その意味を実に厳密に明らかにするやり方」を論じている（p. 451）。この理由で、一つの夢やその夢の分析への含意への注意を、それが提示されたセッションだけに限ってはならないのである。むしろ継続して互いに、相互作用的解釈をすることによってのみ、意味は明らかになる。夢の転移関連は、分析家はよりはっきりと見てとるだろうし、逆転移関連はより少なく気づくだろう。それで最初は逆転移を理解するよりはエナクトする可能性がある。しかしそれから徐々に、逆転移への洞察が分析家に生じてくる。これをもたらすのは、彼の自己分析と患者の連想に絶え間なく注意を注ぐことによるか、あるいは患者がより大胆になり、逆転移についての患者の見解をもっとはっきり明言できるようになることによる。あるいはその他の相互的な作用によることもある。ブレイクスルーは、患者と分析家双方によって継続的に夢解釈の見直しがなされるならば、その時に起こりやすい。

例を出そう。ある若い女性が難儀な性的マゾヒズムへのとらわれのため、精神分

---

[2] これに似た論争は1920年代に起こった。狼男の夢について、フロイトは幼児期の性的体験の見地から解釈したが、ランクは転移とフロイトのオフィスの現実の細部も表していると論じた。

析を受け始めた。分析の1年後、次の夢を見た。

> 夢は、実際は両親のアパートメントで起こったのではない。かつて私の寝室だったところに本棚がある。次に起こったことは、状況を完全に把握している本は『お気に召すまま』である、という実感である。それから私たちは食堂にいる。父と私は、食堂の楕円形のテーブルに座っている。私は父の席に座り、父は母の席に座っている。父は、『マクベス』は状況を正確に反映しているという同じ考えでいる。父は正しい劇を思いつかねばならないと、私は考えている。すると父が言う、「『マクベス』ではないな。『お気に召すまま』だ」。それから夢のなかで私はあなたに夢を語っていた。

彼女は夢からジェイムズ・サーバーの短編小説、『マクベス殺人事件の謎』を連想した。物語は陽気で、「誰が殺人を犯したのか？」を中心問題としている。

患者はとても知性があり、ウィットにもとんでいた。しかし知的なやり取りを防衛にしていた。夢解釈への関与の形は、夢自体の内容と同様である。夢を見た次の回のセッションで彼女は言った。「妙な夢を見たわ。夢のなかで夢をあなたに語っているんだけど、今は言いたくない感じ」。その次のセッションでは、夢の内容への言及があった。「まあ、もちろん近親姦の夢よ。お話ししたように」。夢のなかでは話したのだが、現実には彼女は話していなかった（少なくとも私の記憶では）。一つには、これは夢のなかで夢のことを語ることのひとつの機能——いつまでも現実に話すのを回避すること——を示している。さらには、夢テキストと夢分析間の平行状態の示唆もしている。夢のなかで、口に出さずとも父が彼女の考えていることに気づいて欲しいと期待や希望を持っていて、ちょうどそのように、口に出さずとも分析家が彼女の夢の内容をわかってくれるよう期待や希望を持っているのである。これは分析でずっと起こっていたことだった。患者が前の治療者を離れたのは、何か重要な情報を隠して、しかも治療者がそれに気づき損ねたときだった。患者は、私との治療を継続してきたのは、私をバカにすることができなかったからだと言った。（もちろんこれを言う際、どうやってバカにしようとしてどうやって私が見抜いたかは語らなかった。多分彼女は夢においてそうだったように、私に知っていてほしかった。確かに私にも思うところはあった。しかし彼女についてはいつもそうだったように、いくぶん疑わしかったのだ）。

私の夢の描写からおわかりだろうが、ここには転移と逆転移の性質がある。（これを書きながら気づいたが、夢やセッションで患者が私に語るように、私はあなた方読者に語っている—あたかも「もちろんご存知でしょうが」[3] とでもいうように）。

第 16 章 患者の夢と逆転移 195

　夢はそれ自体、一方ではエディプスの布置内でのロマンティックにされた転移を示唆するものとして解釈できよう。母は場外に置かれ、母の席には父が座っている。父と娘と二人だけである。娘は、父が暴力や罪（『マクベス』）ではなく、ロマンスや誘惑（『お気に召すまま』）のことを考えてほしいと願っている。事実、知的なゲームはこの父娘の間で、性的誘惑のお気に入りの手段だった。さらにそのゲームのやり方は、はっきりとサドマゾの傾向がある。しかし彼女の夢の報告の仕方は、この解釈にいくつかの次元を加える。つまり彼女は私に読心術すれすれの、全面的な共感を持つよう願っている。同時に、あからさまに自己主張することへの恐れと、この種の知的ゲームを通じて達成されるひそかなコントロールがそこにある。そのゲームでは、型にはまった性的役割のルールは交互に守られたり、破られたりしている。（注意してもらいたいのだが、夢で患者は父の席に座り、父は母の席に座っている。『お気に召すまま』では明瞭に、『マクベス』ではもっと微妙に表現される性役割の切り替えを思わせる）。

　夢自体はある種の頭脳ゲームに私を没頭させた。テレパシーと思えるような驚くべき偶然の一致に、私は魅せられた。患者は流暢にフランス語を話せた。あるセッションで彼女は夢を見たと言いその内容は話さなかったが、私が思いついたのは「À votre guise」、というフランス語で「あなたの望むように」、いわば「お気に召すまま」という意味の句だった！　しかしこれがテレパシーであったという経験は、私には彼女の願望転移の性質を反映しているように思えた。私はそれに合わせていたのである。

　そして次の週には、私は先ほど述べたこの夢を理解したいという、深くて複雑な企てがそれ自体、いかに転移‐逆転移の型の一部であるかに気づいた。患者はセッションの初めに、私に怒っていると言った。「どうしてだかわかります？」と彼女は尋ねた。（私はここですでに、共感オリンピックという新しいゲームに張り切っていた）。私はわからないと正直に答えた。しかしゲームとしてではなくて、私が彼女について解釈しすぎるので怒っているのだと彼女は淡々と言った。彼女の語る事柄はちょっとした会話で、緊張をほぐすものもあるのに、それを私が過剰解釈して、病理的なものにしすぎているのだと言う。それで私は、夢はまたこの不満についての率直なメッセージでもあったと気づいた。夢は願望充足転移のものだった。

3　これは通常文献上議論された平行過程とは異なる例かもしれない。サールズ（Searles, 1955）、エクスタインとワレンスタイン（Ekstein and Wallenstein, 1958）、カリガー（1981）その他は、分析的スーパーヴィジョンで生じる平行過程を論じている。平行過程はもしかすると分析的書物でも生じているかもしれない。そこでは著者と読者の関係は、その本で述べられている患者と分析家の関係と平行している。

夢のなかで、父（分析家）は『マクベス』のこと（すなわち悲劇、破滅、殺人、貪欲、等）を考えているが、彼女は『お気に召すまま』のこと（すなわち喜劇、快活、お人よし）を考えている。父が口に出さずともこのことを理解してくれるよう、夢で彼女は願っている。そしてそうなった。しかし私は理解できず、夢を深く解釈しようとする私の試みは型どおりに続いた。悲劇を愉快なジョークにしている『マクベス殺人事件の謎』への彼女の連想でさえ、私の試みを止めさせなかった。それで彼女は私が解釈を続けているのがあまりにわずらわしいと、はっきり言わざるをえなかった。彼女の側のこの行動はそれ自体治療的な突破口であった。というのは、彼女は怒っているとき、それを押さえ込んでついには暴力的になるか、あるいは怒りをマゾヒスティックな儀式と結びつける傾向があったからである。もちろん、罪における殺人的要素、欺き、裏切りなどマクベス風の重要ごとは、患者の心理において影響力の強い事項でもあったし、分析が進むに従い、さらに注目されていった。しかし夢はそのとき私に、分析の速度を落とし、そうした事項への集中を和らげる必要があることを警告したのだ。

　しかし夢の意味は展開し続けた。私は患者の要望を真面目に受け止め、彼女の病的なもの、破壊的なものとみなす部分への集中を少なくした。私は彼女を治療するうえでいくぶん慎重になっていることに気づいた。そしてその必要があるのかと考えた。はっきりしたのは、私の逆転移感情はいくらか理由があったということである。その後の何ヶ月間、患者は私をネタに悪ふざけのジョークを言った（その詳細は秘密保持の理由で述べることはできない）。彼女は他の人にもこのジョークを言ったが、私にはもっと堪えるものだった。それは私を当惑させ、辱めるものであった。それは彼女の父が、何人かの親戚や知人にもそうしたように、彼女をネタに言っていた悪ふざけのジョークだった。しかし悪ふざけのジョークの本質は夢に反映されていた。つまり、喜劇か、それとも敵意か？である。悪ふざけのジョークはすべからくこの二つの主題の組み合わせである。ユーモアと戯れの装いの下に、他者をバカにし辱めようとする面がある。状況を描く演劇が『マクベス』か『お気に召すまま』かという夢が提示した疑問は、患者の病的な部分と父との体験とについてまさに的を射抜いている。父は一見機嫌よく物事を行うが、その下には、えてして深く潜行する敵意をもってする人だった。そのうちで悪ふざけのジョークはほんの一例に過ぎない。患者はそれにどう対処してよいかわからない幼い子供時代から、こうしたゲームの犠牲者だった。彼女は無意識の疑問を抱くことになった。父との間で起こったことは、もうだめだということだろうか、冗談だろうか？　これは破壊的で、人を殺すような悲劇か（『マクベス』）、それともロマンティックな喜劇（『お気に召すまま』）なのだろうか？

サーバーの『マクベス殺人事件』への彼女の連想も同じ二項対立を提示する。破壊性に充ちた基盤をもつ何ものかから、喜劇を作れるのか？　誰がそれを行ったか、というサーバーの風刺における疑問も関連している。患者の悪ふざけのジョークに私が傷ついていたとき、彼女の最初の反応はむしろ極端に私の気持ちがわからない、というものだった。あたかも火傷したのは私がやったことで、私の問題だと言わんばかりだった。私たちはこれに対し分析的考察を尽くし、苦労の結果、私の経験は彼女自身が父の破壊性から被っている経験と似ていることを理解できた。父がその破壊的な意図を否定したとしても、彼女は父によって傷ついた。そこで「誰がそうしたのか？」である。この葛藤の緊張が、彼女自身のマゾヒスティックな性行動の根元にある。それを彼女はまあ「ゲーム」と呼ぶのだが、しかしその支配、苦痛、コントロールの儀式においては実にまがまがしく、不気味なものだった。実際演劇の題名『お気に召すまま』には、彼女のマゾヒズムの本質がある。彼女はこう言っているかのようだ。「**お気に召すまま**私に何でもして。私はどうなってもいいの。そうしたいんだっていうように、振る舞うわ。でもわかっている、喜びの装いの下で、ものすごく傷つくってことを。」

相互夢解釈の促進要素と落とし穴

すでに述べたように頻回に起こることは、夢が患者によって提出されると、夢解釈をしようとする最初の段階で、夢で描出された転移－逆転移パターンがエナクトされることである。そこで夢の逆転移の意味は、患者にはっきり言われることで、あるいは分析者の自己分析によって、さらに明確になることになる。この過程を促進する方法はあるだろうか？

ひとつの方法がギル（Gill, 1982）によって提案されている。彼の勧めは、患者と分析家の「いまここでの」相互作用に対する夢の意味に率直に注目することである。この戦略は、逆転移の意識レベルへの近さによっては有効であろう。それが意識レベルに比較的近いならば、はっきり逆転移を口に出すことは役立つかもしれない。不幸にも逆転移傾向が強く解離されていたり、分析家に逆転移から学ぼうとする気持ちがさほど強くなければ、あるいはこの両者が該当する場合、その戦略は機能しない。むしろその際、起こりそうなことは、分析家が逆転移に注意を注ぐやり方が、自身の問題含みの逆転移をエナクトすることである。こうしたパターンはギルとホフマン（Gill and Hoffman, 1982）の症例集にわかりやすく説明されている。症例集はきわめて貴重な、分析セッションの遂語記録である。その例のなかに、患者が自分をどう見ているかを理解しようとしながらも失敗し、かわりに逆転移を、表面上

は探索しようとしながらも行動化してしまう分析家がいる。例えば症例集の症例D（pp. 69-90）を考えてみよう。ある威圧的な分析家が自分の威圧的態度を患者がどうとらえているかを探る、民主的な試みを行っている。しかしあまりにも威張ってそれをやるために、出発点に戻ってしまう——威圧された患者と共に分析家の威圧的態度を調べる地点に。

　また症例Bでは、この種の循環過程は夢の関連で生じている。患者は語っている。

> 私たちは土曜の夜、映画『私は好奇心の強い女——イエロー篇』を見ましたが、土曜の夜次の夢を見ました。えっと、クラスにいるようでした。クラスを切りもりする特定の誰かがいたかどうかは覚えてません。でもクラ……クラスでやっている何かがあって、私たちはみなそこにいたんで、みなパペットを作ったんです。それで夢で覚えてるところは、作ったパペットで遊んだこと、気持ちがほぐれて、でももうじき皆の前でやりなさいといわれることはわかってたんです。そして夢でそうなって、みなの前でパペットでやらなくてはいけなくなって、もうどうしていいかさっぱりわからなくなりました。固まってしまって何もできませんでした。
>
> それからまた何かに気づいたみたいで、えっと、どうしてかというと私は固まっていたし、パペットをうまく扱えなくて、さっきはよほどうまくできたのに、扱えたのに——またダメ出しだったんです。それにほんとうに、関係あるんです——どうしてかというと——Fに起こったことと——どうしてかというと、自分が固まってると思って、どうせダメ出しされるんだ、パペットをうまく扱えないのだから、そのときパペットをどうしたのでしょう、それで私は——どういう風にそれをしたか、はっきりと覚えてなくて——でもどうにかして私はパペットをクラスに戻して、そこのみなにパペットに自分たちのことを言ってと頼みました。そしてなにやらそれで終わり、私とパペットは何もせず、クラスのみなは勝手にやってました。それは大失敗だったけど、誰か他の人が演じていました。それは私じゃなかったです。誰か他の人が作業して、というか自分を表現して、自分を出してました。それが、私がFとやっていたことなんです。本当に自分を表せるくらいのびのびしていると感じることはできなかったし、自分が好きなことと好きでないこともよくわからなかった。私が考えていたことは、クラスのなかで私を悩ませていたことだったんです。Fがダメ出ししていると感じると、実際にはダメ出ししてなくても、Fはそうなんだと思ってしまう。どうしてかというと私はFの基準に合った何かをしてないし、それにその基準に合わせたかったんで

す（pp. 33-34）。

　この夢の報告についていくのは難しい。夢は、次のように述べることができるだろう。

　　私はクラスの中にいる夢を見た。そこにクラスを切りもりする特定の誰かがいたかどうかは覚えていない。私たちはみなパペットを作った。私は作ったパペットで遊び、気持ちがとてものびのびとしたが、もうじき他の人の前で行うよう言われるのがわかっていた。そして他の人の前でパペットを動かそうとすると、さっぱりどうしたらいいかわからなくなった。いわば固まって何もできなかった。
　　そしてダメ出しされている感に気づいたと思う。パペットをクラスに戻し、そこの人たちに自分たちのことをパペットに話すよう頼んだ。

　患者は、父の言いなりで、父もそう求めている、と言う。しかし分析家との相互関係が暗示するのは、彼女の従順は表面的なもので、その自己主張はこっそり目立たない、ということだ。分析家が夢についての自分の考えを述べようとすると、彼女はそれに駆り立てられるように自分の考えを表明する。分析家はあまり彼女の考えを受け入れないように思える——人形がどのようだったか尋ねた後で、彼女の答えは事実上無視するのだ——彼女の考えは、人形は最初はっきりした特徴と顔があったが、そのときは顔がない、というものだった。彼女の防衛パターンが見てとれる。つまり強迫的な無表情の背後に自分自身を隠すことだ。彼女の話し方はあまりに迂遠で、何を考えているのか理解するのが難しい。夢を語る語り方からは、夢で何が生じているのか明確にすることだけでも困難である。
　分析家は、ひたすら曖昧な性的解釈を続けているようである。彼の考えでは、パペットとは彼女の夫のことで、彼女は夢で夫に手淫している、そこでの彼女の楽しみは夫をプライベートではパペットのように扱うことで、人前ではそうはしない。これは転移においても生じているのだろうか？　彼女はその自己描写より、はるかに力があり個人主義であるのは確かだ。彼女は分析家の不器用さを我慢して、あからさまには怒らない。そして自分の解釈を続ける——それは、皆の前で演じるという考えは好ましいが、ダメ出しはこわい、ということのようだ。
　夢解釈の過程は夢のエナクトメントである——彼女の連想を詳しく見ると、彼女が自分の解釈を形成していることに気づく。しかしそれは控えめになされるので、分析家は見過ごす可能性がある。彼女は明確な顔を持っているが、私的にひっそり

と顔を見せるので、誰も気がつかない。もし完全に人前で顔をさらすことになれば、彼女は固まってしまうだろう。それで彼女は他者にスポットライトを向けて演じる願望を生き抜いている。

　この過程はこう論じることで一歩踏み込んでいる。つまり、彼女の夢を要約することにより、また夢の強迫的な細部をそぎ落とすことにより、私もまた彼女にその夢を提示し、夢のメッセージをエナクトし続けていることに気づいたのだ。メッセージとは、彼女は一人では役をこなせない、というものである。

　この分析がどのように続くのかはわからない。しかし想像してみようではないか、分析家が外にスーパーヴィジョンを求めないとしたら、どのように分析は続くのだろうか？　患者は分析家の解釈方針に異は唱えないだろう。それで行き詰まり状態はさらに強固になる。しかしもし分析家が真摯に夢への自分の関わりを理解しようとするなら、患者はついには勇気を奮い起こして夢についての彼女の見解を言うかもしれない。記録に報告されたセッションでは、彼女はともかくもそれに近いところにいる。分析家がスーパーヴィジョン・コンサルテーションを受けるよりは、患者と分析家双方が夢に反映した自分たちの相互関係を明確にしていくことのほうが、はるかに時間がかかるかもしれない。しかしそのことはまた、もし患者と分析家が夢と二人の関係の平行状態を認識して分析し、相互関係の異なるあり方を探してゆくならば、患者にはより有益で教えるところは多いことだろう。

　循環的なエナクトメントの繰り返しは、どれだけ熟練していてもすべての分析家に生じる。パーソナリティの全領域を完全に意識化できるものはいない。逆の視点から言えば、どんな患者でも、他者にはできない分析家のパーソナリティに関する特徴をとらえ述べることができるのである (Sandler, 1976; Wolstein, 1976; Levenson, 1983)。夢解釈で、自分たちの逆転移の関わりの客観的サインを探すことは、いくぶん助けになるだろう。同僚への相談も、転移－逆転移についての客観的見解を与えてくれることだろう。しかし結局は、たえず夢解釈の相互作用に注意を払い、つねに患者と分析家双方がその真価を測ることを繰り返すことで、夢分析は転移－逆転移の行き詰まりを打破し、対人関係の基盤の中での患者の自己理解にとってもっとも生産的になれる。コンサルテーションを求めるより、そうした循環的な過程を通して夢の意味を明らかにしていく方が時間がかかるだろう。しかし分析内だけで夢を解明することは、患者にははるかに価値あることと思われる。

第17章
スーパーヴィジョンとしての夢、スーパーヴィジョンにおける夢

> その人はふいと横切る─なじみの─
> 町に来たかのよう
> そしてあなたに告げる、すべての夢を─それは本当のこと
> その人が住んだのは─夢の生まれた場所
>
> エミリー・ディキンソン

　すべての分析家は常時、患者と緊密に協働してその夢を解明しつくす方法を探している[1]。夢解釈の際に生じる循環過程をうまく利用するやり方は、個人差があり多様である。オグデン（1997a, b）は例えば、患者との協働性を高めるために、セッション中の自分の夢想過程をモニターし、それらを夢の顕在内容と患者のコメント双方に関連づける。夢想過程にあるのは、完全に言語化されたり、断片で散在する考え、白昼夢、セッション中の情動的および身体的な体験、セッション前後のそれらの体験である。すべてのそうした体験は、患者の体験と最初はいかにかけ離れていると思われようと、潜在的には関連づけられると想定される。
　例として、オグデンは次の二つの夢をあげている。

> 戸外の公園らしいどこかで、一人の男が赤ん坊の世話をしているのを見ていた。彼はなかなかうまく世話をしていたようだ。彼はコンクリートの階段が急傾斜している上に赤ん坊を運び上げ、滑り台があってその上に乗せることができるかのように、赤ん坊を持ち上げて手を離した。しかし滑り台はなく、赤ん坊は落ちた。赤ん坊は階段を音立てて転げ落ちた。その際、階段の最上部にぶつかったとき赤ん坊の首が折れるのを見た。そして赤ん坊の頭と首がぐらぐらになっているのに気づいた。階段の一番下まで来たとき、男は動かなくなった身体を拾い上げた。赤ん坊が泣かないのに私は驚いた。赤ん坊は

1　ボニーム（1986）参照。

私の目をひたと見据え、不気味に笑った（p. 578）。

　私は赤ん坊を産んだところだった。乳母車にいる赤ん坊を見ている。その顔には私に似たところはない。赤ん坊の顔は浅黒く、ハートの形で、地中海沿岸の住人のよう。その赤ん坊が私から産まれたものだとは思えない。そして考える、「こんなものをどうして産んだんだ」。私はそれをとり上げ、彼を抱きしめに抱きしめた。すると彼は小さな少年になる。その巻き毛はのび放題である（p. 581）。

　読者にお願いしたいのだが、これらの夢が初めてのものであれば、読み進める前に自分でこれらの夢について考えていただきたい。なぜならこれらの夢はこの本ですでに述べた二つの原則のすばらしい実例だからだ。その原則とは、夢は嘘をつかないということと、夢は解釈の多元的なベクトルで吟味できるということだ。
　さて次のことを考えていただきたい。

* この夢主である女性の誕生の状況や、子供時代の状況はどうだったのだろうか？
* この女性に対する両親の感情はどうだったのだろうか？
* 夢の登場人物の性別はどちらだろうか？　このことで患者の同性、異性への関係の何がわかるだろうか？
* どんな身体的、情緒的なトラウマが彼女に生じたのだろうか？
* 患者の主な防衛は何だろうか？　彼女はどのように苦境に対処しているのだろうか？
* 夢が患者について語るところは、客観的見地、主観的見地それぞれからどのようなものだろうか？
* 患者から見た分析家の逆転移とは何だろうか？
* 患者が示すところでは、彼女にとってもっとも治癒的なものは何だろうか？　彼女は何を必要としているのだろうか？

　オグデンは夢想を続ける。彼女が最初の夢を語ったセッションの初めに、患者が彼のオフィスへの階段を急いで登るのを聞いて軽い吐き気がしている。彼は基本的には彼女にいらだっている。彼は置時計の秒針をじっと見る。彼女は人生を一変させるような魔術的な、変容性解釈を求めていると思う。
　患者の母はとても成功した専門家だった。母が自分を妊娠したことは望まれてい

第 17 章　スーパーヴィジョンとしての夢、スーパーヴィジョンにおける夢

ない偶発事だったと患者は確信している。母は一生自分を憎み、粗末にし嫌ったと彼女は思う。これらすべてが、当初逆転移で実現していた。

　最初の夢は、ネグレクトとおそらくは偶発的な幼児虐待のテーマを示している。赤ん坊は首の骨が折れているが、男から拾い上げられた後、不気味に笑う。客観的な観点からは、夢は患者が犠牲者であったことを示す。主観的観点からは、夢は彼女自身のサディズムと、不適切な親としての男性性に同一化していることを示している。スーパーヴィジョンとしての立場からは、夢の意味することは、「あなたは私をダメにするかもしれない。でも拾い上げてくれるなら、私は生き残る。それに多分私は自分の苦しみを隠す。」

　二番目の夢は分析家をより直接にスーパーヴァイズする。再び、ユング派の夢の「縮減 reduction」を考えるなら、夢は赤ん坊への拒絶から始まる（「こんなものをどうして産んだんだ」）。しかしその後に、際限のない身体接触が続く（「私は赤ん坊を抱きしめに抱きしめた」）。それで赤ん坊は「その巻き毛はのび放題の少年」になる。スーパーヴィジョンからのメッセージは、入念な介入は不要だ、ということである。ひたすら「抱きしめに抱きしめ」よ。

　夢はこのように患者の基本的なパーソナリティを示す。つまり、望まれない、ぐずりがちの赤ん坊で、虐待され、痛めつけられている。また夢はどんな治療的解決があるかを示す。つまり、絶え間なくしっかりと抱きしめることであり、それを彼女は必要としている。

　セッションでオグデンは、象徴的にはまさにこれを行う。しかし時間がかかる。まず、患者と分析家によって傷つきやすさと防衛との循環が生き抜かれる。最初の夢を語った直後、患者は素早く夢から離れ、仕事の計画の詳細を話す。これは夢の最後で、赤ん坊の見せる防衛的な微笑のようだ。分析家はこの防衛に気づき、彼女を夢に戻す。私的には、分析家はかけがえのない親友を乳がんで亡くした自分の喪失体験を乗り越えようとしている。このことは分析家を、患者の痛めつけられ、剥奪された感情に共感しやすくしている。

　二番目の夢を聞いたとき、分析家は夢のなかの言葉使いで、患者は**それ**をとり上げ、それから**彼**をだきしめることに気づく。この非生物に対する代名詞から人を指す代名詞への変化は、彼女が赤ん坊への愛を感じていることを意味する、と分析家はコメントする。分析家は「愛」という言葉を不用意に使ったのではと不安になる。しかしこの用心深さはおそらくは逆転移の不安の徴である。にもかかわらず患者は感動し、抱きかえられていると感じる。それから彼女は分析家が彼女を裸にして見ていて、胸が小さすぎると思っていると考える。これは分析家に乳がんのことを連想させ、友人とその病気のことを話しあったときにちゃんと応対できなかった思

いを想起させる。友人への大きな愛と彼女を失った苦しみはともに、新しい生き生きとした情動を分析関係へもたらす。それにより分析家は自由になり、患者と感情豊かに親密に結びつくことができる。その結びつきは、長く続けば続くほど、患者にとってより確かに「抱きしめに抱きしめられる」体験となる。それはまた患者から次第にもっと深い夢への連想を引き出す。それは貧弱な胸のせいで子供を育てられないような少年のように見える、という彼女の感覚を含むものである。

　つぎはスーパーヴィジョンとしての夢のもう一つの例である。それはまた夢をシリーズとして考えることの価値も示している。夢のシリーズはあるテーマを時間経過のなかで発展させるのである。そうした状況下で、私は、治療をとても恐れている患者の分析をしていた。彼女は、身体的にも言語的にも虐待を行う家庭で育った。私は彼女は本当に精神分析を受けるべきだと考えていたが、そのことを彼女に持ち出せないでいた。彼女の恐れと抵抗のレベルはとても強く、断固としてカウチ使用を拒絶していた。しかし週1回対面の心理療法を3年続けた後、彼女は次の夢を見た。

　　　私は居間にいます。いつもどおりです。私の前に犬が立っていて、その犬のことで私はとても気持ちが乱れています。犬にこう言います。「カウチへ上がってちょうだい。カウチに上がりさえすれば、大丈夫よ」。

　彼女の夢を聞いてから、私は黙ってオフィスのカウチへ目をやる。彼女はそれを見て「思わせぶりね！」と言う。
　私は言う。「フロイトを言い換えると、ときにカウチは所詮カウチなんだ」。また夢で彼女は自分にカウチを使うよう提案しているようだ、とも。彼女は、心理療法を15年続けた後なら、そうできるかも、と答える。
　1年後、彼女は同じテーマを違う夢で再度見る。《私はイスに腰掛けていました。あなたはそこに（いまいるところに）いました。誰かがドアから入ってきて私の後ろに立ちました。30歳くらいの女性です。彼女は銃をあなたに向けました。私の考えは「彼女は絶対彼を撃とうとはしない」というものでした。私は彼女に「引き金を引きなさい」と言いました》。このとき患者は夢を語るのを中断する。バッグを探り、キャンディを取り出し、「ライフセーバー（訳注：キャンディの商品名）はお好き？」と、尋ねる。私は好きではないと答えるが、私の射殺を命じた後の無意識的なライフセーバー（救命者）の申し出に衝撃を受ける。このイロニーに彼女は気づいていない。それから夢について語り続ける。

第17章 スーパーヴィジョンとしての夢、スーパーヴィジョンにおける夢　205

《彼女と私はカウチに上がりました。あなたは「休止中」であるかのように動きません。若い女性とした会話を思い出せたらいいんですが。彼女は徹底的に世話をやいてくれます。彼女はイスに座り、私は立ち去ります》。

　彼女の夢を聞いた後、治療の基本形式を変えるべきだという意味かと私は考える。彼女の言うように、私は一方では注意深く傾聴しつつ、その場にいつづけながらも、休止ボタンが押されてしまったかのようにもっと寡黙になるべきかもしれない。彼女はカウチに上がり、自分自身の異なる諸側面の間で内的会話をかわすべきかもしれない。つまり殺人を犯しそうな面、世話焼きの面—それらは夢で描写されている。私はこのことを彼女に言う。
　彼女の反応はさらにものすごい。「カウチに**あなた**と上がると思うの？　とんでもない！」（これを言うことにより、私たちはかたや夢を解釈しているが、彼女は夢の一部をエナクトしている。つまり彼女は私を打ち倒すが、本当に殺しはしない。）
　夢は彼女の心的葛藤を伝えている。彼女は自分の殺人者的なるものをコントロールしていると確信しているが、そのうえで射殺命令を下す。彼女は自分の家族のもつ本当に殺人者的なるものを恐れている。そして人は親密な関係のなかで、殺人者であることを露呈することなく生き延びることができるのかどうか疑っている。彼女は私たちの一方が他方を殺すのを恐れている。2、3週間後、彼女は次の夢を見ている。

私はあなたのオフィスに来ます。あなたはいつものイスに座っていますが、あなたの前には置きテーブルがあり、きれいな陶器のお皿と優雅なナプキンが載っています。私がいつも座るイスには、ひと重ねの本が置かれています。私はカウチに上がるほかありません。どのようにか、私の胸郭が開き、心臓があなたのお皿の上にあります。あなたが言います。「君の心臓を食べるよ」。私は血を流し、眼が覚めます。

　夢はカウチに上がることの恐怖や、私がしようとすることへの恐怖を描いている。彼女は友達が分析でカウチを使おうとしたが、カウチは本で一杯だったと語る。友達はそれを、カウチを使わないようにという分析家からの間接的メッセージだと思った。対照的に、彼女の夢では本がカウチを強いる。もちろん疑問はある。彼女がカウチを使うという提案は、学問的な「固い（bookish）」問題だろうか？　彼女の高いレベルの不安と不信が重要であるのは確かであり、カウチ使用が可能になる以前に取り扱われねばならない。

いくつかの夢はうるさいほどのスーパーヴィジョンだ。それらの夢は患者が分析家のしていることをどう見ているかを、あからさまに述べる。夢の意味は利害のない第三者にはまるで明確であっても、分析家の逆抵抗が強ければ夢のメッセージを分析家が理解しないことはよくある。例えば私がスーパーヴィジョンしているある分析家は、自分は問題の対処法を誰よりよく知っていると思い込み、患者にアドヴァイスする傾向にあった。患者は次の夢を見た。

　　私は昨夜あなたのことを夢に見ました。ちょっと気持ち悪かったです。あなたはどういうか、私と上司のジョーの間に入ってきたんです。あなたは彼にセラピーを行い、彼のことを多少私に説明していました。あなたは厳しく、いい感じではなかったです。けれど私はあなたのすることを信じていました。あなたは大事な問題があることを強調しようとしていました。——こう言ってたんです。「彼と問題に取り組んでいて、君とは何の関係もないんだ」。

夢は患者に把握できるものとしての治療の問題点二つを描き出しているのではないかと、私は思った。つまり(1)治療者は患者の問題でなく他の人の問題を扱っている。(2)治療者があまりに一方的なやり方で患者の問題を扱っていることを、夢が描いている。治療者は患者と協働しておらず、それは患者と関係ないのだと文字通り患者に告げている。これは非協働性の最たるものである。

　もう一つ例をあげよう。私がスーパーヴィジョンしている分析家は10年以上ある患者を治療していた。患者はかなりよくなっており、私の見るところでは終結間近だった。分析家は異なる見解だったが、患者に強い愛着を持っていて、自分のために患者の終結を望んでいないのだろうということは認めた。患者は次の夢を見た。

　　昨夜夢を見ました。高等学校を卒業しようとしていました。卒業できない理由は、アメリカ史のコースを取っていなかったためで、卒業試験を受けるか、卒業論文を出すことになっていました。Bの結婚式に行った一人は、そこで(高校の)友達だったのですが、夢に出てきて、すでに卒業試験を受けて不合格でした。
　　ところでこれは治療についての夢だと思います——治療を終えたいと望みながら、どうしたらそれができるのか皆目わかりません。夢の意味するところは、あなたが悪意のある怖ろしい歴史の先生で、私を卒業させようとしない、ということです。
　　夢で、卒業試験を受けるのを、できるだけ延ばしに延ばします。試験に私

は現れません。でも何とかして先生が卒業させてくれるよう願い続けます。なぜなら、あとたった一つのコースだけでしたし、そこにはとても長くいたんです——10年間も。

　この事例では、夢の意味はまるわかりであるばかりか、患者自身もその治療終結への関係を読み取っていた。スーパーヴィジョンでは、このことが治療者の逆転移、とりわけ分離の困難が論じられるきっかけとなった。
　ある分析家は、彼の臨床実践についてのカンファレンスへの挨拶のなかで、患者の夢について述べた。夢のなかで、患者はレストランで分析家に向かい合って座り、分析家が何を言っているのか理解できないのだった。患者についての多くの事柄が、食物やコミュニケーションに関することも含めてこの夢に圧縮されていると思われる。しかし夢をスーパーヴィジョンと眺めるならば、患者は分析家が何を言っているのか理解できてないと考えるべきだろう。興味深いことに、聴衆の多くは分析家の発表を聞きながら、聴衆自身も分析家が何を言っているのか理解できなかった。それで夢の意味を推量し、患者に共感するのは容易だった。しかし分析家は患者とともにこの意味を探求しなかったし、彼自身への意味にも気づいていなかったようである。
　すべての分析家は自分自身への関連をつかみそこなう。すでに述べたように、分析場面で語られる夢の転移、逆転移への注目を甦らせたグリーンソンでさえ、時には治療的相互作用への関連をつかみ損なっている。例えば患者が「グリーンのレインコート」を夢見たとき、自分の名前への関連に気づかなかったことがある。この点では、グリーンソン（1967）が長めに述べている報告をもっと詳しく見てみるのがよいだろう。ある女性患者はセッションの冒頭二つの夢を述べた。《(1)私は裸で写真を撮られています。仰向けに寝て、足を閉じたり広げたりしていろんなポーズをとっています。(2)一人の男が曲がった尺定規を手にしているのが見えます。エロティックと思える文字が書かれていました。背中にとげのある赤い小ぶりの怪物が、鋭い小さな歯でこの男を嚙んでいました。男はベルを鳴らして助けを求めますが、私以外誰も聞いておらず、私はどうでもいいと思っていました》(p.143)。
　グリーンソンは次のように解釈している。「裸で写真を撮られるのは、ペニスがないことをさらすという問題を意味している。尺定規を持った男を彼女は表面上無視しているが、彼女の分析家を象徴しているのは確かだ。彼が格闘している赤い怪物は、男性器に関する彼女の感情の投影、もしくは復讐を象徴するものであろう」。これらはすべて、その時期に顕著であった女性の中にペニス羨望を見出す解釈傾向に沿っている。

グリーンソンは後日、患者に「自分の中のあの憎むべき怪物を見つめるのを怖がっているようだから、よそよそしい、からっぽの感じがするんですよ」と言っている。患者は「怪物は赤かったわ。実際は暗い赤茶色、古い経血のよう。あいつはヒエロニムス・ボスの絵にいるような中世の悪魔だった。私はその絵に似ているわ。もし自分が絵であるなら、その絵になりたい。ありとあらゆるセックスの悪霊、はらわたの動き、同性愛、それに憎しみであふれた絵。自分や、ビルや私の赤ちゃん、それにあなたへの憎しみにどうやら私は直面したくはないみたい。本当は私は変わってない、だけどえらく成長したように考えてたわ」と答えた。

　グリーンソンは確信をもって介入する。「私たちは最近、新しい怪物を明らかにしました。あなたの中にある男性のペニスへの怒りと、膣への嫌悪です。あなたはそれから目をそむけ、空虚へと逃避しようとしているんです」。

　患者は答える。「あなたはえらく自信たっぷりね。すべて解決済みのように。（彼女は彼の解釈の形式的な性質に気づいている。しかしそのときはこう言う）ひょっとしたら私は逃げているのかもしれない。読んだ本で、ある男が妻にもっとよいセックスパートナーになるようコニャックを飲ませて酔わせ、妻は酔ったふりして自分の本当の感情を解放したとあったわ。（彼らは二人ともだまし合っている。）あるいは私はそれに似ているかもしれない。あなたたち男に、私がセックスで何ができるかを見せつけてやりたい。いやしい奴隷のような外見を見せているけど、その下にある堂々としたところも時には感じるわ。私にペニスがあるなら、あなたたちクズ野郎にどうやってペニスを使うのか見せてやりたいわ。そうよ、いつかの晩も私を満足させようってビルが大ふん張りしていたとき、しげしげとビルを見てひらめいたの、さあ誰が『奴隷』だろう？って。それからあの尺定規、思い出したけど、あなたはノイローゼを測るのにどんな尺定規を使うの？っていつか尋ねたわ。（夢は答えている、エロティックな言葉の書かれた尺定規！　これは患者の連想が、顕在夢を理解させる前後関係を立ち上げる見事な例だ。）私はバカだと思いたくない。けれどあなたやこの分析は時々そう感じさせる。私はそうしようと思えば、あなたと同じくらい頭が切れるわ。でもそうなるとあなたを失うのが怖くなる。あなたに嫌がられるんじゃないか、あなたが見捨てるんじゃないかって。あなたをもっと信じなきゃいけないのかもしれない。こんなことをみなビルが引き受けてくれるなんて思えない——でもあなたはそうできるはず……」。

　グリーンソンが見て取るのは、彼女が内的に憎しみのペニスを持ち、男性に同一化し、それを夫やグリーンソンに投影していることだ。しかしたぶん夢はグリーンソンをスーパーヴァイズする試み、つまり彼の解釈傾向にコメントする試みである。こう言うかのようだ。「私を性的にあれこれ言うのはやめて！　あなたは私の神経

症をあまりに性的なものにしている——他に何かないの？　私の攻撃性、それにあなたと同じくらい頭が切れるのではないかという怖れがあるわ。あなたはそれを私の男性への同一化と呼んでいる——もしそれが健康な奮励努力や、男性基準の尺定規では図ることのできない女性であることへの希求の努力であるとしたらどうするの？」

　誰もがその時代の文化や、個人的な信条の成り立ちに従って解釈する。夢は**柔軟**であり、そうした解釈を受け入れる。にもかかわらず、夢には**一貫性**がある。分析家や患者が文化に従っていかに夢を形作ろうとも、夢の生命は、分析家から見た洞察や、時には文化的洞察も超えて、患者の個人的な洞察を押し進めつづける。分析家と患者にとってもっとも困難な仕事の一つが、夢によって描かれたこの拡大した地平を見ることなのである。夢を彼らがすでに知っていること、見出そうと心積もりできることに制限することは、いわばプロクルステスのベッドに押し込めるようなものだ。個人的な洞察を押し進める夢の作用は、ドラの夢にも同様の働きをしている。それはフロイトの性的な解釈にもかかわらず、抑圧的家族状況から彼女を解放する手がかりとなった。夢解釈がいかに同時代の文化的制約のもとでなされようと、私たちの夢は文化の制限を越えていく本質を保っているのである。

第18章
逆転移夢の臨床応用

　逆転移夢の主題はつねに臨床家の間に多大な興味を喚起している。前の2章は、患者の夢が分析家によって一種のスーパーヴィジョンとして用いられ、その逆転移の理解を助け、そうすることで転移をもつ患者をよりよく助けることができると論じている。私は第16章を口頭で約5回発表したことがある。この第16章は患者についての分析家の夢のことは述べていない。しかし公的な講演としてこの論文を提出するたびごとに、聴衆からまず質問されるのは、「患者についての分析家の夢のことをどう思いますか？　また分析家がそうした夢を患者に語ることについてどう思いますか？」という疑問である。この問題が興味深いのは明白なのに、夢解釈の領域では研究され書かれることはもっとも稀である。

　映画『アナライズ・ミー』で、ビリー・クリスタルはマフィアのボスである患者の威圧的な転移におびえる精神分析家を演じた。彼はロバート・デ・ニーロ扮する患者に自分の夢を語った。患者はうれしくない。しかし分析家の夢には、患者の精神力動と治療の重要な鍵があることがわかった。充分ではないが、治療はうまくいった。しかしそれはハリウッドの話だ。実際の分析でそうしたことは起こるのか？

　私の知る多くの分析家は、自分の夢を患者に語るという考えに身をすくませる。それが強いタブーだという事実そのものが、その方法を率直に論じにくくしている。多くの分析家は、なぜそうするんだ？といぶかしむ。分析家自身の夢がとても教えるところ多しといっても、それを伝えることが患者に有益だろうか？　教唆的な部分はほかの使い道があるのではないか？　それは大なり小なり効果があるのか？とはいえ、何人の分析家が実際に夢を患者に語ろうとしただろうか？

　私は自分の夢を患者に言うことには、なおかなり慎重だが、文献や臨床実践で鼓舞されて、そのことへの制限つきの探索をいくらか行ってきた。私が調べた限りでは、患者についての自分の夢を定期的に患者に話した最初の分析家はユング（1962）であった。彼は、これがとにもかくにも過激なやり方だという意識を見せず、そう実践したことを報告した。むしろそれは彼自身の、無意識の印象は根拠のあるものだという信頼と合致している。ユングを個人的に知っていたマリー＝ルイズ・フォン・フランツ（Franz, M.-L von, 1998a, p. 28）によれば、ユングは患者であるなしにかかわらず、誰かの夢を見たときには、コメントや解釈なしにその人に夢を話す傾向があった。その後にその人は夢が適切かどうか、どう適切かを自由に決め

ることになる。
　例を挙げよう。ユング（1962）はある患者との初回面接の前夜に夢を見た。

>　見知らぬ一人の若い女性が、患者として私のところに来た。彼女は自分のことを要約して私に語った。彼女が話すあいだ、私は「この人の言うことはさっぱり分からない。何のことだか分からない」と思った。しかし突然ひらめいたのは、彼女には異常な父親コンプレックスがあるにちがいないということである。そういう夢だった（p. 138）。

　翌日ユングがその女性に会うと、彼女は富裕なユダヤ人銀行家の娘だった。彼女は重い不安神経症にかかっていた。すでに一度分析を受けていたが、その終結は彼女の転移があまりに強いので分析家が自分の結婚が壊れると怖れたためであった。（これはユングの記述である。今日では、逆転移が少なくとも同等に強かったと言うべきだろう。）
　その女性は、ユングが呼ぶところの「西洋化されたユダヤ人女性」であり、非常に教養があり、宗教との結びつきもそう強くはなかった。コンサルテーションをしていてユングは彼女が昨晩の夢の女性だと気づいた。父親コンプレックスは見出すことができず、ユングは彼女の祖父のことを聞いた。彼女は動揺しうろたえたかに見えた。祖父はユダヤ教の信徒で超正統派の権威者だった。彼は聖人であり、霊視できると言われていた。彼女はこれらを「まったくばかげている」と退けていた。ユングは、彼女が神経症になったのは「神への畏れが彼女にとりついたからだ」と言った。
　次の夜、ユングは別の夢を見た。《私の家で歓迎会が行われようとしていた。するとなんと（and behold）、そこにはその女性もいた。彼女は私のところに来て、尋ねた。「傘をお持ち？　ひどい雨だわ」。私はそのとき傘を見つけ、どうにかそれを開いて彼女に渡そうとした。しかしそうではなく、何が起こったか？　私はひざまずいて彼女に傘を手渡したのだ。あたかも彼女が女王であるかのように》。
　ユングはこの夢を患者に話した。1週間後、彼の話によると、彼女の神経症は消失した。ユングは説明をこう締めくくった。「この事例では、私は何の『手立て』も講じていない。しかし神霊がそこにあるのを感受していた。これを彼女に説明したことで治療は遂げられた。方法は問題でなかった。問題は『神への畏れ』だった」。
　ここにはおそらくある方法が含まれている。聖書の時代、あるいは今日でもある文化においては、神からのメッセージとされる夢がある。ある人に夢を語ることは、神からのメッセージを伝えることなのである。ユングの患者は、表面上は自分の宗

教から疎遠になっていた。しかし祖父の敬虔さと宗教性に、言葉に出すことはないが深い絆を感じていたのだ。ユングはそうした枠組みにおいて彼女に語った。預言者のように、ユングは自分の夢をとおして彼女の神経症の解決法を語るのである。そして彼女はそのように彼の言葉を聞き、一方的な世俗主義から解放され、切り離されていた宗教的ルーツへ戻ることができた。この説明全体には、聖書のもつ短い、簡明な、はっきりしたトーンがある。ユングの夢の言葉でさえ、聖書の響きがある。例えば、「すると見よ（and behold）、そこにはこの女性もいた」。

　もう一つの例では、ユングはある女性との治療で行き詰まっていた。彼は次の夢を見た。《午後遅い陽光のもと、谷を抜けて高速道路に沿って歩いていた。右には切り立った丘陵があった。その頂上には城があり、一番高い塔には欄干のようなものに一人の女の人が座っていた。彼女をよく見るために、私は頭を後ろへ曲げなければならなかった。首の後ろの筋を違えて、目を覚ました。夢のなかでさえ、その女性は私の患者であることがわかった》。

　ユングはその夢を補償とみなした。夢で彼女を見上げているのなら、それは覚醒時の生活では彼女を見下しているからだ。彼は患者に夢と自分の解釈を述べた。治療は再び進み始めた。

　分析家の夢がすべてそうであるように、この夢も主として夢主の精神力動内で解釈できるだろう。ユング自伝から、彼が母親に対し二つの矛盾する姿勢を持っていたことが知られている。大半の時間は、彼女は浅薄なことを喋っていた。しかしときには、とりわけ誰も聴いてないと思うときには、意味深く賢明なことを言うことがあった。この夢とユングの解釈は、母親や、そしておそらくは女性一般に対する、ユングの二重の姿勢を示している。

　ユングの心理学はいかにも黙示的であるが、にもかかわらず患者に自分の夢を語ることは治療を行き詰まりから解放したようである。ユングが患者を見上げていたか、見下していたか、夢はどちらを示していたのかということより、夢が両者の間のそれに関する心理学的問題の論議の出発点になるかどうかのほうが重要である。

　対人関係学派の精神分析家のなかでは、エドワード・タウバー（Tauber, E., 1952）が、患者について見た自らの夢を彼らに語り、それを理解するために患者と協働する分析家について初めて論文で述べた。当時それは大胆なことだった。50年近く経っても、なお多くの分析家には大胆なことに思える。タウバーは患者と一緒に、患者についての自らの夢を解釈しようとする。論文の症例は、この技法を思慮深く用いていて見事である。同時に臨床例は詳細であり、そうしたやり方に潜んでいる落とし穴も明らかにしてくれる。

　タウバーは夢見た。《患者と分析家は、多分パリの歩道のカフェの小さなテーブ

ルに座っている。患者はほとんど喋らないが、顔には悩ましい表情を浮かべている。心配しているようだ。分析家は彼に言う、「何が問題なのかを、どうして言おうとしないんだ？」》（p. 332）。

タウバーはこの夢ともう一つの夢を患者に話す。タウバーの論文によれば、患者は次のように答えている。

> 二つの夢にはいたずらっぽい性質があった。夢は分析家が私のことを心配していることを明らかに示しているが、同時に私は、二人の関係が親密でくつろいでいるので分析家は有頂天になっていると推測した。分析家はこの問題に関して二人はもっと突っ込んでいくべきだとある意味では思っていると示そうとしていたが、なにか個人的な理由であえてそうするのを避けていた。患者は以上のように答えた。
>
> 分析家は、後半のコメントを挑発的な考えと思った。分析家はそれを端的に拒絶することもできず、肯定もできなかった。自分は困難を避けたがっているとやましく感じているのだろうか、と分析家は真剣に自分に問うた。これに関する連想から、分析家は外部から得ている、患者についてのあまり好ましくない情報を思い出した。これを患者に伝えることは、現状では思いどおりにいかないと分析家は感じた。そこで彼は夢についていくつかのコメントをした。そのコメントで、夢が意味しているのは、分析家が患者から最大の関与を引き出し難いこと、ひょっとしたら夢は患者にもっと協働して欲しいという分析家の願いを間接的に伝える方法かもしれないこと、分析家には何かそう思われることを示した。

これは分析の重要ポイントである。夢の分析が実り多いものであろうとするなら、分析家はできる限り分析を進めておく必要がある。この症例でタウバーは、無意識のまま進んでいる。かたや自分が意識していることを明らかにすることはできないと感じながら。この状況はつねにリスクが伴う。次のことは、分析家にとってほとんど実践原則と言える。**患者に言えない何かをはっきり意識しているときには、その何かを一足飛びにまったくの無意識の伝達として患者に語ろうとしてはならない。夢を語るのがそれにあたる。**そうした状況下で患者に夢を語ることはダブルバインドである。あたかもこう言うかのように。「私はあなたについて気づいていることを言えません。でもそれでは落ち着かず、あなたに悪い気がします。夢を語ることでもう少し話してみましょう。もしかしたらその夢から私が知ることを、あなたは解読してくれるかもしれません。でもそのときには私はそれを承認はいたしませ

ん」。

　タウバーの症例では、患者はこのとおりだと感受している。夢の「いたずらっぽい」性質を認めることで、患者は状況がどうであるか気づいている。分析家は誠実であっても、患者の関与を最大限引き出しにくいことを患者にコメントできない。患者はタウバーが挑戦を避ける個人的理由がいくつかはあると推論さえするが、それはあたっている。

患者に夢を語る私自身の経験

　精神分析と心理療法の25年の実践で、患者について見た夢を患者に語ったことは私にはまれである。それらの機会は、私自身で分析を行った後で、夢が意味するものにある程度安心できているときだった。私が夢を語るのは、ふつう数年間は治療を行って、よく分かったと思っている患者であった。どの場合も、患者のことを知り尽くすことにいわばうんざりしていた。それは患者のことを夢に見る一つの理由かもしれない。臨床上の行き詰まりを打破し、臨床的相互作用について考える新しい道を見つけるためである。

　患者について見た夢を初めて患者に話したとき、約5年間の分析の後だった。二人とも分析がうまくいってないと感じていたと思う。私の解釈は、しばしば探索を打ち止めにした。面接室での患者の不安を私は感じたし、私のコメントで彼は黙り、あたかも麻痺したかのようだった。私はいったい彼の助けになっているのだろうかと疑問だった。2、3年後に彼が語ったところでは、私たちが治療を始めた頃、彼は自殺を真剣に考えていて、分析は彼の命を救ったということである。しかしこの時点では、彼に何らかの影響を及ぼしているかどうかは、私にはなおよくわからないでいた。

　患者は非難されるかもしれない状況を極端に避けた。他人への非難や、復讐のファンタジーに対しては無口だった。夢を取り扱うのは彼には難しかった。彼は言った。「自分がコントロールできないことで非難されるのは怖い。無意識はコントロールできません」。彼はセッションで母の突然の死についての喪の作業もしていた。母について自分が愛していることや愛していないことを振り返っていた。否定的な面で、母は彼を尋常でなくコントロールでき、貶めることができた。とりわけ尿失禁に関連して、彼には苦痛な記憶があった。

　それ自体として彼を傷つけそうにない解釈をするのは不可能だと、私は感じていた。そうした行き詰まり感のあるときに、私は次の夢を見た。《私は寄宿舎の一室にいる。私たちはセッションをしている。気が抜けたセッションだ。私の背中が痛

む。私はリノリウムの床にのびる。患者は笑い出す。子供のように、くつろいだ笑いである》。

翌日のセッションで、患者は同僚について不満を述べ始めた。かなり落ち込んで、自分について「非現実感の気配」があるとこぼした。彼は自分が高い理想を持ったロマン主義者だと思っていて、今のガールフレンドはそのために彼を叱りつけるのだと言った。空気は抑うつ的、悲観的、非難に満ちた重苦しさがあり、そのなかで私は夢のことをふと思った。夢は何とか彼を笑わせようという願望に思えた。そのとき思いついたのは、子守唄の一節だ。「そんなにふざけるのを見て子犬は笑った。」

私は夢を彼に話そうと決めた。彼は尋ねた。「床に寝ているあなたを見て、私が笑ったんですか？」。突然思い出したのだが、分析の初めには、私たちは互いによく冗談を言い合っていた。そのことを彼はガールフレンドに自慢し、彼女は「私は**自分の分析家**と冗談は言ったことないわ」と言ったものだ。私は彼に言った。「自由にやれると感じて、君は私と**一緒**に笑ったんだと思うよ」。患者は一呼吸おいて、言った。「リノリウムということで、その部屋はここみたいにはよい家具が備えられてなかったと思います。あなたの夢は半分役割の逆転みたいです。あなたが困っているのを見て私は笑っているとおっしゃいます。私はそういうことはしないでしょうが、もしかしたらあなたがどう私を見ているかということでしょう。何か滑稽なところがあります。カウチに横たわっていることみたいで。それ自体は滑稽ではないのですが」。

次のセッションで、私たちはさらに夢を検討した。夢は彼を自由にしたいという願望を表していると思うと、私は言った。彼は、床がなぜリノリウムだと思うのかと私に尋ねた。リノリウムで、幼稚園の頃の床を連想すると私は言った。子供の頃、リノリウムの床の毛布の上で、昼寝をすることになっていた。大事な休憩時間のはずだったが、私たちは床を滑りまわり、すごく楽しかった。

患者は活気を帯び、尋ねた。「おもしろいですね。私が子供だったときの幼稚園の先生、Ｃさんは素敵だった。母が一番下の弟を産んでくれる、と彼女に言ったことを思い出します。他の子にはないニュースだったんです。彼女は子供たちを遊び場に連れて行ってました。ただ足を組み、子供たちをじっと見ていました。いらいらせず、私たちを自由にさせていたんです」。

彼がこれを話しているとき、私は二人の相互作用の重要な面に気づいた。私が不安をなくし、彼を自由にさせることはある点までは効果的である。しかし私の反応が少なすぎると、彼は無視されたのかとおびえる。これは彼の心のなかの中核的な感情問題——つまり、過剰なコントロールと無関心のバランスという問題だった。

次のセッションで、私たちは表立っては私の夢を話さなかった。彼は緊張感について語った。それからあるオペラ作品を取り上げて、あまりに貧弱だと思うと言った。ついで野球のワールドシリーズについて、一方のチームが全戦力をあげて戦うなら、いい試合だ、と言った。これは私が彼に自分の夢を語ったことを言っているのかと考えた。当時、自分の全戦力をあげて彼に対していたように思えていたのである。全戦力をあげる（pull out all the stops ＝直意はすべての抑制、制御を取り払う）、には二通りの意味がある。伝統的な象徴としては、いかなる抑制もなく、ということで、もう一つの意味は、具体的に膀胱のコントロールをなくして、ということである。これは解放感を与えるが、きまり悪くなってしまう。

　私は次のように考えた。「私はもっと進むべきだ、彼の抵抗にひるんではいけない、という意味だろうか？　すべて自分から出て行くものをコントロールすることに悩まなくていいことは彼にとってほっとすることなのだろうか？」　彼はうっかり人を傷つける人々について話し続けた――誰かの家に行き、息子が野球に来れるかと父に尋ねる。父は息子は小児麻痺だと言わざるをえない。そして「僕の言うことも同じように人を傷つけるんですよ」と彼は言った。これが私たちのセッションにつきまとう緊張の一部である。つまり彼は、次の連想が私を傷つけるかもしれないと思うと、黙ってしまうのである。

　この事例で患者に自分の夢を話すことによって、私が彼との間の「溝を埋める」ことを願っていることがはっきりした。そしてその目標への小さな道筋はついた。私の幼稚園への連想と、彼自身の成育史とのからみは、以前にははっきりと気づいていなかった私たちの共通項に気づかせてくれた。

　それはまた真正きわまりない意味でのエナクトメントだった。私が夢を患者に語るのは、夢の内容のエナクトメントだった。夢のなかで私は「溝を埋める」ための何か新しいことをした。そして夢のなかで溝を埋めようと試みる一方で、現実の治療の中で新しい何かをしたのである（患者に彼についての夢を語ること）。

　患者に夢を語った数ヵ月後、夢はまた社会的階級のテーマも示唆するものであったことに私は気づいた。それは二人が話しづらいものだった。患者は、現実の世界や転移において、社会的階級に神経を尖らせていた。彼の祖父母は労働者階級だった。父はその職業で苦労して多くのことを成し遂げたが、管理職への基本的な不信と労働者階級の価値観を持ち続けた。患者は私たちの階級の違いに注目していた。私の背景は彼より特権的であり、彼はこの違いを誇張しているようだった。彼は次の二つの夢を語った。

　《私は通りで仕事の同僚のフランシーヌに出会った。彼女は帰宅するところだった。私は彼女に「この近くに住んでいるの？」と訊いた。彼女は「そうよ」と答えた。

私は「君はＸ通り（彼らの事務所の旧住所に近い）に住んでいると思ってたよ」と言った。彼女は「ちがうわ。引っ越したの。この近くに住んでいるわ」と言った。それはブロードウェイ72番地で、この近く（私のオフィスの近く）だった。ロンドン近辺の外観だったけれども》。

それから患者は連想した。「私はロンドン近郊の大きな新しいレストランについての論評を読んでいました。かつてはその近辺は労働者階級のものでしたが、最近では高級化されています」。

それから彼は続けて言った。《その前にもう一つ夢を見ています。事務所の事務員にねじ回しで刺されたんです。彼は一見ふつうですが、本当は変なやつ、精神病者です。彼は私の肋骨の間を刺したのです。救急車が呼ばれますが、私は本当は刺されていないことに気づきます。説明が難しいのですが。その筋の人たち（authorities）が来ます。私は病院にいます。それは警察病院で、一般の警察ではないので、私はほっとします。自分の状態を説明しなくてはいけないのは、ごめんだったのです》。

私たちは二つの夢について話した。私が注目したのは、彼の暴力とレイプへの関心だった。しばしば患者はいかなる暴力的な感情も持たないと力説し、女友達が彼や男性一般の暴力性におびえると、当てつけとして感じ、傷ついてきた。私はまた、高級地化された私の事務所付近への彼の反応に注目した。彼は私のオフィスを誇りにも思い、また嫉妬もしていた。階級システムはイギリスでははるかに露骨だがアメリカにも現にあって、感ずるところは多いと彼は言った。

10ヶ月近くが経ち、私はその患者とセッションをしていた。私たちは彼の仕事の難しさについて話していた。彼は「チームプレーヤー」として評価されていなかった。同じ会社に勤めていて、また私と分析をしてきて、彼は一介の事務員から、高レベルの管理職に昇進していたが、彼の管理レベルより高いレベルはまだ2、3あった。彼は最近、昇進を見送ることになった。嬉しいんだ、と彼は言った。なぜなら、最高管理職レベルは腐敗しているからだと言った。にもかかわらず、彼は落ち込んで、妬んでいた。

彼がチームプレーヤーであることを嫌がっているのには、合理的側面があるのに私は気づいた。彼が自分の知的原則、倫理的原則にもとることはやろうとしなかったが、私はそれを讃えた。実際、彼はパーソナリティ上の困難にもかかわらず、その有能さゆえに、できるだけの昇進をしていた。しかし原則上の問題がないときにでも、単に何か非合理な恨みから不機嫌に恨みがましくなることで、ときどき彼はサボっているのではないかと私は思った。このことに彼はあっと思ったようで、次のセッションにそういう事態がありそうだという観察を携えてきた。そのことを続

けて話しているとき、私はねじ回しで刺された彼の夢を思い出し、「アハー」体験（瞬時に物事を洞察できる）のようなものがあった。彼にその夢を覚えているか聞くと、彼は覚えていた。私は言った。「夢の登場人物はすべて夢主の一部だという原則があるんだ。あの夢のことを話していたとき、君を刺した事務員の人となりを充分調べなかったようだ。思うに、あの事務員は仕事上、依然事務員であると思い込んでいる君の一部なのだ。ずいぶん君は昇進したんだけどね。あの君の一部がねじ回しで君を刺している。つまり君をねじで留めているんだ。他の誰にもわかりはしない。けど、君にはそれがわかってる」。この自己の仕事を妨げる側面、夢のなかの事務員は、彼が夢のなかで述べたように、狂っている。もはやぶつけどころのなくなった恨みに、彼はしがみついていた。夢のなかで警察病院に診てもらい、そのことを話す必要がなくなって彼はほっとしている。彼自身のこういう面を私に説明しなくてよいと安堵したのである。

　社会的階級と社会移動 social mobility の問題は、彼の二つの夢で明らかである。最初の夢では、フランシーヌは近所に引っ越してきた。ここ20年来高級地化されてきた私のオフィスの近所である。二つ目の夢では、彼の事務員としての自己が、彼の管理職としての自己を他の人にはわからないよう傷つけている。そして、彼はそれを話さずにすむことに安堵している。あれから10ヵ月が経過したが、彼と私はもっと率直にそれについて話すことができるようになっている。彼は自分の家族の労働者階級である背景と、現在それが自分に及ぼしている影響をあげた。彼は家事援助のためどんな人も雇おうとしなかった。彼の祖母が家政婦として働き、雇い主の扱いを恨んでいたからである。家族の資産が潤沢だと聞けば、いつでも彼はどのように金を得たのか訝り、不正をして得たのだと思った。特権が与えられていると感じる人、上流階級ぶる人、上流階級の背景のある人に対し、深く刻まれた偏見と敵意を彼は持っていた。この立脚点がどの程度現実的であるか、彼がどのように「ねじで留められているか」を、私たちは調べることができた。この時点で、彼に語った私の夢もまた、階級問題を扱う試みであったことに私は思い至った。私は床の上に身を置くことで、転移のなかで彼が私を持ち上げている張りつめたバランスを移動させようとしていたのだ。そして恥を恐れないモデルを彼に提供していた。私の幼稚園のクラスへの連想はまた、社会的クラス（階級）や上下関係の問題に関連していた。「クラス」という言葉は重層的に使われている。私はクラス問題が比較的重要でない人生の時と場所へ戻ろうとしていたのだ。

　この事例では、私が夢を語ることで多くの働きをした。転移における溝を埋めた。私の夢と合わせると、社会的階級の問題を自由に探求させることになった夢を患者に見させた。私の夢と患者の夢を一緒にした分析は、一種の夢の相互分析を説明し

ており、患者と私自身の両者の抵抗を突破している。私の見解では、有効な夢分析では何か行きつ戻りつしながら分析したり、再分析がしばしば行われるものだ。通常そうした再分析は、患者の夢に関することである（第16章を参照）。しかし同じ原則は分析家が自分の夢を患者に語るさいにも当てはまる。患者は自分の夢で答えるだろう。患者の夢と分析家の夢の両者の分析は、転移−逆転移の基盤全体を明確にすることだろう。

　私が患者に自分の夢を語ることに何か問題があっただろうか？　この例では、問題ないと思う。しかし一つの留保がある。逆転移の探求が分析過程を助けるのに強力な手段であることは、ますます強く認識されてきている。ジョイス・マクドゥーガルがある女性患者への自分の逆転移の自己分析を提示し、議論の参加者から、あなたは再度分析を受けるべきだと言われるのを私が聞いたのは1980年代で、そこからはネアンデルタール人が進化するようなはるかな道のりである。にもかかわらず、逆転移開示に関する現在の文献には、成功結果が強調されすぎているかもしれないと私は思う。文献上私が知るほぼすべてのケースが良好な過程をたどり、ほとんどがつねに生産的である（Watson, 1994）。これは報告の際の偏向を表すものかもしれない。精神分析家は「私は自分の逆転移を患者とともに調べ、患者は傷つき、治療を止めた」とは到底報告しないだろう。分析家に傷つけられたと感じている患者は、何が起こったか分析家に説明せず、突如分析を止めることが多いから、分析家は何が起こったのか気づくことさえないかもしれない。少なくとも二つ、よくある落とし穴がある。(1)逆転移の開示に含まれる境界侵犯。(2)分析家の開示への患者の再解釈を熟慮したくないという分析家の消極性。

　自分の患者に夢を語る分析家についての研究では、もう一つの問題がある。自分の分析家から夢を話されるのはどういう感じかを患者の観点から報告した文献がない、ということである。私が分析を受けていたとき、タウバーの論文を読んだので、私の分析家に、もし私が登場するような夢を見たならそれを話してほしいと頼んだことがある。しかし分析家は話してくれなかった。エドガー・レヴェンソンはタウバーに分析を受けていたが、授業の中で、スーザン・コロッド（Kolod, S., 1999）に、分析家であるタウバーから夢を語られた経験を話している。それは厄介で、侵入的で、まったく何の役にも立たないと思う、とレヴェンソンは言った。レヴェンソンの見方からすれば、タウバーは彼に「ドンと」夢をまる投げし、タウバーの夢はレヴェンソンについての何か重要なことを示しており、それをレヴェンソンは必死で解明すべきなのだと暗に言っていた、というのである。ここには大切な原則があると思う。もし患者に夢を語るならば、それを**分析しないで**という患者の意向を尊重する覚悟が必要だ。

もし患者に自分の夢を語るならば、自分で気づいている以上のことを語ることになるという事実を受け入れなければならない。夢に出てくるすべての人物は夢主の一部であるという原則を思い出してほしい。この原則を真摯に受けとめるならば、患者についての分析家の夢はまた分析家についてのものでもある。だから分析家の患者についての夢は、患者と分析家の両者のパーソナリティの重なりについての夢なのだと言えよう。もしそうなら、分析家が患者にそうした夢を語るとき、彼はこう言っているに等しいだろう。「こんなふうに君と私は似ているんだ」、あるいは、「私のパーソナリティが君のパーソナリティに似ているなら、私はこんなふうだよ」。患者に夢を語ることのなかには、分析家がそれを意図するかどうかは別にして、高レベルの自己開示が含まれている。そのような事態であるから、もし患者に夢を語るならば、その夢の解釈において、患者と率直に誠実に協働することを厭ってはならない。

顕在内容に患者のいない逆転移夢

　伝統的には、逆転移夢とは、顕在内容に患者が登場する分析家の夢とされてきた（例えば、Whitman, Kramer, and Baldridge, 1969, p. 702）。この定義それ自体が、分析的でないのは奇妙だ。それは夢の人物は顕在夢での人物に対応すると想定している。患者の夢を臨床上解釈するときにはそうしたことはやらないのが原則である。分析家の夢はすべて、逆転移夢でありうる。

　ある分析家の夢は、たとえ当人が顕在夢に現れないときでも、特定の患者についての逆転移に関するものでありうるのは当然だ。患者への関係は分析家の連想から推し量られる。ローゼンブルーム（Rosenbloom, 1998）は見事な例をあげていて、そこで患者は顕在内容には現れないが、覚醒時に分析家は、夢はその患者への感情に関係があると思った。患者の母親は危篤だった。分析家はすでに亡くなった人の家を訪れる夢を見た。そこで壁にかかっていた美しい美術品に保護テープをかけてくれという家人の願いに応じかねていた。それは喪のあいだ鏡を覆うというユダヤ教の伝統に関係していた。ローゼンブルームはその夢を患者に話さずに、自分だけで分析した。そして自分自身の喪がきちんと行えなかったという罪悪感や、彼の母親の抑うつと患者の抑うつとのつながりへ関連づけたのである。

患者の夢についての分析家の視覚イメージ

　患者についての自分の夢を分析する他に、分析家には夢を扱うときに自分の逆転

移についての有力な情報源がある。患者の夢を傾聴しながら、自分の持つイメージをモニターするならば、しばしば自分の逆転移についての精密な事実を見出すことだろう。これはすべての学派の分析家に受けとめやすい技術だろうし、時として驚くほど生産的である（Ross and Kapp, 1962）。例えばある患者がこう言ったとしよう。「夢で、私の育った家にいました」。あなたはおそらくその家のイメージを心のなかで描くだろう。患者が多くの細部を詳しく述べたとしても、例えば「私は白い塗り壁の家に入っていきました。入り口には2本のコリント様式の柱があり、窓周りには赤い雨戸がありました」のように述べたとしても、分析家は家やその周辺に自分独特のイメージを持つことに気づくかもしれない。それで分析家が夢への自分の連想によるイメージを調べるならば、いかに患者の夢の家を自分の精神力動へ適合させたかを見出すだろう。通常、分析家の生育史の中にあの家を位置づけることは、現時点での患者への反応について、またいかに患者の話を分析家自身の人生経験へ結びつけているかについて、多くを語るだろう。この二つは分析家に患者について何事かを教えることが多い。これはもちろん家についてだけのことではない。夢に現れるどんなもの、どんな人物についてもあてはまる。

　例をあげよう。私の患者に関してであるが、彼の家のイメージが、私の成長期の友人であり、すぐれた運動選手でもあった少年の家に類似しているのに気づいた。その少年の父親は、子供の時に知っている人のなかでも、もっとも偏執的だった。彼はいつもいらいらして、人を怖がらせていた。私はこの患者が自分のなかに、この少年時代の友人への感情を想起させる思いをかきたてるのに気づいた。その感情は賛嘆と競争心の双方であり、短気ですぐかっとなる彼の父親にびくびくしていた感情でもある。私自身のイメージの吟味により結局、患者もまた短気ですぐかっとなることに気づいたし、これらのことを患者に提示できたのである。

第19章
狂気の実在する場所

　　　　　象がいる、と彼女は思った
　　　　　鏡をのぞいたときのことだ
　　　　　テントのなかは案山子だけ
　　　　　他にはだれも彼女を見ることができない
　　　　　君はほんとに寝なくちゃだめだ、と案山子がいった
　　　　　夢の借金がかさんでいる

　精神病院でトレーニングを受けていた頃、狂っているように思える夢は精神病患者に典型的だということをよく聞かされた。しかし私の個人開業の初期には、たまたまそういう紹介が多かったのだが、ほとんどの患者は境界例か精神病と診断されていて、すぐに聞かされていたことは当てはまらないと気づいた。逆に、境界例や精神病の患者の治療初期にしばしば気づいたことであるが、彼らの覚醒時のコミュニケーションは妄想的な事柄で満たされていても、その夢は味も素っ気もない現実的なものだった。時には、覚醒時には伝達しないような自分たちの生活のこと、治療への反応についてのメッセージを夢が端的に与えてくれるようにも思われた。
　1983年に私はこのことについて、境界例患者の夢が精神分析的治療の過程で変化することを述べた論文を出した。私の報告では、多くの境界例患者や、何人かの統合失調症の外来患者が治療早期に報告した夢は、おおむね理にかなった筋道だったもので、奇妙さは比較的少なかった。そうした夢の一つの特殊な形は、一種のルポルタージュで、前日のセッションをほとんど変更なく描き出すものだった。夢は治療者に患者のセッションの体験の一側面を伝えるものであり、それは直接には言葉にされないだろうと思えたし、また覚醒時の治療者とのやり取りのなかで表面化した感情とは逆のものであると思えた。私はまた次のことにも注目した。何人かの患者では、分析が進展し、症状が改善するにしたがって、彼らの報告する夢は徐々に奇妙になり、より「夢のよう」になっていく傾向があった。ある人々の臨床的直感に反して、この展開は、精神機能の改善と相関している。私はここで、他の臨床家の同一主題に対する観察結果を報告し、そこで得られた認識をより広範な精神病理

の理論と夢の理論の文脈の中に位置づけたい。

　私の事例報告のもともとの目的は、私の知るかぎり本質的に新しい臨床所見を伝えることだった。しかし介在する年月の間に悟ったことだが、境界例と精神病的患者の現実的な夢という私の「発見」は決して新しくはない。それどころか、境界例の患者の夢が合理的で夢のようではないという私の第一テーゼは、偉大なロシアの小説家フョードル・ドストエフスキーに一世紀以上も前にすでに知られていた。その小説『罪と罰』（1866）でドストエフスキーは書いている。

> 病的な状態では、しばしば夢は尋常でない鮮烈さと一点への鋭い集中、それに現実との尋常でない結びつきによって際立っている。展開する光景は奇怪なものかもしれないが、設定状況や表現の意味はもっともらしいだけでなく、精妙な細部をもち、驚きに満ち、同時に全体としての光景と美的に調和している。夢主が、たとえプーシキンやツルゲーネフの才能を持った芸術家であろうとも、覚醒時には到底こしらえ上げることはできないだろう。そのような病的な夢は、異常な、すでに過敏になった生体組織に強力な印象を与え、長期にわたって始終思い起こされる。

　幾人かの分析家は、同種の臨床データと出会っているが、異なる結論を引き出している。フロイトはその生涯で数回、そうした夢のようでない夢について書いている。彼は、そうした夢がじっさい存在するのか訝しんだ。そして数回、考えを変えている。『夢解釈』のなかで、フロイトはモーリー（Maury, 1878）を引用している。「絶対に合理的である夢はないし、何か一貫しないもの、時代錯誤的なもの、馬鹿げたことを含み持たない夢はない」。

　当時フロイトはモーリーは間違っていると考えた。彼は自分自身がそうした夢を見たことがあると思っていたが、よく調べてみてその印象は違っていると結論づけた。

> そして私が見たある夢を思い出すのだが、起きたとき衝撃を受けた。その夢は特によく構成され、完全で明晰だったので、いまだ半睡状態のなかで、夢の新しいカテゴリーを導入することを考えたほどだ。つまり圧縮や置き換えの機制に従わず、「睡眠中のファンタジー」とでも述べられるべき夢である。詳しく調べると、このめったにない夢にも他の夢と同じその構造に欠陥があるのがわかった。このため「夢－ファンタジー」のカテゴリーを私は放棄した（p.331）。

後年彼はこの結論に疑問を呈している。1930年に、彼はこの一節の脚注にこう付け加えた。「正しいかどうか今は確信できない」。それまでにこうフロイト（1922）は書いている。

> 通常の夢とはある性質のため際立って異なる一群の夢がある。それらは、正しく言うならば、夜のファンタジーに過ぎないもので、いかなる類の追加や変更を受けず、夜という点を除けばよく知られた白昼夢に似ている。「夢」の領域から、これらの構成物を除外するのは不都合なことは確かだ。それらすべては内側から生じてきたもので、私たちの心的生活の産物である。一方純粋な「テレパシーの夢」の概念そのものは、何か外部にあるものの知覚にあり、その何かへの心のあり方は受動的で受容的である（p. 208）。

フロイトはその生涯で何度か、現実的、空想的という二つの種類の夢が存在するという観念を考察したが、決着をつけることはなかった。しかしこの問題提起という事実自体は、驚くべきフロイトの先見性である。このテーマについての彼の論文はすべて1953年以前であり、この年アセリンスキーとクレイトマンはREM睡眠を発見している。またフロイト論文は、夢の研究者がREM睡眠中の夢はより「夢のよう」であり、nonREM睡眠は覚醒時の特性をより多く持つことに注目する前のことである[1]。

ドストエフスキーの後もいく人かの精神分析家たちが、境界例患者の類似の夢を報告している。ブランズウィック（Brunswick, 1929）はきわめて完璧な夢の解説を行った。その夢主は彼女が「嫉妬妄想型パラノイア」と診断した一人の女性であり、「病的過程ははっきりと限定されていた」。報告された夢のほとんどすべては、境界例患者に典型的なさまざまな「正気の」夢であった。しかし分析は2ヶ月半しか続かなかった。

1952年に、精神病治療に熟達していたことで知られる精神分析家のポール・フェダーンは書いている。「ある病気、特に精神遅滞や躁病、うつ病において正常な知識は意識されなくなり、夢に現れる」（p. 151）。

1972年、実証的研究者であるロザリンド・カートライトは、精神病患者の夢の多くは穏当だという観察を行った。そして1983年、ロイ・シェーファーは、ある一

---

[1] ベッテルハイム（Bettelheim, 1985）は、nonREM睡眠中の合理的思考は、単に「夢でない」ものとして分類できると書いているが、あいまいな区別で支持できない。REM睡眠中の夢の同定は、ホブソン（1988）によっても喧伝されたが、nonREM睡眠中の夢のおよそ20％はREM睡眠中の夢と区別できないというデータ（Foulkes, 1962; Solms, 2000）によって疑問視されている。

人の患者が、私の患者の何人かと同様、夢のなかで最もよく現実検討を行い、それは問題が分析的にワークスルーされるまで続くことを報告している。

> 最後の事例は、重篤な自己愛、マゾヒズム、妄想的な問題を抱えた一人の若者である。長いあいだ、彼が最良の現実検討を行えるのは夢のなかだけだった。つまり、夢のなかでだけ、彼は自分自身、両親、友人、分析家について言葉や映像で、ある率直な真実を表現した。これらは覚醒時には、あえて意識的に認め、はっきり承認しようとはしない真実だった。昼間、彼はこれらを表現するのに、自分にとっては反対になる事柄を用いるのだった。例えば他者の親切や自分の自己中心性のみを強調したりした。昼間の現実検討の表象への抵抗が問題なのだとはっきりしたのは、分析家が逆転移的な、また逆抵抗的な鈍感さ、無神経、不耐性、迎合を示したとき、彼はそれを裏返した反応をしたが、その反応を慎重に分析することによってだった。この裏返しの反応を慎重に分析するためには、分析家の側に、気が進まなくはあっても正直な自己観察が大いに必要だった。展開されるはずの解釈はこうだ。被分析者は、自分の現実検討を単なる夢だと退けており、白昼夢を現実検討の代用にしていたのである。したがって彼にとってはっきりと視ることや率直であることは、他者への肛門期的サディズム攻撃や去勢攻撃を制御できなくなる事態にまでなった。さらには、共生的で人をだめにする母から自己を破壊的に引き離す事態や、それに加えて「女性的」な直感を基に生きていることで去勢されたという素振りが生じている。また最後には彼が力強く「本当のことを言う」とそれに耐えられないと思える人々への、大いなる優越性の素振りとなった（p.179）。

境界例の患者の夢が、事実報告の夢から、心理療法で回復するにしたがってもっと「夢のよう」に変わっていくことを、多くの臨床家は個別に見出した。だからこの現象について症例数を多くした量的研究はやる価値があるだろう。私がいま感じていることは、現実的な夢は重症の精神病理の指標になりうるが、治療初期の重症患者のすべての夢が「現実的」であるとは限らないということだ。夢を教えるコースで、この事実を知らない訓練生はしばしば「事実報告」の夢に仰天する。こう尋ねるのだ。「これは本当に夢なんですか？」

境界例患者の夢が表面上は合理的であるという現象は、精神病と夢における思考障害についての一般的な考察に対し示唆するところがある。おそらく精神病者の病理は、夢から覚醒時への「奇怪」な思考の移動と、より合理的思考の覚醒時から夢

への移動を含むものだ。これはまた私たちの夢に対する考えを、潜在**内容**の表現であるとするものから、潜在的であるかもしれない**あらゆる種類の思考過程**の表現であるとするものへと変えることも示唆していよう。精神病患者において潜在的なものは、合理的思考なのかもしれない。夢が無意識の過程を反映するものだと仮定すれば、境界例患者の夢の構造パターンからは、無意識の思考を、古典的な精神分析理論のように内容や過程の特殊なタイプを用いて概念化するのは間違いだという結論に導かれる。「無意識的なもの」を（内容が何らかの種類の構造上の特性や型に制限されるところの）ある実在物とする考えを避けるならば、また「無意識的」という言葉を形容詞的（気づかないままの経験の質を述べるもので、思考と感情の状態のどんな形態にも適用できるだろう）にのみ使うようにするならば、次の考察の端緒になる。つまりある患者達において無意識なものとは、彼らほど病状の重くない個人においての意識的経験の大部分をなす、ある種の合理的思考や多様な情動であるのかもしれないのである。

これはサリヴァンの統合失調症についての見解に近い。彼は述べている（1962）。

> 統合失調症患者が、すべての人から（昏迷状態では文字どおり、挿間的妄想出現や破瓜型統合失調症の病状展開では相対的に）、あるいは彼にとって容易に妄想を抱きやすい少数の人を除くすべての人から撤退してしまったときには、思考はほぼ全体が夢の事柄となる。そこでは患者の問題は、すでに理論編で述べた夢の力動に起因する特異性を持った活動のなかで対処される。通常の夢との顕著な違いは、一部は動能の背景の規模であり、**また一部は知覚のチャンネルが睡眠時のようには閉ざされておらず、彼の身辺で起こる出来事は夢-思考に、つまり日中の残滓の場所に組み込まれるという事実にある**（pp. 98-99；強調は著者）。

サリヴァンは、夢は連続的に変化するであろうと論じている。つまりどのような考えも解離される程度に応じて、夢に組み込まれざるをえないというのである。思考障害の病理を、合理的思考が解離される疾患と考えるならば、解離された合理的思考が夢に組み込まれるのは理に適っている。サリヴァンはこう観察している（1962）。

> パーソナリティの主要な傾向性のシステムが睡眠において自己放出せざるをえない程度に応じて、夢の展開は個人的な重要性を過大に持ち、「現実価値」を増す。他の変性意識状態を生じさせるためには、パーソナリティのそれ以

外の傾向性のシステムにより、つまり自己のなかにまぎれもなく変わらずに表象されるシステムにより解離される必要がある（p. 279）。

数十年後、エリック・マーカス（Marcus, E., 1992）はこの立場を踏襲し、これは薬物治療では治らない病理の一側面であることを指摘している。

> 薬物治療を受けていても、解離された領域はそのままである患者は多い。なぜなら特定の解離領域は防衛機能を果たすからであり、その防衛は解離された素材の力動的心理に関するものだ。薬物治療は力動的心理に影響しない。これはそのような解離領域を示す患者において、精神分析的精神療法が取り扱うきわめて重要な局面だ。ほとんどすべての重症患者はそうした解離を表す。もっと重症の患者では、実はそうした解離を示さない。というのも彼らは精神病的素材をパーソナリティ構造全体に行き渡らせているからである（p. 191）。

ここで、精神病理はある症例群では**解離の失敗**だということが示唆されている。したがって心理療法の仕事は、病理的素材を適切に解離させ、無意識や夢の世界というしかるべき場所に置きなおすことにある。

もし精神病患者が合理的思考を、覚醒時から夢へと解離しているならば、それは精神病患者とそうでない者との夢と覚醒時思考における脳の活動パターンに示されることだろう。これは本質的には検証可能な仮説だ。PETスキャンのおかげで、私たちはすでにREM睡眠時に活動している脳の領域を特定できる（例えば、Maquet et al., 1996）。この方法が洗練されれば、統合失調症患者の覚醒時の幻覚の脳活動と、正常人の夢見の脳活動とを、またその逆を詳しく調べることができるだろう。それには両者に共通する脳の活動領域や、両者で異なる活動領域を見出すという目的がある。

境界例患者の合理的と思える夢については、他の説明も可能である。境界例患者は実際に特殊な種類の夢を見ているらしいのだが、臨床事実の説明にはいくつかの可能な選択肢がある。一つは、合理的な夢は実際に夢見られているときはもっと奇妙なのだが、さまざまな動機から患者が「きれいにしてしまう」というものである。私の知るところでは、少なくとも一人の患者でこのことが生じた。その患者はこのテーマについての私の論文（Blechner, 1983）を読み、とてもほっとしたと私に語った。私の論文を読む前は、夢を報告するときに「ヘンだ」と思えるところを、重

症だと思われないようよく考えて取り去ったり変えたりしたと言う。今、彼の感じでは、どちらかというと逆の方向に歪曲するだろうと言う。

　もう一つの可能性は、その現象は境界例患者の睡眠パターンの違いによるもので、夢の本質的な違いによるものではないというものである。境界例患者の睡眠のパターンは他と異なり、そのため彼らはより多くの nonREM 睡眠の夢を記憶しているのだろうか？　REM 睡眠の夢は nonREM 睡眠の夢より、もっと奇妙で覚醒時思考とはもっと似てないことがわかっている。というわけで、境界例患者や、精神病患者は REM 睡眠時の夢より、nonREM 睡眠時の夢のほうを余計に思い出すのだろうか？と問いたい。彼らが心理療法で改善するに従って、その基本的な睡眠パターンは変わり（Zimmerman, 1967, 1970）、nonREM 睡眠時の夢より REM 睡眠時の夢を思い出すのだろうか？

　さらにもう一つの説明の選択肢は、境界例の病理が現実に、おそらくは尋常でないほど高いレベルの不安やその他の要因で、自然な REM 睡眠の剥奪を引き起こすというものである。そうした場合、REM 現象は日中の思考へと移しかえられる。例えばエルマン（1985; Ellman and Antrobus, 1991）は、REM 睡眠のメカニズムは日中をとおして生じており、REM 睡眠剥奪により位相性を持った睡眠パターンの活動はなくなり、nonREM 睡眠だけになってしまうと考えている。そうした nonREM 睡眠時の夢はさらに鮮明なものになる。エルマンは、同種の睡眠パターンの置き換えが統合失調症でも生じていると推測している。レヴィン（1990）がこの理論について述べている。「この立場は、しばしば記録にある統合失調症患者の夢の面白みのなさも説明できるだろう」（p. 28）。

精神病的素材の夢への組み入れ―臨床上の改善のサイン

　精神病患者において、心理療法が効果を発揮しているサインは、以前は妄想的素材であったものが夢へと組み入れられることであろう。私の他にもこのことを観察した数人の臨床家がいる（Blechner, 1983）。アリエティ（Arieti, 1963）の報告では、ある患者（訳注：名はセシュエ）はロシアが街に攻め込んでいて、ハドソン河の上の赤い夕日は全世界が共産主義（赤）になるという神の知らせだという妄想を持っていた。アリエティはこの誘因を、ニューヨーク訪問に来るという両親からの手紙に見出す。患者は、南部の保守的な家族のもとを去り、グリニッジヴィレッジで生活してきたが、それは両親や（いくらかは）彼女も同意しかねる奔放なやり方だった。回復しているとき、彼女はニューヨーク中を両親に追跡されるという夢を見た。彼女がこの夢のなかで見たシーンは、ハドソン河周辺のシーンを含む、急性妄想状

態で見たシーンに似たものだった。彼女は恐れ隠れ続けた。しかし最後には、両親に捕まろうと捕まるまいとかまわないと思った。両親は彼女を傷つけはしないだろう。彼女は何も隠すまいと決めて、両親に会うために出かけた。

アリエティ（1963）は書いている。

> （これらの夢は）何らかの手段で、セシュエがその治療で成し遂げようとしたものを目標にしている。しかしセシュエの方法では人工的な夢を立ち上げることは困難であるが、私の実行している方法によると、患者の病理が軽くなり、心理的に試練に備えることができるようになった後では、個人に生来備わったこの能力はおのずから発揮される。少なくとも夢においてはそうである。患者はもはや目立って精神病的なやり方では自分の葛藤を取り扱わない。しかし生理的で、すべての人が使えるあの精神病的なやり方を採るのだ。つまり夢の世界を。

エリック・マーカス（1992, p.189）の記述するところでは、ある妄想患者はホワイトハウスで王冠が彼を待っていると信じ、実際にそれを奪還するためにホワイトハウスに入り込もうとした。彼は薬物と精神療法によって治療され、妄想は後退した。最初に患者はその妄想は実は願望であるという洞察を得た。最後には患者は心を占拠するファンタジーから解き放たれ、以来、妄想は周期的に夢として出現するようになっている。

患者が回復するときに精神病的素材が夢に取り込まれる現象は、次々に追認されている。1999年、ジャン-ミシェル・キノドスは、彼の言う「画期的な夢」を同定した。そこでは一次的素材が現れ、それは精神分析家が精神統合のサインと認めるようなものだった。この論文はインターネットで（要約としてWilliams参照、1999）議論され、多くの臨床家が賛同した。例えばリー・ゴールドベルク（Williams, 1999）は、精神病患者との治療で、「覚醒時の生活で妄想がなくなると、次には夢のなかでその妄想思考の内容が現れるが、不安はない」ことを記している（pp.849-850）。

統合失調症者のケン・スティールは32年間幻覚に悩んだが、向精神薬のリスパダールによって劇的に回復した。彼は自分の病的体験が同様に夢へ取り込まれたという（Goode, 1999）。グッドはこれについて、次のように記している。「ときどきは夢のなかで幻聴が起き、彼は冷や汗をかきながら暗闇で起き上がるのだが、恐怖はほんの2、3分しか続かない。それは、結局のところ、夢なのだ」（p.8）。

精神病患者が回復すると、ときに患者は症状を懐かしむことがあるのは知られて

いた（Fromm-Reichmann, 1959）。精神病的素材を夢へ取り込むことは、正気への中間駅として体験されるのかもしれない。その際、精神病的素材は、回復途上の患者が「夢に過ぎない」と一息つける夜の思考の中に仮住まいするのであろう。

IV

眠り、夢、そして脳

第 20 章
覚醒時と夢のなかで何を知っているかを知ること

夢を見る、ゆえに我あり

ストリンドベリ

　夢の研究は、現代の認知神経科学の中心課題のいくつかへ私たちをいざなう。つまり、私たちは何を知り、知っていること自体をいかに知るのだろうか？　ある事物を知っているということを知らずに、あるときには事物を知ることができるのだろうか？　さらに広範な問題としては、私たちはいかにして現実と接触し続けるのだろうか？　あることが実際に起きたことなのか、想像したことなのか、あるいは夢に見たことなのか、いかに知ることができるのだろうか？

　中国の荘子にある挿話がある。「あるとき荘子は蝶になった夢を見た。彼は心地よく飛び回り、それを喜んでいた。荘子については何も知らなかった。やがて目覚め、気がつけば再びまさしく荘子だった。さて、荘子は蝶であった夢を見たのか、蝶が今は荘子である夢を見ているのか？」

　同様に、私たちは知覚とイメージの差をいかに知るのだろうか？　言い換えれば、覚醒中にあるものを見たとき、現実世界の何かを知覚しているのか、自分自身のイメージを創り上げているのかを、どのように知ることができるのだろうか？　時にはそれはできないというのが答えである。心理学者チブス・パーキーは 1910 年に、私たちが何かを視覚的に想像するときには、現実世界の中で視覚的細部を見る能力に干渉することを示した。こうした視覚の不確実性は「目撃証人」の証言の正確さを研究する人たちの関心事となっている（例えば、Loftus, 1979, Wells et al., 2000）。

　しかし私たちはふつう、心的イメージを知覚から区別している。どのようにして区別しているのだろうか？　コスリン（Kosslyn, 1994）は、イメージを知覚から区別するいくつかの手がかりの要点を述べているが、この能力は夢を見ているときには減じると指摘している。

第一に、刺激に基づいた注意転動の下位システムは、知覚しているときにだけ働く。こうして、ある対象や出来事に突如注意を奪われるならば、イメージに浸っているのではない。しかしこれは夢を見ているときには当てはまらない。覚醒してイメージしているとき、人はつねに、イメージしている対象物が何であるかを知っている。夢見ているときには、これが必ずしも当てはまらないのは明らかである。さらに、夢の「規則」によって事物は普通にはない状況で現れる。そこで考えられるのは、夢を見ているときの心的注意の奪われ方は、知覚しているときの注意の奪われ方に類似しているということである。固有刺激を知覚しているときと夢見ているときとで、注意が転動する際、同じ下位システムが働いているという根拠は何もない。どちらかというと私は疑っている。眼から上丘への連結は、注意転動の下位システムにとって重要だと思われるが、イメージしているときに賦活されているとは考えにくいのである（pp. 102-103）。

　イメージが現実の世界に由来するのか、覚醒しながらイメージしているのか、夢のイメージなのかといった問題は、夢の記憶が非常に保ちにくいという事実によって錯綜する。夢を記録している私たちには、記録した夢のいくつかはまったく思い出せないという経験はありふれている。夢の記録を再読するのは驚きだが、愉快である。つまり、そのとき私はこんなことを考えていたのか？という驚きである。

　ドナルド・サイモンズ（Symons, D., 1993）は、夢の忘却について進化論的理由を提案した。私たちが夢を今よりよく覚えているならば、実際の経験の記憶と夢の記憶を混同してしまいそうだと彼は論じている。夢の忘却によって現実を見失わなくてすむのである。

　私たちはいかにして現実を見失わないかという問題に、実験心理学者マルシア・ジョンソンはとりわけ関心を持っている。何かが現実に起こったか、想像されたのか、夢見られたのか、どうやって私たちは知るのか、という研究を彼女は行った（Rapaport も参照せよ、1957）。ジョンソンはこれを「現実モニター」の研究と呼んでいる。

　ジョンソンは独創的で創造的な実験をおこなった（Johnson, Kahan, and Raye, 1984）。彼女はカップルたちを研究の実験参加者として招いた。そして、彼らに、目覚めたとき次の三つのうちの一つを互いに教えあうように指示した。実際に見た夢、起きているときに作った「夢」、あるいは他の誰かの夢（そのためのテキストを彼女は提供した）、の三つである。約2週間後、実際に見た自分の夢、作り上げられた夢、他の人の夢をどれだけよく覚えているかがテストされた。

参加者は自分の夢と、配偶者あるいはパートナーの夢を区別しなければならなかった。二つのテストが行われた。夢の内容を思い出して答える想起テストと、提示されたある文章が、実際の夢なのか、作り上げられた夢なのか、あるいは、他人の夢なのかを答える再認テストである。自分の夢を想起する能力は低かった（20％以下）。しかし再認テストは結構成績が良く、72％から80％の間だった。言い換えれば、先月見た夢を語ることができなくとも、もし「先月、頭の上を猿が揺れている夢を見たかね？」と尋ねられたら、おそらくその夢を見たかどうかは思い出せるだろう。

　臨床の仕事でも、私は患者の夢を彼ら自身よりよく思い出せることがしばしばある（それは私自身の夢を思い出せる以上である）。患者はある夢を思い出せないことがある。しかし私がその夢の細部を一箇所か二箇所語ると、彼は夢の大部分を思い出せる。しかしジョンソンはさらに、「想起はいかに全体が把握され構造化されているかに拠る」と述べている（Bransford and Johnson, 1973; Tulving, 1968）。夢が自分のものであろうと、誰かが語った夢であろうと、その夢を分析し、その異常な内容を言語的に一貫性を持つ解釈へと変えることによって、夢は覚えやすくなるのかもしれない。経験的には、もしある患者がセッションの終わりに夢を語りそれを分析する時間のないときには、次のセッションでその夢を思い出すことは私にはあまりないようである。しかしこれについては、実験的なデータを得ることが有益だろう。

　簡単に実験できることがある。

　目覚めてすぐに自分の夢を書く。しばらくした後に（例えば1週間後、1ヵ月後、1年後など）、もう一度その夢を書いてみる。これを次の三つの条件下でそれぞれ行うこと。⑴他人には絶対言わない、⑵誰かには言うが、それ以上議論しない、⑶誰かと自分の夢を議論し、分析する。分析で夢を論じたり、夢が解釈されたり、夢の解釈が「よいもの」と感じられたならば、夢はいくらか思い出しやすいだろうか？　患者から分析家に語られた夢について次の条件下で実験を繰り返すこと。⑴夢が語られるが分析はされない。⑵夢が分析され、その分析は分析家に「よいもの」と感じられる。⑶夢が分析され、その分析は分析家に「よいもの」と感じられない。

　夢がどちらかといえば思い出しにくいのは、抑圧あるいは解離があるからだろうか？　抑圧では心理学的な力が、ある心的な経験を思い出すのを積極的に妨げていると想定される。解離では、異なる思考や感情の間の連がりが抑制されている。そ

れぞれの思考、感情は別々には思い出せるのだが。

　夢の思い出しにくさは、想起の欠如で示されるように、全か無かで生じるものではない。いくつかの例では、（そういう夢を見たという）認知ですぐに思い出せる。このことが示唆するのは、これらを思い出せないことの主要な原因は、力動的な逆備給ではないだろうということである。もし仮に、ある夢の部分を思い出すことに対抗して、強い心理学的な力が働いているとするなら、その夢を**認知する**こともまたできないだろう。

　フロイトは抑圧と解離の異なるメタ心理学を論じている。抑圧は思考の内容を偽装し、解離は思考間の関連を偽装する。フロイトによれば、二つの関連した思考がありそれらが不快なものであるとき、検閲はそれらの関連性は保存し、内容を変えるだろう。あるいは二つの思考の内容をそのままにしておき、明らかな関連性を偽装するだろう。前者が抑圧で、後者が解離である。フロイト（1900）は書いている。

> ここで二つの場合が識別できるだろうが、本質的には同じものだ。最初の場合だと、検閲は個別には不快でない二つの思考間の**関連**にだけ向けられている。それで二つの思考は次々に意識に入り込むが、それらの間の関連は隠されたままである。しかしそのかわり、考えもつかなかったようなそれらの間の表面的なつながりが私たちの心に浮かぶだろう。このつながりはふつう、抑圧された本質的な関連が基盤とするものとはまったく違う想念複合体の一部に属している。二番目の場合、二つの思考はそれ自体として、その内容のために検閲下に置かれている。だからどちらも真の姿で現れず、置き換えられた修正された姿でのみ現れる。そして二つの置き換えられた思考は、もとの二つの思考を結ぶ本質的な関連を表面的に繰り返し、それを連想させるように選ばれている。**この二つの場合のどちらにおいても、結果として検閲の圧力は正常で真面目な連想から、表面的で一見ばかげた連想に置き換えられている**（p.530）。

　フロイトによって述べられた第一の歪曲は、解離の本質である。二つの思考が目の前にあるが、その関連が見えないのである。

解離・パニック障害、そして夢

　解離はさまざまな臨床的症候群の特徴である。私の経験では、パニック障害を持つ人の基本的な特徴が解離である。私が治療してきたパニック障害のどの症例でも、

初回面接で同じ精神状況があきらかになった。彼はどんな人でもとても怖くなるだろうというような考えや経験を抱いてきた。しかしどうにかしてその状況の怖さを解離するに至った。だが誰もが感じるであろう甚大な恐怖は、消え去りはしない。代わりに、彼の実生活上の何事にも結びつかないある事物それ自体として経験される。そのような場合、直接のパニックはすぐに治療できる。Xという状況は誰でも怖いということの概略を患者に説けばいい。その結果、しばしば事態への認識が生じ、パニック症状は比較的速かに軽減される（これは、薬物で不安を押さえ込むよりは最終的にはいい。薬物で不安を除去しても危機的状況は手つかずなのだ）。

　そうした患者においては、危機的状況の深刻さは夢で描かれることがある。解離の強さを分析家は感じることができる。夢主自身がわからなくても、分析家は顕在内容にもろに危険を見てとるのだ。

　例えば、30代のゲイのジョンは、昼夜とない重症のパニック発作で治療に現れた（Blechner, 1997a）。昼間は心臓発作が起きているかのような思いであったし、夜中には恐怖で目を覚ますのだった。眼が覚めたとき、夢を見ていたかどうか私は彼に尋ねた。ときどきAIDSに罹った夢を見ると彼は答えた。彼はレオという男性と関係があり、2年間続いていた。短時間の質問で次のことが判明した。レオの前の恋人はAIDSで死んだが、レオはジョンにそれを言わなかった、しかし二人の関係が3ヶ月経過したときにジョンは他の誰かからそれを知った。ジョンはそれをレオに言った。レオは秘密にしていた言い訳をしたが、不十分なものだった。すぐに生じた疑念をジョンは理屈をつけて追い払った。そしてそのことを忘れた（しかし夢では忘れなかった）。レオ自身はHIVウィルスの検査を受けていなかったし、実のところ検査を拒否していた。私がジョンに言ったコメントはこうだ。1990年代にゲイの関係にあった人は誰でもAIDSに関心を払うべきだし、自分のパートナーがその病気で死んだ誰かと長年の関係にあったならば、とりわけ気がかりだろう。もしパートナーがその事実を隠しておいたならば、気がかりはさらに大きいだろうし、パートナーが検査を受けていなかったなら、気がかりはもっと大きいだろう。検査を拒否するならばさらにもっと大きいだろう。ジョンはこうした考えに驚いたようだったが、パニックは収まった。

　別の事例を出そう。20代前半の若者がパニック発作で私の治療を求めた。彼はとてもハンサムで、自分でそれを知っていた。彼の暮らしは「ぜいたく」だった。しゃれたバーに行き、ほとんど毎晩ちがう女の子をひっかけた。彼はめったにコンドームを使わず、妊娠と性病の危険を冒した。他に自己破壊的な行動をしていないか、私は尋ねた。彼は少なくとも4回はあったことを、次の夢を語ることで答えた[1]。

> 僕はバーにいる。一軒家かどこか。テーブルに着いていて、一人か二人と一緒にいる。一杯か二杯のビールを飲んでいる。突然僕はテーブルに突っ伏して顔をつける。動けない。動けないんだ。他の人に向かって叫ぶ。待って、行くよ。でも僕は何一つ思うようにできない。

夢の意味の一つは、彼が自分の身体を破壊し、他の人はそれに気づいていないことだ、と私は述べた。彼は薬物を摂取しており、ステロイドを使っていた。彼には否認とパニックが同時にあるという、奇妙な二重意識があった。夢は、性的クライマックスのコントロールがきかなくなったこと（待って、行くよ！）と人生全般のコントロールを失ったことを圧縮している。

この二つの臨床ヴィニエットで、患者の夢がもたらす考えが私に指し示すものは、明らかな恐怖である。しかし患者は思考と感情のつながりを意識的には解離しているのである。

メタ認知：自分の心をモニターすること

夢の研究は、心を記録し続けるというメタ認知についての大切な問題を提起する。何かを知るとき、私たちは知っているということを知っているのだろうか？　実際には知らないものを知っていると思う場合はあるのだろうか？　その逆、つまり実際は知っているものを知らないと思う場合はあるのだろうか？

夢のなかで自分にはある知的能力があると思うが、覚めてみるとそれを再現することはできない人々の例がある。これは、彼らの夢のなかの知的能力は偽りの印象であることを示しているのだろうか？　あるいは、覚醒時には彼らは知的遂行を保持できないこと、またはその能力を夢から覚醒時に移動できないことを示しているのだろうか？　例えば、ある作曲家は、『虹の彼方に』の歌のなかで一つでもキーを変えたならば、好きな男性のハロルドに恋人になってもらえる力が与えられるだろうという夢を見た。彼女が夢を語ったとき、どのキーを変えたか言えるかどうか私が尋ねると、彼女は言えなかった。夢は、作曲の能力を、一人の男が自分に恋をするという願望のメタファーに過ぎないとみなすことができるだろう。しかし、彼

1　これは精神分析ではよくある展開だ。分析家がある領域の事柄について尋ねる、すると患者は夢で答える。一瞬、患者はなぜ夢が分析家の質問への答えになるのかわからない。しかしふつうそうなっているのだ。夢と質問の関連についての無意識のメタ知識があるのだと言いうるのかもしれない。あるいは単に、患者は「自由連想」への信頼を充分に学んだので、おそらくは自発的に意識に浮かんだ夢を報告したのだ、と言えるのかもしれない。

女が夢の直後に目覚めたなら、どのキーか本当にわからなかったのだろうか？――夢によって示されたそうした力を持っているかどうかは別にして。

外国語の領域は、夢におけるメタ認知のさらなるよい見本だ。外国語に流暢であると感じることはできるが、外国にいるという状況下では、言語を繰る力の限界を知ることだろう。ここで考察しているのは、自分の知識をわざと偽ることでなく、むしろ知っている物事に誠実に気づく能力である。

ヴァスキッド（Vasckid, 1911）は、夢では外国語を起きているときより流暢にかつ正しく話すことが知られていると述べている。しかし本当にそれらの言葉を人は夢のなかのほうが流暢に話せるのだろうか、あるいはそういう印象を持つに過ぎないのだろうか？　これを検証する方法はあるのか？　証拠の一端になりそうなことは、もし覚醒中には理解しない事柄を夢で聞いて、起きてすぐその事柄を言えるときである。そうすれば夢のなかで言われたことが正しい外国語であるかどうか、その外国語を母国語とする人に確かめてもらえば、事の真偽を知ることができる。

これと似たことが催眠状態で実施されたことがある。エリカ・フロムはある青年と催眠状態での分析をやっていた。彼は日本生まれだが日本語は何も知らないと断言していた。彼女は彼の年齢を4歳まで退行させた。すると彼は正確に日本語を喋り始めた。幸いなことに彼女はセッションの記録をテープにとっており、催眠中に話された日本語が正しいものであることを確証することができた（Fromm and Nashi, 1997）。

「知る」ということが正確にはどういうことかという問題もある。私たちが意識的にはその知識を持たないときでも、行動がある情報を処理したという証拠を示したならば、私たちはそれを知っているのだろうか？　例えば視覚において、意識的な「知識」と運動行為をコントロールする対象表象のためには、脳の異なる領域が働いているという事実が示されている。D. F. として知られたある患者は、脳の腹側視覚野に損傷があり、重症の失認をきたしていた。事物を意識的には「見る」ことができないのに、その事物を適切に操作できた（Milner and Goodale, 1995）。他の例では、脳の腹側部に損傷のある患者が、クラリネットの絵を見せられた。彼は「多分鉛筆」といい、かたやその指は明らかにクラリネット演奏を模していた。これらの事例の患者たちは、意識的には知っているということを知らないのに[2]、身体行動は何かを「知っている」証拠を示していた。

ダニエル・シャクターは、顕在の知識と暗黙の知識を区別した。これらはそれぞ

2　関連したデータが、脳梁切断の患者から得られている。脳のそれぞれの半球は異なった事物を「知っている」ように思える（Gazzaniga, 1989）。

れ意識的知識と無意識的知識に相応する。暗黙の知識を示す患者が「本当に」知っているかどうかを決定しようとする実験がいくつか行われてきている。神経学的に正常な人の夢における暗黙の知識についての最初の研究は、ペツル（Pötzl, 1917）が行った。彼が発見したのは、意識的には知覚されないタキストスコープによる像が、夢についての描画に出現するということだった。この研究は重大な哲学的問題を提起した。つまり、夢がある種の知識を示し、しかも夢主が目覚めているときにはどこからその知識を得たかわからないとき、その知識をどう考えればいいのだろうか？

メタ記憶

　心的過程やそれへの気づきにおいて類似の領域がある。記憶に関することである。それを覚えていることを知らずに、何かを覚えていることがある。シャクター（Schacter, 1991）は「メタ記憶」あるいは「記憶モニター」として知られるある現象を記述している。それは自分自身の記憶遂行の特性に関する知識である。例えば、ルーマニアの首都は思い出せないかもしれないが、それをブカレストだと言われたとき、その通りだとわかるかどうかは正確に予言できるだろう。

　自分の記憶の正確さを評価できる力はすべての人で異なる。しかし記憶機能の評価がとりわけ不正確である神経病理的な症候群がある。コルサコフ症候群やアルツハイマー病患者として知られる記憶障害の患者は（McGlynn and Schacter, 1989）、両者とも前頭葉の損傷があり、自分の記憶を間違って評価する傾向がある。一方前頭葉は損傷なく側頭葉だけが損傷されたような別の記憶障害の患者は、その記憶評価は正確である（Parkin and Leng, 1993）。このことから、シャクターは前頭葉が記憶のモニターに関わると提案した[3]。

　ある患者は分析家に夢を話し、そこには「Bodo Igesz ブードー・イーギッシ」（患者は Igesz を ee-gesh と発音した）という文句があった。彼にはそれが何のことだかわからなかったが、以前聞いたことのある何かだと感じた。それはハンガリア語の響きがあり、彼はハンガリーが好きだった。治療者は患者にその言葉は「Bogus Ego 偽りの自己」の変形のように聞こえる、と言った。患者はこれに感銘を受け、それへの連想を続け自分にどう当てはまるのかと考え続けた。

　治療者はこの夢を私に語り、私はまさしくこの名前の人物がいて、メトロポリタ

3　これと平行するのがメスラム（1981）の提言で、一つの機能の調整には左右半球のさまざまな皮質領域、皮質下領域を統合するシステムがある、というものである。

ンオペラの監督だと言った。私はオペラのプログラムにその名前を見たことがあったし、患者もそうだったのだろうと思った。患者は音楽畑で働いている人だったので、この名前の重要性は彼にとってずいぶん違ったものだったろう。もし分析家がブードー・イーギッシという言葉を夢見たならば、それは偽りの自己を意味した可能性は大きい。明らかなことだが、分析家は患者が偽りの自己を持っていると考えていた。それで夢解釈をこの悪い知らせを伝達する手段に使ったのだ。患者はそれをワークできた。臨床的におそろしい害はなされず、必然的に患者自身の力動に何らかの洞察が生じたと想定できる。しかしこれが示しているのは、夢の思考が解明されるというよりむしろ構築される、そのされ方である。もちろん、Bodo Igesz ブードー・イーギッシは重複決定された夢の構築物だと、つまり bogus ego（偽りの自己）とメトロポリタンオペラで働く人物の名前との圧縮だと論じることはできる。そうでないと証明することは決してできない。しかし「Bogus Ego 偽り自己」という考えが生じたのが、分析家の連想からでなく患者の連想からであったとしたら、それはもっと説得力を持っただろう。

　この出来事はまた、何か心に浮かんだものは記憶ではあるが、何についての記憶であるか知らないことがあるという事実を強調する。夢主はブードー・イーギッシという名前を聞いたことがあると感じたが、それがどこでのことであったかは思い出せなかった。これはいま一つのメタ記憶の変容形である。つまり「記憶感」である。

　夢の一つと関連したメタ記憶の生き生きとした体験が私にはある。夢のなかで、私は「オトイユ周域」という住所にある図書館を探していた。目覚めたとき、そういう住所が実際にあるというはっきりした感触があった。

　その夢を見たとき、パリには2年間行ってなかったが、それまでには何度も行っていた。かつてオトイユ周域に関することを見たことがあり、ほとんど忘れていたのだと思った。それについて探り続けた。今アメリカに住んでいるフランス人で、30歳までパリにいた友人に手紙を書いた。彼が言うには、オトイユはパリの郊外であること、そこにはパリ周辺の一連の経路の電車があったし、その一つが「オトイユ周域」と呼ばれていたとしてももっともであるとのことだった。

　それで私は自分のパリ案内書を取り出した。その一覧には、「オトイユ街」「オトイユ通り」、それに「オトイユ門」があった。レストランの名前で、「オトイユのボージョレー」またもう一つ「オトイユのリレ（中継点）」というのがあった。しかし「周域」というのはなかった！　考えつくのは、発見できてないが実際に「オトイユ周域」が存在するのか、あるいはオトイユの他の記述を見て、私の心が作り上げたかのどちらかである。

さて問題はこうだ。私の夢の理解に関して、実際に「オトイユ周域」が存在するかどうかが重要だろうか？　古典的な精神分析的夢の見解では、おそらく否であろう。「オトイユ周域」が実際に存在しても、それは潜在内容の重要な一部を表現するために持ち込まれた、どうでもいい素材なのだと、フロイトは論じただろうと私は思う。

しかし「オトイユ周域」が実際に存在したなら、それは夢についての何事かを理解させてくれる。それを目撃した時期が、夢の意味にとって重要な鍵だろう。それにしても知っている「感じ」はどこからくるのだろうか？　何かを知っているという知識は、全か無の現象ではないことは理解できる。何かを知っているという感じは、知っている物事がまさに何であるかを知らなくとも持てる。これは低いレベルの確信をともなう、知識の一形態そのものであるのかもしれない。また知識と記憶の現象学についてさらなることを語るものでもあろう。

夢についての臨床的な作業で繰り返されるのは、記憶はメタ記憶よりすぐれているという状況だ。私たちは自分で知っていると思う以上に知っている。これが非常にドラマティックに体験されるのはトラウマの体験だが、そのさい夢はペツル（1917）やその他の研究者が示したように、他の素材への記憶も同様に描写する。このことが提示する問題は、夢主が意識してない記憶をどの程度信頼して使えるかということである。臨床家グループによる議論にこれはよく出てくるが、彼らは夢にトラウマ体験の証拠を見てとっている。意識的には、夢主はその体験の記憶を持っていたり、いなかったりするのだが。

夢でトラウマは表現されているかもしれないが、夢を聞いている他のものにはわかっても、夢主自身にはわからない。両者の受けとめ方に差がある。夢においてよくあることだが、夢の解釈者がトラウマの跡を指摘すると、夢主はそれを認めることができるし、時には対応する記憶を想起できることもある。しかし夢を語りながら、夢主は夢がトラウマを表していることに気がつかない。

このことは夢のグループ分析でよく起きる。例えば、あるグループ分析の参加者は次の夢を報告した。

> 私は人々の集まる場所にいた。ガーナの女王がそこに関係している。歓喜が続いている。祝典である。というのは、女王は爆発の計画を立て、それはきっと解放になるはずだから。皆、上に下に飛び跳ねている。しかしそのとき突然、避難したほうがいいという声がする。誤ってその場所で爆弾が爆発するかもしれない。私たちは皆逃げる。誰かが言う、伏せろ！　警官が来て、おそらくは射撃を始めようとしていた。私はカーテンのついた暖炉へよじ登

り、明かりを消す。そこで待機している。そこへ誰かが登って入ってくる。私は彼女を入れたくないが、彼女はどうにかして入ってくる。

この夢の意味については大いに論議されたが、ここでは詳細に立ち入らない。しかしグループの成員間に、ある感じがあり、それは夢主が暖炉へ登ったのはホロコーストに関連しているように思える、夢主はホロコーストの生き残りかその子孫というものだった。夢主は実際ホロコーストからの生存者の子供だった。彼はこのことを知っていたが、夢の報告では夢のなかの何事かがホロコーストをほのめかしていようとは思えなかった。グループによってそう関連づけられると、夢は意味深くなったと彼は述べた。そして世界のなかで彼の感じる総体的な危機意識や、自分に対するさまざまな現実の危険性と身内のホロコーストへの危険性との関係に言及したのだった。

覚醒時と夢見における手続き的知識

子供のときに必死に覚えた現実検討の法則により、私たちは**ありえないこと**として学んだことや**あるべきではない**と学んだいくつかのことを、非現実として放逐するよう余儀なくされている。これは「裸の王様」というお話のメッセージのひとつである。王様は裸で通りをパレードするなんてありえないのだから、王様は裸でない。私たちは感覚器官ではとらえられるが、世界はかくあるべきだという法則に従わない多くのことを、一過性の幻覚として放逐するよう学ぶ[4]。子供たちはまだこういうことを学ばず、私たち大人が見えないものをしばしば見ることができる。大人にとっても夢のなかは別である。そこでは私たちが小さいころ持っていた能力の生き残り、つまり現実検討の足かせから解放された知覚や思考を見出すのである。

起こりうると知っていることと起こっていることを知覚していることとの間が互いに矛盾していることを検証することは、精神分析家が現実検討と呼ぶものの一部である。それは時の経過のなかで発達する。子供は不安なしにそれを犯すかもしれないが、やがて両親は繰り返しそれを正す。小さな男の子がその母に「たった今、家の犬が喋ったのを聞いたよ」と言った。母は「ちがうわ。そんなことありえない。そう思っただけよ」と言った。少年は、犬は喋らないという母の教えを受け入れる。

---

4 私は博士論文と取り組んでいたとき（Blechner, 1977）、音楽の知覚でこのことの特殊例を発見した。専門家の音楽家は、和声的に合わない小さな音程の違いは聞きのがしがちで、かたや専門家でないものはこうした違いをより正確に聞く、ということに私は気づいたのである。私たちの知覚は、重要であると学んだものによって形成されている。

だけど彼の知覚は犬が喋るのを聞いたというものだった。この体験から彼は、犬が喋らないということだけでなく、世の中がどう動いているかという知識に反するならば直接感覚したものも信じるべきではないことを学ぶ。時が経つにつれ、少年はこの考えを洗練させる。犬や他の動物は物語やテレビでは喋るが、「現実」の生活では喋らないと。

この知識は「常識」の一部である。これをマーヴィン・ミンスキー（Dreifus, 1998）は次のように定義した。「世界についておよそ 3000 万から 5000 万の事柄を知っていて、何かが起こったときにはそれで表現し、他の事物とのアナロジーを作ることができる……つまり棒で何かを押しやることができても引き寄せることはできず、ヒモで何かを引き寄せることができても押しやることはできない」。

夢のなかでは現実検討の要請は弱まる。しかし完全になくなるわけではなく、すべての夢に同程度に、ということではない。目覚めて夢を思い出すとき、いつ現実検討が侵犯されたかには注意するが、それが保持されたときには注意しない傾向が私たちにはある。奇妙なとんでもないことが夢では多く起こっている一方で、どれほど多くの常識的な普通のことや、ミンスキーが述べたような手続き的知識が夢の活動に保持されているかは通常気づかれない。ヘルムホルツは、19 世紀の偉大な科学者の一人であるが、この事実に注目した（Helmholtz, 1863, p. 223）。

> ある特定の行動を意欲する衝動は心的行為であり、それは次には知覚の変化として感じとられる。そこで、最初の行為が純粋に心的方法で第二の行為を引き起こすことは可能だろうか？　不可能ではない。夢を見るときには、この種のことが起こっている。夢を見ているとき、ある行動を行っていると思い、さらに覚醒時と同様と思われるその行動の自然な結果が現に起きるのを、夢で見続ける。夢で岸から離れてゆくボートに乗り込み、水上に滑り出し、周りの事物がその位置を変えるのを見る、等。ここで、**行為したことの成り行きを見ることになるだろうという夢主の期待は、純粋に心的方法で夢見られた知覚を作り出しているようだ**。こうした夢がどれほど長く引き伸ばされるのか誰にわかるだろう？　もし夢のなかですべてがきわめて規則正しく、**自然秩序に従って生起するならば、覚醒の可能性と夢見られた一連のイメージの中断を除いて、覚醒しているのと何の違いもないだろう**（p. 223）。

これは重要な観察である。ヘルムホルツは夢では私たちの手続き的知識のほとんどは保たれる（そのすべてではない、と付け足すべきだが）ということを言っているのである。普通私たちはこれがどれほどまでか、には忖度しない。例をあげれば

重力の法則は、たいていの夢で作用しているのであるが、私たちの注意はそれが破られるときに喚起される。これで疑問が生じる。どのような脳のメカニズムによって、手続き的知識は侵犯されるのだろうか？　臨床神経学では、前もって存在する知識が、目的志向の行動に必要な一連の行為の予想や調整の枠づけに失敗する、いくつかの症候群がある。この問題は大脳皮質の諸領域では、対象や行為のカテゴリー構築の知識が失われる可能性となる（失認におけるように）。また反復学習的／自動的行為の連鎖（あるいは習慣）が危うくされる可能性のある皮質下の損傷（ふつうは大脳基底核）がある（Bilder, personal communication[5]; Mesulam, 1985, McCarthy and Warrington, 1990）。

　私の患者の一人は母を失くして間もない頃、母が自分の寝室に入ってきて灯りをつけようかと尋ねる夢を見た。彼女は彼のたんすの引き出しの一つを調べた。母が寝室を出てから、突然引き出しがベッドの方へ床を移動するのが見えた。彼は「多分ママがベッドの下にいるんだ」と思って調べたが、そこにはいなかった。彼は引き出しを拾い上げて、居間の方へ歩いた。台所を通り過ぎるときに、ポットがのっていないのにガスの火がついていた。彼は母に何かを尋ね、母は何かを答えた。

　夢の分析では通常、特に注目されるのは常識に合わない出来事である。この夢では常識に合う自然な出来事とそうでない奇妙な出来事が組み合わさっている。それ自体で床を動く引き出しは常識に合わない。この例では、患者**夢のなかでそれを奇妙だと思い**、母が密かに引き出しを動かしている証拠を探している。しかし母は

---

[5] ビルダーはまたそうした夢の神経心理学的に重要な意味についての、興味深い理論を提示している。「夢見の状態でこうした制御がいかに解除されるかを理解しようとすることは、より広範な問題提起となると思う。特に、予想と、予想と入ってくる知覚情報との『不一致』についての評価を生み出し、その不一致を軽減するために自分の予想と行動プログラムに合うよう調整（それは覚醒と不安／不快と関連している）するメカニズムは何だろうか。提案したように（ビルダーの序言）、これらを行ういくつかの大きなメカニズムがある。まず初めに『皮質‐皮質間』システムがある。そこでは皮質の進化における基本的な二重性によって、自動制御コントロールが提供されている。このシステムは精緻なコントロールをもたらし、不一致を軽減させるため、予想と行動プログラム両者への微妙な調整を可能にしている。いま一つのシステムは『皮質‐辺縁系間』システムで、より大きな不一致をもたらす出来事が生じたときや、不一致の軽減には予想と行為のより過激な変更が必要なときに作動する。夢見のとき、これらのシステムのどの部分が『休止』しているかを考えるのは興味深い。おそらくは、通常の『皮質‐皮質間』システム（特に通常の前頭葉後部の共鳴ネットワーク）は意識できる状態のときに活動しているよりは低い活動性であろう。もしそれが事実ならば、皮質後部ネットワーク（例えばいくつかの行為表象を含む知覚表象システムである）がより『局所的』なネットワークの活性化に従って機能していること、通常の前頭葉や線条体の予期偏向の制御にはあまり従っていないことを期待できるだろう。これはある状態から異なる状態へのより極端な跳躍を生み出すだろう。それは皮質後部ネットワークが先行する知識／予期にコントロールされることがないということであり、通常は相容れない感覚上の経験が同時に生じるような、より『統合的』な賦活状態でもある」。

やっていない。夢は母がいることといないことの感覚、さらにはたとえ死後であっても彼の人生に不気味な影響を与えている感覚をとらえている。

一方ではこの夢にはまた常識に合った出来事もある。母が部屋に入ってきた最初の部分は、自然界では生じうることだ。母が引き出しを調べることもそうだ（性的な意味を含んで、重複決定されている）。それは実際の生活で、おそらくは彼のいないときであろうが、彼女がやりそうである。夢の実際の進行は、予期できるものから、少し奇妙なものへ、それからありえないと思えるものへ、ついで奇妙なものを経て、正常なものへ戻っている。夢主がもっとも心を奪われているのは、引き出しがそれ自体で動いているという不気味な部分である。この例では、夢を見ているときに夢主は現実が侵犯されたことへメタ自覚を持っていて、その謎を解こうとしている。

私たちはこうしたことに充分な注意を払ってこなかった。世界への手続き的知識はどうやって夢の構造に組み込まれるのだろうか、そうでないとき（夢における手続き的知識が侵犯されるとき）を決めるのは何だろうか？　どの現実規則が保たれるのか、また侵犯されるのか、いつそれが起こるのか、それらを決める法則はあるのだろうか？　それはわからないが、私たちはいくつかの規則性に注目している。例えば、夢で飛行するのは、特に子供ではよくある。それでは現実性から離れたとき、奇妙だと**夢のなか**で感じるかどうかを何が決めるのだろうか？

次の二つの章で、この問題を考察することにしよう。

第21章
脳について夢が語ること

> 事実はすでに理論だ。蒼穹の青は光学的色彩法則を表している。現象の背後を見てはならない。現象自体が教えてくれる。
>
> ゲーテ『ウィルヘルム・マイスター』

　傑出した夢の研究家アラン・レヒトシャッフェンは、かつて皮肉をこめてこう言ったことがある。われわれは夢の生物学はさんざんに学んだが、夢が何についての生物学であるかは本当にはわかっていない、と (Rechtschaffen, 1964)[1]。これは真面目に受けとめるべき問題である。脳の生物学的研究は、いかに重要であろうと、人間の機能の理解にとって適切なものであろうとするならば、経験的心理学研究とすりあわされなければならない。レヒトシャッフェンのコメントから、「面接室で夢を研究する臨床家は、実験室での夢の研究者をどう援助できるのか？」と私たちは考える。臨床家は特権的な位置にいる。彼らは毎日何回も夢を聴き分析する。彼らは夢を注意深く吟味する必要があるが、それは意味を発見するだけでなく、さらに顕在夢に生起するパターンの種類と決して生じないパターンの種類に留意するためである。

　フロイトの『夢解釈』は夢についての本というだけではない。それは心の働きがいかなるものであるかのモデルを展開しようとする企てであった。フロイトは夢現象を心の機能や構造の証拠として用いた。彼は夢を忘れるという事実に注目し、抑圧という観念に至った。彼は夢のイメージに注目し、退行という観念に達した。百年を経て、より多くの臨床経験や脳についてのより豊かな知識が備ったいま、私たちは脳機能と関連した夢の現象学をより綿密に吟味し、フロイトの研究を拡張する必要がある。

1　REM睡眠の役割ですらいまだ確定していない。眼科医のデイヴィッド・モリス（1998）はREM睡眠のおもな役割は眼の保持にあると提案した。速い眼球運動により、眼の体液は動き続け角膜に酸素を送っているという。REMがなければ、角膜は適切な酸素供給が受けられず、新生毛細血管が生じ視力を傷害することとなろう、というのだ。

夢の現象学から心のモデルを抽出するフロイトの目標は、徐々に現代の精神分析家の注意を引くことが減ってきている。それにはいくつかの理由がある。第一に、研究のすべての領域で増強し続ける専門性が、専門家でない人々を気後れさせるような結果になり、そのため臨床家はその集中力を臨床的事柄に限るようになった。心／脳の研究は、次第に認知神経科学における途轍もない発展が占めるようになり、臨床的分析家が神経科学の発展と歩みを共にするのは困難である。臨床的所見はすぐれて仮説を生み出すものであるが、科学的にコントロールするのは難しい。分析家は定量的データがないことに気後れしてしまったのである。

　今日の神経生物学者たちは、進化を続ける新しい技術で脳機能の直接のデータを研究することにより、夢見の脳の基盤を見出そうとしている。昔は脳波形記録しかなかった。今日では、多くの他のより洗練された機器、CATやPET、fMRIそれにMEGといった、夢を見ているときの脳の異なった部分の活動性をより精密に測定できるものがある。またマーク・ソームズ（Solms, M., 1997）のような神経心理学者がいて、被弾や頭部外傷といった外的損傷をこうむるとき、また脳に障害となる卒中のような内的損傷を被るときに、夢がどのように変化するかを研究している。

　これらの研究すべてが、脳の変化がどのように夢の変化をもたらしているかを調べている。私がここで提唱するのは、反対の方向でも考えることである。夢で生じうる「病的」思考の種類を研究することによって、心／脳がどのように組織されているかについての鍵を得ることができるかもしれない。解体の諸可能性を研究することで、脳の組織化の原則を知ることができるだろう。私は、生物学から現象学への道ではなく、現象学から生物学への道を示すつもりである。

　1907年にユングは、夢は統合失調症の、睡眠中の等価物だと提案した。彼は、夢主が覚醒している人のように歩いたり、行動すれば、統合失調症の病像であろう、と記した。

　この仮説は大きな希望をもたらす。もし私たちが夢を理解するならば、統合失調症を理解しそれを治療できることになるという希望である。しかし今のところ事態はそう進んではいない。もし誰かから夢を奪い、特にREM睡眠を奪うならば、その人は精神病になると考えられてきた。しかしそれもまた解明されていない。REM期を剥奪された人は、より不安になり、学習力や集中力が落ち、ストレスへの対処能力が減退することはわかったが、精神病にはならない（Greenberg et al., 1992）。最も信頼できる発見は、REMを奪われた人は、一人にされるとREM期の夢見により多く時間を費やす、つまりREMリバウンド効果があるということである。REMの必要性がわかる。しかしなんのためにREMが必要であるかはわかっていない。

REM と解離

　神経学者のラマチャンドラン（Ramachanndran et al., 1996）の仕事によって示唆された REM 睡眠の一面には驚嘆する。彼は BM 夫人と呼ぶ卒中患者の研究をしていた。彼女には病態失認として知られる症候群があった。彼女の左腕は麻痺していたが、右脳の卒中患者にときとして見られるように、BM 夫人は腕に何かしら障害があるのを否認していた。イタリアの神経学者エドアルド・ビジャッキと彼の同僚は（1992; Vallar et al., 1990 も参照）、患者の左の外耳道に氷水を入れると、すばやい左右の眼球運動が生じることを見つけた。このニスタグムス（眼球振盪症）が起きている間、患者は自分の障害の否認を止めた。

　ラマチャンドランはニスタグムスによって生じたこの病態失認の一時的軽減を、REM 期の夢現象と関連させている。彼が認めているのは、REM 睡眠でより多く夢が生じ、REM 期の夢の間、ふつう解離されている自分についての不安な事実が気づかれやすいということである。病態失認をもつ患者は REM 期の夢においては、その麻痺を認めているかもしれないという可能性もまた、彼は提起している。

　すばやい眼球運動がいかにして解離を解消させるかを、誰も正確には知らないが、一方でこのことを証するさらなる事実がある。最近、外傷後ストレス障害の新しい治療法が現れ、EMDR（eye-movement desensitization and reprocessing：眼球運動による脱感作と再処理法）として知られている。過去にトラウマをもつ患者は治療者の指の左右の動きを追って、左右にすばやく眼を動かし、そのときの思考を報告するよう求められる。その手法は、解離を軽減し、ついにはトラウマを解消すると報告されている。ビジアーチの冷水の耳への注入、REM 睡眠、それに EMDR すべてに共通の機制があり、眼球運動やそれに伴う脳の働きが解離を解消することがありえるのだろうか？

　これはいま一つの興味深い可能性を示唆する。つまり REM 期の夢は、nonREM 期の夢より、解離を解消するうえで効果的かもしれないということである。フォルクス（Foulkes, 1962）によれば、nonREM 期の夢の約 10〜15％は REM 期の夢から区別できないという。しかし nonREM 期の夢に REM 期の夢のもつなまなましさと奇妙さがあるときでさえ、解離された素材を統合するうえで nonREM 期の夢は効果が劣るのだろうか？　この問題は研究に値する。

夢はどの精神病理に似ているか？

　夢と統合失調症におけるユングのアナロジーは、何人かの思想家によって異議を申し立てられてきた。サリヴァン（1953）は夢と統合失調症のアナロジーは厳密でないと考え、内容を欠く恐怖をともなう夜驚のほうが、はるかに統合失調症、とりわけカタトニー性の恐怖段階に近いと示唆した。

　ホブソン（1993）は、夢は統合失調症でなく、むしろせん妄に似ていると論じた。「夢では、統合失調症のように思考と感情は分かれていない」（p.42）。これは正確ではない。例えば私が聴取した多くの夢で、楽しい状況であるのに夢主はおびえていた。ただしいくつかの夢は、統合失調症よりせん妄に似ているのは確かである。

　夢はまた他の精神病状態に酷似しうる。例えば夢のなかには強迫性障害にきわめて似ているものがある。夢主は夢のなかである点まで行くが、「それから夢は何時間も続いた」と報告することだろう。ときには夢主は目を覚ますだろうが、再び眠るときには、強迫的なこだわりへ戻ることだろう。例えばサリヴァン（1953）は、自分自身の経験で強迫的なこだわりが、悪夢から覚醒時の生活に持ち越されたことを述べている。彼はクモにまつわる怖い夢を見た。目が覚めても、シーツの上に依然点状のクモを見た。これはミニ統合失調症的出来事だとサリヴァンは考えた。サリヴァンはいつも強迫的なものと統合失調症は近似する類縁だとみなしていた。

　分析治療を受けているある精神科医は次の夢を見た。

　　ランチを食べている。オフィスに着くと、二つの予約を忘れていたことに気づく。水曜2時20分の患者、それとつぎの予約。誰の予約かは確かでない。どうして忘れてしまったのだろう？　それからある歓迎会にいる（場所は確かでない。私のオフィスとホテルのロビーの中間の何処か）。月曜6時50分に会っている患者のA氏がそこにいる。彼の関係者の誰かが到着する。A氏は私を脇に連れて行き、尋ねる。「何処か他処でセッションをしていただけませんか？　あなたに治療を受けているとB氏（先ほど到着したA氏の知人）が気づかないように」。私は「分かりました」と言い、廊下を歩く。廊下にそってクリニックのようにドアの開いた部屋がいくつかある。それらは居室として内装されているようだ。その一つに入ると、息子がいる。そこは上等の部屋に見える。それで息子にそこを出て行くように頼む。彼はにこやかに了承する。私は部屋の鍵を注視する。そこには一つの番号がついていて、それを書き留める。患者にどこで会うかのメモとして渡すために。ところが

それからドアを見ると、違った番号がついている。A氏に番号が違っていることを説明するメモを書かねば、と思う。ここで立ち往生する。夢のなかでは何時間もそうしていたように思える。それは強迫的思考に似ている。これを患者にどう説明するか、そして彼は部屋を見つけられるか？　夢のなかの強迫観念は、二つの番号を行ったりきたりを繰り返す。あたかも私が二つの番号が違ったものであることを信じられないかのように。そしてあたかも行ったりきたりの確認の量がある大きさになれば、状況を救済するかのように。

　夢主にとってこの夢は、強迫性障害を持つ人の制御不能な確認のように感じられる。彼は言っている。「起きている間にはそういう確認行為をしようとはしない。この箇所で抜き差しならなくなるなんて、脳に何が起きたのだろう？」
　強迫性障害の診断に長けた夢主は、夢のなかでは自分を強迫性障害の犠牲者だと感じている。彼は連想を続け、精神科医として働く際の十分な枠づけの必要性と、そうした見方からはやっかいな最近のいくつかの臨床状況を語る。しかし夢はまたある種の補償としても機能していた。明瞭な枠づけに対する彼の意識的な願望は、夢のなかで枠づけへの過剰関心が空費されることと均衡している。夢は妄想的不安が強迫的なるものへ変わることを例証している。つまり部屋に入ってきた人物が、彼が治療中であることを知ることへの恐れ（それは夢主が体験した恐れでもあるが）は夢のなかで、部屋番号の違いへの際限ないこだわりに変容している。
　夢は精神病理や神経病理の多くの形態を模倣するだろう。実際、ある夢は統合失調症に似ているし、ある夢はせん妄に、あるいは病理的かどうかは別にして、ほかの何かに似ている。臨床家の知るところだが、ある夢はパニック発作や強迫反復、ヒステリー性転換、あるいは躁的エピソードに似ている。そしてある夢は多少なりとも情動的な日常体験そのものに似ている。19章（「狂気の実在する場所」）で指摘したように、夢のなかにはむしろ覚醒時思考に類似したものもある。そうした夢を聞くと人は「それは本当に夢なのか？」と尋ねる。
　夢はどうしてそのように多様なのだろうか？　また夢でどうしてそれほど多数の精神医学的あるいは神経学的な病理が模倣され、再現されるのだろうか？　それは重要問題であるが、いまだほとんど解明されていない。私は広い視野にたって次の提案をしたい。**睡眠中に起こりうることとして、さまざまな心的部位あるいは機能単位は個別に変えられるか、それらの結びつきが再編される。心的装置の連結が変えられるかもしれないし、その変わり方はいつも同じではないだろう。**あらゆる種類の再編が可能かどうかはわからない。可能でないときには、どのような制限があり、どの種類の再編が可能なのかを何が制御しているのかも私たちは知らない。

このテーマを探索するためには、夢について夢体験の多様性とその脳組織との連繋を詳しく研究しなければならない。私たちの責務は、これらの神経学的な変化のうち、**夢の現象学に基づいた**いくつかのものを示すことである。どんな種類の体験の再編が可能であるかは、観察によって私たちは知ることができるだろう。そうすることで、脳が睡眠中や覚醒時にどのように組織化されるのかについて、よりよく理解できるだろう。

フロイトの夢における退行モデルが示すのは、覚醒時におけるはっきりとした、一方向性の情報の流れである。つまり、世界と知覚システムを介して感覚的な接触があり、それは記憶システムへと流れこむ、というものである。フロイトは夢ではこの一連の流れが逆行するとした。感覚システムからの入力は阻まれ、知覚システムは記憶に貯蔵されたイメージ群からの入力を受けることになる。

フロイトの提唱は当時は輝かしいものであったが、現在では心／脳についての新しい情報のもとで再検討される必要がある。なまの感覚データが知覚されるまでの変容はフロイトが考えたより複雑であることがわかっている。変容は多くのステージで生じ、異なる複雑さを持つ情報が、脳の異なる場所で処理されている。そうした理論の全面展開はなおも進行中である（例えば、McClelland and Rumelhart, 1986; Zeki, 1993; Churchiland, 1995 を参照）。多くの科学者の理論の中でとりわけ今日的な思考は、精神機能は並列分散処理モデル（parallel distributed processing = PDP）によってもっともよく記述できるというものである。このことが意味するのは、情報は一方向へ流れるものでなく、情報の経路は多数の可能性があり、それらは個別に変わりうるということである。例えば視覚について、光はまず眼に入り、網膜を刺激する。それからその情報は側膝核、ついで皮質視覚野に伝達される。しかしこれは視覚情報の単に一つの経路に過ぎない。情報は多くの地点で分断され、多くの異なる経路で同時に処理されるだろう。くわえて経路にそって回帰するフィードバック・ループがあり、部分的に処理された情報をシステムにフィードバックしている。同様に知覚情報と記憶との連結には、多くの種類の前方向性（フィードフォワード）の、あるいは逆行性（フィードバック）の機制が含まれている可能性がある。

夢では情報処理の流れは逆行するというフロイトの提唱はおそらく再吟味される必要があろう[2]。情報の流れの多重性と回帰性フィードバックループの過程を、どのように単に逆行させることができるだろうか？　だがフロイトの考えを修正し、

2　しかしフロイトは記憶システムの多重性をいっており、PDP モデルを予知していたように思える。

夢では情報の流れは、単に逆行するものでなく、**変化させられる**と提唱することができる。ではどのようにして変化させられるのか？　それはなお遂行されるべき重要な研究プロジェクトである。しかしすでに研究初期の魅力ある成果はいくつかあがってはいる。PET スキャンを用いてブラウンら（Braun et al., 1998）が証明したことであるが、REM 期で、一次視覚野の活動性は減じ、外線状皮質、辺縁系、傍辺縁系で活動性が増大している。この意味は、REM 期には視覚連合野の皮質と傍辺縁系は閉鎖システムとして作動しており、情動に色づけされたイメージの内的産出を伴っているらしいということである。こうした新しい技術を使って、この分野の研究は急速に進んでいる。しかしいまだ探求すべき問題は多く残っている。

夢の特殊な認識

　ここで精神分析家と夢を現象学的に扱う人たちが役に立てる。夢生活にはありふれ、覚醒時には比較的見られない認識の種類について、彼らは同定し分類できる。ついでこうした観察を明確に組織化することで、夢を覚醒時の精神生活から分かつ、情報と情動の処理の種類に関して提唱することができる。そうした提唱は、神経生理学者の探求すべきところについて、またどのような心的機能が機能的・神経学的に相互に分離できるかについて、そして睡眠中いかにこうした心的機能が再組織されるかについて、彼らを導く助けになることだろう。

　ついでフロイトの退行モデルを最新版に改訂できる。私としては一つのモデルを提案したい。それは、夢では知覚処理の異なるレベルが夢の最終「知覚」に**入力**しうる、というモデルだ。それら入力はすべて別々に、覚醒時の意識では通常行われる調整を経ずに夢の知覚に至ることができる。もしそうならば、**奇妙な夢体験の特異性は、知覚処理の異なるレベルについてのデータ源であるかもしれない。夢体験を慎重に吟味することで、心／脳の働きへの洞察が得られるかもしれない。**

　これが遠大な仮説であり、検証には膨大な研究が必要であることは承知である。しかしすでに関連データはいくつかはある。一見奇妙に思える夢形成の例から始めよう。夢主は言う、《彼女が母であることはわかっていた。そうは見えなかったが》。定期的に夢を聞いている臨床家なら、こうした陳述はまったくありふれていると言うだろう。

　これに人がふつうは驚かない、ということに私は驚く。多くの人は夢の奇妙な体験を報告するときに、「まったくへんなことだが……」とか「どうしてこんなことが起こったのかわからない、しかも……」とか言って、聞き手に心づもりさせることだろう。しかし誰かを夢に見てその外見が実際と違っているときに、その夢体験

を述べるのにふつう夢の性質を説明する前置きは要しない。少なくとも私の患者はそうである。患者たちは私が彼らの言わんとすることを理解するのを当然だと思っている。それは夢生活のありふれた奇妙さである。覚醒時の生活では、「その人の外見は母に似てなかったけど、母だとわかった」とは、ふつう言うまい。そういうことを言えば直ちに精神病院行きになりかねない。しかも夢に見ればそうした体験を語るのはどうということはない。夢の事例をたくさん載せた本をどれでも開いてみれば、すぐにこうした体験例を見出せるはずである。私はそのような症例を一時集めていたことがある。数例をあげよう。

「私は夢である男のそばに座っている。その男は見知らぬ人だ。しかし夢でそれが父であることを知っている」(Boas, 1994, p. 155)。あるいは「そのとき私は地面に横になっているポパイを見つけた。ただ彼は私の患者に似ていた」(Myers, 1987, p. 43)。さらには「私の外見は実際とは反対だった。キャサリン・ヘプバーンのように背が高く、やせていた。でも特に魅力的ではなかった」(Fosshage and Loew, 1987, p. 10)。

これらの事例すべてで、夢主はある人物が誰であるかを認めるが、その人物の外見はその誰かには一致しないのである。外見と当人であることの間に分断がある。そうした出来事を「分断的認知」と私は名づける。認知の二つの面が合致せず、夢主はその分断に気づいているが、しかし分断はそのままである。覚醒時の生活においては、大半の正常な人はその人物を見間違えた、取り違えたと思い、それを正すだろう。しかし夢では必ずしもそうならない。

そうした夢では、脳の処理の見地からは何が起こっているのだろうか？　まず、顔貌認知についてわかっていることを考えてみよう。顔貌認知についての一つの理論は、視覚情報が視神経を介して網膜から側膝核に至り、さらに皮質に至り、特性判別領域によって特性が判別される、というものである。側頭葉には、特に顔貌認知のためのさらなる部位があると考えられていて、顔貌認知領域と呼ばれている。特性判別領域は夢に一つの入力を行い、同時に顔貌認知領域がいま一つの入力を行っているのかもしれない。

分断的認知の神経学的説明のために心理学的説明が妥当性をなくしはしない。双方ともに妥当性を持つ。意味を考えることで脳の再組織化が調整されうるし、その逆もまたある。意味に興味を持つ夢の解釈家は、夢主がどうしてそれが母親であると知るのか、さらに母親とは似ていない夢の人物の身体上の細部は何であるか当然探求するだろう。その作業により、夢のイメージをある人物の身体的特徴と母の情動的特徴との、あるいはその他の組み合わせの圧縮と見ることが可能になるかもしれない。そうすることで夢主が母親についてどのような感情を持っているかをより

よく理解できることになる。
　このことのすばらしい実例が、フォサーギとレーヴ（1987）の『夢の解釈』の著書の中に見出せる。その魅力ある臨床研究の中で、精神分析の患者であるマーサの夢が6人の異なる学派の分析家に示され、それぞれの解釈を出すよう求められた。マーサの2番目の夢には分断的認知が含まれる。《母がそこにいて、私の財布を調べあげていた。彼女は私の母のような外見ではなかった》（p. 11）。6人の分析家はこの素材を吟味して次のように語った。

　　1．**フロイト学派**：「夢の母親は分析家のことでもあり、別人に見えるのは、彼女の心の中の性的な事柄を調べていたからである。彼女の本当の母親は『防衛的で回避傾向』があった。夢の母親はもっと性的で、マーサを刺激して性的活動性を高めている」（p. 41）。
　　2．**ユング派**：「ここでは母親の侵入が問題である。彼女は本当の母でなく、意志の努力では取り除くことはできない。当の人ではない人物を提出することにより、夢は最初から『母らしき』存在、つまり主体レベルの意義を指し示している。それは『彼女の内なる母』、母親が彼女の中に生み出した性質、価値、態度に関連している。彼女のなかの母基準あるいは母感情は、自分の『部屋』、つまり個人的な内的空間や個人性への侵入者である」（p. 71）。
　　3．**文化学派**：「さらに夢の母親は『自分の母に似ていない』。彼女は自分が許容できる以上の嫌悪を自分自身から隠していたのではないだろうか？」（p. 105）。
　　4．**対象関係学派**：（著者の付記）彼（対象関係学派の分析家）は夢のこの一面を論じていない。驚くべきことである。フロイディアンとユンギアンの述べるところでは、母親は現実の母でなく、内的対象であるから実際の母に似ていないという。対象関係学派の分析家は、これを重視しないから何も言っていないのだろうか？　あるいは夢のすべての人は内的対象を表すのだから、こうしたことはあまりにありふれたことなので論ずるに値しないと対象関係学派の分析家は考えているのだろうか？
　　5．**現象学派**：「最初、マーサの母親は彼女の母の外見をしていない。彼女の母がマーサのひそかな領域を侵すように振る舞うとき、身体的には母でないように見える。身体性の現象は、人間の実存性を身体領域に持ち込んだものに他ならない。そうしたものとして、身体性は直ちに、かつ直接に実存的な関係全体に関わる。母親の身体的な外観が奇妙でなじみのないものであることは、マーサがこの振る舞い方を彼女と母との実存的関係に含まれるもの

だと認めていないことを示している。その関係においてマーサは無力な、防ぐすべない娘なのである。この否認には驚く。マーサは最初の連想で、彼女自身と母親とがまるで同じ行動をしていると報告している。マーサは覚醒中には、母のこの振る舞いを我慢しているのがどういう意味かをわかってないように思える。また母との関係に譲歩し、無力であることで、いかに自分の自立性と人としての統合性を失っているかもわかってないようである」（pp. 168-169）。

6．**ゲシュタルト学派**：「彼女の母は取り入れられたものであり、彼女自身の一部で、傷つき、悲しみ、ほとんど怒ることができず、それをできれば吐き出したいと思っていると、私たちは考える」（p. 206）。

このようにほとんどの臨床家は、その人の外見をしていない人物は、その人物自身でなく、内的対象、あるいは内在化された母を表象していると同意している。これらの臨床家が注目するのは、脳機能の分断ではなく、外界の実際の人物と私たちすべてが抱える内的対象との分断である（それを内的対象、あるいは取り入れ、擬人存在、その他の専門用語のどれで呼ぼうとも）。

しかしここで直面するのは興味をそそる可能性である。内的対象と外的対象の知覚を分断できるという事実は、必然的に脳のある機制を意味する。**内的対象の表象のための脳の基盤は何であろうか？**　内的対象関係を可能にする解剖学的神経組織は、特性認知と同一性認知に関する別々の脳領域に関係しているのだろうか？　神経学的に基礎づけられた精神分析科学に興味を持つ分析家すべてにとって、このことは本質的な問題だと思われる。しかしたとえ現在の神経学の知識をもってしてもいまだ決定的な答えは得られてはいない。

思うに分析家はこのことで鼓舞されるはずだ。知覚の分断が示唆するのは、精神分析の基本的観念、つまり転移と対象表象が夢に表現されているということである。またこれらの現象の神経生物学的機制を突き止める可能性が差し出されているのである。ほとんどの分析家は、私たちはすべて心のなかで他者の内的表象を保持し、他者との関係はこれらの内的表象によって、たとえ実際に形成されなくても影響はされると思っている。内的対象に関しては私たちは無意識に、好きな数だけの女性、あるいは男性に対し母親を見るだろう。それで夢主が《その人の外観は母親に似てないが、母親だった》と言うとき、転移は存在するというありふれた知識を認めているのかもしれない。

しかしある意味では、解釈をしながらそうした夢のちょっとした体験に充分な注意は払えないかもしれない。こう尋ねてもいいかもしれない、「外見がはっきりち

第21章 脳について夢が語ること

がうのに、その人物が誰だかそれほど確信するなんて妙じゃないですか？」この分断は、私たちに何を語ろうとしているのだろうか？　示唆されることは、ある人物の身体特性を見る過程とその人物が誰であるかを認知する過程とは同一でなく、たぶん同型でさえないということだ。しかし心でこれらの過程が分離しているという他の証拠は、何かあるだろうか？

　覚醒時思考を普通に内省しても、分断という考えを支持するものはないだろう。ほとんどの人にはある人を見ることは、その人が誰であるか認めることに等しい。聖書の中に変わった話がある。盲目のイサクに、毛皮の手袋をつけて偽装したヤコブが近付く。イサクは言う、「声はヤコブの声だが、手はエサウの手だ」。しかしこれは視覚障害者へのトリックのせいである。障害のない知覚器官を持つものには、そうした混乱は生じないのは確かである。

　しかし誰かを見ることとその人が誰であるか知ることは分けられるという考えを排除する前に、神経心理学の分野を調べてみる必要がある。そこでは脳卒中やその他の脳障害を患う人のなかに、相貌失認（prosopagnosia, ラテン語で *prosopon* は顔、*agnosia* は知識の欠如、つまり顔を知ることができない＝相貌失認）として知られる症候群をもつ人たちがいる。相貌失認を患うある男性は、50年間連れ添った妻を見て、はっきりとその特徴を見てとるが、彼女が誰であるか認識しない。声の響きのような並存する情報が妻であることを認める助けになるかもしれない。しかしただ見るだけでは、彼女とわからない。そうした人々では、視覚は正常であるが、顔貌認知の過程が障害されている（Bodamer, 1947）。相貌失認を持つ女性は夫に喋るよう頼むだろう。彼の顔を見るだけでは夫であるとわからないから。夫の顔は明瞭に見ることができる。しかしそれが誰であるかだけはわからない。

　こうした体験は正常な人々には理解が難しい。相貌失認の人はその状況を他の人に説明するのに苛立つかもしれない。例えばある女性はこう書いている（Restak, 1994）。

> 　さて注意しておくわ。もし私たちの会話が素晴らしくて、生涯の友人になれそうでも、でも、ここが肝心、外で再び会うときには……それで私はあなたがわからないでしょうし、合図の言葉をちょうだい。合図の言葉は、私たちが話していた何かでいいし、そうすると私は何を話していたか思い出せるわ。
> 　挨拶をしないと非難される。それで前もって注意しておくの。とてもやっかいだわ。ご近所づきあいがさかんなとこに住んでいるし……ここに4年間住んだのにこう聞くの「この人は誰？」そんなことわかってもらえやしない。私のこのやっかいごとを知らない友人に聞くの「この人は誰？」驚かれるわ。

「もちろん、彼女は誰それよ」[3]（pp. 90-91）

　顔貌認知の種々の側面に関する脳の責任部位を、科学者たちは同定しているところである（Mesulam, 1998 参照）。ゴルノ－テンピニら（Gorno-Tempini et al., 1997）がヒトで見出したのだが、未知の顔を同定しようとすると脳の一領域、紡錘状回における単一モード視覚連合領域が活性化されるのに対し、既知の顔の認知は脳の別領域、皮質の中側頭回を活性化することがわかった。この機能の分断はヒト以前の哺乳類でもまた見られる。ペレットら（Perret et al., 1982）は、マカクザルで顔に反応する特異な皮質領域があることを発見した。これらの報告から導かれる認識は、顔貌認知の過程は実に複雑で、一般的な視覚分析に関わる脳領域とは異なる脳部分によって遂行されているらしいということである。（顔貌認知が非常に複雑な視覚分析の一側面に過ぎないのか、あるいは実際に特異性をもつものであるかのさらなる論議は、Farah, 1995 参照。また Tranel et al., 1988 と比較せよ）。

　そういうわけで、私たちには数種類のデータを持つ事例があることになる。データはヒトの神経病理学に由来するもの、動物の実験的脳研究に由来するもの、それに夢で、それらすべては特性知覚の過程と同一性認知の過程が分離されうることを示している。正常な覚醒時の意識では、この二つは交互に働く。このために精神分析において人はその内的「対象」に気づくのが難しいのであろう。しかしおそらく脳の人物認知に関わる部分（module）は、身体特性が「母でない」ことを示しているときでさえ、母を見て取ることができるのである。夢や、精神病や、神経病理的症候群や、非常に強い転移状態で、この分断は正常な覚醒時意識より明瞭に現れる。

　特性と人物同定の分断認知という夢の体験は、相貌失認者の体験と厳密には同一ではない。相貌失認者は顔を見て取るが誰かがわからない。彼にとって顔の認知は役に立たない。あるいは役に立っていたとしても、意識が使用できない。夢主は人物を見て、それが他の誰かだと思う。彼には顔の同定はできているのだが、特性認知と分断されている。こう理論化しよう。夢を見ている間、顔貌認知と特性認知に関わる部分は、外界の刺激源からの情報を分析しているというよりは、むしろ**入力提供**を続けている。

　おそらくは相貌失認の体験にもっと近い類似物は、ある人を見るがそれが誰であるかわからない夢体験である。《近くにある男が立っていた。それが誰であるかを言うことができない》というような。そうした状況では、その人物を認識する力が

3　この症候群の生きいきとした説明は他では、ハンフレイとリドック（Humphrey and Riddoch, 1987）、レルミットら（Lhermitte et al., 1972）に見られる。

ない。しかしこの夢と相貌失認が似ているかどうかは、特性は明瞭だが人物が誰であるかはわからない、という点にかかっている。夢の視覚体験の全体がぼんやりしているならば、それは相貌失認というより、暗闇でものを見ようとしていることに似ている。

いずれの場合でも、私たちは夢と神経病理学的症候群の間に同一の体験を探してはいない。求めているのは、諸データが収束する一点だ。つまり相貌失認とこれらの夢体験を結ぶ重要なものは、視覚的特性の知覚と同一性認知の分断である。

その他の認識の分断

夢のなかでの認識の分断には、さらに微妙なものもある。夢主は自分の知識と相反する方向感覚を持つかもしれない。私の患者の次の夢を考えてみよう。《私はなだらかな広野を走っていた。西に向かっていた。左手（南）に列車があり、私と同じ速度で（あるいはそう思えた—列車は遠くにあって実際にはもっと速かったかもしれない）走っていた。その背後には山並みがあり、日没あるいは日の出があった。私は目覚め、相当に方向感覚を失っていた》。彼女は西に向かっているとわかっているのだが、太陽は南にあり出るところか沈むところである。彼女は視界にじっくり注意を払っているが（列車の相対速度）、方向性は一見ばらばらである。

方向感覚の喪失は、頭頂葉損傷によくみられる後遺症である。ただし損傷が右頭頂葉か、左頭頂葉かでその後遺症の種類は異なる。右頭頂葉損傷では、身体空間とは独立した方向感覚（例えばコンパスの方向を間違えずに感じ取る類）の喪失がしばしば生じるが、左頭頂葉損傷では、さらに重篤な方向感覚喪失が生じる。それは空間における自分自身の身体の方向に関する位置確認の方向感覚喪失である（例えば右－左の方向）。後者はいわゆるゲルストマン症候群の中核症状である（Gerstmann, 1927）。その症候群では、書字障害と計算能力の障害が生じる。（興味深いことに、同じ患者はとんでもない数学の計算が出てくるもうひとつの夢を見ていた）。ことによれば私の患者の夢は、両半球の頭頂葉が夢見の間それぞれ別に働くことができる可能性を示しているかもしれない。しかし異なる結論も可能である。

たいせつなことは、夢でどういう種類の分断が生じているかに注目するだけでなく、どういう種類の分断は生じていないかにも注目することである。とても困難な仕事である。何事かが起こっていると主張するより、それが起こっていないと主張することのほうがはるかに基盤は危うい。何かが起こってはいるが、ただ気がつかなかったのだと誰か知ろう？　個々の臨床家はさらに用心せねばならない。なぜならデータは夢主の比較的小さな母集団からのサンプルになるのだから。だからここ

での仮説はこれまでより慎重に提出されるし、他の臨床家や臨床とは関係ない人々から集められた大規模な夢の標本（例えばインターネットで利用できるカリフォルニア大学サンタクルーズ校の提供する膨大な夢記録）を研究する研究家による確証や反証を待つことになる。

　そうした点に注意しながらも、夢においてどの次元の認識が分断されえないか（仮にあるとして）を見出していくことは価値があるだろう。例えば、知覚された色感は認識された色と異なることがありうるだろうか？　「それは緑に見えたが、青だとわかっていた」という夢は、いまだ聞いたことがない。とすれば夢見で生じうることの特異性は、覚醒時の多元刺激に対する知覚についての実験の特異性、とりわけ健常者における「妄想的関連づけ」（Treisman and Gelade, 1980）やバリント症候群の頭頂葉損傷患者における関連現象（Robertson et al., 1997）と比較できるだろう。

　夢で生じうる特性認知と同一性認知の分断の特異性をさらに探索したい。少なくとも私の臨床経験によれば、この夢の経験でもっともよくある形は、夢主は外見と同一性の分断を感知し、その同一性は肯定形で述べられる、というものだ。前述のフォサーギとレーヴからの引用例で言えば、夢主は《母はそこにいて私の財布を調べ上げていた。彼女の外見は母のようでなかった》。夢主はその女性が母に似ていないことを感じているが、とにかくその人は母であることを知っていた。

　患者が《その人は私の母に似ていた。母では**ない**とわかっていたが》と言うのはそれほど多くはない——少なくとも私の臨床経験では。実のところ、私の患者や私自身の夢でそうした例は一例もない。もしこうしたことが起るのなら、私は他の臨床家や研究者からの報告を待つものである。もし同一性は肯定形というこの傾向が夢主総体に当てはまるのならば、重要な事実である。この**非対称性**をいかに正確に理解したらよいのかについては広く議論されるべきである。可能性としての一つの説明は、同一性認知は、少なくとも夢では、肯定形を取る過程だというものである。もし特性認知と同一性認知の双方がぶつかり合って入力され、同一性認知の入力の方が強い場合を想像してみると、結果はつねに肯定形の同一性にならざるをえない。「母ではない」というのは思考であり、知覚ではない。

　この夢生活の現象には、転移や対象表象の理論にその相関物がある。私たちは新しく知った人に対して、原初的な同一性表象を転移させるのは頻繁だが、知覚している人の同一性を認めないことはめったにない。言い換えれば、転移は知覚された人の同一性を消すよりは、より頻繁に能動的な変容を生じさせるのだ。

　《私は歩いていた。その人は私に似ていなかったが、それは私だった》という夢が見られたことはこれまであるだろうか？　正確にそうした夢を私は聞いたことが

ない。私の聞いたなかでもっとも近似するものは、女性の夢主のもので、その夢で彼女の外見は彼女自身であり、同時に男性でもあるというものだ。もちろんユングの主観性の観点からは、人はつねに自分に似ていない人について夢を見るが、それはその人自身のある側面である。しかし主観性の観点は夢解釈を基盤にしており、顕在夢のなまの体験に基づいているのではない。

　次の章では、生じたり、生じなかったりする分断の種類をさらに詳しく見てみよう。

第22章
心理内神経的知覚

> 私たちは探求を止めはしない
> それにしてもすべての探求の目的は
> 出発地点に到達し
> そこを初めて知ることなのだ
>
> T. S. エリオット

　神経病理学的症候群に関連した分断的認知の研究は、フロイトが「心理内知覚」と呼んだものに関係しているかもしれない。フロイトがこの用語で意味したものは、幻覚や妄想のような精神病理的症状はまた、人間精神がどのように組織され構成されているかを示唆する点で、研究者にとって積極的価値があるということだった。例えば、監視されているという妄想は、超自我の「心理内知覚」の投影だと考えられるだろう。フロイト（1933）は書いている。

　　（精神病者は）外界の現実に背を向けてしまっている。しかしまさにその理由で、内界の、心的現実について彼らはより多くを知ることができ、私たちに他の方法では知りえないようないくつかの事柄を明らかにしてくれる。
　　これらの患者たちの一群は**注察妄想**に苦しんでいると言える。彼らの訴えは、つねにもっともひそかな行為に至るまで未知の力――おそらくは人間――に観察されて苦しんでいる、また幻覚においてそれらの人たちがその観察結果を報告しているというものである。例えば、「いま彼はこう言おうとしている、いま彼は外出のため洋服を着ている」などと。この種の観察はまだ迫害ではない。しかし遠いものではない。それが前提としているのは、人々が彼らを信用せず、処罰を受けるはずの禁じられた行為をしているのを捕まえようとしている、ということだ。もし正気を失った彼らが正しいとしたら、どうだろう？　私たちのそれぞれの自我のなかに、このように振る舞うものがあるとすれば？　観察し、処罰の脅しをかけるものであり、また**自らのうちでその自我からくっきりと隔てられるに至っただけなのに、誤って**

外的現実へ移動させられてしまったものがあるとすれば？（p. 50, 強調は筆者）。

　この魅力ある議論の中で、フロイトが示唆するのは、精神病者の妄想は心の組織への洞察を反映しているというものである。裁かれるという妄想は、道徳的に裁いている人格の一面の「心理内知覚」なのだ。つまり内的な心の主体、罰をもたらす超自我が自己の外側の存在として知覚されている。しかし妄想それ自体が、内的な主体の存在の証拠かもしれない。

　「心理内知覚（endopsychic perception）」をある領域へ拡大したい。それを「心理内神経的知覚（endoneuropsychic perception）」と呼ぼう。その用語で意味するものは、ある心理学的現象は脳組織への洞察を表している可能性があるということである。私たちはフロイトの原則をメタ心理学から神経心理学へ拡大している。もとはフロイト自身が「研究計画」で採用した中心点であり、それは一世紀後に彼が生きていたとしてもおそらく放棄はしなかっただろう。

　このことで導かれるのは、覚醒時に内省しても直観できない脳の組織の種類を、覚醒時外の奇妙な夢体験が示唆するのではないかという考察である[1]。前章の概括的な一般仮説を再掲する。**分断的認知が起こるところでは、認知の二側面が脳の異なる領域で扱われている。その相互影響は、夢見のあいだ抑制されるか変換させられている。**

　もっともよく起こる分断的認知は、人物の同一性と外見の不一致であるが、その他にも多くの種類がある。パンクセップ（Panksepp, 1998）によって報告されたつぎの夢を考えてみよう。《どういうわけか、それが南北戦争の北軍・南軍だと私にはわかっていた。夢のなかで目にするすべては現在のものだったが》（p. 126）。ここには個人の顔貌認知は含まれていないが、外見と同一性の分断はなお存在する。（加えて、異なる二つの時代が組み合わさっており、それはこの先でさらに考察する主題である。）あるいは次の夢。《私は家で寝ていた。自分の部屋で、ベッドにいることはわかっていた——けれども身の回りでいえば、触覚はまったくなかった。真っ暗で、真空のようだった》（LaRue, 1970, p. 7, Domhoff からの引用、1993, p. 299）。さらに次の夢。《夢に見ていた場所は実際は両親のアパートメントではなかった。私の寝室であった場所に書棚があった》（Blechner, 1995a）。

　これらの例で人物や場所や対象の認知の、単なる知覚からの分断が見られる。夢

---

[1] 膨大な夢標本の徹底的な研究は、おもに内容中心になされてきている（例えば Hall and Van de Castle, 1966）。膨大な夢標本の再吟味をこの種の構造分析のために行う必要がある。

においては知覚に**逆らって**、これらの事物の同一性を認知できるのである。

　もう一つの見事な例は、フロイトの患者の夢、いわゆる「美しい夢」で生じている。それは別の観点からこの著作ですでに吟味したものである。夢テキストのある個所にはこうある。《彼は歩いたが、それは大変な困難を伴い、ほねの折れるものだったので、その地点に離れないようくっついているのかと彼には思えた》。

　夢ではよく起こる体験だが、動こうとするが何も生じない。これは心理内神経的知覚のいま一つの例かもしれない。つまり睡眠中は筋肉の随意運動はほとんど禁じられているという事実を夢が表示しているのである。ホブソン（1988）はこのことを観察していたが、そのような夢の出来事は意味がないという証拠としてそれを使った。**私は強調したいのだが、夢体験と睡眠中の脳の再組織化を結びつけることは、夢の心理学的意味の妥当性を失くすものではない。夢は脳組織を反映するだろうし、さらに夢作業は関係する脳現象を意味表現の道具として使うだろう**[2]。

　それはミルトンの自分の盲へのソネットに似ている。盲は彼のソネットを書くために引き起こされたのではない。しかしひとたび盲となるや、彼はその経験を英語で書かれたもっとも美しいソネットを書くために用いた。それと同様に、夢作業は麻痺の心理内神経的知覚を夢の語りを生み出すために用いているのかもしれない。

　このことは、フロイトが「体性刺激」、つまり病気や環境からの侵害により生じた異常な身体的動揺を伴う夢を分析したときに用いたものと同じ原則に従っている。例えば排尿したいときは、滝の夢を見るかもしれない。目覚まし時計の音を聞いて、まだ起きたくないときには、その鳴り響く音を火事の警報として夢の語りへ組み込むかもしれない。夢はこうした外界の刺激を取り込み、夢の語りはそれらを個人的な表現に用いるのである。

　しかしもう一つの体性刺激の源は、脳の働きそれ自体である。つまり、脳はそれ自体の神経心理的活動を観察しており、夢形成においてその活動を象徴的かつ直截的に描く。夢のこれらの源を私たちは知らない。なぜなら私たちの脳活動に関する意識的な知識は、とても不足しているのである。とはいえ夢の体験を慎重に吟味することで、心／脳の働きについて洞察できるかもしれない。

　「美しい夢」の後半部で、運動抑制は解除される。《坂道の上で、彼はもっとずっと容易に歩くことができた》。ここでさらに思うのは、夢内容のこの変化が脳の変化、例えば運動神経の抑制レベルの低下といったものと関連していないか、である。いまのところ、この疑問に答えるのは神経科学の力量を超えている。しかし睡眠中の脳のイメージングにおいてなされた急速な進歩により、遠からずこの主題に関する

---

[2] さらに興味をそそる可能性は、夢の内容が脳活動の変化の原因になるということである。

データは集積するだろう。すでに、夢の運動の方向と眼球運動の方向とは関連していることがわかったという研究がある（例えば、Herman et al., 1984）。次のような研究を想像してみることができよう。夢主の脳の活動レベルが、その夢内容に対して記録され、それらがどう一致するのかを見る、というものである。

夢の現象学の研究は、他の分断的認知を同定し、それらはついで神経病理学的症候群のデータや動物研究のデータと関連して考察されるだろう。さらに、ある神経病理学的症候群に注目し、夢で生じうる分断的認知についての示唆を求めることができるだろう。どの分断的認知が夢で生じるか、脳損傷で生じるか、その両者で生じるか、一方だけで生じるか、を注意深く調べるならば、データ全体の描くものは結果がどうあれ情報に富むものであろう。この関連の詳細にはここでは立ち入らないが、いくつかの可能性は示しておこう。脳損傷を持つ個人について覚醒時の精神状態を調べ、夢現象と類似のものがあるかどうか考察する。他の症例では、その逆を行う。最初に一定の夢現象を観察し、ついで脳の機能不全において類似のものがないかどうかを考察するのである。

第20章で、知ることと、知っていると知ることの違いを調べた。これはまた「知識対メタ知識」とも呼ばれており、ある神経病理学的症候群ではとりわけ魅力的な問題である。これらの症候群のいくつかでは、人は意識的な知覚能力や認識能力を失ったかに見える。しかし客観的なテストで、知覚・思考・記憶の能力は保たれている。それらが遂行される過程の情報は、容易には意識に達しないのだが。彼らの知識の能力は「潜在的」なものになっている。彼らは自分が知っているということを知らないが、彼らが知っているということは示すことができる。

これらの現象に関する知識は、20世紀に劇的に増大した。1911年に、クラパレード（Claparède, 1911）は記憶なしに情報が保持されることを、とりわけ鮮明に説明した。彼は記憶障害の一形態であるコルサコフ症候群の47歳婦人のことを述べている。

> 節約法によって行われた学習実験の手段で、私はこの患者の記銘力のすべてが失われたわけではないことを示すことができた。ここで注目に値するのは、最近の記憶を自発的に思い出すことは彼女にはできなかったが、一方では何かの拍子に、自動的に認識として呼び起こされるのである。
>
> 　誰かが彼女に短いお話をしたり、新聞からさまざまな事柄を読んでやっても、3分後には何も覚えておらず、誰かが読んでやった事実さえも覚えていない。ところが一定の質問によって、反射的にそれらの事柄の細部のいくらかを彼女から引き出すことができる。しかし彼女が自分の意識の中にこれら

を見出すならば、彼女はそれを記憶として認めないし、たまたま「心をよぎった」何か、「どうしてだかわからないが」心に浮かんだ考え、その場の想像力の産物、あるいは思考の結果でさえあると信じた。

　私は次のめずらしい実験を彼女に施行した。情動を含む強い印象をよりよく保持するかどうかを見るために、私は指に隠したピンで彼女の手を刺した。軽い痛みは、なんでもない知覚として速やかに忘れられた。数分後には、彼女はそれを覚えていなかった。しかし私が再び彼女の手を握ろうとすると、なぜかはわからないまま反射的に彼女は手を引っ込めた。私が理由を尋ねると、彼女は怒って言った。「手を引っ込める権利はないんですか？」なおも尋ねると、「あなたの手の中にピンが隠されているんじゃないですか？」またつぎの質問、「私があなたを刺そうとしてるなんて、どうして疑うの？」に対して、彼女はおなじみのセリフを繰り返すのだった。「その考えが心をよぎったの」、あるいはこう説明するのだった。「ときには人の手にピンが隠されているものよ」。断じて彼女は刺される、という考えを「記憶」として認めなかった（pp. 68-70）。

　私たちは外部の観察者として、患者はピンを刺されたという何らかの記憶を持っていると推測する。しかし彼女の主観的な見地からは、そのような記憶はない。彼女の脳はその知識を利用できるが、その意識は利用できない。これはいくつかの「離断」症候群における特徴である（Geschwind, 1965）。実験的には情報がそこに存在していることを示せるが、患者は自分が知っている対象を知っていることを知らない。それに彼女がその知識を持っていることに気づかないときに、**彼女**はそれを知っていると言うのは正しいことだろうか？

　こうした現象を日常用語で述べようとする研究者たちは、第4章『誰が夢を作り、所有し、想起し、語り、そして解釈するのか？』で論じたような障壁にぶつかることになる。トラネルとダマシオ（1985）はこれを「気づきなき知識」あるいは「隠蔽認知」と呼んでいる。もしくは、こう言えるかもしれない。「脳はそのことを知るが、自身は知らず」。ヴァイスクランツ（1997）はそれを「想起を経験することのない記憶」と呼んでいる。この言葉には、教えられる。「記憶」と「想起」はどのように異なるのか？　ヴァイスクランツの言葉の含意は、記憶には気づきはなんら必要ないが、想起には必要だ、というものである。

　もうひとつの失認は「視覚的失認」である。視覚情報の処理を担当するさまざまな脳領域の損傷で、眼は正常だが、視覚が損なわれるのである。患者は、視覚刺激は正常に保たれていながら、視ることの一面を失う。クリッチュリー（Critchley,

1966）はわかりやすい事例を提示している。「60歳の老男性は、目覚めたが洋服が見当たらなかった。そばにあったのだけれど。妻が洋服を彼に手渡すと、すぐにそれに気づき、正しく身に着け外出した。通りでは、事物を見ることができたが、それらが何であるかは言えなかった」(p. 289)。

さらに盲視がある。盲視では、患者は視野の一部あるいは全部が見えないと主張するが、周囲の視覚情報をそれと気づかず使うことができる。例えば盲視の人が、自分の前の物体の形状が何かを尋ねられたならば、答えることができないだろう。しかし二つの選択肢があれば、正しい方を選ぶだろう。物体に触れるよう求められれば、それが見えないと主張するにもかかわらず、正しい方向に手を伸ばすだろう。それに異なった形状の物体で試しても、それをつかもうとする前に彼の手は正しい形状を想定しているだろう (Weiskrantz, 1986)。

こう言えるかもしれない、盲視の人には意識的な感覚をともなわない知覚がある、あるいは彼らには見ることをともなわない視覚がある、と。彼らは自分の周囲の視覚情報を記録し、それを用いるよう学ぶことができる。そのさいそれを見ていると感じることはない。ヴァイスクランツ (1986) は盲視を論じて、「見ること」と「そこに刺激があると感じること」を区別している。彼の盲視の患者は、視覚刺激を見ることはできないが、にもかかわらず何かが生じていると感じるのである。

> 刺激が増大して目立つようになると、例えば明るさの対照や運動速度であるが、彼は何かが起こっているという「感じ」を認め始め、普通その感じが空間のどこから発しているかを同定できる。何かが仕切り幕から出てくるように感じるという意味で、感じは空間的性質を持つようである。それはまた「波状」の印象もあるかもしれない。あるいは「部屋が真っ暗なときに眼の前で手を動かす」のに似てるかもしれない。それでも彼はそうした感じは「見る」ことではないと言う (p. 168)[3]。

この種の体験は夢ではおなじみである。夢主はしばしばある出来事や存在物に気づくが、さらなる細部を多くは特定もできないし、夢のなかの知覚の様態が何であるかを言うこともできない。《誰か他の人がそこにいた》と言うが、その人物の視覚像を述べることができない。それは単に「感じ」なのだ。映画の夢の表現の多くは、はっきりしない影のような「存在」のこうした性質をもっている。

盲視に関する議論は、情報処理機能をそれらの体験とは切り離して描写するとき

3　盲視に似た欠損は、触覚に関しても見られる (Paillard et al., 1983)。

の日常語の限界を示している。複雑なため仰天するような言語の産物が生じている。盲視患者と夢遊病者の意識の程度を比較した、ナツォウラス（Natsoulas, 1982, p. 88）の次の文章を考えてみよう。

> なぜなら夢遊病者がこのように振る舞えるためには、周りを知覚的に気づいていなければならないのである。しかしもちろんのことそうした人は夢遊病者であり、自分が何をしているのか、あるいは何かをしようとしていること、夢遊状態で周りを知覚していること、を知らない。夢遊状態の間の知覚に気づいているという意識行為は、意識による意識行為ではない（p. 88）。

意識による意識行為ではない？　それならば意識による無意識行為と言ったらよいのか？　ここに見られるのはつねに繰り返される、さまざまなメタ水準の意識の性質である。つまり、意識、意識の意識、意識の意識の意識などである。

苦しみなき痛み

　神経学的症候群のいくつかは、知識ではなく経験に関している。三叉神経痛の患者で激烈な顔面の痛みに苦しんでいる例がある。治療不可能な何例では精神外科術が施された。彼らは外科医ペドロ・アルメイダ・リマによって前頭葉前部切除術を受けた。術式はペドロの支援でエガス・モニッツが開発したものだった（Damasio, 1994; Freeman and Watts, 1950 も参照）。手術後、患者の一人はくつろぎ気分よさそうだった。痛みについて尋ねられると、愉しげにこう答えた。「ああ、痛みは同じさ。でも気分がいいんだ。ありがとう」。ダマシオは次のように言う。

> そうであれば手術がなしたことは明らかに、痛みと呼ばれるものの一部であるところの情動反応をなくしたことである。それは人の苦悩に終止符を打ったのである。彼の表情、声、振る舞いは快適な状態にあると思わせるものだった。苦痛な状態を思わせるものではなかった。しかし手術でどうしようもなかったと思えることは、三叉神経支配の身体領域の局所的変化のイメージである。そのために患者は痛みは同じだと述べた。一方では脳はもはや苦悩を生み出さないが、なお「痛みのイメージ」は作り続けている。つまり苦痛のもたらす風景の体性感覚上の地図をこれまでと変わらず書き続けているのである（p. 266）。

これは驚嘆すべきことである。痛みの感覚は感じるが、不快という情動の夾雑物はない。これを**苦しみなき痛み**と呼んでいいだろう。そうした臨床所見が示すものは、感覚を記録する機能と、それを情動的に感じる機能は脳において何らかの方法で分けることができるということである。一方の機能を失いながら他方を保持することがありえる。

もちろんこのことは、精神外科の関与なしにも起こりうる。戦時の兵士が深い痛手を負っても、仲間の兵士を驚くべきやり方で助け出し、その間自分の外傷の痛みを感じずにいることができるという周到な記録がある。

ラマチャンドランとブレイクスリー（Ramachandran and Blakeslee, 1998）は「痛覚失認」として知られる神経学的な症候群を記載している。そうした患者は、痛みは感じるが、苦しくないと言い張る。ときには彼らはピンを刺されるとくすくす笑いを始めたりする。島皮質の損傷がしばしば見られる。この構造物はラマチャンドランによると、「皮膚や内臓器官からの痛みを含む感覚入力を受け取り、辺縁系（帯状回のような）へ出力する。それによって人は痛みの強い嫌悪反応―苦悶―を感じ始める」(p. 208)。ラマチャンドランは、知覚された脅威と、情動的な危機感が不調和にも欠けているという解離が、ほっとした笑いを生むのだろうと論じている。

痛みと苦しみの分離はいったい夢で生じているのか？　それもどのように？と尋ねてみることができよう。

フロイト（1900）は夢は痛みの否認を生じさせうる、と述べている。彼は例として、自分が陰嚢底部に痛みのある腫物をこしらえて、とても歩きづらかったときのことをあげている。彼は夢で、乗馬をし馬の背にまたがっていた（現実にはやったことのないことだった）。その夢を彼は、覚醒中は感じている身体的痛みの否認と見なした（pp. 229-230）。だからここでは、覚醒時には痛むが、睡眠中には夢主は痛みがないという状況を夢が作り出したのである。

夢における痛みの出現のしかたは他にもたくさんある。私たちにとって第一に興味があるのは、夢主によって経験される（あるいは経験されない）痛みである。私は統計的データを持っていないが、夢のなかでは他の人が痛みを感じているほうが、夢主が痛みを感じるより頻度が多いと思われる。

多くの事例で、夢主は身体的苦痛を引き起こす状況下にいるある人物を夢に見るが、夢主自身は苦痛を感じない。例えばフロイト（1900）はある婦人についてこう記述した。彼女は術後、痛みをもたらす装置を夜間装着しなければならなかったが、夢で《他の誰かに痛みを転嫁することで自分に麻酔をかけた》(p. 233)。同様にフロイトの「イルマの夢」で、フロイトはイルマがその苦痛をさかんに訴えるのを聞

いたが、彼自身は夢で痛みを感じなかった。

　夢で夢主が痛みを感じる場合には、しばしば外的な刺激が痛みをもたらしている。有名なモーリー（Maury, 1878）の夢で生じたことはこれである。彼の夢で、恐怖政治が行われており、彼は殺人の場面をいくつか見た。それから彼自身が裁判に連れてゆかれ、尋問され、有罪判決を下され、ギロチンにかけられることになった。ギロチンの刃が落ち、彼は自分の身体から頭が離れるのを感じ、恐怖にわなないて眼を覚ました。そこで見たものはただ彼の頸椎上にベッドの上部分が落ちてきていたことだった。ちょうど夢でギロチンの刃が落下した個所であった。

　私の経験からは、夢主が夢で直接痛みを経験するのは、どちらかといえば稀である。夢主が痛みを感じ、夢の間痛みを引き起こす外的な感覚知覚がない場合は、あったとしてもさらに稀である。私の持つ患者の夢の全ファイル（数千の夢が含まれる）で2件だけがこの範疇に該当しそうだった。しかしそれらが実際その範疇に該当するかどうかは問題が残る。その一つはある婦人の夢で、男たちが彼女の家に押し入った。《彼らは私をベッドの中で縛り、夫を追いやった。私は筋書きを知っていた。何が起ころうとしているかわかっていた。二人の男がいた。一人がカミソリで私の肩に切りつけた。私はそういう成り行きを知っていたけれども、それは痛かった。私は筋書きを読んでいた。そして誰が何のためにやっているかを知ろうとしたが、どうやってもわからなかった》。この夢で夢主は何が起きようとしているか知ることで、痛みから距離をとっている。にもかかわらず肩の切り口は痛んでいる。

　二つ目の例では、夢における身体の痛みを引き起こす物理的刺激の記録はない。ある離婚した男性から報告された夢である。《私はある家族の行事に出席していたところだった。私の車に乗り、娘を彼女の母親の家に送っていた。道の傍らに誰かがいて、それは黒ずくめの魔女だった。彼女はその歯で私のこぶしにくらいつく。私は歯を食いしばる。それはもちろん別れた妻だった。彼女はそうきつく咬んでないと気づく。私は腕を引き抜き、彼女に一発見舞った》。それから彼はこう連想した。「それは恐ろしかったが、何とかできた。彼女は私を傷つけたが、私は身を守れた。傷はそうひどくなかった。彼女は歯がないかのようだった」。不運なことに、私は夢主に夢を見ている間実際に痛みの原因となるものがなかったかどうか尋ねなかった。離婚している間、感情的には夢主が大いなる痛みを体験していたのはもちろんである。

　カリフォルニア大学サンタクルーズ校の夢の記録には、この問題に関わる少数例がある。しかしそれらの症例でも夢主に詳細を尋ねることはできない。一例目では（No. 205, 10/12/87）、ある男性はカミソリで自傷するが、驚いたことに痛くない。夢の始まりは横領か何かの裁判にかけられているところからである。

第22章　心理内神経的知覚　271

この裁判の進行中、彼らは私の身体検査を要求していました。手術のようなものです。彼らは私の身体を切って何かを調べようとさえしていました。内臓器官の中を調べつくすとかそういうものでなく、なにか腕や体幹に沿って長い線状に皮膚を切るような浅い切れ目です。バクテリアか何かが関係しているような、でもわかりません。私はそれが本当に気になっていたのですが、裁判にはまあ本当は関心がありませんでした。……しかしこの身体検査は大いに気になりました。ここには何か感情の混乱がありました。この検査はすでに受けたことがあるという印象があります。その検査は彼らが考えるような結果には本当にはなってなかったのです。しかし私はそれは理に合わないと思います。なぜならそれは起きるはずがなかったし、私がさらにそれに関わることは私には何の得にもならなかったでしょうから。でも私は――私は検査が正しくなされるよう願ってましたし、手順自体に心を奪われていました。それで実際には私の身体には切創は一つもなかったのです。あたかも彼らは切ろうとしたが、やらなかった、というふうでした。これに私は興味を持ち、自分でやろうときっぱり決めたんです。私は切れるものを手にし……カミソリの刃のようなものを手にし、これらの切り傷を自分でつけ始めたんです。自分でやってみればやっかいだというのは確かです……横になり、話している切り傷をそれを見ずに一方の腕で付けようとする。でもそういうふうにしてたんじゃないみたい。私の身体の外からそれをやっているかのようでした。私はちょっとボロボロになり、それを見て最初はとまどい、ついにはそのこつがわかって、それで……やっかいに思えたのは、右から身体越しにやるみたいで、その……人形にやるみたいに……まっすぐに切ります。やっかいだとわかったのですが、身体（地面に横たわっている）の右手側、それは実際に切っている姿勢からは左手に見えるのです。それで転回する必要があって、足元の方へ動き、切るために身体の側面に向き合いました。全体はとてもゆっくりと、おずおずとしてました。血とかそういうものはまったくありませんでした。そう、私はこれをやったんですが、それ以上のことは知りません**――見たところ特に傷つかなかったですが、傷つくだろうとずっと思ってました――少なくとも、自分で傷つけるときみたいにですね、傷つくだろうと思ってたんです**（強調著者）。それで血が出なかったので少し驚きました。でも本当に傷か何かあるかもしれないことには頓着しませんでした。治ることがわかってましたから。それも傷跡を残さず治るだろうと確信してました。傷跡の有り無しはたいしたことではなかったんです。でも今は、私はそれを彼らのためにやったように感じます。彼らが満足するために。彼らが私にして

欲しいことを、それが何であれ私はやり遂げたんだと思います。

他の夢では（No. 349, 11/24/91）、一人の婦人は図書館員の会合に出ている。

少し喋ったら、背中が本当に痛くなり始めました。どんどん痛くなり、ものすごく痛くなりました。それをこぼすと、誰かが気の毒に思ってどうしたのかと尋ねました。小さくて柔らすぎるカウチに座っていて、背中が痛み始めたと答えると、後ろの列に座っていた顔なじみの一人の図書館員が、どうやって背中をケアすればいいかをダニエルが喋ってやったらいい、と言います。それは聞いたことがあるわ、ありがとう、いろいろ聞いたわ、でももう我慢できない、と私は言います。痛みが軽くなるようにしゃがみこみ、立ち上がりながら、背中の体操をしに行くわ、と言います。

　夢は彼女の背中の体操に言及しており、彼女は定期的に背中のトラブルを経験しているようだ。だから夢の背中の痛みは身体的な原因があると推測される。
　夢における痛みの問題をはっきりと扱う研究はもっと必要である。しかし入手しうる限られたデータから言えることだが、夢では現実の身体的刺激なしに身体的痛みを経験することはめったにないと思える。夢では不安、不気味さ、恐怖といった不快で苦痛な**情動**を感じるのはごくありふれていることを考慮すると、このことは注目に値する。
　分断的認知のさまざまな種類を述べるなかで、読者は気づかれたかもしれないが、多種の脳障害で見られる種々の機能分離を言葉で述べるのは難しい。結果的に矛盾語法、あるいはそれ以外の奇妙な言語構築物のようになる。すでに論じたもののリストは、

1．意識なき知識
2．見ることのない視覚
3．感じることのない触角
4．記憶のない記憶保持、あるいはそうと知らず情報を持つこと
5．苦しみのない痛み

　そうした神経学的症候群は、脳／心の機能的分離に気づかせるが、それは単に内省のみではおそらくは直感できなかったものである。つまり、視覚／見ること；痛み感覚／痛み体験；現実の病気／健康感；なじみの顔を見る／なじみの顔を認知す

る：情報を持つ／想起する、という分離である。しかしもし私たちが夢の現象学にもっと注意を払うならば、これらの分離に気づくようになるだろうし、いまだ同定されていないさらなる分離にも気づくようになるだろう。

夢の視覚障害と脳の機能障害

1．白黒の夢と色盲

　覚醒時に正常な色覚を持つ人のなかで、夢には色がないと報告する人がいる。事実ホール（Hall, 1953; Van de Casle, 1994 も参照）によれば、夢の約 3 分の 1 だけが色つきである[4]。少数の人は色つきの夢だけを見て、いくらかそれより多くの人は色つきの夢を見たことがない。大部分の人は、いくつかの夢で色がついている。これらの統計は疑問視されてきた（Tauber and Green, 1962）。カーン（Kahn, 1962）は、もし夢の色について尋ねられたならば、数字はもっと高く、夢の70〜80%になるはずだと考えた。しかし研究者の専門的な質問で、夢で色を知覚しているという結果を得ても、覚醒時の視界と同じ色があるかどうかは不明である。**色つきの夢が、どの程度まで色がついている**かはわからない。私がかつて聞いた夢では、登場人物の大半は白黒で、二人の人物が色つきであった。

　ホール（1953）は誰が色つきの夢を見るかを重要視しなかったし、色つきの夢と白黒の夢に内容の違いを認めなかった。彼はこう結論している。「私たちの研究は無益であった……夢の色は夢主のパーソナリティについて何の情報ももたらさないという結論に至った。色は夢の飾りに過ぎず、それ自体としての意義はない」（p. 46）。

　しかしながら、色盲でない人のなかに白黒の夢を見るものがあるという奇妙な事実には、他に意味があるかもしれない。このことはヒトの心／脳について何を示唆するのだろうか？　答えを見つける前に、ヒトの色盲の数々を考えてみよう。

　色盲の程度はさまざまである。くだけた話のなかで自分は色盲だと言っている人は、例えば赤と緑のような色の区別がつかないことを意味していることが多い。しかし全色盲として知られる色盲の形態があり、それを持つ人は完全な白黒の世界に住んでいる（Sacks, 1997）。この状況は、桿体全色盲として知られる視力症候群をもたらす遺伝的欠損によるのかもしれない。また欠損は脳にあるかもしれない。これは中枢性全色盲として知られており、非常に限定的な皮質の損傷、つまり紡錘状

　4　正確な数は、夢の29%が部分的に、あるいは全面の色つきで、女性は31%、男性は24%がそうであった（Van de Castle, 1994, p. 298）。

回にある V4 領域の両側性の損傷によってひき起こされる（Zeki, 1990, 1993）。

　覚醒時の視界はおおむね色つきであるのに、多くの夢が白黒であるというのは奇妙である。なぜこれが生じるのか？　カーンら（1962）の研究から、一つの答えが可能になる。それは、私たちの夢の3分の2はじっさいには白黒でなく、色が注目されなければ報告されない、というものである。

　さらなる事実として、色覚は視界の中心ではるかに鋭敏だということがある。普通は意識されないが、視界の周辺では色覚は非常に乏しい。

　またおそらくもっとも意味あることに、照明が暗ければ色はあまり見えない。夜間、覚醒時に、物の形は見分けることができても、色は見分けられない。ヒトの網膜の桿体は少量の光の中でも形を示すことができるが、錐体は色を示すことができない。そうした視覚は**暗順応**と呼ばれている[5]。夜の夢はどこかこの暗い照明の視覚に似ているのではないだろうか？　知覚のモジュールは、おそらくいくつかの夢のなかで暗い照明における知覚を創り出そうとしているのではないだろうか？

2．中心視覚なき周辺視覚

　視野の中心の視覚喪失の夢体験が報告されている。前述のように、ウルマン（1973）は自分や他の人々のかかった「ある種の盲」についての夢を語っている。

> 周辺視覚は損傷されておらず、ときには視覚障害の存在を疑わせるほどだった。疑いと確実性の間の揺れは、悩ましかった。私は夢のなかで、視覚障害はとても簡単な手段で埋め合わせることができるのに気づいた。それは階段の角度を、普通の傾斜よりは垂直に登るように変えることで、そうすることで目で見て、というより手探りで登れるようにするのだ。このやり方で正常だという錯覚は維持される、と夢のなかでは思えた（pp. 289-290）。

　この夢は三つの意味深い出来事に続いている。ホロコーストでのユダヤ人の子供の残虐な殺害を、普通のドイツ人がいかに見過ごしているかについての講義をウルマンが聴いた4日後であり、ケネディ暗殺の3日後であり、リー・ハーヴェイ・オズワルドが殺された翌日である。ウルマンの夢の解釈は、フロイトが社会的葛藤の重要性に目をつぶっていたことについて、またウルマン自身についても不快な真実に目をつぶっていることについて、自分の考えを表すものだった。

---

[5] 天文学者はこの事実を有利に用いている。望遠鏡でかすかな星を探知しようとするとき、彼らは視野の中心点から「眼をそらせ」、光への感受性の高い桿体の多い網膜領域に像が入るようにしている（Gregory, 1973）。

第 22 章　心理内神経的知覚　275

　　　　主観的には、私は自分自身についての何事かと、ある不快な事実（私たちの
　　　　文化における暴力に関して）から感情的な距離を維持し、目をそらせるため
　　　　にやらねばならない何事かを話していた。客観的には、私は世界について、
　　　　また世界が人の操作にどのようにゆだねられるのかについての何事かを話し
　　　　ていた。逆説的な社会の真実が夢から生じてくるように思われる。つまり盲
　　　　目性を覆い隠すために人が当て込むまさにその過程が、成功の階段を登るの
　　　　をおそらくは可能にしていると思えるのだ（p. 29）。

　しかし現在の私たちの関心からこの夢を見るとき考えるべきことは、ウルマンの
夢がどのように脳での視覚の組織化のいくばくかを示しているか、ということであ
る。実際、周辺視覚を保持した中心視覚の喪失は、後頭葉の一次視覚野のどこかの
損傷ではありふれている。それはまた網膜損傷（黄斑変性）による感覚レベルでも
起こる可能性がある。
　私はウルマンの夢を、ニューヨークのオレンジブルグにある先端脳イメージセン
ターの神経心理学者であるロバート・ビルダーと議論した。彼はその夢について別
な面を同定したが、それは脳機能の理解にとって意味深いものである。彼は私に次
のように語った。「僕の見方から言えば、この夢のもっとも興味深い点は、目的指
向の行動を導くため視覚表象を体性感覚の表象で置き換えていて、この感覚入力の
別々の流れを用いることで、『正常性の錯覚』が維持できていることだ。これは興
味深い。なぜなら普通、主な感覚入力の喪失は、苦痛（「対等でない」）や正常で
ないというなまなましい感覚と結びついているのだから（感覚入力が危うくなると、
幻覚・妄想に陥りやすくなることを考えてみること。そうしたことは認知症や感覚
を剥奪された健康な人の経験の一部で生じていると考えられている）」（個人的コミ
ュニケーション、2000 年 3 月 5 日）。

記憶喪失

　多くのタイプの記憶喪失がある。注目すべきは、夢でどれだけの数のタイプが模
倣されうるかである。次の夢を考えてみよう。

　　　　私は外国にいた。車を借り、町の外へドライヴし、道がわからなくなった。
　　　　どの町にいるのか、どの町から来たのかわからなかった。何人かの旅行者に
　　　　地図を持ってないか尋ねた。しかし地図には町の名前は何も載っておらず、
　　　　ただ土地の輪郭だけが描かれていた。あるホテルで尋ねるが、彼らも町の名

前を告げることはできなかった。それから私は、レンタカーの契約書を見れば、帰るべき町の名前がそこにあるだろうと気づく。

夢には多くの個人的な意味があり、夢主の人生での「方向喪失」感、象徴的にどの道を行けばいいのか不安定になっていることも含まれていた。しかしまた夢主は中年期の健忘も大いに気にしていた。彼は健忘についての記事を読んだところであり、自分の記憶の問題が、中年期としては正常かどうか、過度の飲酒が引き起こしたのではないか、あるいは他の何かのせいなのか、確信がなかった。彼がまず連想したのは、「昨晩、夕食前に強い酒を大量に飲み、酔ってしまった。夢は私の健忘症を予言しているのだろうか、それともすでに生じている健忘を示唆しているのだろうか？」というものであった。彼はこのように、私たちがすでに使ってきた用語で言えば、自分の夢が器質的健忘についての心理内神経的知覚ではないかと考えている。少なくとも、アルコール因性の健忘への**恐れ**は夢のなかで現実のものとなっていたのである。

二重の記憶錯誤

健忘症候群に属するもので二重の記憶錯誤（Reduplicative paramnesias）として知られるものがある。その症状を持つ人は、なじみの場所や人が二重になってしまったと確信している（Pick, 1903）。二つの主なグループがあり、場所の二重化と人の二重化である。

場所の二重化では、患者はこう言うかもしれない。「ここは入院した2番目の病院だ。昨日いた病院にそっくりだ」。それらが同じに見えるから同じ場所だと、彼は考えない。この臨床上の現象は興味深い問題を提起する。普通の人は実質上自動的に次のように推論する。「もし昨日そこにいて、そこが同じに見えるならば、同じ場所にいるはずだ」。こうした推論をさせる精神機能は何だろうか？　それはある種の脳損傷で失われる能力であるのだから、この能力の神経解剖学的な基盤を見つけることができるだろうか？　夢で類似の現象が生じうるのはわかっている。すでに引用したが、《夢は実際には両親のアパートで起こってはいません。そこには私の寝室にあった書棚がありました》（Blechner, 1995a）。

「人の二重化」に関連した現象がある。ある男性は言うだろう。「私には二人の妻がいる。今日病院に来てくれた女性と、昨夜来てくれた女性が」。そうした語りは、場所の二重化に関連した欠損を示している。しかしここでは人の同一性も関わっている──この事例では、異なる時間枠や異なる前後関係で体験される女性は一人の

人物だという認識の欠損である。関連した現象では、カプグラ症候群もある（Capgras and Reboul-Lachoaux, 1921）。その疾患を持つものは、両親や配偶者といったなじみのある誰かを見て、まがいものに違いないと思う。

ロビンソンとフリーマン（Robinson and Freeman, 1954）は自己‐連続性を、時間経過のなかで変化しうるが安定した自己があるという認識と定義した。彼らはロボトミー手術を受けた彼らの患者が自己‐連続性感覚を失っていると提言した。他人を二重化されたものとする患者は、**他者‐連続性**とでも言うべき感覚を失っていると考えられるかもしれない。他者は時間経過のなかで変わりうる安定した同一性を、もはや持たない。それで一人の患者は二つの家族があると主張する―つまり入院前にいた家族と、1年後の退院後の家族である。新しい家族の子供たちは、前の家族の子供たちに似ているが、彼らより背が高い。患者はこうした知覚表象を奇怪だと思うかもしれないが、それでもその知覚表象を持ち続けている。次の臨床面接の一部を考えてみよう。患者は、最初の妻は自分の代理をさせるため似た女性を提供したと信じている（Stuss, 1991）。

> **医者**：それでは、突然あなたは退院し、同じ家の違った家族のもとに帰ったわけだ。
> **患者**：まあ、そんなとこです、はい。
> **医者**：それをどう説明します？
> **患者**：わかりません。自分で理解しようとしてみたのに、できなかったというのが実際のところです。
> ……
> **医者**：私をからかってるんだろう。
> **患者**：からかってません。本当のことを言おうとしてるんです。
> **医者**：私をだましてるんじゃないんだね。
> **患者**：ちがいます。そんなつもりありません。
> **医者**：誰かがそういうことをあなたに話したとすると、あなたはなんて言うだろう？
> **患者**：とても信じられない、と言うでしょう。それで多分もっと身構えたでしょう。姿形や振る舞いに日付をつけなければならないことはないし、どっちみちやろうともしてませんが、最初の妻と離婚しようとも思ってなかったのです（pp. 72-73）。

人の二重化については数々の理論がある。一つは、主には心理力動的要因による

というものである。もう一つは、顔貌認知には多数の神経経路があり、それらは認知情報をさらに情動的に負荷された情報から切り離している、というものである。親しい人の同定には、情動的情報が決定的なのかもしれない。この理論によると、カプグラ症候群の患者は、母の姿を見るが母の「感じ」を持たない。それで彼は母はまがいものだとみなす（Ellis and Young, 1990; Young et al., 1993; Ellis et al., 1997）。

　人と場所の二重化の類似物は夢にあるだろうか？　あるかもしれない、と私は思う。夢主が時々報告するのだが、一つの夢のなかに同一人物が2回、2人の人物像として現れることがある。確かにこれは自分についても起こりうる。例えば、《私は格闘していた。そしてまた上の方からそれを見ていた》。もちろん、夢のすべての登場人物は夢主の諸側面だと想定すれば、登場人物と同じ数の夢主の人物像があることになる。これはユングの主観的方法をもちいた夢解釈の基盤である。しかし研究の観点から考察できるのは、夢の潜在内容におけるものでなく、顕在内容における多数の人物像だけである。

　同時にすでに提出した疑問であるが、《私の母に似ていたが、母でないのはわかっていた》というタイプの夢が、はたして生じるのだろうか。私はそのような夢の報告は聞いたことがないと述べた。しかしもしそのような夢があるならば、それはまさしくカプグラ症候群の類似物だろう。その疾患では、ある人は愛する人に似ているが、まがいものとして経験されるのである。

夢における時間の転換

　しばしば夢では、異なる時期の対象や感情が混在する。サイエンスフィクションでおなじみの時間旅行という観念は夢に由来するというのも、いかにもありそうだ。夢で私たちは自分にとって、情動的に重要な場所や経験を再訪する。夢は私たちの時間感覚を変えることができるし、物事の古い面と新しい面を混ぜる。例えばよくあることだが、仕事を辞めた人はときには何年か後でも古巣の職場を夢見る。職場は明らかにそれと知られるが、外貌はなにかしら変わっている。新しい仕事の状況が問題含みのとき夢が生じるのかもしれない。夢主は前の仕事を辞めた理由を、無意識に再点検しているのかも知れない。夢はおおまかには「前の仕事は、このように変えれば、一番よかったかもしれない」といった、何か無意識の解決を反映しているのだろう。

　変化はまた夢主の変化を表してもいるかもしれない。私の患者の一人は仕事をしていた病院に戻る夢を見た。《病院は全面的に変ってました。スタッフはとても若

かった》。夢主は老いを感じさせる重要な誕生日を迎えるところだった。夢のなかのスタッフは、今彼女が年を取ったと感じるのに比べて、とても若かった。するとそのとき夢で、昔のボスが何か不快なことをするよう彼女に命じた。彼女は「ノー！」と言えたが、実際にそこで働いていた時にはそういう言い方は到底できなかった。人間性を成長させた今となっては、はるかに容易にそうすることができたのだった。夢は患者の加齢と成熟という善悪両面を描いていた。

　もう一人の女性は次の夢を見た。《夢で、私は現在の年齢（65歳）で、母は32歳です。母は私を無視しています》。この年齢の組み合わせは現実にはあり得ないと思う一方で、それは彼女にはそうでなくてはならないように感じられた。彼女は説明した。「オーストリアのクリスタルの夜（訳注：反ユダヤ主義暴動でユダヤ人住宅・商店が襲撃された。破壊されたガラス片のきらめきからこう呼ばれている）、母は32歳でした。私はまだ3歳、その時期のことは何も思い出せません。でも親戚が、それはおそろしかったと話しています。叔父が私たちのアパートに顔を血だらけにしてやってきました。母は父を探しに家を出ました。父は強制収容所に送られていたのですが、母が連れ戻すことができたのです。その時の記憶は何もないけど、その時起こったことはすべて永久に私のなかにとどまっていると思います。私が生涯母に対して、また母の愛情に対して何かするときには、ある意味母はつねに32歳の婦人なんです。私が何歳であろうとも」。

　夢のなかでの時間の転換は、特性知覚と同一性認知との分離のように、奇怪であるが普通は驚かれることはない。それは夢見と器質的な精神病との重要な関連を示唆する。両者において、過去は現在であるかのように経験される。作話する健忘症の患者に「昨晩、何をしましたか？」と尋ねるなら、彼は他の5人とメアリーのレストランにいたと語るかもしれない。彼が昨晩病院にいたことはわかっている。彼の妻に彼の返答について話すなら、彼女は言うことだろう。「そうよ、彼はその5人とそのレストランにいたわ。でも5年前にね」。患者は、正しい記憶を持っているもののその記憶の時間が置き換わっていることに何ら気づかない。

　夢主はよく類似の事柄を報告する。《私は両親の家にいました。そこは20年前と同じ外観でしたが、私は大人でした》。

　そうした夢は、私たちの記憶システムの心理内神経的知覚を表しているのかもしれない。それらが私たちに明示するものは、記憶の研究者達が次第に受け入れるようになっている次の事象である。つまり、記憶とは過去の経験の受動的な保管庫や、時を超えてそのままにページが保たれる生物学的なファイルキャビネットでもなく、私たちの人生の展開にしたがって常に点検を繰り返され、現在の経験と融合しうるものである。

夢における時間の転換はまた過去へのさまざまな固着や強迫観念、あるいは過去と現在の比較作用を示すかもしれない。ある30代の男性は次の夢を見た。《私はハイスクール時代の恋人といた。私たちは2人とも大人だった。何年も彼女には会っていなかったのだが》。男性は結婚で幸せではなかった。この夢は彼の昔の女友達へのノスタルジアを露呈している。夢で彼女は太腿の大きな刺青を見せていた。デートしていた頃にはなかったものである。彼は刺青を、現代的で、実験的で、自由思考の女性の徴とみなした。今の妻は刺青は決してしないだろうが、前の女友達はやりそうだった。

　特性知覚と同一性認知に分断のある夢について、非対称性がありそうだということはすでに論じた。《その人は母に似ていたが、母ではなかった》という夢より、《その人は母には似ていなかったが、母だとわかった》という夢の方がはるかに多いように思われる。これに類する非対称性は時間の転換にもあるようだ（David Olds, 個人的コミュニケーション）。私の記録によると、《私たちは育った家に戻っていたが、私は現在の年齢だった》という夢は稀ではない。はるかに稀な夢は、《私は現在の家にいたが、子供だった》である。後者に類する夢の記録は私にはない。しかし多くの夢の研究者から収集されたはるかに大きな標本がなければ、そうした夢は生じない、生じてもきわめて稀だと断言はできないだろう。そうした夢が生じなければ、それは私たちの理論に深い意味を持つ。それが示唆するものは、脳における私たちの自己表象の時間感覚が、私たちの経験の他の側面の時間感覚から切り離されているという分断と、それらの組み合わせの非対称性であろう。

　明らかに時間の転換が起きているという夢を聞くとき、時間の転換が起きたという洞察が、どこで、どのように生じたかを注意深く明記しなければならない。時間の転換への洞察は夢自体のなかで生じたのか、それとも覚醒時に語られるときに事後に生じたのか？　言い換えれば、時間の不一致は二次改訂の産物かもしれない。いつもではないにせよ時々起こることだが、夢主は夢見ている間、時間の不一致に気づかない。これは大切な経験上の特徴だ。もし夢主が眠っている間、時間の転換への洞察を持たないとすれば、夢を見ている時の脳の状態は、神経病理学的症候群の脳の状態とかなり類似していることが示唆されるだろう。

眠りと夢見の間のさまざまな意識

　眠りと夢見の意識は多様である。眠りと夢見のあらゆる種類の移行変化、相互浸透の報告を私は聞いてきた。それらには次のものがある。

1．もっともありふれた夢見の状態は、ある種の失認症である。夢見ているということに気づかない。夢が展開すると、それは現実に起こっていると思う。このように、「普通の」夢では、現実検討は欠陥がある。
2．また「明晰夢」として知られる現象があり、夢主は夢を見ていることに気づいている。明晰夢を見る人のなかには、夢を見ている間に夢の結末を導くことができるという人もいる。これを「メタ夢見」と呼ぶこともできよう―他のメタ認知にならって―。それは夢を見ているという明確な意識である。とすれば「メタ夢見」は夢を見ていることのぼんやりとした意識もまた含んでいることになろう。それは夢を見ているが覚醒しているか、夢を見ていて覚醒していないかのどちらかを想定している。（後者はもっともありふれた夢見のメタ認知である。）
3．夢のなかのある人は疲れていて、うたた寝をする。《夢で、とても疲れてしまった。それで横になり、うたた寝をした》。
4．夢のなかのある人は夢を見る。《夢で、眠り込み、夢を見た……》。また中国の古典書『荘子』にこうある。「なおもすべてのものは、夢見ているときに、夢を見ていることを知らない。ときには、夢を見させていると夢見ることもある。ただ眼を覚ませば、ただ夢を見ていただけだと知るのである」（Parsifal-Charles, 1986, p. 65）。
5．ある人は夢を見た後で、夢のなかでその夢を語っている（Blechner, 1995a 参照）。《それから夢のなかで、私はあなたに夢を語りました》。
6．夢のなかで眠りから覚めるという体験がある。実際はまだ夢を見ているのである。

　睡眠状態での現実意識や夢体験には、なお他にも諸移行段階がある。睡眠中の夢のなかで意識的になっても、夢を見ていることは意識できないことがある。そのときには眠っている事実が顕在内容の一部になる。この夢はある男性からの報告であるが、彼はそれを自身が主催し基調演説をすることになっていたマンハッタンのセミナーの数日前の夜に見たのだ。《夢でセミナーはアルバニーで行われていた。私は彼らにセミナーはアルバニーだと言うことを忘れていた。**夢のなかで、私は眠っていることがわかったが、夢を見ていることには気づかなかった**。起きて彼らに言わなくては、と思っていた》。
　これは眠っているときの意識である。しかし夢を見ているという意識ではない。夢主には、状況は完全に現実的に思えた。眠っていると意識することで、起きて夢のなかの関心事に対処する必要を感じた（他の人たちに注意するという彼の関心事

が夢の一部であることに気づいたのは、**実際**に起きた後だった)。この例は特別奇妙である。なぜなら夢主はその夢で、眠っている間に考えているならば夢見ているはずだ、という手続き知識を欠いているからである。

これらの夢をどう考えるべきか？　またこれらの夢は意識について何を教えてくれるのか？　それらは意識の回帰的性質の、またこの回帰性が睡眠状態でも生じていることの証拠かもしれない。これらの現象は意識について多くの問題を提起する。自分の状態についての自己意識の過程は、睡眠中や夢を見ている時には異なる働きをするのだろうか？　自分が眠っていると「知ること」、あるいは夢を見ていると知ること、それは何を意味するのか？　どのようにして睡眠中の精神が眠りにつこうとする錯覚を作り出したり、眠っているのに目を覚ます錯覚を作り出すのか？　あるいはどのように夢の一部として、その夢を思い出したり語ったりする錯覚を作り出すのか？　覚醒中と睡眠中の自己意識には、どれだけの数の意識の回帰性が可能なのか？

私たちの夢には他にも多くの経験や参加の段階がある。ときには夢で、映画を見るように受動的に感じることがある。ときには夢の活動の真ん中にいると感じる。また他の場合には、夢のなかで一役演じる自分自身を見ていると感じる。このような異なる参加の段階の原因は何か？　夢に関して異なった視覚的、空間的、経験的観点からの立ち位置の原因は何か？

一つの理論はこうである。夢の体験は、夢形成のあいだに生じる異なる脳の部分からのフィードバックと関連して（強い言い方では、決定されて）いる。ありうることが知覚入力や筋肉の出力と関連する脳部分は、夢を見ているあいださまざまに活性化されている。例えば、夢で行動すれば、骨格筋と関連する脳のセンターからのフィードバックがあるだろう。夢が言葉を使ったものなら、脳の言語センターからのフィードバックがあるだろう。ジョン・アントロバス (Antrobus, J., 1991) はこの見解の主唱者の一人であり、次のように述べている。「夢のなかで映像化された身体的な参与は、大きな骨格筋系からのフィードバックによるものだろう。観念的-言語的夢は、皮質下の言語センターからのフィードバックによるものだろう。映像を受動的に見ているのは、深部感覚のフィードバックが強く抑制されたデフォルト条件があるからとみなされるかもしれない」(p. 104)。

知覚的「補足」と夢

障害のある知覚系をもつ人々が、知覚野の欠損を「補足」する例は多い。例えば、1760年シャルル・ボネは自分の祖父に生き生きとした幻視が生じるのを記述した。

祖父は精神的には正常だったが、視覚障害があった。シャルル・ボネ症候群は、視覚障害者が幻覚を見始めるものであるが、かつて考えられたより頻繁であることが最近認められた。黄斑変性症のような高齢者の視覚障害者の10％以上にみられる。幻覚があるということを、精神病と思われないよう隠そうとする人が多い。事実、シャルル・ボネ症候群の患者のほとんどは幻覚をのぞいて精神病の兆候はない。彼らはそうした幻覚は正常であると告げられて恩恵を得るのである。

　重要な問題として、シャルル・ボネの幻覚は、それを持つ患者の夢とどの程度類似しているのだろうか？　ある婦人は「夢で、気持ちを動かされ、人生に関連した物事を経験します。それに対しこれらの幻覚は私とは関係ありません」（p.796）と言った（Teunisse et al., 1996）。しかし患者の中には、自分の幻視が心理的意味を持つだろうと考える人もいる。子供のないある高齢男性は、幼い女の子や男の子の幻覚が繰り返すのに当惑し、これらの幻覚が、父になりたいという自分の充たされない願望の反映ではないかと思った。ある未亡人は、最近亡くなった夫の幻覚を週に3回見た[6]。後者の二例で、ある夢がそうであるように、幻視は願望を充たしていることになる。

　トゥニッスらはボネ症候群の幻覚の特徴を統計表で示した。例えば、63％の患者は幻覚はつねに色付きであると報告した。これはホールの夢の報告のほぼ2倍である。しかしボネ症候群の患者の夢を収集し、系統立てて幻覚と比較するのは有益だろう。そうした研究は、覚醒中の非精神病性幻視と夢の幻視の関係を明らかにしてくれるだろう。

　知覚的補足のいま一つの例で、神経学者V. S. ラマチャンドランは、ジョッシュという名前でスコトーマ（視野欠損）を持つ30代前半の患者について語っている。鋼鉄の棒がジョッシュの頭蓋後方を貫き、一次視覚野を部分的に損傷したのである。その結果、彼の左視野には手のひら大のスコトーマが生じた。

　一連の独創的な実験で、ラマチャンドランはジョッシュがいかに自分の視野を「補足」しているか調べた。実験の一つで、ラマチャンドランは2列の数字、1、2、3をスコトーマの最上部に、7、8、9を最下部にして示した。ジョッシュの脳は中間の文字列を視野に補足するだろうか？　最初ジョッシュが報告したのは、連続

---

[6] これはボネ症候群に特有ではない。じっさい、覚醒中の幻覚でもっともありふれたものは、近い親戚を亡くした人がその親戚を「見る」ことである（Rees, 1975；他にMarris, 1958; Yamamoto et al., 1969も参照）。そうした「幻覚」は配偶者を亡くした男女のおよそ50％に経験されるところであり、正常な悲哀の一部である。それらは普通不安を伴わず体験され、統合失調症の診断的徴候とは考えられない（Blechner, 1997a）。亡くなった親戚はまた夢に再び現れることはよくある。

した垂直の数列だった。しかしラマチャンドラン（Ramachandran and Blakeslee, 1998）がその数字を読み上げるように言うと、ジョッシュはこう言った。「んーと、いち、にい、さん、んーと、しち、はち、く。いや、すごくへんだ。数字が見えるが、なんだかわからない……ぼやけてるんじゃない。へんなんだ。なんと言ったらいいか—ヒエログラフかなにかみたいだ」(p. 101)。

ラマチャンドランの見解によれば、この事態は次のようになる。

> ジョッシュに生じた一過性失読の不思議な形態。真ん中の数字は存在していない。彼の目の前をかすめもしていない。しかし彼の脳は、数列の元の性質を作り上げ、完成しようとしている。これはもう一つの視覚経路における作業区分の驚くべき提示だ。表面や端に関わっている彼の脳のシステムはこういっている。「この領域には数字のような素材がある——これは真ん中にお前が見るべきものだ」。しかし実際に数字はないのだから、対象からの経路は沈黙したままであり、差し引きの結果は読むことのできない「ヒエログリフ」である（p. 102）。

これらの結果は私たちの夢の研究にとって非常に示唆に富んでいる。夢主は、しばしばこういったことを言う。「そこに書かれたメッセージを見たのですが、何と書かれていたのかははっきりしません」。これはまた聴覚的にも起きる。「彼が何かを言っていたのは聞こえたのですが、なんと言っていたのかははっきりしません」。そこにメッセージがあり、話し慣れた言葉があるが、内容がわからない。これは、言葉一般を知覚することに関わる脳の部分からの入力はあるが、実際の言葉を解読する脳部分からのさらなる入力はないという夢の一例かもしれない。

もうしそうならば、それに関連した夢のどの現象が、私たちの受ける刺激界の諸側面を知覚過程で分かつさらなるやり方を告げるのだろうか？　例えばカリフォルニア大学サンタクルーズ校で収集されている治療を要しない人々からの膨大な夢のサンプルのなかに、次の夢がある（Dream No. 5, 1985）。《帰り道、P. T. はそばに男を乗せている。そしてフランス語でとても厳しく、最終的なものに聞こえることを何か言う。それがフランス語だとわかったが、何を言ってるのかわからなかった。それが彼がフランス語を使った理由だ。私が困惑しないですむように、聞きたくないことを聞かずにすむように》。

夢主はフランス語のように響くが何を言っているのかわからない言葉の夢を見ることができたようだ。このことは、ある言語を構成する言葉とはべつに音の処理がなされていることを示すのだろうか？　私たちの多くは、話せなくてもある言語の

音をそれと認識できる。

　刺激のある面は明瞭だが、他の面は不明瞭だという夢形成は多い。《そこには一人の男がいたが、誰だかわからなかった》と夢主が言うことはよくある。その人物が男性であることは確かだが、夢主にはそれ以上、人物が誰かはわからない。これが示すことは、性別の知覚と同一性の他の諸側面とは別々に神経の配線がされているということなのだろうか？

　しばらくアザラシ／ボートの子供の夢に戻ろう。《彼らは水路を横切っていた。何かの理由でもう一台のボートが必要だった。彼らはおびえていた。そのとき一匹のアザラシが彼らに向かって泳いできた。アザラシじゃないか、と思ったがよく見ると水の中でそれは一台のボートだった。それは巨大で、彼らはそのアザラシ／ボートに乗り込み、ボートは彼らを本土の岸に運んだ》。子供はアザラシとボートをくっつけている。両者は水の中を進める物だ。それが両者に共通の面であり、一方は生物で、他方は無生物だ。子供は大人のように生物／無生物の区別を重んじない。子供は無生物の世界が生命を持ち始める想像をするのが好きだ。ティーカップは踊り、本はしゃべる。子供の本を何でもよい、開けばこうした例に事欠かない。子供は言う、「おやすみ、お月さん」。子供は成長するとこうした傾向を抑えることを学ぶ。しかし大人になって自分の子供に、「ほら、風さんだよ！」と言うときには、生物／無生物を峻別しないでいる能力を再発見するのかもしれない。この能力もまた私たちの夢のなかで生き残ってるのだろうか？

　ラマチャンドランがジョッシュへの観察を用いて示しているのは、刺激世界のどの面が脳によって構成されるのか、どのように脳は知覚処理をしながら世界の異なる面を区分けしているのかである。しかしこれは、私たちがこれまで探索してきた夢の圧縮や象徴とまさしく対応している。知覚的な「補足」が夢体験と同列であるかどうか、それはどのようにしてか、ということを知るのは素晴らしいことではないだろうか？

　ラマチャンドランは観念的な補足と、知覚的な補足を区別している。この区別は、事実意識的コントロール対無意識的コントロールの一つである。私たちは皆、頭の後ろに何があるか**想像**することができる。しかしそれが何であるかの考えを、意識的に慎重に変えることもできる。それに対し知覚的補足は、私たちが意識的にコントロールできない神経細胞によってなされる。スコトーマ患者は、視野が補足されるのを意識的に知覚できるが、その補足をコントロールできるとは感じない。これはしばしば時間に関しても生じる。赤の背景に黒の点が点滅するのを見せられたとき、ジョッシュはスコトーマの輪郭がわかると主張した。ラマチャンドランは尋ねた。「でもジョッシュ、スコトーマのなかに何が見えるんだい？」ジョッシュは答

えた。「そう、とてもへんなんです、先生。最初の2、3秒は、見えるのはただ赤い色がこの視界の部分にしみ出るのだけが見えるんです。チカチカする黒い点は入ってきません。それから、2、3秒過ぎると、黒い点が入ってくるんだけど、チカチカしない。最後に実際のチカチカが——動きの感覚が——、同じように入ってきます」(p. 102)。

ラマチャンドランは言っている。「補足は、色、動き（チカチカ）、質感といった異なった知覚の特性に応じた異なる速さで生じているように思われる。動きは色より補足するのが遅い、など。事実、そうした異なる補足は、ヒトの脳にそうした特化された領域が存在することのいま一つの証拠となる。なぜなら、知覚が脳の単一の領域で起こる単一の過程であるなら、それらは同時に起こり、段階的には起こらないはずである」(p. 102)。

それではそれら特化した領域とは何だろうか？　夢がその情報を与えるかもしれないと考えられるだろう。同一性の種々の面は別々に処理されているのだろうか？　それらは何なのだろうか？　すでに述べたように、性別は同一性とは別々に処理されているのだろうか？　このような観点から、患者の夢に聞き入ることを始めるならば、私たちは検証できる重要な仮説を生み出すことができるだろう。

私はこうした問題を提起しているが、決定的な答えはない。データなしに決定的な答えを得ることはできない。そしてふさわしいデータが収集されたときには、そうしたデータの意義を考察すべきだろう。ここでの私の意図は、可能的なデータ源へ、また夢で生じていることと神経病理学的症候群で生じていることの間にあると思われる潜在的な結びつき（あるいは区別）へと注意を喚起することである。心理学と脳の働きの関係をよりよく理解するためである。

夢、精神病理学、神経病理学の関連は、ほとんど探索されてこなかった夢のフロンティアである。このフロンティアの地で、診察室の臨床家と実験室の脳科学者はともに勇敢に進み、探求のそれぞれの分野はもう一方の分野に貢献できると知ることができる。この本で一貫して私は、夢の意味と科学の双方に心を砕くようつとめた。つねに強調してきたのは、夢に対面するとき、夢主の心理学的関心を明確にすること、および脳がどのように働いているかについての鍵を得ることの両者を念頭に置くことである。夢の神経心理学と夢の意味の両者に対し等しい熱意でたち向かうならば、フロイトが当初その展開を望んでいた脳と心の統合科学を、私たちはいつの日か達成できるだろう。

文　献

Alpert, J. (1995) Dreams, trauma, and clinical observation. *Psychoanalytic Psychology*, 12:325–328.

Altman, L. L. (1975) *The Dream in Psychoanalysis*. New York: International Universities Press.

Antrobus, J. (1990) The neurocognition of sleep mentation. In: *Sleep and Cognition*, ed. R. Bootzin, J. Kihlstrom & D. Schacter. Washington, DC: American Psychological Association.

Antrobus, J. (1991) Dreaming: Cognitive processes during cortical activation and high afferent thresholds. *Psychological Review*, 98:96–121.

Arieti, S. (1963) The psychotherapy of schizophrenia in theory and practice. Psychiatric Research Report No. 17, American Psychiatric Association.

Arkin, A., Hastey, J. & Reiser, M. (1966) Post-hypnotically stimulated sleep-talking. *Journal of Nervous and Mental Disease*, 142:293–309.

Aristotle (1955) On sleep. In: *Aristotle: Parva Naturalia*, ed. W. Ross. Oxford, UK: Clarendon Press.

Arnold-Foster, M. (1921) *Studies in Dreams*. London: Allen & Unwin.

Artemidorus (1990) *The Interpretation of Dreams: Oneirocritica*, trans. R. White. Torrance, CA: Original Books.

Aserinsky, E. & Kleitman, N. (1953) Regularly occurring periods of eye motility and concurrent phenomena during sleep. *Science*, 118:273–274.

Baars, B., Cohen, J., Bower, G. & Berry, J. (1992) Some caveats on testing the Freudian slip hypothesis. In: *Experimental Slips and Human Error*, ed. B. Baars. New York: Plenum.

Bartlett, F. (1932) *Remembering: A Study in Experimental and Social Psychology*. Cambridge, UK: Cambridge University Press.

Bass, A. (1995) Dream analysis as a relational event: Commentary on Blechner's "The Patient's Dreams and the Countertransference." *Psychoanalytic Dialogues*, 5:27–44.

Benedetti, G. (1989) Träume von Psychotherapeuten psychotischer Patienten. *Daseinsanalyse*, 6:248–259.

Benjamin, J. (1988) *The Bonds of Love*. New York: Pantheon.

Benson, D. & Geschwind, N. (1985) Aphasia and related disorders: A clinical approach. In: *Principles of Behavioral Neurology*, ed. M. Mesulam. Philadephia: Davis, pp. 193–238.

Bettelheim, B. (1985) Afterword. In: *The Third Reich of Dreams*, by K. Beradt. Wellingborough, Northhamptonshire: Aquarian Press.

Bilder, R. & LeFever, F., eds. (1998) *Neuroscience of the Mind on the Centennial of Freud's* "Project for a Scientific Psychology." New York: New York Academy of Sciences, *Annals Vol. 843.*
Binswanger, L. (1928) *Wandlungen der Auffassung und Deutung des Traumes von den Griechen bis zum Gegenwart.* Berlin: Springer.
Bisiach, E., Rusconi, M. & Vallar, G. (1992) Remission of somatophrenic delusion through vestibular stimulation. *Neuropsychologia*, 29:1029–1031.
Blechner, M. J. (1977) Musical skill and the categorical perception of harmonic mode. *Haskins Laboratories Status Report on Speech Research*, 52:139–174.
Blechner, M. J. (1983) Changes in the dreams of borderline patients. *Contemporary Psychoanalysis*, 19:485–498.
Blechner, M. J. (1992) Working in the countertransference. *Psychoanalytic Dialogues*, 2:161–179.
Blechner, M. J. (1994) Projective identification, countertransference, and the "maybe-me." *Contemporary Psychoanalysis*, 30:619–630.
Blechner, M. J. (1995a) The patient's dreams and the countertransference. *Psychoanalytic Dialogues*, 5:1–25.
Blechner, M. J. (1995b) Schizophrenia. In: *Handbook of Interpersonal Psychoanalysis*, ed. M. Lionells, J. Fiscalini, C. Mann & D. B. Stern. Hillsdale, NJ: The Analytic Press, pp. 375–396.
Blechner, M. J. (1996) Comments on the theory and therapy of borderline personality disorder. *Contemporary Psychoanalysis*, 32:68–73.
Blechner, M. J., ed. (1997a) *Hope and Mortality*. Hillsdale, NJ: The Analytic Press.
Blechner, M. J. (1997b) Psychoanalytic psychotherapy with schizophrenics: Then and now. *Contemporary Psychoanalysis*, 33:251–262.
Blechner, M. J. (1998) The analysis and creation of dream meaning: Interpersonal, intrapsychic, and neurobiological perspectives. *Contemporary Psychoanalysis*, 34:181–194.
Blechner, M. J. (2000a) On dreams that turn over a page. Letter, *International Journal of Psychoanalysis*, 81:174.
Blechner, M. J. (2000b) Confabulation in dreaming, psychosis, and brain damage. *Neuro-Psychoanalysis*, 2:23–28.
Blechner, M. J., Day, R. S. & Cutting, J. E. (1976) Processing two dimensions of nonspeech stimuli: The auditory-phonetic distinction reconsidered. *Journal of Experimental Psychology: Human Perception and Performance*, 2:257–266.
Boas, F. (1994) *The Way of the Dream: Conversations on Jungian Dream Interpretation with Marie-Louise von Franz.* Boston: Shambhala.
Bodamer, J. (1947) Die Prosopagnosie. *Archiv Psychiatrische Nervenkrankheiten*, 179:6–54.
Boisen, A. (1960) *Out of the Depths*. New York: Harper.
Bollas, C. (1987) *The Shadow of the Object: Psychoanalysis of the Unthought Known*. London: Free Association Books.

Bonime, W. (1962) *The Clinical Use of Dreams.* New York: Basic Books.
Bonime, W. (1986) Collaborative dream interpretation. *Contemporary Psychoanalysis*, 14:15–26.
Bonnet, C. (1760) *Essai analytique sur les facultés d'âme.* Copenhagen: Philbert.
Bransford, J. & Johnson, M. (1973) Consideration of some problems of comprehension. In: *Visual Information Processing*, ed. W. Chase. New York: Academic Press, pp. 383–438.
Braun, A., Balkin, T., Wesensten, N., Gwadry, F., Carson, R., Varga, M., Baldwin, P., Belenky, G. & Herscovitch, P. (1998) Dissociated pattern of activity in visual cortices and their projections during human rapid eye movement sleep. *Science*, 279:91–95.
Brenneis, C. B. (1994) Can early childhood trauma be reconstructed from dreams? *Psychoanalytic Psychology*, 11:429–447.
Brenner, C. (1955) *An Elementary Textbook of Psychoanalysis.* New York: International Universities Press.
Bringuier, J.-C. (1989) *Conversations with Jean Piaget.* Chicago: University of Chicago Press.
Brunswick, R. M. (1929) The analysis of a case of paranoia. *Journal of Nervous & Mental Disease*, 70:1–22, 155–179.
Bullard, D. M., ed. (1959) *Psychoanalysis and Psychotherapy: Selected Papers of Frieda Fromm-Reichmann.* Chicago: University of Chicago Press.
Burke, W. F. (1992) Countertransference disclosure and the asymmetry/mutuality dilemma. *Psychoanalytic Dialogues*, 2:241–271.
Caligor, L. (1981) Parallel and reciprocal processes in psychoanalytic supervision. *Contemporary Psychoanalysis*, 17:1–27.
Caligor, L. & Caligor, J. (1978) The dream in psychoanalytic therapy. In: *Psychoanalytic Psychotherapy*, ed. G. Goldman & D. Milman. Reading, MA: Addison-Wesley.
Caligor, L. & May, R. (1968) *Dreams and Symbols.* New York: Basic Books.
Capgras, J. & Reboul-Lachaux, J. (1923) L'illusion des "sosies" dans un délire systematisé chronique. *Bulletin de la Société Clinique Médicine Mentale*, 2:6–16.
Carroll, L. (1976) *Complete Works.* New York: Vintage.
Cartwright, R. D. & Ratzel, R. (1972) Effects of dream loss on waking behaviors. *Archives of General Psychiatry*, 27:277–280.
Casement, P. (1991) *Learning from the Patient.* New York: Guilford Press.
Churchland, P. (1995) *The Engine of Reason, the Seat of the Soul.* Cambridge, MA: MIT Press.
Claparède, E. (1911) Récognition et moïté. Trans. as "Recognition and 'Meness,'" in *Organization and Pathology of Thought*, ed. D. Rapaport. New York: Columbia University Press, 1951, pp. 58–75.
Crick, F. & Mitchison, G. (1983) The function of dream sleep. *Nature*, 304:111–114.
Crick, F. & Mitchison, G. (1986) REM sleep and neural nets. *Journal of Mind and Behavior*, 7:229–249.

Critchley, M. (1966) *The Parietal Lobes*. London: Hafner.
Curtis, H. & Sachs, D. (1976) Dialogue on the changing use of dreams in psychoanalytic practice. *International Journal of Psycho-Analysis*, 57:343–354.
Damasio, A. (1985) Disorders of complex visual processing: Agnosias, achromatopsia, Balint's syndrome, and related difficulties of orientation and construction. In: *Principles of Behavioral Neurology*, ed. M. Mesulam. Philadelphia: F. A. Davis, pp. 259–288.
Damasio, A. (1994) *Descartes' Error*. New York: Putnam.
Darwin, C. (1859) *On the Origin of Species by Means of Natural Selection or the Preservation of Favoured Races in the Struggle for Life*. London: Murray.
Davie, T. M. (1935) Comments upon a case of "periventricular epilepsy." *The British Medical Journal*, (3893)293–297.
Delaney, G. (1991) *Breakthrough Dreaming*. New York: Bantam.
Dement, W. & Kleitman, N. (1957a) Cyclic variations in EEG during sleep and their relation to eye movements, body mobility and dreaming. *Electroencephalography & Clinical Neurophysiology*, 9:673–690.
Dement, W. & Kleitman, N. (1957b) The relation of eye movements during sleep to dream activity: An objective method for the study of dreaming. *Journal of Experimental Psychology*, 53:89–97.
Dennett, D. (1991) *Consciousness Explained*. Boston: Little, Brown.
Domhoff, G. (1991) An introduction to "The two provinces of dreams" (Commentary on Hall's paper). *Dreaming*, 1:95–98.
Domhoff, G. (1993) The repetition of dreams and dream elements: A possible clue to a function of dreams. In: *The Functions of Dreaming*, ed. A. Moffitt, M. Kramer & R. Hoffmann. Albany, NY: State University of New York Press, pp. 293–320.
Domhoff, G. (1996) *Finding Meaning in Dreams: A Quantitative Approach*. New York: Plenum.
Dostoyevsky, F. (1866) *Crime and Punishment*, trans. S. Monas. New York: New American Library, 1968.
Dreifus, C. (1998) A conversation with Dr. Marvin Minsky: Why isn't artificial intelligence more like the real thing? *The New York Times*, July 28, F3.
Durang, C. (1999) Interview by Tim Sanford, unpublished. Available from Playwrights Horizon, New York, NY.
Edelman, G. (1973) Antibody structure and molecular immunology. *Science*, 180:830–840.
Edelman, G. (1987) *Neural Darwinism*. New York: Basic Books.
Eeden, F. van (1913) A study of dreams. *Proceedings of the Society for Psychical Research*, 26:431–461.
Ekstein, R. & Wallerstein, R. (1958) *The Teaching and Learning of Psychotherapy*. New York: International Universities Press.
Ellis, H. & Young, A. (1990) Accounting for delusional misidentification. *British Journal of Psychiatry*, 157:239–248.

Ellis, H., Young, A., Quayle, A. & De Pauw, K. (1997) Reduced autonomic responses to faces in Capgras delusion. *Proceedings of the Royal Society of London (Biology)*, 264:1085–1092.

Ellman, S. (1985) Toward a psychoanalytic theory of drive: REM sleep, a CNS self-stimulation system. *Clinical Psychology Review*, 5:185–198.

Ellman, S. & Antrobus, J. (1991) *The Mind in Sleep*. 2nd ed. New York: Wiley.

Erikson, E. (1954) The dream specimen of psychoanalysis. *Journal of the American Psychoanalytic Association*, 2:5–56.

Evans, C. & Newman, E. (1964) Dreaming: An analogy from computers. *New Scientist*, 419:577–579.

Fairbairn, W. R. D. (1940) Schizoid factors in the personality. In: *Psychoanalytic Studies of the Personality*. London: Routledge, 1952, pp. 3–27.

Fairbairn, W. R. D. (1944) Endopsychic structure considered in terms of object-relationships. In: *Psychoanalytic Studies of the Personality*. London: Routledge, 1952, pp. 82–136.

Farah, M. (1995) Dissociable systems for visual recognition: A cognitive neuropsychology approach. In: *An Invitation to Cognitive Science, Vol. 2: Visual Cognition*, ed. D. Osherson. Cambridge, MA: MIT Press.

Federn, P. (1952) *Ego Psychology and the Psychoses*. New York: Basic Books.

Ferenczi, S. (1913) To whom does one relate one's dreams? In: *Further Contributions to the Theory and Technique of Psycho-Analysis*. New York: Brunner/Mazel, 1980, p. 349.

Ferenczi, S. (1916) Interchange of affect in dreams. In: *Further Contributions to the Theory and Technique of Psycho-Analysis*. New York: Brunner/Mazel, 1980, p. 345.

Ferenczi, S. (1925) Contradictions to the "active" psycho-analytical technique. In: *Further Contributions to the Theory and Technique of Psycho-Analysis*. New York: Brunner/Mazel, 1980, pp. 217–230.

Ferenczi, S. (1927) Review of Rank's *Technik Der Psychoanalyse: I. Die Analytische Situation*. *International Journal of Psycho-Analysis*, 8:93–100.

Ferenczi, S. (1932) *The Clinical Diary of Sándor Ferenczi*, ed. J. Dupont (trans. M. Balint & N. E. Jackson). Cambridge, MA: Harvard University Press, 1988.

Fisher, C. (1954) Dreams and perception. *Journal of the American Psychoanalytic Association*, 2:389–445.

Fisher, C. & Paul, I. (1959) The effect of subliminal visual stimulation on images and dreams: A validation study. *Journal of the American Psychoanalytic Association*, 7:35–83.

Fisher, S. & Greenberg, R. (1996) *Freud Scientifically Appraised*. New York: Wiley.

Fiss, H. (1991) Experimental strategies for the study of the function of dreaming. In: *The Mind in Sleep*, ed. S. Ellman & J. Antrobus. New York: Wiley, pp. 308–326.

Fodor, J. (1998) *Concepts: Where Cognitive Science Went Wrong*. Oxford: Oxford University Press.

Fosshage, J. (1983) The psychological functions of dreams: A revised psychoanalytic perspective. *Psychoanalysis and Contemporary Thought*, 6:641–669.
Fosshage, J. & Loew, C., eds. (1987) *Dream Interpretation: A Comparative Study*. New York: PMA Publishing.
Foucault, M. (1986) Dreams, imagination, and existence. *Review of Existential Psychology and Psychiatry*, 19:29–78.
Foulkes, D. (1962) Dream reports from different stages of sleep. *Journal of Abnormal & Social Psychology*, 65:14–25.
Foulkes, D. (1985) *Dreaming: A Cognitive-Psychological Analysis*. Hillsdale, NJ: Lawrence Erlbaum Associates.
Foulkes, D. (1999) *Children's Dreaming and the Development of Consciousness*. Cambridge, MA: Harvard.
Franz, M.-L. von (1998a) *Dreams*. Boston: Shambhala.
Freeman, W. & Watts, J. (1950) *Psychosurgery: In the Treatment of Mental Disorders and Intractable Pain*. Springfield, IL: Thomas.
French, T. & Fromm, Erika O.[1] (1964) *Dream Interpretation: A New Approach*. New York: Basic Books.
Freud, S. (1877) Beobachtungen über Gestaltung und feineren Bau der als Hoden beschriebenen Lappenorgane des Aals. *S.B. Akad. Wiss. Wien* (Math.-Naturwiss. Kl.) I Abt, 75:419.
Freud, S. (1895) Project for a scientific psychology. *Standard Edition*, 1:283–397. London: Hogarth Press, 1966.
Freud, S. (1900) *The Interpretation of Dreams. Standard Edition*, 4 & 5. London: Hogarth Press, 1958.
Freud, S. (1901) *The Psychopathology of Everyday Life. Standard Edition*, 6. London: Hogarth Press, 1960.
Freud, S. (1905) Fragment of an analysis of a case of hysteria. *Standard Edition*, 7:1–122. London: Hogarth Press, 1953.
Freud, S. (1910) Five lectures on psycho-analysis. *Standard Edition*, 11:9–55. London: Hogarth Press, 1957.
Freud, S. (1913) An evidential dream. *Standard Edition*, 12:267–277. London: Hogarth Press, 1958.
Freud, S. (1918) From the history of an infantile neurosis. *Standard Edition*, 17:7–122. London: Hogarth Press, 1955.
Freud, S. (1920) Beyond the pleasure principle. *Standard Edition*, 18:7–66. London: Hogarth Press, 1955.
Freud, S. (1922) Dreams and telepathy. *Standard Edition*, 18:195–220. London: Hogarth Press, 1955.

---

1. I spell out the first name of Erika O. Fromm to distinguish her from Erich Fromm. The two have been confused in many dream bibliographies. Erika O. Fromm was married to Paul Fromm, who was Erich Fromm's cousin.

Freud, S. (1923a) Remarks upon the theory and practice of dream-interpretation [1922]. *Standard Edition*, 19:109–122. London: Hogarth Press, 1961.

Freud, S. (1923b) The ego and the id. *Standard Edition*, 19:12–66. London: Hogarth Press, 1961.

Freud, S. (1923c) Psycho-analysis. *Standard Edition*, 18:235–254. London: Hogarth Press, 1955.

Freud, S. (1931) Female sexuality. *Standard Edition*, 21:225–246. London: Hogarth Press, 1961.

Freud, S. (1933) Revision of the theory of dreams. In: *New Introductory Lectures on Psycho-Analysis. Standard Edition*, 22:7–30. London: Hogarth Press, 1964.

Freud, S. (1940) An outline of psychoanalysis [1938]. *Standard Edition*, 23:165–171. London: Hogarth Press, 1964.

Fromkin, V., ed. (1973) *Speech Errors as Linguistic Evidence*. The Hague: Mouton.

Fromm, Erich (1951) *The Forgotten Language*. New York: Rinehart.

Fromm, Erika O. (1998) Lost and found half a century later: Letters by Freud and Einstein. *American Psychologist*, 53:1195–1198.

Fromm, Erika O. & Nash, M. (1997) *Psychoanalysis and Hypnosis*. Madison, CT: International Universities Press.

Fromm-Reichmann, F. (1950) *Principles of Intensive Psychotherapy*. Chicago: University of Chicago Press.

Fromm-Reichmann, F. (1959) *Psychoanalysis and Psychotherapy*. Chicago: University of Chicago Press.

Gackenbach, J. & LaBerge, S., eds. (1988) *Conscious Mind, Sleeping Brain: Perspectives on Lucid Dreaming*. New York: Plenum.

Gardiner, M. (1983) The Wolf Man's last years. *Journal of the American Psychoanalytic Association*, 31:867–897.

Garma, A. (1940) *Psychoanalysis of Dreams*. New York: Aronson, 1974. (Originally published in Spanish.)

Gazzaniga, M. (1989) Organization of the human brain. *Science*, 245:947–952.

Gerstmann, J. (1927) Fingeragnosie und isolierte Agraphie: Ein neues Syndrom. *Zeitschrift für Neurologie und Psychiatrie*, 108:152–177.

Geschwind, N. (1965) Disconnexion syndromes in animals and man. *Brain*, 88:237–294, 585–644.

Gibson, J. J. (1966) *The Senses Considered as Perceptual Systems*. Boston: Houghton Mifflin.

Gibson, J. J. (1979) *The Ecological Approach to Visual Perception*. Boston: Houghton Mifflin.

Gill, M. M. (1982) *Analysis of Transference I: Theory and Technique*. New York: International Universities Press.

Gill, M. M. & Hoffman, I. Z. (1982) *Analysis of Transference II: Studies of Nine Audio Recorded Psychoanalytic Sessions*. New York: International Universities Press.

Gitelson, M. (1952) The emotional position of the analyst in the psychoanalytic situation. *International Journal of Psycho-Analysis*, 33:1–10.
Goldenberg, J., Mazursky, D. & Solomon, S. (1999) Creative sparks. *Science*, 285:1495–1496.
Goode, E. (1999) With help, climbing back from schizophrenia's isolation. *The New York Times*, January 30, pp. A1, 8.
Gorno-Tempini, M., Price, C., Josephs, O., Vandenberghe, R., Cappa, C. F., Kapur, N. & Frackowiak, R. (1998) The neural systems sustaining face and proper-name processing. *Brain*, 121:2103–2118.
Greenberg, R., Katz, H., Schwartz, W. & Pearlman, C. (1992) A research-based reconsideration of the psychoanalytic theory of dreaming. *Journal of the American Psychoanalytic Association*, 40:531–550.
Greenson, R. (1967) *The Technique and Practice of Psychoanalysis*. New York: International Universities Press.
Greenson, R. (1970) The exceptional place of the dream in psychoanalytic practice. *Psychoanalytic Quarterly*, 39:519–549.
Gregor, T. (1981) "Far, far away my shadow wandered . . .": The dream symbolism and dream theories of the Mehinaku Indians of Brazil. *American Ethologist*, 8:709–720.
Gregory, R. (1973) *Eye and Brain: The Psychology of Seeing*. New York: McGraw-Hill.
Grinstein, A. (1983) *Freud's Rules of Dream Interpretation*. New York: International Universities Press.
Groddeck, G. (1923) *The Book of the It*. New York: International Universities Press, 1976.
Grotstein, J. (1979) Who is the dreamer who dreams the dream and who is the dreamer who understands it? *Contemporary Psychoanalysis*, 15:110–169.
Grünbaum, A. (1984) Repressed infantile wishes as instigators of all dreams: Critical scrutiny of the compromise model of manifest dream content. In: *The Foundations of Psychoanalysis: A Philosophical Critique*. Berkeley: University of California Press, pp. 216–239.
Guntrip, H. (1968) *Schizoid Phenomena, Object Relations, and the Self*. New York: International Universities Press.
Gutheil, E. (1951) *Handbook of Dream Analysis*. New York: Washington Square Press, 1966.
Hacking, I. (1990) *The Taming of Chance*. Cambridge, UK: Cambridge University Press.
Hall, C. (1953) *The Meaning of Dreams*. New York: Harper.
Hall, C. & Van de Castle, R. (1966) *The Content Analysis of Dreams*. New York: Appleton Century Crofts.
Hamilton, E. & Cairns, H. (1961) *Plato: The Collected Dialogues*. Princeton, NJ: Princeton University Press.
Hartmann, E. (1995) Making connections in a safe place: Is dreaming psychotherapy? *Dreaming*, 5:213–228.

Hartmann, E. (1998) *Dreams and Nightmares*. New York: Plenum.
Haskell, R. (1985) Dreaming, cognition, and physical illness: Part II. *Journal of Medical Humanities and Bioethics*, 6:109–122.
Helmholtz, H. von (1863) Sensations of tone. In: *Helmholtz on Perception: Its Physiology and Development*, ed. R. M. Warren & R. P. Warren. New York: Wiley, 1968.
Herman, J., Erman, M., Boys, R., Peiser, L., Taylor, M. & Roffwarg, H. (1984) Evidence for directional correspondence between eye movements and dream imagery in REM sleep. *Sleep*, 7:52–63.
Hersh, T. (1995) How might we explain the parallels between Freud's Irma dream and his 1923 cancer? *Dreaming*, 5:267–287.
Heynick, F. (1993) *Language and Its Disturbances in Dreams*. New York: Wiley.
Hillman, J. (1979) *The Dream and the Underworld*. New York: Harper & Row.
Hobson, J. A. (1988) *The Dreaming Brain*. New York: Basic Books.
Hobson, J. A. (1993) *The Chemistry of Conscious States*. Boston: Little Brown.
Hobson, J. A. (1999) The new neuropsychology of sleep: Implications for psychoanalysis. *Neuro-Psychoanalysis*, 1:157–183.
Hobson, J. A. & McCarley, R.W. (1977) The brain as a dream state generator: An activation-synthesis hypothesis of the dream process. *The American Journal of Psychiatry*, 134:1335–1348.
Humphreys, J. & Riddoch, M. (1987) *To See or Not to See: A Case Study of Visual Agnosia*. Hillsdale, NJ: Lawrence Erlbaum Associates.
Hunt, H. (1989) *The Multiplicity of Dreams*. New Haven, CT: Yale University Press.
Isakower, O. (1938) A contribution to the patho-psychology of phenomena associated with falling asleep. *International Journal of Psycho-Analysis*, 19:331–345.
Jackendoff, R. (1987) *Consciousness and the Computational Mind*. Cambridge, MA: MIT Press.
Jacobi, J. J. (1973) *The Psychology of C. G. Jung*. New Haven, CT: Yale University Press.
Johnson, M. (1991) Reality monitoring: Evidence from confabulation in organic brain disease patients. In: *Awareness of Deficit After Brain Injury*, ed. G. Prigatano & D. Schacter. New York: Oxford, pp. 176–197.
Johnson, M., Kahan, T. & Raye, C. (1984) Dreams and reality monitoring. *Journal of Experimental Psychology: General*, 113:329–344.
Jones, E. (1957) *The Life and Works of Sigmund Freud*. New York: Basic Books.
Jones, R. M. (1970) *The New Psychology of Dreaming*. New York: Grune & Stratton.
Joseph, B. (1985) Transference: The total situation. *International Journal of Psycho-Analysis*, 66:447–454.
Jung, C. G. (1907) The psychology of dementia praecox. In: *Collected Works, Vol. 3*, trans. R. Hull. New York: Pantheon Books, 1960.
Jung, C. G. (1909) The analysis of dreams. In: *Dreams*, trans. R. Hull. Princeton, NJ: Princeton University Press, 1974, pp. 3–12.

Jung, C. G. (1934) The practical use of dream analysis. In: *Dreams*. Princeton, NJ: Princeton University Press, 1974, pp. 85–110.
Jung, C. G. (1944) *Psychology and Alchemy*. In: *Collected Works, Vol. 12*. Princeton, NJ: Princeton University Press, 1953.
Jung, C. G. (1948) General aspects of dream psychology. In: *Dreams*. trans. R. Hull. Princeton, NJ: Princeton University Press, 1974, pp. 23–66.
Jung, C. G. (1960) *Analytical Psychology: Its Theory and Practice*. New York: Pantheon.
Jung, C. G. (1962) *Memories, Dreams, Reflections*. New York: Vintage.
Jus, A., Jus, K., Villeneuve, A., Pires, A., Lachance, R., Fortier, J. & Villeneuve, R. (1973) Studies on dream recall in chronic schizophrenic patients after prefrontal lobotomy. *Biological Psychiatry*, 6:275–293.
Kaempffert, W. (1924) *A Popular History of American Invention*. New York: Scribners.
Kahn, E., Dement, W., Fisher, C. & Barmack, J. (1962) Incidence of color in immediately recalled dreams. *Science*, 137:1054–1055.
Kanzer, M. (1955) The communicative function of the dream. *International Journal of Psychoanalysis*, 36:260–266.
Kaszniak, A. (1986) The neuropsychology of dementia. In: *Neuropsychological Assessment of Neuropsychiatric Disorders*, ed. J. Grant & K. Adams. New York: Oxford, pp. 172–220.
Keating, E. & Gooley, S. (1988) Disconnection of parietal and occipital access to the saccadic oculomotor system. *Experimental Brain Research*, 70:385–398.
Kekulé, A. (1890) Benzolfest-Rede. *Berichte der Deutschen Chemischen Gesellschaft*, 23:1302–1311. Trans. O. Benfey (1958), Kekulé and the birth of the structural theory of organic chemistry in 1858. *Journal of Chemical Education*, 35:21–23.
Kenny, A., ed. (1994) *The Wittgenstein Reader*. Oxford: Blackwell.
Khan, M. M. R. (1976) The changing use of dreams in psychoanalytic practice: In search of the dreaming experience. *International Journal of Psychoanalysis*, 57:325–330.
Kihlstrom, D. (1986) The cognitive unconscious. *Science*, 237:1445–1452.
Klein, D. (1994) The utility of guidelines and algorithms for practice. *Psychiatric Annals*, 24:362–367.
Klein, M. (1932) *The Psycho-Analysis of Children*, rev. ed. New York: Delacorte Press, 1975.
Klein, M. (1946) Notes on some schizoid mechanisms. In: *Envy and Gratitude and Other Works, 1946–1963*. New York: Delacorte Press, pp. 1–24.
Klein, M. (1952) Mutual influences in the development of the ego and id. In: *Envy and Gratitude and Other Works, 1946–1963*. New York: Delacorte Press, pp. 57–60.
Kolod, S. (1999) We're together in dreams. Paper presented to the Division of Psychoanalysis, American Psychological Association, New York, April 16.

Kosslyn, S. (1994) *Image and Brain*. Cambridge, MA: MIT Press.
Kraepelin, E. (1906) *Über Sprachstörungen im Traum*. Leipzig: Engelman.
Kramer, M. (1993) The selective mood regulatory function of dreaming: An update and revision. In: *The Functions of Dreaming*, ed. A. Moffitt, M. Kramer & R. Hoffmann. Albany: State University of New York Press, pp. 139–195.
Kramer, M. (2000) Does dream interpretation have any limits? An evaluation of interpretations of the dream of "Irma's injection." *Dreaming*, 10:161–178.
LaBerge, S. (1985) *Lucid Dreaming*. Los Angeles, CA: Jeremy Tarcher.
Lakoff, G. (1988) Cognitive semantics. In: *Meaning and Mental Representation*, ed. U. Eco, M. Santambriogio & P. Violi. Bloomington: University of Indiana Press.
Lakoff, G. (1993) How metaphor structures dreams: The theory of conceptual metaphor applied to dream analysis. *Dreaming*, 3:77–98.
Lakoff, G. & Johnson, M. (1980) *Metaphors We Live By*. Chicago: University of Chicago Press.
Lakoff, G. & Johnson, M. (1999) *Philosophy in the Flesh: The Embodied Mind and Its Challenge to Western Thought*. New York: Basic Books.
Langer, S. (1967) *Problems of Art*. New York: Scribner.
Langs, R. J. (1978) *The Listening Process*. New York: Aronson.
Lasky, R. (1989) Some determinants of the male analyst's capacity to identify with female patients. *International Journal of Psycho-Analysis*, 70:405–418.
Lavie, P. & Hobson, J. A. (1986) Origin of dreams: Anticipation of modern theories in the philosophy and physiology of the eighteenth and nineteenth centuries. *Psychological Bulletin*, 100:229–240.
Levenson, E. (1972) *The Fallacy of Understanding*. New York: Basic Books.
Levenson, E. (1983) *The Ambiguity of Change*. New York: Basic Books.
Levenson, E. (1987) The interpersonal (Sullivanian) model. In: *Models of the Mind and Their Relationship to Clinical Work*, ed. A. Rothstein. New York: International Universities Press, pp. 49–67.
Levenson, E. (1991) *The Purloined Self*. New York: Contemporary Psychoanalysis Books.
Levin, R. (1990) Psychoanalytic theories on the function of dreaming: A review of the empirical dream research. In: *Empirical Studies of Psychoanalytic Theories, Vol. 3*, ed. J. Masling. Hillsdale, NJ: The Analytic Press, pp. 1–53.
Lewin, B. (1973) Sleep, the mouth and the dream screen. In: *Selected Writings of Bertram Lewin*, ed. J. Arlow. New York: Psychoanalytic Quarterly.
Lhermitte, J., Chain, F., Escourolle, R., Ducarne, B. & Pillon, B. (1972) Étude anatomoclinique d'un cas de prosopagnosie. *Revue Neurologique*, 126:329–346.
Libet, B. (1992) The neural time-factor in perception, volition and free will.

In: Libet, B. (1993) *Neurophysiology of Consciousness*. Boston: Birkhäuser, pp. 255–272.
Libet, B. (1993) *Neurophysiology of Consciousness*. Boston: Birkhäuser.
Libet, B., Gleason, C., Wright, E. & Pearl, D. (1983) Time of conscious intention to act in relation to onset of cerebral activity (readiness potential): The unconscious initiation of a freely voluntary act. *Brain*, 106:623–642.
Lippmann, P. (1998) On the private and social nature of dreams. *Contemporary Psychoanalysis*, 34:195–221.
Loftus, E. (1979) *Eyewitness Testimony*. Cambridge, MA: Harvard University Press.
Malcolm, J. (1982) *The Impossible Profession*. New York: Random House.
Maquet, P., Péters, J.-M., Aerts, J., Delfiore, G., Degueldre, C., Luxen, A. & Franck, G. (1996) Functional neuroanatomy of human rapid-eye-movement sleep and dreaming. *Nature*, 383:163–166.
Marcus, E. (1992) *Psychosis and Near Psychosis*. New York: Springer Verlag.
Marris, P. (1958) *Widows and Their Families*. London: Routledge & Kegan Paul.
Martin, L. (1986) "Eskimo words for snow": A case study in the genesis and decay of an anthropological example. *American Anthropologist*, 88:418–423.
Masson, J. (1985) *The Complete Letters of Sigmund Freud to Wilhelm Fliess 1887–1904*. Cambridge, MA: Harvard University Press.
Masterson, J. F. (1981) *The Narcissistic and Borderline Disorders*. New York: Brunner/Mazel.
Maurice, D. (1998) The Von Sallmann lecture of 1966: An ophthalmological explanation of REM sleep. *Experimental Eye Research*, 66:139–145.
Maury, L. F. A. (1878) *Le Sommeil et les Rêves*. Paris.
McCarley, R. W. (1992) Human electrophysiology: Basic cellular mechanisms and control of wakefulness and sleep. In: *American Psychiatric Press Textbook of Neuropsychiatry*, 2nd ed., ed. S. Yudofsky & R. Hale. Washington, DC: American Psychiatric Press, pp. 29–55.
McCarthy, R. & Warrington, E. (1990) *Cognitive Neuropsychology*. New York: Academic Press.
McClelland, J. & Rumelhart, D. & the PDP Research Group (1986) *Parallel Distributed Processing: Explorations in the Microstructure of Cognition*. Cambridge: MIT Press.
McGlynn, S. & Schacter, D. (1989) Unawareness of deficits in neuropsychological syndromes. *Journal of Clinical and Experimental Neuropsychology*, 11:143–205.
McKeon, R., ed. (1968) *The Basic Works of Aristotle*. New York: Random House.
Meltzer, D. (1978) Routine and inspired interpretations. In: *Countertransference*, ed. L. Epstein & A. Feiner. New York: Aronson.
Meltzer, D. (1984) *Dream-Life*. Perthshire: Clunie Press.
Menaker, E. (1981) Otto Rank's contribution to psychoanalytic communication. *Contemporary Psychoanalysis*, 17:552–564.

Mesulam, M.-M. (1981) A cortical network for directed attention and unilateral neglect. *Annals of Neurology*, 10:309–325.

Mesulam, M.-M. (1985) *Principles of Behavioral Neurology*. Philadelphia: F. A. Davis.

Mesulam, M.-M. (1998) From sensation to cognition. *Brain*, 121:1013–1052.

Meyer, L. B. (1956) *Emotion and Meaning in Music*. Chicago: University of Chicago Press.

Milner, A. & Goodale, M. (1995) *The Visual Brain in Action*. Oxford: Oxford University Press.

Mitchell, S. (1998) The analyst's knowledge and authority. *Psychoanalytic Quarterly*, 67:1–31.

Motley, M. (1995) Slips of the tongue. *Scientific American*, September, pp. 116–129.

Myers, W. (1987) Work on countertransference facilitated by self-analysis of the analyst's dreams. In: *The Interpretation of Dreams in Clinical Work*, ed. A. Rothstein. Madison, CT: International Universities Press, pp. 37–46.

Nabokov, V. (1981) *Lectures on Russian Literature*. New York: Harcourt Brace Jovanovich.

Natsoulas, T. (1982) Conscious perception and the paradox of "blind-sight." In: *Aspects of Consciousness*, ed. G. Underwood. New York: Academic Press, pp. 79–109.

Neisser, U. (1967) *Cognitive Psychology*. New York: Appleton-Century-Crofts.

Newman, E. & Evans, C. (1965) Human dream processes as analogous to computer programme clearance. *Nature*, 206:534.

Niederland, W. (1965) The role of the ego in the recovery of early memories. *Psychoanalytic Quarterly*, 34:564–571.

Nietzsche, F. (1886) *Beyond Good and Evil*. New York: Vintage, 1989.

Ogden, T. (1982) *Projective Identification and Psychotherapeutic Technique*. New York: Aronson.

Ogden, T. (1989) *The Primitive Edge of Experience*. Northvale, NJ: Aronson.

Ogden, T. (1997a) Reverie and interpretation. *Psychoanalytic Quarterly*, 66:567–595.

Ogden, T. (1997b) Reverie and metaphor. *International Journal of Psychoanalysis*, 78:719–732.

Olds, D. (1994) Connectionism and psychoanalysis. *Journal of the American Psychoanalytic Association*, 42:581–611.

Oppenheim, A. (1956) The interpretation of dreams in the ancient Near East with a translation of an Assyrian dreambook. *Transactions of the American Philosophical Society*, 46(3):179–373.

Padel, J. (1987) Object relational approach. In: *Dream Interpretation: A Comparative Study*, rev. ed. J. Fosshage & C. Loew. New York: PMA Publishing, pp. 125–148.

Paillard, J., Michel, F. & Stelmach, G. (1983) Localization without content: A tactile analogue of "blind sight." *Archives of Neurology*, 40:548–551.

Palombo, S. (1984) Recovery of early memories associated with reported dream imagery. *American Journal of Psychiatry*, 141:1508–1511.
Palombo, S. (1985) Can a computer dream? *Journal of the American Academy of Psychoanalysis*, 13:453–466.
Panksepp, J. (1998) *Affective Neuroscience*. New York: Oxford University Press.
Parkin, A. & Leng, N. (1993) *Neuropsychology of the Amnesic Syndrome*. Hillsdale, NJ: Lawrence Erlbaum Associates.
Parsifal-Charles, N. (1986) *The Dream: 4,000 Years of Theory and Practice*. West Cornwall, CT: Locust Hill Press.
Perky, C. (1910) An experimental study of imagination. *American Journal of Psychology*, 21:422–452.
Perrett, D., Rolls, E. & Caan, W. (1982) Visual neurones responsive to faces in the monkey temporal cortex. *Experimental Brain Research*, 47:329–342.
Pick, A. (1903) On reduplicative paramnesia. *Brain*, 26:260–267.
Pötzl, O. (1917) The relationship between experimentally induced dream images and indirect vision. *Psychological Issues*, 2:41–120, 1960. (First published in: *Zeitschrift für Neurologie und Psychiatrie*, 37:278–349.)
Pribram, K. (1998) A century of progress? In: *Neuroscience of the Mind on the Centennial of Freud's* "Project for a Scientific Psychology," ed. R. Bilder & F. LeFever. New York: New York Academy of Sciences, *Annals Vol. 843*, pp. 11–19.
Pullum, G. (1991) *The Great Eskimo Vocabulary Hoax*. Chicago: University of Chicago Press.
Pulver, S. (1987) The manifest dream in psychoanalysis: A clarification. *Journal of the American Psychoanalytic Association*, 35:90–115.
Quinodoz, J.-M. (1999) "Dreams that turn over a page": Integration dreams with paradoxical regressive content. *International Journal of Psychoanalysis*, 80:225–238.
Ramachandran, V., Levi, L., Stone, L., Rogers-Ramachandran, D., McKinney, R., Stalcup, M., Arcila, G., Zweifler, R., Schatz, A. & Flippin, A. (1996) Illusions of body image: What they reveal about human nature. In: *The Mind-Brain Continuum: Sensory Processes*, ed. R. Llinás & P. Churchland. Cambridge, MA: MIT Press.
Ramachandran, V. & Blakeslee, S. (1998) *Phantoms in the Brain*. New York: William Morrow.
Ramsay, O. & Rocke, A. (1984) Kekulé's dreams: Separating the fiction from the fact. *Chemistry in Britain*, 20:1093–1094.
Rank, O. (1926) Die analytische Situation. In: *Die Technik der Psychoanalyse, Vol. 1*. Vienna: Deuticke.
Rapaport, D., ed. (1951) *Organization and Pathology of Thought*. New York: Columbia University Press.
Rapaport, D. (1957) Cognitive structures. In: *The Collected Papers of David Rapaport*, ed. M. Gill. New York: Basic Books, pp. 631–664.
Rechtschaffen, A. (1964) A discussion of W. Dement's "Experimental Dream

Studies." In: *Science and Psychoanalysis*, ed. J. Masserman. New York: Grune & Stratton, pp. 162–171.

Rechtschaffen, A. & Mednick, S. (1955) The autokinetic word technique. *Journal of Abnormal and Social Psychology*, 51:346.

Rees, W. D. (1975) The bereaved and their hallucinations. In: *Bereavement: Its Psychosocial Aspects*, ed. B. Schoenberg, I. Gerber, A. Wiener, A. Kutscher, D. Peretz & A. Carr. New York: Columbia University Press.

Reik, T. (1948) *Listening with the Third Ear*. New York: Farrar Straus.

Reis, W. (1951) A comparison of the interpretation of dream series with and without free association. In: *Dreams and Personality Dynamics*, ed. M. F. DeMartino. Springfield, IL: Charles C. Thomas, 1959, pp. 211–225.

Reiser, M. (1993) *Memory in Mind and Brain: What Dream Imagery Reveals*. New Haven, CT: Yale University Press.

Reiser, M. (1997) The art and science of dream interpretation: Otto Isakower's teachings revisited. *Journal of the American Psychoanalytic Association*, 45:891–907.

Restak, R. (1991) *The Brain Has a Mind of Its Own*. New York: Harmony Books.

Restak, R. (1994) *The Modular Brain*. New York: Scribner.

Robertson, L., Treisman, A., Friedman-Hill, S. & Grabowecky, M. (1997) The interaction of spatial and object pathways: Evidence from Balint's syndrome. *Journal of Cognitive Neuroscience*, 9:295–317.

Robinson, M. & Freeman, W. (1954) *Psychosurgery and the Self*. New York: Grune & Stratton.

Rorem, N. (1994) *Knowing When to Stop*. New York: Simon & Schuster.

Rosch, E. (1977) Human categorization. In: *Studies in Cross-Cultural Psychology*, ed. N. Warren. London: Academic.

Rosen, V. (1955) The reconstruction of a traumatic childhood event in a case of derealization. *Journal of the American Psychoanalytic Association*, 3:211–221.

Rosenbloom, S. (1998) The complexities and pitfalls of working with the countertransference. *Psychoanalytic Quarterly*, 67:256–275.

Ross, W. & Kapp, F. (1962) A technique for self-analysis of countertransference: Use of the psychoanalyst's visual images in response to patient's dreams. *Journal of the American Psychoanalytic Association*, 10:643–657.

Ryle, G. (1949) *The Concept of Mind*. New York: Barnes & Noble.

Sabini, M. (1981) Dreams as an aid in determining diagnosis, prognosis, and attitude toward treatment. *Psychotherapy & Psychosomatics*, 36:24–36.

Sacks, O. (1973) *Awakenings*. Garden City, NY: Doubleday.

Sacks, O. (1997) *The Island of the Colorblind*. New York: Knopf.

Sandler, J. (1976) Countertransference and role-responsiveness. *International Review of Psycho-Analysis*, 3:43–47.

Schachtel, E. (1959) *Metamorphosis*. New York: Basic Books.

Schacter, D. (1991) Unawareness of deficit and unawareness of knowledge in patients with memory disorders. In: *Awareness of Deficit after Brain*

Injury, ed. G. Prigatano & D. Schacter. New York: Oxford, pp. 127–151.
Schafer, R. (1983) *The Analytic Attitude*. New York: Basic Books.
Schavelzon, J. (1983) *Freud, un Paciente con Cancer*. Buenos Aires: Editorial Paidos.
Schimel, J. (1969) Dreams as transaction: An exercise in interpersonal theory. *Contemporary Psychoanalysis*, 6:31–38.
Schur, M. (1972) *Freud: Living and Dying*. New York: International Universities Press.
Searles, H. (1955) The informational value of the supervisor's emotional experiences. *Psychiatry*, 18:135–146.
Seligman, M. & Yellen, A. (1987) What is a dream? *Behavior Research and Therapy*, 25:1–24.
Share, L. (1992) *If Someone Speaks, It Gets Lighter: Dreams and the Reconstruction of Infant Trauma*. Hillsdale, NJ: The Analytic Press.
Sharpe, E. F. (1937) *Dream Analysis*. New York: Norton.
Silberer, H. (1914) *Probleme der Mystik und ihrer Symbolik*. Vienna.
Smith, C. (1995) Sleep states and memory processes. *Behavior and Brain Research*, 69:137–145.
Smith, D. (1999) Fresh look at a syntax skewer. *The New York Times*, June 9, E1–4.
Solms, M. (1997) *The Neuropsychology of Dreams*. Mahwah, NJ: Lawrence Erlbaum Associates.
Solms, M. (1999) Commentary on "The new neuropsychology of sleep." *Neuro-Psychoanalysis*, 1:183–195.
Spence, D. (1982) *Narrative Truth and Historical Truth*. New York: Norton.
Squier, L. & Domhoff, G. (1998) The presentation of dreaming and dreams in introductory psychology textbooks. *Dreaming*, 8:149–168.
States, B. (1995) Dreaming "accidentally" of Harold Pinter: The interplay of metaphor and metonymy in dreams. *Dreaming*, 5:229–245.
Stekel, W. (1943) *The Interpretation of Dreams*. New York: Washington Square Press, 1967.
Stern, D. (1997) *Unformulated Experience*. Hillsdale, NJ: The Analytic Press.
Stevens, A. (1996) *Private Myths: Dreams and Dreaming*. Cambridge: Harvard University Press.
Stolorow, R. & Atwood, G. (1982) The psychoanalytic phenomenology of the dream. *Annual of Psychoanalysis*, 10:205–220.
Strunz, F. (1993) Preconscious mental activity and scientific problem-solving: A critique of the Kekulé dream controversy. *Dreaming*, 3:281–294.
Stuss, D. (1991) Disturbance of self-awareness after frontal system damage. In: *Awareness of Deficit after Brain Injury*, ed. G. Prigatano & D. Schacter. New York: Oxford University Press, pp. 63–83.
Sullivan, H. S. (1953) *The Interpersonal Theory of Psychiatry*. New York: Norton.
Sullivan, H. S. (1962) *Schizophrenia as a Human Process*. New York: Norton.
Sullivan, H. S. (1972) *Personal Psychopathology*. New York: Norton.

Sullivan, H. S. (1973) *Clinical Studies in Psychiatry*. New York: Norton.
Swinney, D. (1979) Lexical access during sentence comprehension: (Re)consideration of content effects. *Journal of Verbal Learning and Verbal Behavior*, 18:645–668.
Symons, D. (1993) The stuff that dreams aren't made of: Why wake-state and dream-state sensory experiences differ. *Cognition*, 47:181–217.
Tauber, E. (1952) Exploring the therapeutic use of countertransference data. *Psychiatry*, 17:331–336.
Tauber, E. & Green, M. (1962) Color in dreams. *American Journal of Psychotherapy*, 16:221–229.
Teunisse, R., Cruysberg, J., Hoefnagels, W., Verbeek, A. & Zitman, F. (1996) Visual hallucinations in psychologically normal people: Charles Bonnet's syndrome. *The Lancet*, 347:794–797.
Thompson, R. (1930) *The Epic of Gilgamesh*. Oxford, UK: Oxford University Press.
Thorner, H. (1957) Three defences against inner persecution. In: *New Directions in Psychoanalysis*, ed. M. Klein, P. Heimann & R. Money-Kyrle. New York: Basic Books, pp. 282–306.
Tolstoy, L. (1878) *Anna Karenina*, trans. C. Garnett. New York: Dodd Mead, 1966.
Tranel, D. & Damasio, A. (1985) Knowledge without awareness: An autonomic index of facial recognition by prosopagnosics. *Science*, 228:1453–5.
Tranel, D., Damasio, A. & Damasio, H. (1988) Intact recognition of facial expression, gender, and age in patients with impaired recognition of face identity. *Neurology*, 38:690–696.
Treisman, A. & Gelade, G. (1980) A feature-integration theory of attention. *Cognitive Psychology*, 12:97–136.
Tulving, E. (1968) Theoretical issues in free recall. In: *Verbal Behavior and General Behavior Theory*, ed. T. Dixon & D. Horton. Englewood Cliffs, NJ: Prentice-Hall, pp. 2–36.
Ullman, M. (1969) Dreaming as metaphor in motion. *Archives of General Psychiatry*, 21:696–703.
Ullman, M. (1973) Societal factors in dreaming. *Contemporary Psychoanalysis*, 9:282–292.
Ullman, M. (1996) *Appreciating Dreams: A Group Approach*. Thousand Oaks, CA: Sage.
Vallar, G., Sterzi, R., Bottini, G., Cappa, S. & Rusconi, M. (1990) Temporary remission of left hemianesthesia after vestibular stimulation: A sensory neglect phenomenon. *Cortex*, 26:123–131.
Van de Castle, R. (1994) *Our Dreaming Mind*. New York: Ballantine.
Vaschide, N. (1911) *Le Sommeil et les Rêves*. Paris: Flammarion.
Velikovsky, I. (1934) Can a newly-acquired language become the speech of the unconscious? *Psychoanalytic Review*, 21:329–335.
Vendler, Z. (1977). Wordless thoughts. In: *Language and Thought: Anthropological*

Issues, ed. W. McCormack & S. Wurm. The Hague: Mouton Publishers, pp. 29–44.
Vogel, G. (1978) An alternative view of the neurobiology of dreaming. *American Journal of Psychiatry*, 135:1531–1535.
Volta, O. (1989) *Satie Seen Through His Letters*. London: Marion Boyars.
Vygotsky, L. (1934) *Thought and Language*, trans. A. Kozulin. Cambridge, MA: MIT Press, 1986.
Wagner, C. (1978) *Cosima Wagner's Diaries, 1869–1877, Vol. 1*, ed. M. Gregor-Dellin & D. Mack (trans. G. Skelton). New York: Harcourt Brace Jovanovich.
Waldhorn, H. F., reporter (1967) *Indications for Psychoanalysis: The Place of the Dream in Clinical Psychoanalysis. Monogr. II of the Kris Study Group of the New York Psychoanalytic Institute*, ed. E. Joseph. New York: International Universities Press.
Watson, R. (1994) The clinical use of the analyst's dreams of the patient. *Contemporary Psychoanalysis*, 30:510–521.
Weiskrantz, L. (1986) *Blindsight*. Oxford: Clarendon Press.
Weiskrantz, L. (1997) *Consciousness Lost and Found*. New York: Oxford University Press.
Wells, G., Malpass, R., Lindsay, R., Fisher, R., Turtle, J. & Fulero, S. (2000) From the lab to the police station: A successful application of eyewitness research. *American Psychologist*, 55:581–598.
Whitman, R., Kramer, M. & Baldridge, B. (1969) Dreams about the patient: An approach to countertransference. *Journal of the American Psychoanalytic Association*, 17:702–727.
Whorf, B. (1956) *Language, Thought, & Reality: Selected Writings of Benjamin Lee Whorf*, ed. J. Carroll. Cambridge, MA: MIT Press.
Williams, M. (1987) Reconstruction of an early seduction and its after-effects. *Journal of the American Psychoanalytic Association*, 35:145–163.
Williams, P. (1999) Internet discussion review of "Dreams that turn over a page." *International Journal of Psychoanalysis*, 80:845–856.
Winnicott, D. W. (1988) Chaos. In: *Human Nature*, ed. C. Bollas, M. Davis & R. Shepard. New York: Schocken Books, pp. 135–138.
Winson, J. (1985) *Brain and Psyche*. New York: Vintage.
Winson, J. (1990) The meaning of dreams. *Scientific American*, November, pp. 42–48.
Wolf Man (1957) Letters pertaining to Freud's history of an infantile neurosis. *Psychoanalytic Quarterly*, 26:449–460.
Wolstein, B. (1967) *Theory of Psychoanalytic Therapy*. New York: Grune & Stratton.
Wolstein, B. (1976) A presupposition of how I work. *Contemporary Psychoanalysis*, 12:186–202.
Wotiz, J. & Rudofsky, S. (1984) Kekulé's dreams: Fact or fiction? *Chemistry in Britain*, 20:720–723.

Yamamoto, J., Okonogi, K., Iwasaki, T. & Yoshimura, S. (1969) Mourning in Japan. *American Journal of Psychiatry*, 125:1661.
Young, A., Reid, I., Wright, S. & Hellawell, D. (1993) Face-processing impairments and the Capgras delusion. *British Journal of Psychiatry*, 162:695–698.
Zeki, S. (1990) A century of central achromatopsia. *Brain*, 113:1721–1777.
Zeki, S. (1993) *A Vision of the Brain*. Oxford: Blackwell.
Zimmerman, W. (1967) Psychological and physiological differences between "light" and "deep" sleepers. Unpublished doctoral dissertation, University of Chicago.
Zimmerman, W. (1970) Sleep mentation and auditory awakening thresholds. *Psychophysiology*, 6:540–549.

索　引

人名索引

A - Z

Alpert, J.　114
Atwood, G.　17
Baars, B.　81
Boas, F.　9, 254
Bodamer, J.　257
Bonime, W.　134, 135, 186, 201
Bransford, J.　235
Brenneis, C. B.　114
Burk, W. F.　191
Cairns, H.　87
Capgras, J.　277
Churchiland, P.　252
Curtis, H.　192
Dreifus, C.　244
Ellis, H.　278
Farah, M.　258
Freeman, W.　268, 277
Fromkin, V.　81
Gackenbach, J.　158
Gardiner, M.　142
Gazzaniga, M.　239
Gelade, G.　260
Gerstmann, J.　259
Geschwind, N.　266
Gibson, J. J.　162
Goodale, M.　239
Gooley, S.　49
Green, M.　273
Gregor, T.　167
Gregory, R.　274
Hamilton, E.　87
Hartmann, E.　75
Herman, J.　265
Heynick, F.　91
Jacobi, J. J.　22
Jus, K.　20
Kaempffert, W.　78

Kahan, T.　234
Kapp, F.　221
Keating, E.　49
Kenny, A.　33
Khan, M. M. R.　93
Kihlstrom, D.　46
LaBerge, S.　43, 158
LaRue　263
Lavie, P.　107
LeFever, F.　17
Leng, N.　240
Loftus, E.　233
Malcolm, J.　151
Maquet, P.　227
Marris, P.　283
Masson, J.　57
May, R.　113, 169
McClelland, J.　48, 70, 252
McGlynn, S.　240
Mckeon, R.　88
Milner, A.　239
Motley, M.　81
Myers, W.　254
Nashi, M.　239
Neisser, U.　84
Ogden, T.　109
Oppenheim, A.　8
Paillard, J.　267
Parkin, A.　240
Parsifal-Charles, N.　281
Pick, A.　276
Pulver, S.　115
Quinodoz, J.-M.　113
Ramsay, O.　78
Raye, C.　234
Reboul-Lachoaux, J.　277
Rees, W. D.　283
Reis, W.　127
Robertson, L.　260

Rock, A.　78
Rosen, V.　115
Ross, W.　221
Rudofsky, S.　78
Rumelhart, D.　48, 70, 252
Sachs, D.　192
Sandler, J.　200
Schachtel, E.　68
Share, L.　115
Shur, M.　176
Smith, C.　75
Smith, D.　91
Stolorow, R.　17
Strunz, F.　78
Stuss, D.　277
Tauber, E.　212, 273
Thompson, R.　8
Tranel, D.　258
Treisman, A.　260
Tulving, E.　235
Vallar, G.　249
Van de Castle, R.　263, 273
van Eeden, F.　43
Wagner, C.　117
Waldhorn, H. F.　22
Warrington, E.　245
Watson, R.　219
Watts, J.　268
Wells, G.　233
Whorf, B.　28
Williams, M.　115
Williams, P.　113, 229
Winson, J.　75
Wolf-Man　142
Wolstein, B.　185, 200
Wotiz, J.　78
Yamamoto, J.　283
Young, A.　278
Zimmerman, W. O.　228

あ 行

アーノルド，M.　119
アインシュタイン，A.　48, 71
アセリンスキー（Aserinsky, E.）　19, 44, 182, 224
アリエティ（Arieti, S.）　113, 228, 229
アリストテレス　88, 115, 162
アルキン（Arkin, A.）　33
アルテミドロス　152
アルトマン（Altmann, L. L.）　186
アントロバス（Antrobus, J.）　20, 228, 282
イェレン（Yellen, A.）　81, 154
イサカウワー，O.　53, 178
ヴァイスクランツ（Weiskrantz, W.）　49, 266, 267
ヴァスキッド（Vaskid, N.）　239
ヴィゴツキー（Vygotsky, L.）　73, 88-94, 97-99
ウィットモント，E.　137
ウィトゲンシュタイン，L.　33
ウィニコット（Winnicott, D. W.）　179
ウィンクラー，F.　151
ウーラント，J.　190
ヴェリコフスキー（Velikovsky, I.）　155
ウェルチ，J.　92
ヴェンドラー（Vendler, Z.）　88, 150
ヴォルタ，O.　73
ウルマン（Ullman, M.）　66, 116, 117, 120, 274, 275
エヴァンス（Evans, C.）　22, 75
エクスタイン（Ekstein, R.）　195
エデルマン（Edelman, G.）　76, 77
エリオット，T. S.　262
エリクソン（Erikson, E. H.）　57, 64, 65, 71, 94, 111
エルマン（Ellman, S.）　228
オールズ（Olds, D.）　48, 280
オグデン，T.　173, 174, 201-203

か 行

カーター，E.　71
カートライト，R.　224
カーメル，B.　82
カーン（Kahn, E.）　192, 273, 274
ガセイル，E.　165
カリガー（Caligor, J.）　113
カリガー（Caligor, L.）　113, 169, 195
ガルマ（Garma, A.）　137, 165
カンツァー（Kanzer, M.）　74, 183, 184

ギテルソン（Gitelson, M.）　147, 148
キノドス，J-M.　229
キャロル（Carroll, L.）　79, 80, 93, 98
ギル（Gill, M. M.）　197
キング，M. L.　33
クーニング，W.　175
グッド（Goode, E.）　113, 229
クライン，D.　84
クライン，M.　108, 173-180
クラパレード（Claparède, E.）　44, 265
グリーンソン，R.　157, 184, 185, 188, 207, 208
グリーンバーグ（Greenberg, R.）　17, 248
クリスタル，B.　210
クリック（Crick, F.）　21, 22, 75, 86, 98
クリッチュリー（Critchley, M.）　266
グリューンバウム（Grünbaum, A.）　23
グリンシュタイン（Grinstein, A.）　186
クレイトマン（Kleitman, N.）　19, 44, 182, 224
クレイマー（Kramer, M.）　75, 148, 220
クレペリン（Kraepelin, E.）　91
グロットシュタイン（Grotstein, J.）　48, 94
グロデック（Groddeck, G.）　44, 45
ケージ，J.　83
ケースメント（Casement, P.）　181
ゲーテ，J.　59, 190, 247
ケクレ（Kekulé, A.）　77, 78
ケネディ，J. F.　274
ゴーゴリ，N.　98
ゴールデンベルグ，J.　72
ゴールドベルク，L.　229
コスリン（Kosslyn, S.）　49, 233
ゴルトン，F.　62
ゴルノ-テンピニ（Gorno-Tempini, M.）　258
コロッド（Kolod, S.）　219

さ 行

サーバー，J.　194, 197
サールズ（Searles, H.）　195
サイモンズ（Symons, D.）　234
サックス（Sacks, O.）　116, 273
サヴィニ（Savini, M.）　115
サリヴァン（Sullivan, H.）　27, 38, 40, 108, 132-135, 226, 250
シーヴァース（Sievers, B.）　85
シーゲルト，M.　38
シェーファー（Schafer, R.）　47, 129, 224
シェーンベルク，A.　67
シメル（Schimel, J.）　26, 158
シャープ（Sharpe, E. F.）　147, 152, 153, 157, 178, 188
シャヴェルソン（Schavelson, J.）　116
シャクター（Schacter, D.）　239, 240
シュヴァンクマイエル，J.　175
シュール（Suhur, M.）　57
シュテーケル，W.　132, 165
シュトックハウゼン，K.　83
ジョーンズ（Jones, E.）　116, 142
ジョセフ（Joseph, B.）　26, 158, 193
ジョンソン（Johnson, Marcia）　234, 235
ジョンソン（Johnson, Mark）　23, 29, 31, 46, 90, 94, 97
ジルベラー（Silberer, H.）　145
スウィニー（Swinney, D.）　152
スキナー，B. F.　88
スクワイヤー（Squier, L.）　73
スターン（Stern, D.）　27
スタイン，G.　91, 165, 166
スティーヴンス（Stevens, A.）　152
ステイツ（States, B.）　71
ストラヴィンスキー，I.　48
ストリンドベリ，A.　233
ストレイチー，J.　45
スペンス（Spence, D.）　48
ゼキ（Zeki, S.）　13, 252, 274
セリグマン（Seligman, M.）　81, 154
荘子　233, 281
ソーナー（Thorner, H.）　184, 185
ソームズ（Solms, M.）　20, 224, 248
ソクラテス　44, 87, 88
ソロモン，S.　72
ソンダイム，S.　150

た 行

ダーウィン, C. 75, 76
ダ・ヴィンチ, L. 67, 85
タウバー (Tauber, E.) 212-214, 219, 273
ダマシオ (Damasio, A.) 266, 268
チュッチェフ, F. 88
ツルゲーネフ, I. 223
デイヴィー (Davie, T. M.) 115
ディキンソン, E. 181, 201
デ・ニーロ, R. 210
デネット (Denett, D.) 84
デメント (Dement, W.) 19
デュラン (Durang, C.) 78
デラニー, G. 124
トウェイン, M. 103
トゥニッス (Teunisse, R) 283
ドーデ, A. 190, 192
ドジソン, C. 79
ドストエフスキー, F. 92, 223, 224
ドムホフ (Domhoff, G.) 73, 104, 127, 263
トラネル, D. 266
トルストイ, L. 40, 73

な 行

ナツォウラス (Natsoulas, T.) 268
ナボコフ, V. 40
ニーダーランド (Niederland, W.) 115
ニーチェ (Nietzsche, F.) 44, 45
ニューマン (Newman, E.) 22, 75

は 行

パーキー, C. 233
ハーシュ, T. 116
ハースト, W. 92
ハウ, E. 78
ハクスリー, A. 179
バス (Bass, A.) 191
ハスケル (Haskell, R.) 115
ハッキング (Hacking, I.) 82
パデル (Padel, J.) 137, 139, 151
パロンボ (Palombo, S.) 58, 72
パンクセップ (Panksepp, J.) 21, 75, 263
ハンブルグ, D. 169
ハンフレイ (Humphrey, J.) 258
ピアジェ (Piaget, J.) 82, 89
ピカソ, P. 67, 175
ビジャッキ, E. 249
ヒッチコック, A. 54
ピランデルロ, L. 83
ビルダー (Bilder, R.) 17, 245, 275
ヒルマン (Hillman, J.) 30, 70, 109
ビンスワンガー, L. 53
ファンツ, R. 136
フィッシャー (Fisher, C.) 17
フーコー, M. 53, 110, 131
プーシキン, A. 223
ブーレーズ, P. 83
フェアバーン, W. R. D. 17, 108, 111
フェダーン, P. 224
フェレンツィ (Ferenczi, S.) 40, 64, 74, 142, 172, 181, 182, 191
フォーゲル (Vogel, G.) 83
フォサーギ (Fosshage, J.) 17, 135-137, 144, 151, 177, 254, 255, 260
フォドール (Fodor, J.) 162
フォルクス (Foulkes, D.) 20, 68, 224, 249
ブラウン (Braun, A.) 253
プラトン 87, 88, 93
ブランギエ (Bringuier, J.-C.) 82
ブランズウィック (Brunswick, R. M.) 224
フランツ, M.-F. 9, 51, 210
フリース, W. 57, 58, 176
プリブラム (Pribram, K.) 17
ブレイクスリー (Blakeslee, S.) 269
ブレッシュナー (Blechner, M. J.) 18, 26, 34, 59, 74, 75, 95, 104, 113, 153, 158, 191, 227, 228, 237, 243, 263, 276, 281, 283
ブレナー (Brenner, C.) 81
フレンチ (French, T.) 57, 137-139, 140, 169, 170
フロイト (Freud, S.) 8, 10-12, 17-19, 21-23, 27, 28, 34-36, 42, 45-47, 49-51, 56-59, 62, 63, 65-67, 71, 74, 75, 80, 81,

95, 98, 103-110, 112, 115, 116, 120, 124, 126-132, 134, 137, 139-142, 144-146, 151, 156, 157, 162, 163, 165-168, 170-172, 176, 177, 181, 182, 186, 187, 189-193, 204, 209, 223, 224, 236, 242, 247, 248, 252, 253, 255, 262-264, 269, 274, 286
フロム（Fromm, Erich.）　18, 167
フロム（Fromm, Erika O.）　48, 137-140, 167, 169, 170, 239
フロム‐ライヒマン（Fromm-Reichmann, F.）　17, 96, 154, 230
ヘイスティ（Hasty, J.）　33
ベーコン，F.　174, 175
ベートーヴェン，L. van.　67
ベッテルハイム（Bettelheim, B.）　224
ペツル（Pötzl, O.）　240, 242
ベネデッティ（Benedetti, G.）　74
ヘルムホルツ（Helmholtz, H. von.）　244
ペレット（Perret, D.）　258
ベンジャミン（Benjamin, J.）　174
ホイットマン（Whitman, R.）　148, 220
ホール（Hall, C.）　263, 273, 283
ボス，H.　208
ボネ，C.　282, 283
ホブソン（Hobson, J. A.）　18-20, 23-27, 29, 30-32, 63, 71, 75, 83, 98, 105, 107, 109, 111, 112, 156, 224, 250, 264
ホフマン（Hoffman, I.）　197
ホフマン（Hoffman, R.）　75
ボラス（Bollas, C.）　27
ボルドリッジ（Baldridge, W.）　148, 220
ポロック，J.　83

ま　行

マーカス（Marcus, E.）　227, 229
マーラー，G.　97
マイヤー（Meyer, L.）　30
マクドゥーガル，J.　219
マッカレー（McCarley, R. W.）　19, 20, 75, 83, 98, 107
マツルスキイ，D.　72
マン，T.　97
ミーダー，C.　126

ミッチェル（Mitchell, S.）　51, 52
ミッチソン（Mitchison, G.）　21, 22, 75, 86, 98
ミルトン，J.　264
ミンスキー，M.　244
メシアン，O.　41
メスラム（Mesulam, M.-M.）　46, 240, 245, 258
メドニック（Mednick, S.）　82
メネカー，E.　141
メルツァー（Meltzer, D.）　63, 127, 186
メンデレーエフ，D.　78
モーツアルト（Mozart, W. A.）　30
モーリー，L. F. A.　223, 270
モニッツ，E.　268
モフィット（Moffit, A.）　75
モリス，D.　247

や　行

ユーゴー，V.　50
ユング（Jung, C. G.）　17, 22, 57, 74, 98, 106-108, 111, 115, 123, 124, 126, 132, 134-136, 148, 164, 167, 169, 170, 187, 210-212, 248, 250, 261, 278
ライク（Reik, T.）　129
ライザー（Reiser, M.）　33, 53, 75
ライル，G.　88, 93
ラスキー（Lasky, R.）　192
ラパポート（Rapaport, D.）　44, 234
ラマチャンドラン（Ramachandran, V.）　43, 249, 269, 283-286
ラング（Lang, R. J.）　181
ランク，O.　141, 142, 193
リップマン（Lippmann, P.）　18, 23
リドック（Riddoch, M.）　258
リベット（Libet, B.）　41, 44, 46
リマ，P.　268
リルケ，R.　5, 33
リンカーン，A.　117
レインジャー（Langer, S.）　66
レヴィン（Levin, B.）　178, 179, 228
レヴェンソン（Levenson, E.）　18, 26, 98, 109, 118, 133, 134, 138, 158, 184, 188, 193, 200, 219
レーヴ（Loew, C.）　135-137, 144, 151,

177, 254, 255, 260
レーコフ（Lakoff, G.）　23, 27, 29, 31, 46, 90, 94, 97, 162
レスタク（Restak, R.）　44, 257
レヒトシャッフェン（Rechtschaffen, A.）　12, 82, 247
レルミット（Lhermitte, J.）　258
ローゼン，C.　17
ローゼンブルーム（Rosenbloom, S.）　220
ローレム（Rorem, N.）　29

ロッシ（Rosch, E.）　66
ロッシーニ，G. A.　166
ロバート（Robert, W.）　21, 22, 75, 86
ロビツェック，A.　151
ロビンソン（Robinson, M.）　277

わ 行

ワーグナー（Wagner, R.）　117
ワイルド，O.　55
ワレンスタイン（Wallenstein, R.）　195

事項索引

A-Z

4W の質問　111
CAT　248
EEG　7, 41
EMDR　249
fMRI　248
MEG　248
nonREM 期の夢　249
nonREM 睡眠　19, 224, 228
PET　7, 41, 248
REM　19, 248
REM 期　249, 253
　　——の夢　249
REM 睡眠　18, 19, 224, 227, 228, 248, 249
REM リバウンド効果　248
TAT　20

あ 行

圧縮　10, 19, 59-63, 65, 66, 70-72, 79, 85, 94, 97, 98, 112, 146, 153, 165, 169, 172, 207, 223, 238, 241, 254, 285
　　——ゲーム　65, 66, 70
　　——のタイプ　59, 71
『アナライズ・ミー』　210
アニムス　137
アルツハイマー病　240
暗順応　274
安全操作　133
言い間違い　80, 81
意識　10, 30, 33, 41, 42, 44-46, 48, 49, 51, 66, 68, 74, 75, 78, 90, 126, 197, 213, 245, 253, 258, 268, 272, 280-282
　　——と無意識の中間　184
　　——の再入力　48
意識的知識　240
一過性失読　284
一次過程（夢工作）　47
一次視覚野　253, 275, 283

偽りの自己　240, 241
イド　18, 45
いまここでの　197
意味　89
イメージ　20, 23, 59, 60, 62, 80, 83, 92-94, 109, 110, 137, 139, 152, 178, 179, 233, 247, 252, 253
イルマの夢　57, 58, 116, 176, 177, 269
色つきの夢　273
インスピレーション　10, 77, 78, 86, 192
陰性の夢スクリーン　92, 179
隠蔽認知　266
隠喩　30-32
『ヴァージニア・ウルフなんか怖くない』　163
ヴァーチャルリアリティ　93
『ウィリアム・テル序曲』　166
嘘　6, 11, 49-51, 58, 88, 160, 202
映像化　10, 282
エディプス神話　112, 142
エディプス的　24, 112, 130
エディプス的感情　130
エディプス的動機　112
エナクトメント（エナクト）　18, 26, 109, 125, 154-156, 184, 185, 187, 192, 193, 197, 199, 200, 216
黄斑変性症　275, 283
狼男　67, 141, 142, 151, 165, 191, 193
置き換え　10, 19, 42, 45, 65, 130, 147, 152, 174, 223, 228, 236, 275
贈り物　157

か 行

解釈　29, 140
　　——のベクトル　103-105, 112, 118
　　主観的レベルでの——　108, 109
　　象徴的——　55
　　神秘的——　144-146
　　精神分析的——　26, 105, 124, 146, 168

314 索 引

　　性的—— 142, 199
　　分析的—— 144, 145
外傷記憶　51
外線状皮質　253
階段の気づき　53
階段のひらめき　53
解剖学的神経組織　256
解離　28, 44, 46, 51, 75, 94, 120, 146, 147, 154, 197, 226, 227, 235-238, 249, 269
カウチ　51, 114, 141, 183, 204, 205, 215, 272
覚醒　33, 41, 66, 67, 70, 86, 116, 136, 234, 244, 245, 248, 281, 283
　　——意識　66, 68, 73
過剰転移　192
活性化 - 合成仮説　20, 21, 47, 83, 98
カテゴリー越え　66-69
カプグラ症候群　277, 278
関係性　66, 142, 156, 173, 188, 191
間事物　63-65, 67-72, 98
感情　110-112, 171, 172
　　——のパターン　104
　　悪——　155, 171
　　エディプス的——　130
　　攻撃的——　144
　　転移の——　131
　　否定的——　154, 155
観念的補足　285
願望　18, 57, 74, 106, 110, 142, 156, 167, 183, 215, 229, 251, 283
　　——を偽装　50
願望充足　17, 27, 85, 104, 105, 107, 156, 195
　　——転移　195
顔貌認知　254, 257, 258, 263, 278
記憶障害　265
記憶喪失　275
記憶モニター　240
擬人存在　108, 256
偽装　11, 19, 25, 50, 51, 58, 75, 81, 83, 160, 168, 178, 182, 236, 257
規則　8, 50, 70, 79, 126, 146-148, 165, 186, 234
気づきなき知識　266
逆抵抗　128, 139, 142, 148, 181, 185, 193,

206, 225
逆転移　104, 128, 130, 147, 148, 181, 185, 189-193, 197, 200, 203, 207, 210, 211, 219, 220
　　——阻害　187, 189, 192
　　——のサイン　186
　　——の阻害作用　185
　　——夢　210, 220
逆不安　181, 185
客観的サイン　185, 186, 189, 192, 200
境界例　182, 222-228
狂気　222
協働　12, 107, 120, 122, 125, 135, 136, 206, 212, 213, 220
　　——作業　135
　　——的な夢分析　120
強迫神経症　132, 133
強迫性障害　250, 251
恐怖　18, 38, 39, 120, 125, 160, 179, 205, 229, 237, 238, 250, 270, 272
　　広場——　94
　　閉所——　160
　　夢——　11, 120
ギルガメッシュ叙事詩　8
偶然　69, 78, 81-83, 195
　　——性の役割　81
　　——の誤り　80
空想的な夢　224
クライン派のポジション　104
計算能力の障害　259
形態上の圧縮　59
ゲシュタルト学派　108, 111, 136, 137, 256
ゲシュタルト心理学　30, 164
結合理論　70
ゲルストマン症候群　259
言語　5, 10, 11, 27-31, 33, 41, 43-45, 59, 60, 65, 66, 68, 69, 75, 87-89, 93, 97, 98, 147, 150, 153, 155, 163, 167, 178, 201, 204, 235, 239, 268, 282, 284
原光景　141
言語外の思考　27, 75
言語の枠越え　31
顕在夢　10, 19, 23, 47, 50, 55-58, 60-63, 80, 106, 111, 132, 146, 172, 176, 177, 191,

192, 208, 220, 247, 261
──思考　50
現実原則　64, 85
現実検討　10, 84, 113, 225, 243, 244, 281
現実体験　54, 58
現実的な夢　223, 225
現実モニター　234
現象学派（現存在分析派）　137, 255
健忘　94, 276, 279
語彙上の圧縮　59
合意を得た解釈　140
好奇心　7, 51, 198
構成要素の分析　57
構造主義　47
膠着　97, 98
行動化　131, 198
心（mind）　28
心／脳　6, 28, 41, 44, 74, 85, 99, 248, 252, 253, 264, 273
心からの関心　131
心の清掃　75
孤独　131
コミュニケーション　5, 11, 50, 66, 90, 112, 182-184, 207, 222, 275, 280
コリン作動性　18
コルサコフ症候群　240, 265
コンプレックス　22, 112, 187, 211

さ　行

再構築（夢思考）　19
罪責感　28
再想像　123
サイン　61, 134, 135, 146, 185, 187, 189, 190, 192, 200, 228, 229
サピア゠ウォーフの仮説　28
三次加工（夢の加工）　33, 37, 38, 40, 130
三叉神経痛　268
ジェパディ　29, 92
自我　18, 45, 46, 70, 148, 170, 262
──心理学　111
視覚イメージ　69, 88, 93, 127, 143, 221
視覚健忘　94
視覚的失認　266
視覚連合野　253
時間の転換　278-280

色盲　273
地口　150, 151, 154, 155, 164
自己　10, 39, 44, 57, 110, 119, 218, 227, 240
──愛　225
──意識　38, 39, 282
──開示　220
──分析　22, 121, 174, 175, 193, 197, 219
──‐連続性　277
偽りの──　240, 241
注釈──　46
思考　8, 10, 13, 18, 21, 22, 27, 28, 31, 44, 46, 48, 59, 60, 65, 66, 75, 77, 79, 85, 87, 88, 91-94, 98, 226, 230, 236, 238, 243, 248-250, 252, 260, 265, 266, 280
──過程　226
──障害　225, 226, 236
──上の圧縮　59, 60
──と感情　8, 226, 235, 236, 238
──と言語　10, 19, 27, 28, 73, 75, 87, 88, 89, 91, 93
──の基層言語　88, 89
──の突然変異　75
意識的──　49, 77
覚醒時──　5, 10, 11, 18, 27, 31, 34, 35, 51, 65, 75, 77, 86, 97, 126, 227, 228, 251, 257
強迫的──　21, 251
合理的──　224, 226, 227
潜在的（夢）──　21, 95, 126, 128
シゾイド　133
実践原則　213
嫉妬妄想型パラノイア　224
失認症　281
児童期の夢　141, 142
自閉‐接触ポジション　173-179
シャルル・ボネ症候群　283
しゃれ　147, 150, 151
集合的無意識　164
自由連想　10, 19, 22, 27, 48, 56, 95, 121, 127, 134, 157, 238
主語なし述語　89, 92, 93, 98
主体　42, 47, 48, 110, 170, 255, 263
詳細質問　134, 135

316 索　引

象徴　25, 55, 64, 72, 88, 105, 113, 129, 130, 137, 139, 160, 162-165, 167-171, 207, 216, 264, 276, 285
　――化　19, 147, 165, 168, 171, 172
　――解釈　19, 51, 53-55, 60, 168, 186
　――的意味　141, 171
　――行動　156
　――的な成長　113
　――と象徴されるものの関係　163, 164, 169
情動　10, 13, 27, 28, 46, 75, 80, 146, 204, 226, 253, 266, 269, 272
症例ドラ　129, 131, 140
初回面接　211, 237
初回夢　148, 169
書字障害　259
神経学　13, 17, 21, 240, 251-254, 256
　――的症候群　268, 272
　――的損傷患者　34
神経症　28, 132, 148, 193, 208, 211, 212
神経心理学　245, 248, 257, 263, 275, 286
神経生物学　7, 12, 17, 18, 25, 26, 28, 256
　――者　13, 18, 23, 26, 248
神経のダーウィン主義　77
神経病理　240, 251, 258
　――学　258, 286
　――学的症候群　258-260, 262, 265, 280, 286
神経野　70, 71
身体的疾病　115
シンタクシス　27
心的イメージ　83, 233
心的決定論　80, 81
心的装置　42, 49, 251
心脳　i, ii　→心／脳
心理的述語　90, 92
心理的洞察　18
心理内神経的知覚　263, 264, 276, 279
心理内知覚　262, 263
心理療法　12, 34, 75, 119, 133, 134, 149, 204, 214, 225, 227, 228
神話　40, 66, 67, 112, 121, 122, 137, 164
数値　146
スーパーヴィジョン　127, 181-183, 195, 200, 203, 203, 206, 207, 210

　――としての夢　181-183, 203, 204, 206, 207
スコトーマ（視野欠損）　283, 285
成育史　114, 182, 216
正常性の錯覚　275
精神医学　6, 7, 44, 251
　『――は対人関係論である』　38
　『――の臨床研究』　38
精神が無意識に経験すること　46
精神内界　174, 182
精神病　65, 68, 80, 173, 217, 222, 224, 225, 229, 230, 248, 258, 263, 279, 283
　――者　34, 68, 113, 222-229, 262, 263
精神病理　222, 225, 227, 250, 251, 262
精神分析　6, 12, 13, 17, 19, 22, 23, 25, -29, 38, 45-47, 49, 52, 55, 80, 83-85, 107-109, 111, 112, 114, 120, 123, 129, 131, 140, 141, 145, 146, 157, 158, 163, 166, 169, 170, 173, 176, 179, 181, 183, 191, 204, 214, 226, 238, 242, 255, 256, 258
　――家　17, 18, 23, 26, 37, 45-47, 51, 55, 58, 74, 81, 95, 98, 108, 109, 116, 126, 127, 131, 132, 135-137, 142, 143, 148, 155, 157, 168, 173, 182, 210, 212, 219, 224, 229, 243, 248, 253
　――的思考　81, 83
　――理論　48
生物学　13, 247, 248
説話　121
前意識　18, 35, 45
前エディプス期　192
前言語的　31
潜在的夢思考　47, 95, 126, 128
潜在夢　47
　――思考　50
選択的注意　168
選択理論　77
前頭葉　20, 240, 245
　――白質　20
早期記憶　114, 115, 169
早期体験　75, 114, 178
早期トラウマ体験　179
相互関係（対象関係の）　12, 109, 149, 188, 199, 200
相互作用（対社会，対人）　92, 97, 109,

129, 158, 168, 183, 185, 188, 191-193,
　　197, 207, 214, 215
　——的解釈　193, 200
相互性　27, 122, 123, 191
相互分析　181, 218
創造行為　43, 48
創造的圧縮　60, 61, 98
相対性理論　48
相貌失認　257-259
側膝核　252, 254
側頭葉　240, 254
それ　44, 45　→私

た　行

第3の無意識　45
退行　239, 247, 252, 253
　——モデル　252, 253
対象関係学派　137, 255
対象関係論　173
対人関係　5, 37, 38, 45, 108, 109, 111, 118,
　　134, 135, 156, 157, 173, 174, 200, 212
　——学派　134, 135, 137, 212
体性刺激　264
大脳皮質　23, 49, 83, 245
対立項　70
妥協形成　65
多言語的地口　155
多元的なベクトル　202
他者-連続性　277
多数再入力シグナル　48
脱生命化　170
『礫刑図のための三つの習作』　174
縦線のベクトル　113
タルムード　9, 117, 167
単純型重複決定的圧縮　60, 61, 97
知覚　20, 30, 35, 49, 64, 68, 71, 75, 80,
　　82-84, 86, 128, 152, 166, 224, 226, 233,
　　234, 240, 243-245, 252, 253, 256-260,
　　262-270, 273, 274, 276, 277, 279, 280,
　　282, 284-286
　——的補足　283, 285
　——表象　245, 277
　——野　282
置換テンプレート　72
中間物形成　65

注察妄想　262
注釈自己　46
注釈システム　49
超自我　45, 262, 263
直感的な推量　138
直面化　131
治療的相互作用　158, 189, 193, 207, 214
治療同盟　160
痛覚失認　269
『テアイテトス』　87
抵抗　58, 68, 81, 109, 120, 122, 128, 129,
　　134, 135, 140, 142, 143, 148, 156, 157,
　　168, 177, 181, 183, 188, 204, 216, 219,
　　225
　——のサイン　135
　——分析　157
　強い——　129, 135
　弱い——　129
テーマ　10, 26, 104, 138, 139, 143, 144,
　　146, 169, 203, 204, 216, 224, 227, 253
哲学　7, 10, 44, 45, 240
手続きの知識　243-246
転移　104, 107, 115, 124, 131, 138,
　　140-142, 144, 146, 148, 154, 159, 171,
　　181, 183, 185, 188, 190-195, 199, 210,
　　211, 216, 218, 219, 256, 258, 260
　——解釈　192, 193
　——神経症　148
　逆——　104, 128, 130, 147, 148, 181,
　　185, 197, 200, 203, 207, 210, 211, 219,
　　220
　陽性——　191
転移-逆転移　104, 148, 188, 191, 195,
　　197, 200, 219
　——相互作用　191
典型夢　162
伝達不可能な意味　11
同一性認知　256, 258-260, 279, 280
投影　9, 30, 84, 109, 128, 207, 208, 262
　——同一化　109
同音異義　147, 151, 153, 163
　——語　9, 58, 60, 150-152, 155
統合失調症　7, 20, 38, 74, 95, 96, 115, 183,
　　222, 226-229, 248, 250, 251, 283
頭頂葉損傷　259, 260

ドーラの症例　18
特性知覚　258, 279, 280
特性認知　256, 258, 260
トラウマ　94, 104, 114, 125, 161, 169, 179, 182, 183, 242, 249
取り入れ　256
トリックスター　164
ドン・キホーテ　24, 112

な　行

内言　89-99
内在化　142, 256
内的体験　93
内的対象　109, 174, 184, 255, 256
　──関係　108, 109, 256
内的表象　93, 256
二次加工（夢の加工）　29, 33-35, 34, 35, 40, 56, 64, 112, 124, 135, 136
二次簡潔化　124
二重意識　238
二重化　276-278
二重の記憶錯誤　276
日中の（出来事の）残滓　128, 133, 144, 226
認知神経科学　7, 13, 25, 28, 41, 46, 48, 70, 98, 233, 248
脳（brain）　6-13, 20-28, 33, 41, 49, 70-77, 86, 87, 152, 162, 227, 231, 239, 245, 247-258, 263-269, 273-275, 280-286
　──外傷　20
　──活動　41, 44, 49, 227, 264
　──幹　20, 83
　──機能　13, 33, 46, 247, 248, 256, 275
　──現象　264
　──組織　252, 263, 264
　──損傷　265, 276
　──の言語　87, 282
　──の生物学的研究　247
　──の働き　46, 249, 264, 286

は　行

パニック障害　236
バリント症候群　236, 260
反義語　9

判じ絵技法　126
皮質視覚野　49, 252
非精神病性幻視　283
ファラオの夢　8, 35, 36, 38, 95, 117
不安　47, 53, 96, 113, 122, 128, 133, 144, 154, 160, 175, 181, 184, 203, 205, 214, 215, 228, 229, 237, 243, 245, 248, 249, 251, 272, 283
　──神経症　211
　行為──　129
　逆──　181, 185
　妄想的──　251
腹側視覚野　239
部分的圧縮　60, 63, 98
『ブレインストーム』　33
フロイト
　──（学）派　10, 22, 46, 95, 104, 137, 139, 145, 146, 163, 166, 170, 186, 187, 255
　──の見解　10, 19, 75, 131
　──の夢解釈　126, 128
　──の夢分析　189
　──の夢理論　34, 35, 98
プロクルステスのベッド　209
「プロクルステスのベッド」法　137
文化学派　137, 255　→対人関係学派
文化的タブー　28
分析家の名前　188, 191
分析家の無意識　181, 182
分析関係　140, 143, 204
分断　252, 254-263, 265, 272, 280
　──（的）認知　254, 255, 258, 262, 263, 265, 272
文法上の述語　90
並列分散処理　48, 70, 252
　──モデル　252
　──理論　70
ベクトル　103, 104, 108, 111-114, 118, 140, 173, 175, 177, 178, 202
　解釈の──　103-105, 112, 118
　記憶拡張の──　114
　自我心理学の──　111
　縦線の──　113
　多元的な──　202
　分析の──　111

事項索引　319

メタ——　118
辺縁系　245, 253, 269
　傍——　253
変性意識　226
防衛　2, 6, 25-27, 51, 55, 68, 133, 146, 148, 169, 170, 185, 194, 199, 202, 203, 227, 255
方向感覚喪失　259
「方向喪失」感　276
補償　74, 106-108, 112, 161, 173, 178, 212, 251
ボネ症候群　283
本能の充足　18

ま　行

『マクベス殺人事件の謎』　194, 196
未構成の経験　27, 46
未思考の既知　27
無意識　7, 9, 11, 18, 27, 42-47, 49, 77, 81, 92, 103, 105-107, 141, 152, 181, 184, 214, 226, 227, 238, 240
　——的知識　240
　——的なもの　45, 226
　——の動機づけ　81
　——のメタファー　27
　——の思考　77, 92, 226
無生物　111, 121, 136, 164, 170, 174, 175, 285
無秩序　47, 71, 75, 76, 79-81, 83, 84
　——な視覚刺激　83
夢遊病　268
明晰夢　43, 158, 281
メタ記憶　240-242
メタ自覚　246
メタ心理学　47, 48, 138, 139, 174, 236, 263
メタ知識　238, 265
メタ認知　238, 239
メタファー　ii, 23, 27, 31, 53, 70, 103, 140, 147, 167, 169, 238
メタベクトル　118
メタ夢見　281
『メノン』　44
免疫システム　76
盲視　267, 268

妄想　96, 228, 229, 251, 262, 263, 275
　——的関連づけ　260
　幻覚——　113
　注察——　262
妄想－分裂ポジション　173-178
網膜損傷　275

や　行

誘導連想　134, 135
夢　5, 6, 8-12, 18, 27, 31, 42, 43, 50, 51, 73, 74, 79, 88, 92, 93, 95, 114, 115, 120, 137, 156, 157, 164, 171, 181, 184, 209, 224, 258, 264, 265, 286
夢-思考　226
夢-ファンタジー　223
『夢解釈』　17, 22, 34, 50, 59, 107, 151, 162, 165, 182, 186, 189, 223, 247
夢解釈　8, 9, 11, 12, 18, 21, 26, 27, 29, 34, 48, 54, 57, 79, 92, 95, 103, 104, 109-111, 114, 118, 120, 122, 123, 125, 126, 128, 129, 135-138, 140, 143-148, 151, 154-157, 160, 162, 165, 168, 169, 183-189, 191-194, 197, 199-201, 209, 210, 241, 261, 278
　——過程　34, 48, 118, 125, 126, 184, 185, 192, 193, 199
　——の「規則」　146, 148, 186
　——のベクトル　103, 118
　——への抵抗　134
　相互作用的——　123, 183, 191, 192, 197, 200
　分析的——　26
夢解体工作　10
夢が一つのフロンティア　149
夢恐怖　11, 120
夢形成　7, 10, 18, 21, 25, 27, 46, 47, 51, 83, 107, 152, 153, 253, 264, 282, 285
　——過程　9, 18, 35, 48, 95
　——理論　7, 47
夢工作　10, 19, 23, 34, 35, 47, 56, 59, 60, 66, 80, 172, 182
夢行動　157, 158
夢作業　47, 75, 151, 264
夢象徴　166, 169
夢蒸留　132, 133, 135

夢スクリーン　92, 178, 179
　陰性の――　92, 179
夢体験　7, 9, 10, 34, 35, 46, 63, 93, 94, 96, 112, 123, 126, 136, 252, 253, 258, 259, 263, 264, 274, 281, 285
　――の特異性　253
夢で描かれた具体的な体験　53
夢テキスト　34, 35, 93, 96, 98, 112, 156, 194, 264
夢では嘘をつけない　6
夢と記憶の関係　114
夢に対する責任　47
夢の意味　7, 8, 17-22, 30, 33, 35, 51, 55, 57, 58, 95, 126, 127, 135-137, 139, 145, 182, 183, 196, 197, 200, 203, 206, 207, 238, 242, 243, 286
夢の解釈　7, 9, 12, 22, 26, 53, 57, 74, 140, 143, 164, 165, 177, 184, 188, 190, 220, 235, 242, 254, 255, 274
夢の奇妙さ　19, 75
夢の検閲　50, 51
夢の研究　6, 7, 8, 12, 19, 20, 64, 73, 104, 106, 134 182, 224, 233, 238, 247, 280, 284
夢の現象学　7, 247, 248, 252, 265, 273
夢の縮小　132
夢の創造性　85
夢のダーウィン主義　73, 75, 77, 80, 84-86, 98
夢の登場人物　27, 111, 151, 164, 188, 202, 218
夢のなかでは決して嘘をつかない　11, 50, 58
夢の「脳の掃除」機能　22
夢の排除主義者　86
夢の排泄理論　86
夢のバラバラ分析　126
夢のフロンティア　5, 6, 286
夢の文脈化　12, 95
夢の忘却　234
夢の本質　11, 17, 31, 56-58, 228
夢の無生物　111, 136
夢の明確化　12, 95, 120
夢の有用性　73, 74
夢の理由　75

夢の理論　25, 98, 107, 223
夢の連続性　143
夢の矮小化　22
夢は嘘をつかない　202
夢分析　10, 12, 19, 21-23, 29, 92, 93, 95, 103, 104, 111, 119, 120, 122, 123, 126, 128, 129, 137, 139, 143, 146, 150, 186, 188, 189, 194, 200, 219
　――の中心　126
夢へのあるアプローチ　138
夢への興味　119, 120, 158
夢を見る理由　74
夢を明確に　135
ユング派　40, 51, 104, 137, 161, 203, 255
幼児期光景の代理物　137
幼児性欲　141, 145
抑圧　11, 28, 36, 45, 46, 81, 94, 144, 154, 172, 184, 209, 235, 236, 247
　――と思慮ある表現の中間　184
抑うつポジション　173-178
予知　116, 117
　――夢　116, 117

ら　行

理想化　138, 154
離断症候群　266
臨床（的）神経学　7, 99, 245
臨床心理学　7
類似性　59, 66, 68, 70, 151, 163, 164
類妄想症　38
ルールを破る　186
連想　9, 10, 19, 22, 25, 27, 35, 39, 48, 52, 55-58, 60-62, 64, 95, 96, 98, 105, 106, 112, 121, 123, 126-129, 132, 133, 135, 138-140, 145, 147, 150, 152-157, 159, 163, 166, 170, 171, 176, 181, 184, 186-194, 196, 197, 199, 203, 204, 208, 213, 215, 218, 220, 221, 236, 238, 240, 241, 251, 256, 270, 276
　自由――　10, 19, 22, 27, 48, 56, 95, 121, 127, 134, 157, 238
　誘導――　134, 135
『ローンレンジャー』　166

わ　行

ワークスルー　225
私　10, 41, 42, 44, 45, 47, 48, 91, 109, 110
　→それ

私-性　44
私たち　43
私らしさ　44
私を超えるもの　45

監訳者
鈴木健一〈すずき けんいち〉博士（心理学）
1991 年　広島大学教育学部 卒業
1996 年　広島大学大学院教育学研究科博士課程後期単位取得退学
2003 年　ウィリアム・アランソン・ホワイト精神分析研究所修了
現　職　名古屋大学学生相談総合センター 教授

訳　者
小池哲子〈こいけ てつこ〉精神科医
1972 年　京都大学文学部 卒業
1992 年　京都大学医学部 卒業
2015 年　京都精神分析心理療法研究所修了
現　職　小池メンタルクリニック院長

夢のフロンティア
夢・思考・言語の二元論を超えて

2018 年 3 月 20 日　初版第 1 刷発行　（定価はカヴァーに表示してあります）

　　　　　原著者　Mark J. Blechner
　　　　　監訳者　鈴木健一
　　　　　訳　者　小池哲子
　　　　　発行者　中西健夫
　　　　　発行所　株式会社ナカニシヤ出版
　　　☎ 606-8161　京都市左京区一乗寺木ノ本町 15 番地
　　　　　　　　　　　Telephone　075-723-0111
　　　　　　　　　　　Facsimile　075-723-0095
　　　　　　　Website　http://www.nakanishiya.co.jp/
　　　　　　　Email　iihon-ippai@nakanishiya.co.jp
　　　　　　　　　　　郵便振替　01030-0-13128

装幀＝白沢　正／印刷・製本＝創栄図書印刷
THE DREAM FRONTIER
Printed in Japan.
ISBN978-4-7795-1233-9 C3011

本書のコピー，スキャン，デジタル化等の無断複製は著作権法上での例外を除き禁じられています。本書を代行業者等の第三者に依頼してスキャンやデジタル化することはたとえ個人や家庭内の利用であっても著作権法上認められておりません。